日本国紀

百田尚樹

幻冬舎

日本国紀

序にかえて

日本ほど素晴らしい歴史を持っている国はありません。

もちろん世界中の国の人々が自分の国について同じように思っていることでしょう。それでも敢えて、日本ほど素晴らしい歴史を持っている国はないと、私は断言します。

神話とともに成立し、以来二千年近く、一つの国が続いた例は世界のどこにもありません。これ自体が奇跡といえるほどです。

北太平洋の西に浮かぶ日本列島は豊かな自然に恵まれていますが、一方で、世界有数の地震国であり、台風や河川の氾濫など、人々は常に厳しい自然災害に見舞われてきました。だからこそ、人々は互いに助け合い、仲睦まじく暮らしてきました。同時にどれほどの痛手を受けても立ち直るという力強さを培《つちか》いました。

幕末から明治にかけて、日本を訪れた欧米の人たちは一様に、日本人の誠実さ、善良さ、勤勉さに驚いています。これは近世に限ったことではありません。千七百年以上も前に書かれた『魏志《ぎし》』「倭人伝」においても、日本人は盗みをしない、争いをしないと記述されています。私たちの祖先がそうした優しい人たちであったことを、心から嬉しく思います。

一八〇〇年代の終わり、私たちの国は欧米列強によって鎖国の扉をこじ開けられ、強引に世界の舞台に引きずり出されました。当時の世界は欧米列強による植民地争奪戦の時代であり、白人にとって有色人種は「人」ではなく、奴隷に近い存在でした。日本はその暴風の中で独立を保ったばかりか、あっという間に欧米列強に肩を並べる強国となりました。

ところが、第二次世界大戦により、日本は木端微塵《こっぱみじん》にされました。三百万人以上の尊い命が失われ、国力は世界最貧国ともいえる状況にまで落ちました。しかし、そこから世界が驚倒するほどの復興を見せます。それどころか、戦後の日本は世界の平和に貢献し、多くの発展途上国を援助します。

これが日本です。私たちの国です。

ヒストリーという言葉はストーリーと同じ語源とされています。つまり歴史とは「物語」なのです。本書は日本人の物語、いや私たち自身の壮大な物語なのです。

百田尚樹

日本国紀　目次

※本書では人物の年齢を満年齢で表記しています。

第一章

古代〜大和政権誕生

日本の古代史を語る上での大きな障壁は、六世紀以前のことがよくわかっていないことだ。考古学的な資料を除けば、『魏志』をはじめとする中国の史書と、『古事記《こじき》』と『日本書紀《にほんしょき》』が文献資料のほとんどすべてである。しかし、中国の史書における日本の記述には伝聞や臆測が多くあり、『古事記』と『日本書紀』にも神話が多数含まれているため、どこまでが事実かはっきりしない。

ただ、私がむしろ素晴らしいと感じている点はまさにそこで、日本の歴史は神話と結びついているからこそ、格別にユニークなものとなっているのである。古代ギリシャも神話と結びついている国といえるが、ギリシャは紀元前には滅んでしまった。ところが、我が国、日本は神話の中の天孫の子孫が万世《ばんせい》一系で二十一世紀の現代まで続いているとされている。こんな国は世界のどこにもない。

しかも『古事記』も『日本書紀』もただの作り話ではない。そこここに考古学的な裏付けのある話が鏤《ちりば》められている。

そもそも神話というものは、実際に起こった出来事が暗喩を用いて象徴的な物語として描かれていたり、別の何かに置き換えられて書かれていたりすることがよくある。一見荒唐無稽に思える話の中に、真実が隠されているのが神話なのだ。

したがってこの章では、考古学的資料を最優先し、『魏志』および『古事記』と『日本書紀』を参考にしながら、私なりの解釈を加えて歴史を見ていくこととしたい。

第一章
古代〜大和政権誕生

縄文時代

私たちの歴史はどこから始まるのか、これは簡単なようでなかなか難しいテーマである。現代の研究によれば、日本列島に人が住み始めたのは旧石器時代と呼ばれる数万年前といわれているが、だからといって日本に数万年の歴史があるとはいえない。これらは考古学の分野であり、「歴史」というからには、厳密には文字による記録が残っている時代、あるいは日本という国家体制のようなものが整った時代以降というべきであろう。

そもそも私たち日本人はどこから来たのであろうか。今から一万〜二万年前の日本列島は大陸と地続きの時期があり、朝鮮半島やカムチャツカ半島経由で、多くの動物とともに人間もやってきた。南方からも海を渡ってやってきた。国家が誕生する以前の時代は、縄文《じょうもん》時代と呼ばれるが、縄文人はそれらの種々な人々が何代にもわたって混血しできあがった民族である。

縄文時代は一万二、三千年前から約二千三百年前まで続いたとされているが、その後、紀元前後に再び大陸から朝鮮半島などを経由して、縄文人とは異なる人種がやってきて、縄文人との混血が進んだ。

こうして長い年月をかけ、日本人は他国には見られない独特の文化や言語を持つ個性的な民族となっていく。その主たる民族のルーツを調べるには、考古学の他に、言語学、民族学、宗教学などによるアプローチが必要であるが、現在はまだ定説と呼ばれるものはない。だが、い

ずれ周辺国の人々を含めた大掛かりなDNA解析が進めば、かなりのことがわかるだろう。

縄文時代の人々の生活は、採取・狩猟・漁撈《ぎよろう》が主なもので、本格的な農耕や牧畜は行なわれていなかった。この時代の遺跡は北海道から九州にかけて数多く発見されていて、縄文人が日本列島に広く分布していたことがわかる。彼らはおもに血族同士で、近くに川や湖がある小高い丘に竪穴《たてあな》住居を作って暮らしていた。おそらく人々の間に階級などはなかったと考えられる。

一方、当時の世界では、日本の縄文時代の文明よりもはるかに高度な文明が誕生していた。中国の黄河《こうが》・長江《ちようこう》流域、インド・パキスタンのインダス川流域、中東のチグリス・ユーフラテス川流域、エジプトのナイル川流域など（いずれも紀元前六〇〇〇～紀元前三〇〇〇年頃）では、農耕技術が発展し、大規模な都市国家が生まれていた。それらの地の多くでは青銅や鉄といった金属器が使用されていた（日本の縄文時代には石器と土器しかなかった）。

古代ギリシャで第一回オリンピックが開かれたのは紀元前七七六年、縄文人の多くがまだ竪穴住居で暮らしていた頃だ。その後、古代ギリシャの王朝マケドニアからアレクサンドロス大王が出て、ヨーロッパからインドまで征服し大帝国を作る。アレクサンドロス大王の教師は哲学者アリストテレスである。アリストテレスは地球が球体であることを物理的・観察的な論拠から説得力をもって説明した（ギリシャでは球体説は昔からあった）。アレクサンドロスの帝国が分裂した後、ヨーロッパではローマが覇権を握る。

同じ頃、インドや中国大陸にも高度な文明があった。釈迦《しやか》や孔子《こうし》が生まれたのはいずれも紀

元前五〇〇年代である。これらの地域にはすでに文字による記録が残されている。ギリシャのヘロドトスが『歴史』を著わしたのは紀元前四〇〇年代であり、中国の司馬遷が『史記』を著わしたのは紀元前一〇〇年前後である。

それらの地域に比べれば、日本はまだ文明的にははるかに遅れた地だった。しかし大きな戦争はなく人々は平和に暮らしていた（考古学的資料には大戦争の形跡がない）。

縄文時代という名称は、この時代の遺跡から発見された土器（粘土をこねて作ったものを火で焼いて固くしたもの）に、縄目のような模様が付けられていたことに由来する。私は縄文時代の土器を見ると、一所懸命に縄目模様を施していた先人たちの姿が目に浮かび、微笑ましい気持ちになる。現代人から見れば近代文明とは程遠い生活をしていた縄文人たちは、その暮らしの中に美しいものを求める気持ちを持っていたのだ。

縄文時代の人々の平均寿命は推定十五歳くらいだったといわれる。これは乳幼児の死亡率が高いためであるが、十五年以上生き延びた人に限れば、平均寿命は推定三十歳くらいだった。女性の場合、十五歳から二年に一度出産するとすれば、平均して八人くらいの子供を産むことができる。しかし医療技術がほとんどない当時、出産は非常に危険なことであり、おそらく八人も出産できる女性は少なかったはずだ。生まれた子供の多くが乳幼児の頃に亡くなったことを考慮すると、縄文時代の人々は人口を維持するのがぎりぎりであったと思われる。

今、この本を書いている私も、そして読者の皆さんも、縄文時代の女性が命懸けで産み、育

てた子供たちの末裔である。飢餓、病気、戦争という過酷な環境の中で生き抜き、出産と子育てという営みが繰り返されてきたこと、その結果、自分が今ここにいることを思うと、私は胸が熱くなる。

コラム　「世界四大文明」――この用語は日本だけのもので、ヨーロッパやアメリカで使われることはない。というのも世界の古代文明はそれだけではないからだ（オーストラリア大陸や南北アメリカ大陸にも優れた文明はあった）。縄文時代の文明も一万年前まで遡れば、世界有数の高度なものといえる。ちなみに現在までに発見されている世界最古の釣り針は、沖縄の洞窟で発見された約二万三千年前のもので、これは縄文時代より前である。

そもそも「世界四大文明」という言葉は、二十世紀初頭に清の政治家、梁啓超《りょうけいちょう》が日本に亡命中に作ったものである。清が西洋に比べて遅れていることに自信を失っていた梁が、日本人から「中国には偉大な黄河文明があるではないか」と教えられたことで自信を取り戻し、自作の詩「二十世紀太平洋歌」の中で使ったものだ。ところが、この言葉が、古代中国に対する憧れが強い日本において逆に定着してしまい、今も教科書などで使われている。

余談だが、近年、北朝鮮が「大同江《だいどうこう》文化」を加えて、「世界五大文明」という主張をしているが、そのような「文明」が存在した証はない。

弥生時代（紀元前三世紀～三世紀）

縄文時代においては、採取・狩猟・漁撈が生活手段の中心だったが、紀元前六～紀元前五世紀頃、北九州で水稲《すいとう》耕作が始まり、同時に青銅や鉄といった金属の使用も始まった。

これらの文化は大陸から朝鮮半島などを経由してやってきた人々が伝えたとされており、その頃から九州地方と大陸との交易はあったと考えられる。当時、東アジアにおいては、今の中国にあたる地域に圧倒的に高度な文明があり、そこではすでに鉄器が使われていた。

世界史的には青銅器時代から鉄器時代に移行するのに二千年以上かかったといわれている。鉄を溶かすには、銅や錫《すず》（青銅は銅と錫の合金）を溶かすよりもはるかに高い温度を必要とするが、それにはふいごの発明を待たなければならなかったからだ。しかし日本にはほぼ同時に青銅器と鉄器の技術が入ってきたため、青銅器時代と鉄器時代の境がない。

我が国では、青銅器は儀礼に用いられたり（銅鐸《どうたく》など）、宝飾として使われたりし、実用的な武器や鎌には鉄が用いられた。

弥生《やよい》時代という名称は、縄文土器とは形状の異なる土器が最初に発見された地が、東京府本《ほん》郷《ごう》区向ヶ岡弥生町（現在の東京大学近く）であることから付けられた。

水稲耕作は、日本を大きく変えた。人々は食料を大量に獲得することができるようになり、

人口が増え、社会は発展した。籾《もみ》は保存可能で、これにより富の蓄積、貧富の差が生まれ、やがてそれは人々の間に階級を生んだ。肥沃な土地を求めて部族間の争いが起き、いくつかの原始小国家のようなものが誕生したと思われる。

この頃のことを記した同時代の文書は日本にはないが、一世紀頃に編纂された中国の『漢書《かんじょ》』「地理志」の中に、「楽浪《らくろう》海中に倭人《わじん》あり、分れて百余国となり、歳時をもって来たり献見すと云う」という文章がある（楽浪とは現在の北朝鮮あたりにあった漢帝国の支配地域である）。倭人とは日本人を指す。つまり一世紀頃の日本には多くの原始小国家があり、漢帝国に朝貢《ちょうこう》していたのである。

また『後漢書《ごかんじょ》』「東夷伝《とういでん》」にも同様の記述があり、五七年に倭の奴国《なこく》が使節を送り、後漢の光武《こうぶ》帝が印綬《いんじゅ》を与えたという記録がある。約千七百年後の江戸時代に、筑前国志賀島《ちくぜんのくにしかのしま》（現在の福岡県福岡市）で発見された「漢委奴国王《かんのわのなのこくおう》」という金印がそれだと考えられている。

農耕生活と日本人

四季があり、自然に恵まれた環境で暮らす縄文人は、「生物・無生物に限らず万物に霊魂が宿る」というアニミズムの思想を持っていたが、その思想は弥生時代にも受け継がれた。

稲作は多くの水を必要とするため、人々はそれまで生活していた小高い丘から、川の流れる

平野部や湿潤地帯に移り住んだ。稲の収穫が天候に大きく左右されることから、「自然界のすべてに神が宿る」という日本独特の信仰文化へと発展していく。

人々は種まきや収穫の時などに、集落総出で豊作を祈願する祭礼を行なうようにもなった。たとえば秋の終わりに収穫を祝う「新嘗祭《にいなめさい》」もその一つだが、これは建国から現在まで宮中《きゅうちゅう》で連綿と行なわれている最重要の祭祀《さいし》の一つである。しかし大東亜戦争後、アメリカ占領軍の政策により、宮中祭祀・国事行為から切り離され、「勤労感謝の日」という意味の異なる名称に変えられ、古代からの歴史のつながりを断たれてしまった。残念な限りである。

統一国家へ

弥生時代の日本について書かれた最も重要な歴史書は、古代中国の『魏志』「倭人伝」（正確には『魏志』の中の「東夷伝・倭人の条」）である。その頃、中国大陸は『三国志《さんごくし》』でお馴染みの「魏《ぎ》、呉《ご》、蜀《しょく》」の三国時代であり、日本はこの中の魏と交流していた。

『魏志』には、日本では二世紀後半に内乱が続いたと書かれている。これは「倭国大乱《わこくたいらん》」と呼ばれているが、その規模や期間には諸説あり、詳しいことは不明である。『魏志』によれば、その内乱を統一したのが邪馬台国《やまたいこく》の卑弥呼《ひみこ》だとされている。

とはいえ、邪馬台国は絶対的権力を備えた中央集権国家ではなく、連合国家と見られている。

『魏志』には、卑弥呼が魏に朝貢したのは、二三九年とある。この頃、邪馬台国は魏や、その後に成立した晋《しん》と交易を行なうほどの国になっていた。

ところが、この邪馬台国がどこにあったのかは今も不明である。遺跡や遺物から畿内説が有力だが、決定的とはいえず、九州説をとる学者もいる。私は、後述するいくつかの理由で九州にあったのではないかと考えている。

当時の日本社会と日本人

『魏志』「倭人伝」には、日本人の性格や日本社会の特徴についての記述もある。そこには「風俗は乱れていない」「盗みはしない」「争いごとは少ない」とある。歴史書にわざわざ記すくらいであるから、当時の魏の人々にとって、これらの特徴が非常に珍しかったに違いない。こうした記述は、多くの歴史研究者にとっては些細なことであり、見過ごされがちだが、私は敢えてここに注目する。千八百年も前の私たちの祖先が、他人のものを盗んだり、他人と争ったりしない民族であったということを、心から嬉しく思うのである。

卑弥呼は『魏志』「倭人伝」に「鬼道を使って人を惑わす」と書かれていることから、一種のシャーマン（巫女《みこ》）であったと考えられる。もしかしたら「日巫女」であったかもしれない。

卑弥呼は二四七年か二四八年に死んだとされているが、実はこの年に不思議なことが起きて

いる。九州地方と大和地方でかなり大規模な日蝕《にっしょく》が見られたのだ。これは現代の天文学で明らかになっていて、日時まで特定されている。月が太陽の光を遮ることで日蝕という現象が起きるのは、現代では子供でも知っているが、天文学の知識がない古代人にとっては、太陽が突如、姿を消すというのは、とてつもなく恐ろしい出来事だったと想像できる。

その日蝕が起こった年に卑弥呼が亡くなっているのは偶然だろうか。作家の井沢元彦《いざわもとひこ》氏は、卑弥呼は天変地異の責任を取らされて殺された可能性があるという説を唱えている。卑弥呼が太陽神を祀る「日の巫女」であるならば、大いに納得できる説である。証拠はないが、こういうことを考えるのが歴史のロマンであり、愉しさではないだろうか。

また『古事記』の中にある天照大神《あまてらすおおみかみ》の「天岩戸に隠れたことで、世の中が真っ暗になった」物語は、日蝕の暗喩だという説があり、これをもって「卑弥呼＝天照大神」と考える人もいるが、太陽神が隠れて世界が闇に覆われるという話は、古代中国、東南アジア、ヨーロッパの神話にもあり、決して珍しいものではない。二人が同一人物というのは非常に魅力ある説だと思うが、私は賛同しない。その理由は後に述べる。

倭とは何か

『漢書』をはじめとする古代中国の歴史書には、日本は「倭」と書かれている。「倭」という

文字には、「小さい」「従順な」という意味があるが、決していい意味を表わす文字ではない。中国では昔から周辺国の国名や人物には、賤しい意味を持つ文字を当てる。国名では「匈奴《きょうど》」「鮮卑《せんぴ》」「奴国」などだ。邪馬台国にも「邪」という賤字が使われ、卑弥呼にも「卑」という賤字が付けられている。『後漢書』「東夷伝」の「夷」も賤字である。

最初は文字を持たなかった日本人も、やがて漢字を習得すると、「倭」がいい意味の字ではないということがわかってきた。そこで七世紀中頃から同じ「わ」という音を持つ「和」という字を使うようになる（六六八年の天智《てんじ》天皇の即位から「和国」の文字が使われるようになったという説がある）。

ここで一つ疑問が生じる。なぜ魏の人は日本を「倭」と呼んだのかということだ。私は、魏に赴いた使節が自分たちのことを「わ」と言ったのではないかと想像する。日本人は昔も今も、自分のことを「われ」「わし」「わがはい」「わたし」「わが」「わい」などと言う。東北地方の一部には「わ」という言葉も残っている。古代中国へ渡った使節は、「お前たちは何者だ？」と訊かれて、自分たちのことを「わ」と言ったのではないか。それを聞いた中国人が、記録に「倭」ないし「倭国」と書き、その呼び名が日本に逆輸入されたのではないだろうか。もちろん文献が残っているわけではなく、私の推測にすぎないことを断わっておく。

大和朝廷が生まれるまで

限定的ではあるが、日本初の統一国家となったとされる邪馬台国が、後の大和朝廷になったかどうかは不明である。私は邪馬台国が大和朝廷になったのではないと考えている。大和朝廷の歴史書である『古事記』『日本書紀』（併せて「記紀《きき》」と呼ぶ）には、卑弥呼のことも邪馬台国のことも書かれていない。大和朝廷が邪馬台国なら、当時の大国であった魏から「王」に任ぜられ、多くの宝物を授かった出来事が一切書かれていないのは不自然であり、このことが、私が「邪馬台国畿内説」をとらない理由の一つでもある。同様に「卑弥呼＝天照大神」も違うと考える。二人がともに「太陽」と関係があるのも、弟がいたというのも偶然の一致だと思う。歴史にはこうした偶然の一致というものがままある。また「日蝕＝天岩戸伝説」も、「日蝕」の記憶が語り継がれて、神話に取り入れられたのではないだろうか。

私は、大和朝廷は九州から畿内に移り住んだ一族が作ったのではないかと考える。記紀にも、そのようなことが書かれている。いわゆる「神武《じんむ》東征」（神武東遷ともいう）である。後に初代天皇となる神武天皇は九州から瀬戸内を通り、大阪平野に入ろうとするが、長髄彦《ながすねひこ》と戦って敗れる。そこで神武天皇は大阪を大きく迂回し、和歌山の熊野から大和平野に入り、その地で力を蓄え、あらためて長髄彦と戦って破ったと、記紀に書かれている。これは神話であって事実ではないと捉える学者も少なくないが、作り話にしては、妙にリアリティがある。

わざわざ負けた話を創作するのも不自然である。また、熊野は古来、大和朝廷にとって神聖な地である。こういったことから、「神武東征」は真実であったと私は考えている。

ただし神武天皇が邪馬台国の末裔かどうかはわからない。前述のように、記紀に卑弥呼に関する記述がまったくないからだ。『魏志』「倭人伝」には、邪馬台国は狗奴《くな》国と戦っているという記述があるが、私は、その後、狗奴国が邪馬台国を滅ぼしたのではないかと見ている。神武天皇は邪馬台国を滅ぼした狗奴国の流れを汲む一族の出身ではないだろうか。もっともこれを証明する文献も考古学的資料も存在はしていない。

銅鐸の謎

私が神武東征を事実と考える根拠の一つが銅鐸である。

二〜四世紀頃の日本には、銅矛《どうほこ》文化圏と銅鐸文化圏があった。現在の歴史教科書では「文化圏」という言葉は使われなくなったが、本書では敢えて使う。畿内から中国地方の東部が銅鐸文化圏で、九州から中国地方西部が銅矛文化圏である。この二つの文化圏は、基本的に重なっていない（一部例外の地域もある）。つまり異なる二つの国があったと考えられているのだ。

二つとも青銅器であるが、銅矛は武器であり、銅鐸は祭祀に使われたものとされている。ところが銅鐸は三世紀頃から突如として使われなくなった形跡がある。そして、中国地方（特に

出雲《いずも》）の遺跡から発掘される銅鐸は、丁寧に埋められており無傷であることが非常に多い。まるで大事なものを隠すために埋められたかのようだと言う学者もいる。もしそうなら、理由は何だろうか。見つかると危険だから、こっそりと埋めたと考えるのが自然だ。つまり新しい為政者が銅鐸を使う祭祀を禁じた可能性が高いのである。

一方、大和平野の遺跡で発掘される銅鐸は壊された形で見つかるものが多い。大和平野といえば、大和朝廷の最初の本拠地だ。その地から発見される銅鐸の多くが、人為的な力を加えて破壊されているということは意味深長である。世界の歴史を見ても、征服民が被征服民の宗教を弾圧し、その施設や祭祀の道具を破壊する行為は珍しくない。つまり奈良にあった銅鐸文化を持った国を、別の文化圏の国が侵略し、銅鐸を破壊したと考えれば辻褄が合う。

もし神武天皇に率いられた一族が銅鐸文化を持たない人々であり、大和平野に住んでいた一族が銅鐸文化を持つ人々であったとしたら、どうだろう。神武天皇の一族が銅鐸を破壊したとしても不思議ではない。そして後に大和朝廷がじわじわと勢力を広げ、中国地方の銅鐸文化圏の国々を支配していく中で、被征服民たちが銅鐸を破壊されることを恐れてこっそりと埋めたとは考えられないだろうか。

もちろん、そうしたことをはっきりと記した史書はない。しかし中国地方から出土する銅鐸が丁寧に埋められ、奈良で出土する銅鐸の多くが破壊されているという事実、そして記紀の中の「神武東征」から、そう類推されるのである。

ただ、『古事記』と『日本書紀』には、天照大神が大国主命《おおくにぬしのみこと》から葦原中国《あしはらのなかつくに》を譲られる話（国譲り神話）がある。この葦原中国は出雲あたりと考えられている。もしかすると大和朝廷が出雲地方を征服した話が「国譲りの神話」となって残ったのかもしれない。

朝鮮半島との関係

日本の歴史を語る際に避けて通れないのが、朝鮮半島との関係である。日本は二世紀から三世紀にかけて、たびたび朝鮮半島に兵を送っていることが、朝鮮の記録に残っている。『日本書紀』にも「三韓征伐」を行なったという記述があるが、これは事実関係も年代もはっきりしていない。もしかしたら、朝鮮の記録にある日本からの派兵は、地理的な条件を考えると九州の王朝からのものであった可能性が高いと私は見ている。

四世紀半ばにも、日本はかなり積極的に朝鮮半島に兵を送っている。この派兵については『日本書紀』などにも記述がある。当時の朝鮮半島は、北の高句麗《こうくり》、東の新羅《しらぎ》、西の百済《くだら》の三国が鼎立していた（この三国は民族が違っていたともいわれている）。日本は朝鮮半島の弁韓《べんかん》と呼ばれる地方に兵を進め、三六九年には新羅と戦い、百済を従属させた。そして弁韓を任那《みまな》と名付けた。三九一年から四〇四年にかけては、百済と新羅の連合軍を破り、さらには高句麗とも戦い、朝鮮半島の南半分近くまで進出した。

当時、海を越えて遠征するのは容易なことではない。戦争のリスク以前に渡航に大きなリスクがある。兵の食料の問題もある。にもかかわらず、日本（大和朝廷とは限らない）は、幾度も朝鮮半島に兵を送っている。つまり日本の国力が相当大きかったと考えられ、当時の日本にとって朝鮮半島の一部が非常に重要な地域であったとも考えられる。もしかしたらもとは同じ一族が住んでいた可能性もある。ただしそれらを示す歴史的資料はない。

後述するが、七世紀に百済が新羅と唐の連合軍に攻められて滅亡した時に、日本は百済再興のための兵を送っている。この時代、他国を再興するために海を越えてまで派兵を行なうというのはよほどのことである。日本にとって百済は単なる友好国ではないと見るのが自然である。ちなみに百済があった地では、日本式の前方後円墳に近い古墳がいくつも発見されている。ただ残念なことに、日本と百済が具体的にどのような関係であったのかを知る記録はない。

広開土王碑

日本の朝鮮進出については、一八八〇年に清の集安《しゅうあん》（現在の中華人民共和国吉林《きつりん》省集安市）で発見された「広開土《こうかいど》王碑《おうひ》」（石碑）にも記されている。広開土王（好太王《こうたいおう》）は高句麗の第十九代の王で、石碑には王の業績が彫られている。四世紀から五世紀初めにかけての朝鮮半島と日本の関係を知る貴重な史料である。

碑文には日本は「倭」と記されているが、それが大和朝廷を指すのか、あるいは九州の豪族を指すのかは不明である。

原文は漢文であり、その中に「三九一年に倭が海を渡って、百済と新羅と加羅《から》を破り、臣民にした」という記述があるが、北朝鮮と韓国の学者たちは、それが気に入らないのか、まったく逆の解釈をしている。北朝鮮の学会は、「三九一年に高句麗が海を渡って、倭を破った」という強引な解釈をし、韓国の学会も「三九一年に高句麗は海を渡って百済を破り、新羅を救って臣民とした」と、これまた無理な解釈をしている。

もっともさすがにこれはかなり苦しい解釈であることを自覚しているのか、在日韓国人の歴史学者、李進熙《イジンヒ》は、大日本帝国陸軍による改竄《かいざん》・捏造《ねつぞう》説を唱えたが、後に原石拓本の発見によって、改竄がなかったことが確認されている。

ただ、日本軍が高句麗に敗れたことはたしかなようで（広開土王碑には四〇四年に高句麗が倭を破ったと彫られている）、これ以降、日本は任那だけを支配することになる。

しかし韓国の学会は、古代において日本が任那を支配していたということも気に入らないようで、第二次世界大戦後、このことを認めないよう日本の学会に要求した。その結果、現在の日本で使われている多くの歴史教科書には、韓国への配慮から、日本の任那支配の記述がない。

神功皇后の謎

『日本書紀』にも、神功皇后《じんぐう》の時代に大和朝廷が朝鮮半島に進出し、新羅を屈服させて百済を直轄地としたという記述があるが、はたしてこれが広開土王碑に記されている三九一年の出来事であったのかどうかは不明である。ただ『日本書紀』のこのあたりの記述は非常に不思議なものとなっている。

九州を支配していた熊襲《くまそ》を討伐するために筑紫《つくし》（現在の福岡県）に赴いた第十四代仲哀《ちゅうあい》天皇は、神懸かりとなった妻の神功皇后から、「西海の宝の国（新羅）を授ける」という神託を受けた。

しかし仲哀天皇はこれを信じずに、神を非難した。すると突然崩御《ほうぎょ》した。普通に読めば、神の怒りに触れたため解釈できる。天皇の業績を称える意味を持つ『日本書紀』に、まるで天皇が神の罰を受けたとも読める記述があるのは異様である。しかも諡号《しごう》（死後に付けられる天皇の名前）の「仲哀」に、「哀しい」という文字が入っているのも意味ありげだ。

『日本書紀』によると、仲哀天皇の死後、権力を握った神功皇后は朝鮮半島に兵を送り、新羅と百済を破ったとあるが、これが広開土王碑に記されている戦争のことかどうかは不明である。

その新羅との戦いの後に奇妙な記述がある。それは神功皇后の出産である。生まれた子は後に第十五代応神《おうじん》天皇となるが、『古事記』によると、応神天皇は父の仲哀天皇の死後、十五ヵ

月後に生まれたことになっている。『日本書紀』では、仲哀天皇の死から十ヵ月と十日後に出産したことになっているが、いわゆる「十月十日《とつきとおか》」（人の妊娠期間）というのは、実は九ヵ月と十日なので、これも通常の妊娠期間より一ヵ月も長い。記紀には出産が遅れた理由がいろいろと書いてあるが、それが逆に怪しく、むしろ記紀編纂者が苦労している様がうかがえる。

仲哀天皇も神功皇后も実在しなかったのではないかという説が一部にあるが、創作上の天皇なら、わざわざこんな不自然な記述をする理由がない。したがって仲哀天皇も神功皇后も実在したと考える方が自然である。

歴史研究家の中には、この時に王朝が入れ替わったのではないかという説を唱える人が少なくない。仲哀天皇は、熊襲との戦いで戦死し、代わって熊襲が大和朝廷を滅ぼして権力を掌握したという説だ。なら、なぜ日本書紀にそれが書かれていないのか。記紀が書かれた八世紀頃は、「皇統は万世一系であらねばならない」という不文律がすでにあったので、記紀編纂者がそのあたりをうまく工夫して書いたというのだ。定説にはなっていないが、私はこの説はかなり説得力があるものと考えている。

新王朝が建ったと私が考えるもう一つの理由は、神功皇后とその子、応神天皇に「神」という文字が入っていることだ。天皇の名前に「神」の文字が入ることは特別なことである。初代から平成の御代の今上陛下まで百二十五人いる歴代天皇の中で、諡号に「神」の字が付いているのは、初代の神武天皇、第十代崇神《すじん》天皇と第十五代応神天皇の三人のみである。

大和王朝の祖とされる神武天皇の業績の大きさはいうまでもない。崇神天皇の業績も神武天皇に劣らない。崇神天皇は畿内を統一して、強大な王朝を作ったとされているからだ。つまりこの二人の天皇は歴代天皇の中でも特別に偉大な存在だ。そのため、神武天皇と崇神天皇は実は同一人物ではないかという説も根強い。しかも不思議なことに『日本書紀』において、この二人の天皇は同じ「ハツクニシラススメラミコト」という尊称を持っているのである。「ハツクニシラススメラミコト」とは、「初めて国を作った男」という意味である。この奇妙な一致は単なる偶然とは思えない。一方、二代から九代までの天皇は実在しないという説も根強い（「欠史《けつし》八代《はちだい》」といわれている）。

神功皇后と応神天皇が、崇神天皇以来の「神」の文字を戴く人物であることの意味は大きいということがおわかりいただけるだろうか。敢えて大胆に推察すれば、ここで王朝が入れ替わり、その初代を表わすために、「神」の文字を用いたように思える。仲哀天皇が死んだのが平時ではなく、九州での戦の途中であったことからも、戦死であった可能性がうかがえる。

倭の五王

四一三年から四七八年にかけて、日本の五人の王が中国の東晋《とうしん》、宋《そう》、南斉《なんせい》、梁《りよう》に少なくとも九回朝貢した記録が残っている。この五人の王は「倭の五王」と呼ばれていて、中国の記録に

よれば、その名は讃《さん》、珍《ちん》、済《せい》、興《こう》、武《ぶ》となっている。日本の歴史学者の間では、讃→履中《りちゅう》天皇、珍→反正《はんぜい》天皇、済→允恭《いんぎょう》天皇、興→安康《あんこう》天皇、武→雄略《ゆうりゃく》天皇というのが一応の定説となっているが、私はまったく納得がいかない。

まず中国の記録の中にある名前が天皇の本名（諡号とは別）とまったく違う。学者たちは、なぜ中国の史書でそんな名前が付けられたのかという理由をいろいろ挙げているが、いずれも相当強引なこじつけであるし、そこに法則性は一切ない。また『古事記』にも『日本書紀』にも、前述の天皇が中国に朝貢したという記述はない。さらに五人の王は、中国から安東《あんとう》大将軍倭国王などに任命されているが、そうした記述もない。在野の歴史家である古田武彦《ふるたたけひこ》氏などは、倭の五王は九州王朝の王だったのではないかとする説を述べている。

もっとも「倭の五王」に関する中国の史書の信頼性は高くないという説もある。いずれにしても、三世紀から六世紀にかけての日本の王朝のことは、今のところよくわかっていないのが実情である。

古墳時代

かつての歴史教科書では、四〜六世紀は「大和時代」あるいは「大和朝廷時代」と呼んでいたが、近年の考古学研究の進展により、この時代は必ずしも大和朝廷が日本を統一していたわ

けではないという見解が一般的になり、同時代を「古墳時代」と呼ぶようになった。その王朝は「ヤマト王権」と呼ばれることが多い。

古墳は三世紀末頃から畿内を中心に発達し、四世紀には日本独自の「前方後円墳」が現れ、五世紀に入ると、突如として大阪平野の南部に非常に大きな墳墓が作られるようになった。大阪府堺市にある大仙陵《だいせんりょう》古墳（伝仁徳《にんとく》天皇陵）は、最大長八四〇メートル、最大幅六五四メートル、墳丘長四八六メートルという巨大なもので、その規模は世界最大級である。同じ大阪府羽《は》曳野《びきの》市にある誉田《こんだ》御廟山《ごびょうやま》古墳（伝応神天皇陵）も大仙陵古墳に次ぐ大きさである（体積は大仙陵古墳を上回る）。

こうした巨大な古墳は、その王朝がかなりの国力を持っていたことの証であり、同時にその王の権力の強大さがうかがえる。同じような前方後円墳が日本各地に作られていることから、ヤマト王権の権力はほぼ全国にわたっていたとも考えられる。

不思議なことは、なぜ巨大古墳が突如、大阪平野の南に現れたのかである。時期的には、前述の仲哀天皇から応神天皇の世に重なる。私は、九州から畿内にやってきた王朝が大阪平野に勢力を広げたのではないか（九州王朝による二度目の畿内統一）と想像するが、残念ながらこれも文献資料はない。

大仙陵古墳は現在、宮内庁により「仁徳天皇陵」とされているが、多くの考古学者たちは否定的な見解を述べている。他の多くの古墳についても、宮内庁が認めている天皇陵に考古学者

が異論を唱えているものがある。

宮内庁が管理する全国八百九十九の陵墓は、研究者による自由な発掘調査はできない。そのために多くの古墳が謎を残したままである。宮内庁によって応神天皇陵とされている誉田御廟山古墳も、実際は誰の墓なのかは不明である。これらの古墳を調査するには、宮内庁の認可が必要だが、過去に認められたケースはほとんどない。しかしながら近年は、考古学会の要望もあり、修復のための調査として研究者の立ち入りが認められることもあり、平成三〇年（二〇一八）十月には、宮内庁と堺市が大仙陵古墳を共同で発掘すると発表している。

継体天皇の登場

六世紀後半になると、大規模な古墳が作られることはなくなり、古墳の形も変わっていった。このことから、朝鮮半島を支配した騎馬民族が海を渡ってやってきて、新たな王朝を建てたのではないかという学説が、戦後になって盛んに唱えられた時期もあるが、今日では荒唐無稽な説として完全に否定されている。この説が一時期受け入れられた背景には、戦前の皇国史観への反動と朝鮮人に対する贖罪意識という側面があるが、歴史を見る際にはそうしたイデオロギーや情緒に囚われることは避けなければならない。

古墳の形が変わったことには、同じ頃に第二十六代継体《けいたい》天皇が即位したことが関係している

のかもしれない。

継体天皇は歴代天皇の中で最も謎が多い人物である。『日本書紀』によれば、五〇六年に第二十五代武烈《ぶれつ》天皇が崩御した時、皇位継承者が見当たらず、越前《えちぜん》（現在の福井県北部）から応神天皇の五世の孫である男大迹王《おおどのおう》を迎えた。翌年、男大迹王は即位して天皇となるが（継体天皇の名は死後の諡号）、何とこの時、五十八歳だった。当時としては大変な高齢である。さらに奇妙なことに、継体天皇が都入りするのは即位後十九年も経ってからである。そもそも五代も遡らなければならないくらい遠縁の人物に、しかも五十八歳の老人に天皇を継いでもらいたいとお願いするのは不自然であり、即位してから十九年も都入りしないのもおかしい。

それ以上に腑に落ちないのは、継体天皇の一代前の武烈天皇に関する『日本書紀』の記述である。そこには「頻《しき》りに諸悪を造し、一善も修めたまはず」と、悪逆非道な天皇として描かれている。たとえば、妊婦の腹を裂いて、胎児を取り出したり、爪をはぎ、その手で芋を掘らせたり、人を木に登らせて、その木を伐り倒し、人が落ちて死ぬのを見て楽しんだり、という残虐な記述が多数ある。天皇の偉大な業績を記録するためにあるはずの『日本書紀』にこのような記述があることは、普通に考えればおかしい。

だが、継体天皇の代で王朝が入れ替わったとするなら、むしろ納得がいく。「武烈」という怖そうな諡号もさもありなんだ。「継体」という諡号も、きわめて暗示的な名である。

現在、多くの学者が継体天皇の時に、皇位簒奪《さんだつ》（本来、地位の継承資格がない者が、その地

位を奪取すること）が行なわれたのではないかと考えている。私も十中八九そうであろうと思う。つまり現皇室は継体天皇から始まった王朝ではないかと想像できるのだ。継体天皇が即位してから十九年も都を定めなかったのも、その間、前王朝の一族と戦争をしていたと考えればしっくりくる。

ただ、そうだと仮定したなら、皇位簒奪者の継体天皇が、なぜ新しい王朝を打ち立てたと宣言しなかったかという疑問が生じる。中国では、天が王朝を見限った時、新たな王朝が生まれるという「易姓《えきせい》革命」という思想があり、新王朝は前王朝を徹底的に否定する。

しかし日本はそうではなかった。継体天皇の時代には、すでに「万世一系」という思想があった可能性が高い。当時、「天皇」（実は天皇という言葉が使われるのは七世紀になってからで、それまでは大王《おおきみ》と呼ばれていた）という存在は、それ自体が権力ではあったが、単に武力や統治力を持っているだけでなく、象徴的な存在でもあったのではないか。

「天皇は万世一系でなければならない」という不文律があったからこそ、『日本書紀』に、このような不自然な記述をする必要があったと考えられる。つまり継体天皇は、天皇の正式な系譜を継いだ人物でなければならなかったのである。応神天皇の五世の孫ということが事実かどうかも疑問であるが、皇統を継ぐ者として、血統は不可欠だった。同じことは「仲哀天皇から応神天皇」の流れにも見ることができる。

私はここに、日本における「天皇」の不思議な力を見る思いがする。いわゆる権力とは別次

元の存在として、日本の歴史に常に見えない力を及ぼし続ける。それが天皇なのだ。


コラム ここで「万世一系」ということについて、簡単に説明しよう。

日本の天皇は二代目の綏靖《すいぜい》天皇から第百二十五代の今上陛下まですべて、初代神武天皇の男系子孫である。男系とは、父、祖父、曽祖父と、男親を辿っていけば、祖先に神武天皇がいるという血筋を持っていることをいう。

日本では開闢《かいびゃく》以来、一度たりとも男系ではない天皇は即位していない。ここで理解してもらいたいのは、女系天皇と女性天皇は同じではないということだ。日本には過去八人（十代）の女性の天皇がいたが、全員が男系である。つまり父親が天皇である。

仮に、女性天皇が天皇の血筋を引いていない男性と結婚し、その子が天皇になれば、その天皇は男系ではない天皇ということになる。つまりその時点で、一つの皇統が絶え、別の皇統が始まるということになる。

わかりやすい譬《たと》えとして、アニメの『サザエさん』一家を皇室と考える話がある。磯野波平が天皇であるが、もし波平が亡くなってサザエが天皇になれば、彼女は男系の女性天皇になる。サザエが亡くなって弟のカツオが継げば、そのまま磯野朝の男系継承は保たれる。しかしサザエの後に、夫のマスオが天皇になれば、そこで磯野朝からフグ田朝に代わる。サザエの息子のタラオが継いでもフグ田朝に代わる。これは「万世一系」ではない。

日本の過去八人の女性天皇のうち、四人は既婚者（未亡人）であり、彼女たちの子は天皇になっている。ただ、彼女たちの夫も天皇であったから、その子供たちはすべて男系を継いでいる。ちなみに他の四人の未婚の女性天皇は生涯独身を貫き、子供を産まなかった。「万世一系」という考え方がどのようにして生まれたのかはわからない。しかし『日本書紀』編纂時にはすでに、崩してはならない伝統としてあったと見られる。これ以後、千三百年以上にわたって男系は一度も途切れることなく継承されている。

日本はこの万世一系の皇統により、「世界最古の王朝」であると、世界の国々から畏敬と驚異をもって見られている。中国の史書にも、明らかに日本の天皇に対して一種のコンプレックスを抱いているような記述が出てくる。

余談だが、遺伝子の視点から男系を見る識者もいて、これも興味深い。人間の性染色体にはX染色体とY染色体と呼ばれる二種類があり、女性は二つのX染色体を持っているが、男性はX染色体とY染色体を一つずつ持っている。つまりY染色体は父親から息子にしか受け渡すことができず、逆にいえば、父方の男性は何代遡ろうと、すべて同じY染色体を持っているということになる。ところが、女性天皇が皇室のY染色体を持っていない男性と結婚した場合、皇室のY染色体はそこで途切れる。

古代人が遺伝子や染色体のことを知っていたはずはないが、こうした点を見ると、男系にこだわったことには偶然とは思えないものを感じる。

第二章

飛鳥時代〜平城京

古代から大和政権成立までを「日本の幼年時代」とするなら、飛鳥《あすか》時代は「少年時代」といえる。中国王朝の臣下となる道をきっぱりと断わった日本は、この時代に独立した国家として歩み始めた。そして、私たちの祖先は、自分たちが住む国を、「日が昇る国」＝「日本」と命名する。この素晴らしい名は千三百年後の現在まで一度も変わることがない。

日本独特の文化が育ったのもこの時代である。神話と合体した歴史書である『古事記』と『日本書紀』が著わされ、また天皇から遊女や乞食者《ほかいびと》までの詠み歌が集められた、世界に類を見ない歌集、『万葉集《まんようしゆう》』が編まれた。

一方で、遣隋使《けんずいし》・遣唐使《けんとうし》を派遣し、積極的な外交が行なわれた。外来宗教である仏教が栄え、シルクロードを通ってきた多彩な文物がもたらされた。これらの文物の中には、今日、すでに生産国では消失し、我が国にのみ残されているものが多数ある。いかに私たちの祖先がそうしたものを大切にしてきたかの証である。

飛鳥時代こそ、日本という国がたくましく成長していくダイナミックな時代であった。

飛鳥時代（六世紀後半〜八世紀初頭）

古墳時代が終わり、第三十二代崇峻《すしゅん》天皇の時代から百年ぐらいを飛鳥時代と呼ぶ。これは都が飛鳥（現在の奈良県高市《たかいち》郡明日香《あすか》村）にあったからである。

この頃の日本は朝鮮半島の経営にあまり力を注いでいない。継体天皇即位に関係した内戦により、海外にまで手を広げる余裕を失っていたのかもしれない。六世紀には朝鮮半島における影響力も低下し、五六二年には、日本支配地であった任那が新羅によって滅ぼされている。

継体天皇の死後、豪族の蘇我《そが》氏と物部《もののべ》氏の間で、仏教を日本に受け入れるか否かの争いが起こった。結局、物部氏が滅ぼされ、仏教を受け入れることとなった。

仏教が伝来する以前の日本には神道《しんとう》があった。

神道を宗教と呼ぶことにはいささか違和感がある。神道には、他の宗教が持つ教義や経典がなく、開祖も教祖もいない。森羅万象に神が宿るという自然信仰に近い考え方が基となり、祖先を敬い、浄明正直（浄く、明るく、正しく、まっすぐ）に生きることを徳目とするという道徳観が加味されたものといえる。天照大神などの神々が描かれている『古事記』や『日本書紀』を神道の聖典と見做す考え方も一部にあるが、神道は世界の多くの一神教のように、他の宗教を排斥したり敵視したりするものではなく、そのため仏教をも受け入れることができた。

もともとは社殿のようなものはなく、古代においては、神が降臨すると考えられた大木や巨

岩や山などが神聖な場所とされていた。後に社《やしろ》が作られるようになり、現在、全国各地に存在する神社は約八万五千に及ぶ。

物部氏を滅ぼした蘇我氏はやがて継体天皇の孫である崇峻天皇を殺害して、第三十三代推古《すいこ》天皇を立てるなど、大きな権力を握るようになる。推古天皇は、日本初の女性天皇であり、東アジアにおいても初の女帝であった。

推古天皇時代の六〇〇年に、日本は失った任那を取り返すために、朝鮮半島に軍を送り、一度は新羅を降伏させた。ところが、新羅は日本軍が去ると、再び任那に侵攻する。その後、日本は二度、軍を送るが、いずれも新羅を屈伏させるまでには至らなかった。しかし七世紀は日本が再び朝鮮半島に強い影響力を持ち始めた時代でもあった。

聖徳太子

推古天皇を摂政として補佐したのが聖徳太子《しょうとくたいし》である。もっとも聖徳太子という名前は死後の諡《おくりな》であり、生前は厩戸皇子《うまやどのおうじ》と呼ばれていた。近年、学校の教科書では、厩戸王と表記しようという流れになっているようだが、ここでは昔ながらに聖徳太子と表記する。生前の名前の表記を正しいとするなら、現在、諡号で表記している歴代天皇もすべてそうしなければならなくなる。

聖徳太子は大伯父にあたる蘇我馬子《うまこ》とともに政治の実権を握る。太子は大陸から仏教を入れ、日本全国に広めた。

この頃、大陸には強大な軍事力を誇る隋《ずい》帝国が誕生していた。朝鮮半島の百済、新羅、高句麗は隋から冊封《さくほう》を受けた。「冊封」とは政治的に従属するという意味で、支配はされないが、隋の臣下になるということである。冊封国の首長は隋の皇帝から「王」に任ぜられる。

新羅に軍を送った同じ六〇〇年に、聖徳太子は、新羅の宗主国である隋との関係を良好に保つため、遣隋使を送った。このあたりはかなりしたたかな外交感覚といえる。日本が中国との交渉に臨むのは約百二十年ぶりであった。ただしこの記録は『隋書《ずいしょ》』にのみあり、『日本書紀』にはない。

太子は七年後の六〇七年に再び遣隋使を送るが、この時に託した隋皇帝あての親書の書き出し、「日《ひ》出《い》ずる処《ところ》の天子、書を日没する処の天子に致す、恙無《つつがな》きや」(日出處天子致書日沒處天子無恙云々)という文章はあまりにも有名である。

隋の皇帝、煬帝《ようだい》はその手紙を読んで激怒したと伝えられる。煬帝が怒ったのは、「天子」という言葉が使われていたからである。「天子」は中国の皇帝を指す言葉で、世界に一人しか存在しないもののはずだった。ちなみに「王」は中国の皇帝が臣下に与える位のようなものである(卑弥呼の「親魏倭王」など)。太子は隋に対して、「日本は決して冊封を受けない、隋と対等な国である」という気概を示したのだった。

しかし煬帝は聖徳太子の手紙を無視するということはせず、逆に答礼使《とうれい》を派遣し、日本の朝廷に、今後はそういう非礼はしないようにと伝えた。朝鮮半島の三国をも支配下に収めた強大な隋が、東方の小さな島国の傲慢ともいえる手紙に対し、わざわざ使者を送ったのである。

これは、当時すでに日本という国が侮れない国力を持っていた証と考えられる。実際、煬帝は、日本を敵に回せば高句麗と手を結ぶかもしれないと心配したともいわれている。

太子も自国の力がわかっていたからこそ、強気な手紙をしたためたのだろう。朝鮮半島の国々が、中国に対しひたすら平身低頭の外交を伝統としていたのとは正反対である。学者の中には、太子が礼儀も言葉遣いも知らずに手紙を書いたという人もいるが、太子ほどのインテリがそんなことも知らないとは考えられない。

翌六〇八年、太子は三度目の遣隋使を派遣した。日本の発展のためには、隋と友好関係を結び、優れた文化を取り入れる必要があると考えたからだ。しかしさすがに前のような手紙を書くわけにはいかない。とはいえ、日本の天子を「王」と書くと、自ら冊封を認めることになる。そこで太子は「天皇」という言葉を編み出した。この時の手紙の書き出しは次の通りである。

「東の天皇つつしみて、西の皇帝にもうす」

太子は「天皇」という言葉を用いることによって、中国の皇帝と対等の立場であるということを表わしたのだ。煬帝は呆れたに違いないが、その言葉を使ってはならないと日本に伝えた記録はない。

これが日本における「天皇」という名称の始まりとなった。それまでは「大王《おおきみ》」と呼ばれていたのが、これ以降、「天皇」という呼称に代わった。「天皇」という言葉には、日本がどこにも従属しない独立不羈《ふき》の国であるという精神が込められているのである。

コラム 「日出ずる処の天子より」という書を送ったのは聖徳太子ではないという説がある。『隋書』には、書を送ったのは倭の多利思比孤《たりしひこ》という名の王であると書かれているからだ。妻の名は雞彌《けみ》、皇太子の名は利歌彌多弗利《りかみたふり》とある。いずれも『日本書紀』にはない名前である。さらに倭（『隋書』では「俀」となっている）の都は「邪靡堆《やまたい》」で、噴火する阿蘇山があると書かれている。したがって多利思比孤は九州の豪族であったのではないかと述べる学者がいる。また『日本書紀』には聖徳太子がそういう書（「日出處天子」云々）を送ったとは書かれていない。

しかし、『隋書』には、倭では官位が十二階級に分かれているという記述があり、これは聖徳太子が定めた「冠位十二階」と符合する。六〇八年に送った手紙の「東の天皇つつしみて、西の皇帝にもうす」（こちらは『日本書紀』にある）という書き出しも、前年の「日出ずる処の天子、書を日没する処の天子に致す」という文と構図が同じである。また「天皇」という言葉が、この後、大和朝廷にて用いられていることから見ても、私は、多利思比孤は聖徳太子か蘇我馬子を指すと見て間違いないと考えている。

十七条憲法の凄さ

聖徳太子が制定したといわれる、日本初の成文法「十七条憲法」は、驚嘆すべき先進性を秘めている。そこには為政者である天皇の権威と力を誇示する文言はほとんどなく、人々が平和に暮らしていくための道徳規範が記されているからだ。そして何よりも驚くべきことは、第一条にある（原文には一条ではなく、「一に曰《いわ》く」とある）。

「和を以て貴しと為し、忤《さか》ふること無きを宗とせよ」（原文は漢文）

これが第一条の書き出しだが、まず「仲良くすることが何よりも大切で、争いごとは良くない」といっているのだ。この後、「何事も話し合いで決めよう」と続く。これは言い換えれば「民主主義」である。世界の国のほとんどが専制独裁国であった時代に、「争うことなく、話し合いで決めよう」ということを第一義に置いた憲法というのは、世界的にも珍しい画期的なものであったといえる。

第二条には「仏教を大切にせよ」と書かれている。当時の人々にとって宗教は、現代とは比べものにならないくらい重要なものだった。しかも仏教は太子自身が積極的に普及させたものだ。だが、太子はそれさえも第一条に置かずに二番目に持ってきている。

さらに驚くべきは、第三条にようやく「天皇の 詔《みことのり》を大切にせよ」と書かれていることだ。聖徳太子は天皇の摂政であり、同時に皇太子であったわけだから、これを最初に持ってきても

何ら不思議ではない。しかし太子はこれを三番目に置いた。つまり天皇の権威よりも、「和＝話し合うこと」や「仏の教え」の方が大切だと言っている。しかも「天皇」そのものではなく、天皇の「詔」を大切にせよと書かれている。これは個人崇拝を求めていないということを意味している。

この後の条文にも、人として正しい行ないをすることの大切さが書かれている。

「十七条憲法」は実は聖徳太子の作ではなく、後世の偽書という説を唱える研究者も少なくない。八世紀の『日本書紀』編纂時に、聖徳太子が作ったことにして誰かが創作したというのだ。原本がないことや、文法や語句の使い方などが後世風であることからだが、一方、それらの説への反論もあり、真実はわからない。

しかし私は、たとえ「十七条憲法」が八世紀に作られたものであっても、その先進性は少しも損なわれるものではないと考える。『日本書紀』の編纂が開始されたのは、第四十代天武《てんむ》天皇の御代《みよ》で、天皇の権力が絶大な時代である。その時代に、「和と、話し合うことの大切さを謳った」憲法をよしとして創作するというのは凄いことである。

飛鳥時代の文化

飛鳥時代は、仏教が広められたことで、華麗な文化が花開いた時代でもある。建築分野では、

大阪の四天王寺《してんのうじ》、奈良の法隆寺など、日本独特の様式を持つ多くの寺院が建てられ、彫刻も薬師寺金堂薬師三尊像《やくしさんぞん》、法隆寺百済観音像をはじめとする数々の傑作が現存している。絵画も高松塚古墳壁画などは、現代の目で見ても見事なものである。厳密には前期の飛鳥文化と後期の白鳳《はくほう》文化に分かれるが、いずれにも日本人らしい芸術性が感じられる。

同時代に作られた多くの作品が戦乱や天災によって焼失したり紛失したりしたであろうが、千年以上経った現代でも、少なくない仏像や絵画が残されているという事実に、私は大きな感動を覚える。古墳の中に残されていたものは別にして、多くが、各寺院の僧たちや、敬虔な民衆によって代々大切に守り継がれてきたものなのだ。まさに「国宝」と呼ぶにふさわしい。

近年、外国人がこうした仏像に傷をつけたり、油をかけたりする犯罪が起きているが、許せない暴挙である。

律令国家へ

中国大陸をおよそ三百七十年ぶりに統一した隋は、六一八年にわずか三代で滅び、代わって唐《とう》が統一王朝を建てた。よく「中国は漢民族の国」といわれるが、隋を建国した楊堅《ようけん》も、唐を建国した李淵《りえん》も北方騎馬民族の鮮卑系といわれている。いずれも漢民族と称しているが、そうとはいえない。唐の治世は約三百年にも及び、遣唐使などを通じて日本にも大きな影響を与え

た。このため日本では、唐滅亡後も、中国大陸および外国のことを指す時は「唐」という文字を付けて呼ぶようになり、現代もそうした言葉が多く残っている（「唐様《からよう》」「毛唐《けとう》」など）。

この頃、日本では聖徳太子が亡くなり、蘇我氏が大きな権力を握った。その権勢は天皇を上回るほどだった。これに危機感を抱いた皇太子の中大兄皇子《なかのおおえのおうじ》（後の第三十八代天智天皇）が、六四五年に蘇我氏を滅ぼし（乙巳《いっし》の変）、天皇による中央集権体制を整えた。

天智天皇は都を飛鳥から大津《おおつ》（現在の滋賀県大津市）に移し、唐を真似て、中央集権体制を敷き、様々な法律を制定して、律令国家を築いた（この「近江令」と呼ばれるものは存在しなかったという説もある）。律令とは中国王朝の法体系を指す言葉だが、乱暴にいってしまえば、儒教と刑法である。つまり律令国家とは、儒教に基づく法治国家ということだ。それ以前の日本には成文化された法律はなく、おそらく刑事や人々の争いごと（民事）も、経験的に処理していたと思われる。なお、日本で初めて元号が用いられたのは、乙巳の変の後、孝徳《こうとく》天皇が即位した時とされている（西暦六四五年が「大化元年」）。ただ、継続的に元号が使われるようになったのは、文武《もんむ》天皇が「大宝《たいほう》」を建元した七〇一年からである。

白村江の戦いと防人制度

日本が中央集権の体制作りを急いだのには理由があった。それは唐の脅威に備えるためだっ

た。隋を滅ぼした唐は強大な軍事力を誇り、六六〇年、新羅と同盟を結んで百済を攻めて、これを滅ぼした。六六三年、日本は百済を再興するために五千人の兵を送ったが、白村江《はくそんこう》（現在の韓国南西部の錦江《きんこう》河口付近）の戦いで唐・新羅連合軍に大敗を喫した。

唐・新羅の連合軍は、六六八年に高句麗を滅ぼし、ここに朝鮮半島に長年続いた、高句麗、新羅、百済の「三国時代」が終わりを告げた。

この頃の日本には、未熟な造船技術と航海術しかなく、遣唐使でさえも命懸けであった。そんな時代に、五千人もの兵士を送るのは大難事であったはずだ。日本が百済のために派遣した兵は累計で二万七千人ともいわれているが、人口三百万人前後と考えられる当時の日本で、総人口の一パーセント近くを海外に派兵するというのは、国の総力を挙げた戦いともいえる。造船や兵糧の準備を考えると、まさしく国家的大事業であった。ましてや相手は大唐帝国である。単に百済が友好国であるというだけで、ここまでするであろうか。つまり大和朝廷にとって、百済防衛がそれほど重要であったと考えるのが自然である。

そこで私は大胆な仮説を述べたい。百済は日本の植民地に近い存在であった、と。

根拠はいくつもある。当時、百済には大和朝廷から派遣された重臣が駐在していたし、百済が滅んだ後、多くの百済の貴族が日本に亡命している。また前述したように二十世紀以降も百済があった地方からは日本特有の前方後円墳がいくつも発見されている。百済が日本の植民地に近い存在だったとすれば、大和朝廷が総力を挙げて百済のために戦ったことも頷ける。

ただ現代の韓国の歴史学界では、百済が日本の支配下にあった可能性について論じることはタブーとされており、研究対象にすらなっていない。それどころか戦後は、かつて百済があった地から前方後円墳が発見されると（年代は日本が古い）、発掘調査もされずに壊されているといわれている。学問的真実よりも国のメンツが優先される現状では、真相究明は望めない。

話を七世紀に戻そう。白村江の戦いの後、日本は唐・新羅の軍隊が侵攻してくることを恐れ、北九州に防衛のための「水城《みずき》」と呼ばれる土塁と外濠を設置し、「防人《さきもり》」と呼ばれる兵士を配置した。防人は一種の徴兵である。現代でもそうだが、当時も防衛政策を誤れば国も民族も滅亡しかねない。おそらく大和朝廷は真剣に国の守りを考えたのだろう。

防人の多くは東国の男たちだったが、彼らは国を守るために、故郷を離れ九州に赴いた。同時代に編まれた『万葉集』には、防人や彼らを送り出した家族の歌が百首ほどあり、「防人歌」と呼ばれている。

幸いにして唐からの侵略はなかったが、防人制度は十世紀まで残った。

コラム 白村江の戦いに参加した日本軍の兵士の中に大伴部博麻《おおともべのはかま》という人物がいた。六六三年、博麻は唐軍に捕らえられ、長安《ちようあん》に送られた。その頃、長安には唐と日本が戦争を始めたことによって捕虜扱いになっていた遣唐使が四人いた。六六四年、唐が日本侵略を企てているという情報を得た博麻は、自らを奴隷として売り、その金を四人の遣唐使に渡して、彼ら

の帰国資金とした。四人は六七一年に帰国し、朝廷に唐の計画を伝えた。

唐に残された博麻は奴隷として暮らしていたが、その後、自由の身になり、六九〇年にようやく帰国できた。捕虜となって二十七年後のことだった。持統《じとう》天皇は博麻の国を思う心と行動に感謝し、彼に「朕《ちん》、厥《そ》の朝《ちょう》を尊《たっと》び国を愛《おも》ひて、己《おのれ》を売りて忠を顕《あらわ》すことを嘉《よろこ》ぶ」という勅語を贈った（原文は「朕嘉厥尊朝愛国売己顕忠」）。これは、天皇が一般個人に与えた史上唯一の勅語である。また、この勅語の中にある「愛国」という言葉は、日本の文献上に初めて現れたものである。

当時は「国」という概念も「国家意識」も現代のようなものではなかったはずだ。にもかかわらず、一兵士が「愛国」の精神を持っていたことに驚くと同時に、自らを犠牲にして国を守ろうとしたことに感動を覚える。

遣唐使

六六三年の白村江の戦いの後、日本と唐の正式な交流は途絶えた。戦いの直後に日本は三度遣唐使を送っているが（六六五年、六六七年、六六九年）、これは国交正常化に向けた使節的な意味合いが強いものだった。日本は唐の侵略を警戒して防人を配置する一方で、国交正常化への努力もしていたのだ。

唐との関係が修復され、正式に遣唐使が再開されたのは七〇二年である。遣唐使はすべて朝鮮半島を経由しない海路（主要なものは三ルートあった）を使った。今の韓国がよく「日本の文化は朝鮮が伝えた」と主張するが、史実があやふやな古代は別にして、遣唐使以降の文化や技術の輸入には、朝鮮はまったく関与していないといえる。

当時の造船技術と航海術は未熟なため（航海の必需品ともいえる羅針盤はまだ発明されていなかった）、渡航は命懸けだった。唐の鑑真《がんじん》（唐招提寺《とうしょうだいじ》を建てた僧）が日本の僧に請われて渡日を試みるものの、航海に五度失敗し六度目でようやく日本に着くことができた事実を見ても（この時も船団の一艘はベトナムに漂着した）、渡航の成功率がいかに低かったかがわかる。

遣唐使たちの一番の目的は先進的な技術や知識、それに仏教の経典などだった。彼らはそのために命懸けの航海をし、唐に渡ってからも、知識を必死で吸収した。『旧唐書《くとうじょ》』に、日本からやってきた使節たちが、唐皇帝から下賜された数々の宝物を街で売り、その金で膨大な書物を買い込んで帰国したという話が残されている。遣唐使たちにとっては、宝物以上に知識や技術が大切だったのだ。日本人の旺盛な知識欲の深さとともに、「国のために尽くしたい」という使命感を表わしているエピソードである。

かつて「天子」を名乗ったことで、煬帝を怒らせはしたが、遣唐使の頃には日本はすでに天皇号を使用しており、唐皇帝と対等であることを示している。ただし中国側の記録には、日本を対等に扱ったという記述はない。

しかしながら他の周辺国が唐の冊封を受けていたのに対し、この時代、日本だけが冊封を受けなかった。つまり東アジアにおいて、唐の臣下でなかった国は日本だけであった。だからこそ日本はその後、唐文化とは異なる独自の文化を発展させることができた。

日本は先進国である唐の文化や制度を無条件に輸入したわけではなかった。日本にとっては不要だと判断されたもの、あるいは害あるものと見做されたものは受け入れなかった。たとえば宦官《かんがん》や科挙《かきょ》の制度である。死体を凌辱する刑罰も取り入れず、中国の伝統である「易姓革命」という思想も受け入れなかった。もし易姓革命の思想を入れていたなら、世界でも例のない万世一系の天皇は存在しなかっただろう。また「食人」の文化も入れなかった。現在はあまり語られることはないが、中国には古代から近代に至るまで「食人文化」があった。

朝鮮半島は上記の中国文化や制度をほとんど受け入れた。彼らが自らを「小中華」と名乗るのにはそれ相応の理由がある。

『古事記』『日本書紀』『万葉集』の誕生

六七二年、天智天皇の死後、跡を継ぐことになった大友皇子《おおとものみこ》（天智天皇の皇子）に、叔父の大海人皇子《おおあまのみこ》（天智天皇の弟）が反旗を翻し、大友皇子を倒して天武天皇となった。この内乱を「壬申《じんしん》の乱」という。

天武天皇は都を近江から再び飛鳥に移し、日本初の公式歴史書である『古事記』と『日本書紀』の編纂を命じる。蘇我氏は『天皇記』など数多くの歴史書を保管していたが、「乙巳の変」（大化の改新）で、それらの多くが書庫とともに焼失した。そこで抜群の記憶力を持っていた役人の稗田阿礼《ひえだのあれ》が『古事記』を編纂したとされる（稗田阿礼は古い歴史書の『帝紀《ていき》』『旧辞《くじ》』などを記憶していたという）。『古事記』の完成は七一二年である。『日本書紀』もおそらく様々な資料の断片や人々の記憶、あるいは伝承神話などを元にして編まれたものと思われる（完成は七二〇年）。ほぼ同時期に作られた『古事記』と『日本書紀』だが、その内容は必ずしも一致していない。

両書とも日本の古代史の一級史料ではあるが、書かれている内容はすべてが事実というわけではない。したがって現代でも研究者の間で、どこまでが伝説の類でどこからを史実と見るかで解釈が分かれている。『古事記』は古い中国語を基本に日本独特の文法を混ぜた変体漢文で書かれ、『日本書紀』は純然たる漢文で書かれている。つまり『古事記』が自国民に向けて書かれたものであるのに対し、『日本書紀』は対外的（対中国）に書かれたものと見られている。

この頃に詠まれた歌を四千五百首以上集めた『万葉集』が編纂されたのは、もう少し後の時代である。『万葉集』は現存する最古の和歌集であるが、この中には、天皇や皇族や豪族といった身分の高い人たちの歌だけではなく、下級役人や農民や防人など、一般庶民ともいえる

人々が詠んだ歌も数多く入っている。つまり当時の人々にとって歌を詠むという行為はごく普通の嗜みであり、決して選ばれた人たちだけのものではなかったのだ。千三百年も前にこれほど豊かな文化を持った国が世界にあっただろうか。しかも優れた歌の前では身分は一切問われなかったのだ。その証拠に、遊女や乞食（芸人）といった当時の最下層の人々の歌も入っている。私は『万葉集』こそ、日本が世界に誇るべき古典であり、文化遺産であると思う。

さらに『万葉集』は日本文学における第一級の史料であるのみならず、当時の方言やなまりが入った歌もあり、言語学、方言学の観点からも一級の史料となっている（詠み人の出身地も記載されている）。表記はすべて万葉仮名である。当時、仮名文字がない日本では、漢字の音を日本語に当てて使った。これを万葉仮名という。ただ、厳格な統一性はなく、一部では漢文も混ざっていて、その読み方は非常に難しい。

仁徳天皇に見る「大御心」と「大御宝」

『日本書紀』には初代の神武天皇から第四十一代持統天皇までの歴代天皇の業績が記述されているが、私が非常に興味をそそられるのは、第十六代仁徳天皇に関する記述である。特に次に記すエピソードは、当時の天皇が国と民をどう見ていたかを示すものと思う。少し長いが、要約して紹介する。

仁徳天皇四年、仁徳天皇が難波《なんば》の高津宮《たかつのみや》から遠くを見てこう言った。

「民のかまどより煙がたちのぼらないのは、貧しくて炊くものがないからではないか。都がこうなら、地方は一層ひどいことだろう」

そして「向こう三年、税を免ず」いう詔を発した。それ以降、仁徳天皇は衣を新調せず、宮垣が崩れて、茅葺《かやぶき》屋根が破れても修理しなかった。三年が経ち、ある日、天皇は高台に出ると、炊煙が盛んに立つのを見て、かたわらの皇后にこう言った。

「朕はすでに富んだ。喜ばしいことだ」

すると、皇后は言った。

「宮垣が崩れ、屋根が破れているのに、どうして富んだ、といえるのですか」

これに対して天皇はにっこりして、こう答えた。

「よく聞け。政事は民を本としなければならない。その民が富んでいるのだから、朕も富んだことになるのだ」

その頃、諸国の人々から、「宮殿は破れているのに、民は富み、道にものを置き忘れても拾っていく者もない。この時に税を献じ、宮殿を修理させていただかないと、かえって天罰を蒙《こうむ》ります」との申し出が次々とあった。しかし天皇はさらに三年間、税を免除した。そして六年の歳月が過ぎ、やっと税を課し、宮殿の修理をした。

この話が現代に書かれたものならば、まず為政者を褒めたたえるために創作されたものでは

ないかと疑う。二十世紀の社会主義国家には、このような話はいくらでもある。大衆の人気が不可欠な為政者にとっては、そうした逸話は重要なものだからだ。

しかし当時の為政者に大衆の人気取りをする必要はない。選挙など当然ないし、インターネットはおろかテレビもラジオも新聞も本もない時代なのだから、前述のエピソードを大衆に広めることさえできなかった。つまり創作する理由がないのだ。したがって、仁徳天皇は本心からそのような発言をしたと考えられる。

『日本書紀』には、そのエピソードの後に、民衆の姿を描いた次のような文章がある。

「民、うながされずして材を運び簣《こ》を負い、日夜をいとわず力を尽くして争いを作る。いまだ幾ばくを経ずして宮殿ことごとく成りぬ」

民を思う天皇に感謝した民衆が、自発的に宮殿の修繕に参じたのである。「大御心《おおみこころ》」（天皇の心）と「大御宝《おおみたから》」（国民）という関係がこうしてできあがっていったのだろう。

日本の誕生

この時代に忘れてはならない重要なことがある。それは「日本」という国名の誕生だ。

「日本」とは、太陽が昇るところという意味である。「日出ずる処の天子より」という聖徳太子の書にあるように、当時の日本人は東アジアで最も早く日が昇る国であるということに誇り

を持っていた。古代朝鮮のことを記した歴史書『新羅本紀』にも、「日本人自ら言うところでは、日の出る所に近いから、これをもって名としたとの事である」と書かれている。「日本」という呼称が使われ始めたのは七~八世紀頃といわれているが、いつが正式な始まりかははっきりしない。十世紀に編まれた中国の『旧唐書』「東夷伝」には、「倭国、自ら其の名の雅ならざるを悪《にく》み、改めて日本と為す」という記述があり、前記の『新羅本紀』にも「六七〇年に倭国が国号を日本と改めた」とある。六六四年に大宰府に来た唐の使者に、天智天皇が「日本鎮西筑紫大将軍牒」という書を与えたという話が『海外国記《かいがいこっき》』にあるが、真偽は不明である。いずれにしても天武天皇が『日本書紀』編纂を命じた時には、日本という国号が正式なものとなっていた（倭という名前はすべて日本に置き換えられている）。

日本が国名に太陽を入れたもう一つの理由は、皇室の祖神であり、日本国民の総氏神ともされる天照大神が太陽神であったからではないか。その意味では、「日本」という国名は、神話とも結びついた素晴らしい名前である。

「太陽が昇る国」――これほど美しく堂々とした国名があろうか。しかもその名を千三百年も大切に使い続けてきた。それが私たちの国なのである。

コラム 天智天皇と天武天皇は、『日本書紀』によると、兄弟ということになっているが、実は謎が多い。『日本書紀』に天武天皇の生年が書かれていないからだ。生年の記述がない天

皇は他にもいるが、『日本書紀』編纂を命じた天武天皇の生年が書かれていないのはあまりにも不自然である。生年を正確に記すと都合の悪いことがあったのではないかと考えられる。

天智天皇は『日本書紀』では病死したことになっているが、平安時代の私撰歴史書『扶桑《ふそう》略記《りやつき》』には、京都の山科《やましな》の山の中に入って、そのまま帰ってこなかったと書かれている。そこで残された者たちは、靴が見つかった場所を陵にしたという。現在、その地に御廟野《ごびようの》古墳があり、天智天皇が祀られている（これは天智天皇陵でほぼ確定している）。この記述が謀殺の可能性を匂わせることから、天智天皇と天武天皇は兄弟ではないという説がある。もちろん文献的な証拠はないが、もし二人が兄弟ではないとすると、「壬申の乱」で天武天皇が天智天皇の息子（大友皇子）と争ったのも理解できる。天武天皇に関しては、他にも不思議な話が多くあるが、本書ではそこには深入りしないことにする。

律令制度と班田収授法

普通の歴史の本では、このあたりで律令制度の細々とした用語が山ほど出てくる。たとえば、中央官制には政務を行なう太政官《だいじよう》、神祇《じんぎ》・祭祀を行なう神祇官などがあり、太政官の下には八省があって、これを二官八省と呼ぶ、というようなことだ。他にも税の仕組みや、田畑の区分による名称、司法の細かい制度などがあるが、こういうことは専門家以外には、面白いもので

はない。研究者や受験生は、覚えなければならないかもしれないが、一般読者が歴史を大きく見る上では、知る必要がないと思うので、本書ではこの種の解説は詳しく書かない。

ただ、土地の制度についてだけは書いておかねばならない。律令制のもとでは私有地は認められず、土地は公有を原則とした。そして六歳以上の人民に一定量の田畑が与えられた。これを口分田《くぶんでん》といい、売買は禁じられ、本人が死ねば再び公有地となり、口分田として新たな人民に与えられた。これを班田収授法《はんでんしゅうじゅのほう》という。中国の制度を参考にして作られたこの制度は、非常に公正かつ合理的なものである。千三百年以上も前にこれを考えた祖先の知恵に驚かされる。

しかし、公地主義は徹底したものではなく、寺社に与えられた田畑（神田・寺田）は実質私有地に近いものと見做され、収公（没収）はされなかった。寺社はこれを基盤にして、後で述べる「墾田永年私財法《こんでんえいねんしざいほう》」を利用して荘園に拡大していき、この素晴らしい制度も崩れていく。

身分制度

もう一つ、身分制度についても述べておこう。律令制度とともにできあがった中国の制度を真似て、人々は良民と賤民に分けられた。さらに良民は皇族・貴族・公民・雑色《ぞうしき》の四つに分けられた。皇族と貴族は支配階級で、様々な特権と恩恵があった。公民は農民などで人口の大部分を構成した。雑色は貴族に仕える者で、主に手工業的な技術を持った人々だった。

賤民は人口の一割程度いたといわれ、奴隷または準奴隷的な身分だった。賤民のうち奴婢《ぬひ》は所有者によって売買される身分だったが、固定化されたものではなく、一定の年齢になり、所有者が認めるなどすれば良民になれることもあった。所有者が亡くなって相続人がいない場合も、自由な良民になれた。

良民と賤民の結婚は禁じられていたが、実際にはあとを絶たなかった。当初は、良民と賤民との間に生まれた子は賤民とされたが、後には子は良民とされると改められた。賤民にも班田収授法が等しく適用された（ただし良民よりも与えられる土地は少なかった）。

これらを見ると、日本の身分制度は諸外国に比べて、厳格なものでないのがわかる。中国やヨーロッパ社会における奴隷制度に相当するものは、日本には存在しなかったといえる。

平城京

八世紀初め、飢饉と疫病が続発し、多くの人が死んだ。第四十二代文武天皇が疫病で崩御した時、第四十三代元明《げんめい》天皇（文武天皇の母）は都を移すことを決める。現代人からすれば、そんな理由で遷都するのは不合理にしか思えないが、当時の人々は飢饉や疫病も人知を超えた存在のせいだと考えていた。おそらく遷都を決めたのも、神官あるいは僧の助言、もしくは巫女の言葉のようなものに従ったと思われる。

なお前述したように文武天皇は七〇一年に元号を「大宝」とし、以後、平成の現代に至るまで元号が使われることになる。本書でも、これ以降、年代を元号で記すことにする。和銅《わどう》三年（七一〇）に朝廷は都を藤原京から平城京（現在の奈良市と大和郡山市近辺）に移し、以降七十年余りを平城京時代と呼ぶ。

この頃、全国を結ぶ交通路が整備され、官道（現代の国道にあたる）には一六キロごとに駅《うま》家《や》が設けられていた。駅には馬が常置されて、文書の逓送《ていそう》も行なわれていたというから驚きだ。交通路が発達したことにより、商品流通も盛んになった。朝廷は貨幣を鋳造して普及につとめたが、一般には浸透せず、人々は米や布を現物貨幣として用いた。

農民の疲弊

農民は収穫物から三パーセントを国に納めればよいということになっていて（これは租《そ》と呼ばれる税である）、これ自体は厳しいものではなかったが、それよりも徭役《ようえき》労働（雑徭《ぞうよう》と歳役《さいえき》と呼ばれる）が重負担だった。都の造営や仏寺の建立に使役される時は、季節は考慮されず、農繁期に一家の大黒柱を使役に取られれば、その家は没落の危機に瀕した。また一家の長が防人の任務に就かされた場合も、その家は滅びたという。班田収授法という素晴らしい制度を作りながら、無配慮に農民を使役したのは残念といわねばならない。

また平城京時代は人口が増え、それにより口分田が不足してきた。そこで朝廷は養老七年（七二三）、新たに開墾した田畑は三代まで所有できるという「三世一身法《さんぜいっしんのほう》」を施行した。ところが三代目になると、まもなく没収されるというので、手入れをせずに再び荒地になるということが多くなった。そこで朝廷は天平《てんぴょう》一五年（七四三）、開墾した土地は永久に私有地と認める「墾田永年私財法」を施行した。この法律により、公地公民の原則が崩れてしまった。

ただ、貧しい農民には荒地を開墾する余裕などなかった。一方、貴族や寺社は奴婢や浮浪人を使い、また貧しい農民を雇って、大掛かりな開墾をした。こうして一部の支配層による土地の独占が進んでいく。

豪族たちの権力争い

土地を収得することで力を持った貴族たちは、やがて天皇をめぐって権力争いをするようになる。神亀《じんき》六年（七二九）の長屋王《ながやおう》の変、天平一二年（七四〇）の藤原広嗣《ひろつぐ》の乱などだ。興味深いのは、これらの争いが、天皇を殺して自らが頂点に立とうというものではなく、天皇の側近になるため、あるいは天皇を自らの傀儡とするためのものであったということだ。つまりこの時代には、天皇はすでに不可侵な存在になっていたということだ。これは後の時代の争いや内乱すべてに共通する。

こうした度重なる政変に加え、天然痘の流行などもあり、動揺した朝廷は天平一二年（七四〇）に都を恭仁京《くに》（現在の京都府木津川市加茂地区《きづがわかも》）に移す。その後、難波宮《なにわのみや》（現在の大阪市中央区）、紫香楽宮《しがらきのみや》（現在の滋賀県甲賀市《こうか》）と立て続けに遷都し、五年後の天平一七年（七四五）に再び平城京に戻した。

第四十五代聖武《しょうむ》天皇は、世の中の乱れを仏教で救おうと、天平一三年（七四一）に全国に国分寺《こくぶんじ》・国分尼寺《こくぶんにじ》を建てることを命じ、また天平一五年（七四三）には盧舎那仏《るしゃなぶつ》造立の詔を発した。これは東大寺の大仏の製作宣言である。

大仏は約五〇〇トンの銅と三七五キロの金が使われたが、これは当時としては莫大な量である。製作には七年の歳月（七四五〜七五二）をかけたが、その間、延べ二百六十万人が工事に携わったといわれる。まさに国家的な大事業であったが、このため国家財政は窮乏し、労働に駆り出された農民の生活は一層苦しくなり、土地を手放す者が増え、律令体制の基本であった公地公民の制度が崩れていった。

現代的な視点で見れば、庶民の生活を苦しくする大仏造立など無駄な事業のようにも思われるが、これは天皇の私利私欲のために行なわれたのではなかった。

「責めは予《われ》一人にあり」。これは聖武天皇の残した言葉として有名である。飢饉や天然痘の流行は、自身の政《まつりごと》に問題があるからだと自らを責めた天皇は、大仏が人々を救うと信じ造立したのである。古墳時代の巨大な墳墓建設とは根本的に異なる思想に基づいている。多くの民衆

もそれを信じていた。当時、仏教はそれほど大きな力を持っていたのだ。

聖武天皇の后である光明皇后《こうみょう》は、孤児や貧しい人の保護施設である悲田院《ひでんいん》や、病人に薬や治療を施す施設である施薬院《せやくいん》を建て、自らも病人の治療に当たった。

農民が疲弊する一方で、多くの土地を得た貴族が財を成し、彼らの権力争いが一層盛んになった。天平勝宝《てんぴょうしょうほう》九年（七五七）に橘 奈良麻呂《たちばなのならまろ》の変、天平宝字《ほうじ》八年（七六四）には恵美押勝《えみのおしかつ》の乱などが起こり、理想の政治はぐらついていくことになる。

大仏と大仏殿はその後、治承《じしょう》四年（一一八〇）と永禄《えいろく》一〇年（一五六七）に二度炎上したが、いずれも時の権力者によって再建されている。現存する東大寺の大仏は大部分が鎌倉時代に補修されたものであるが、台座、右の脇腹、両腕から垂れ下がる袖、大腿部などに、一部、造立当時の部分が残っている。昭和三三年（一九五八）に国宝に指定された。

この時代はシルクロードを通って唐の都・長安に集まってきたインドやアラビアの文化を遣唐使らが持ち帰ったことにより、日本にも国際的な色彩を持った文化が花開いた。

正倉院《しょうそういん》にはこの頃に渡ってきたペルシャやインド、唐のガラス器や楽器、焼き物などが数多く残っている。正倉院はもとは東大寺の倉庫であったが、その中に貴重な品々が千二百年以上も保管されてきたというのは奇跡である。

長岡京へ

仏教の振興は皮肉なことに寺院や僧侶の力を増すことになった。彼らが政治にも容喙《ようかい》し始め、それを嫌った第五十代桓武《かんむ》天皇は、延暦《えんりやく》三年（七八四）に平城京から長岡京へ遷都した。長岡京は長い間、「幻の都」とされてきたが、戦後の発掘調査により、平城京に匹敵するほどの完成された都であることがわかった。

長岡京に遷都したもう一つの理由は交通の便だった。平城京では物資や人の移動は陸路しかなかったが、長岡京には桂川、宇治川、淀川があり、様々なものを効率よく運ぶことができた。平城京で問題となった下水問題も解決していた。住人たちは道路沿いの川の水を家の中に引き入れ、排泄物を流していた。そのため都は常に清潔さを保っていた。幕末に日本を訪れた西洋人が一様に驚いた日本の街の清潔さは、実は千二百年以上も前から実現していたのだ。

しかしこの素晴らしい都はわずか十年で平安京に移される。歴史に現れない権力闘争があったのか、より大きな都を作るためだったのか、理由ははっきりしない。もしかしたら、長岡京は平安京を作るためのモデル都市であった可能性もある。あるいは後述する「祟り」を恐れて遷都された可能性もある。

平安京も長岡京もその前の平城京も、唐の長安を模して作られた都だが、いずれの都にも長安とは決定的な違いがある。城壁がないということだ。これは日本の都市（都）の特徴的なと

ころである。

都市というのは、食料と物と人の集積所である。これを襲って奪えば、大きな利益を得ることができる。そのため、ヨーロッパや中国の都市はすべて堅固な城壁を周囲にめぐらして、街全体を守っている。

しかし日本は飛鳥時代以前に都市から城壁をなくした。これは単一言語を持つ民族であることと、日本列島が四方を海で囲まれていたというのが大きかった。日本の歴史を見て驚くのは、ヨーロッパや中国では当たり前のように行なわれてきた民衆の大虐殺がまったくないということだ。これは非常に幸運であると同時に、誇るべき歴史であると思う。

第三章
平安時代

平安時代こそ、日本が独自の文化を花開かせた時代だったといえる。

中国大陸の影響を受けない、安定した王朝のもとで、日本的な美意識や思想が育まれ、きらびやかに表現された。この良き面と背中合わせに、この時代、朝廷はかつての逞しさや国際感覚を失っていく。遣唐使を廃止したこともあり、いわば「プチ鎖国」状態となった日本で、王朝の人々はひたすら「雅《みやび》」を愛する貴族となり、「平和ボケ」していったのだ。

一方で、「武」を尊ぶ武士が生まれたのもこの頃である。武士は朝廷や貴族のために、都や荘園警護の役目を負うために生まれた存在であったが、やがて力を増して朝廷や貴族を脅かすようになっていく。

十世紀に誕生した武士は、その後、約九百年にわたって日本を支配する階層となっていくのである。

平安京

延暦一三年（七九四）、平安京に遷都した桓武天皇は、大胆な政治改革を実施した。農民に課していた労役義務を半分にし（ただし地方は半減されなかった）、さらに兵役の義務を廃止した（九州と東北は除く）。その代わりとして、郡司（郡を治める在地の有力豪族）の子弟による新しい軍隊を創設した（健児《こんでい》制）。また地方政治の乱れを監視するために、勘解由使《かげゆし》を置き、国司（郡司の上に立つ地方の官吏）の不正を取り締まった。

この頃、最澄《さいちょう》と空海《くうかい》が唐に渡り、仏教の新たな宗派を日本に持ち帰った。以後、多くの僧は、最澄が開いた比叡山延暦寺《えんりやくじ》（天台宗）と、空海が開いた高野山金剛峯寺《こんごうぶじ》（真言宗）で修行をするようになる。それらの宗派はやがて貴族の間にも広まったが、本当の意味で大衆化されたものではなかった。また僧たちも、世の中の平安を祈ることよりも、加持祈禱《かじきとう》（仏の呪力による現世利益《げんぜりやく》を願う儀式）に重きを置くようになった。

当時、東北地方は蝦夷《えみし》と呼ばれる人々が支配し、朝廷の力が及ばなかったが、延暦二一年（八〇二）に征夷大将軍の坂上田村麻呂《さかのうえのたむらまろ》が蝦夷のアテルイを降伏させて、東北地方一帯（青森と北海道を除く）を支配し、朝廷はほぼ日本全国を統治下に置いた。なお、蝦夷＝アイヌ説は現代でも学者の間で意見が分かれ、定説がない。

征夷大将軍とは朝廷の官職の一つだが、文字通り「蝦夷を征服する将軍」という意味である。

後に、武家政権の首長を示す称号となっていく。なお「幕府」とは、征夷大将軍が天皇に代わって軍の指揮を執る陣地のことをいう。

成熟の時代へ（国風文化の開花）

東北を支配下に置いてから百年ほどは日本史に大きな事件は起こっていない。古代からダイナミックに動いてきた歴史が、いったんその動きを止めたかのようだ。私には、日本が誕生から成長にかけての波瀾に富んだ時代を終え、成熟の時を迎えたかのようにも見える。

それまで頻繁に行なわれていた遷都も、平安京に移してからはぴたりとやんだ（その後、平清盛《たいらのきよもり》による福原京遷都や南北朝時代の吉野などの例外はあるが、基本的には、明治維新まで千年以上遷都されなかった）。

平安時代の大きな出来事といえば、何といっても遣唐使の廃止である。

六〇〇年に遣隋使が送られて以来、二百五十年以上、日本はずっと中国の文化や制度を取り入れてきたが、平安時代に入った頃から、その回数は激減した。平城京時代は命懸けの航海ではあったものの、中国の進んだ文化を取り入れたいという目的があったが、平安時代には日本も優れた文化国家となり、危険を冒してまで遣唐使を送る必要がなくなっていたからだ。寛平《かんぴょう》六年（八九四）、半世紀以上ぶりに遣唐使を送る計画が立てられたが、学者でもあり蔵人頭《くろうどのとう》

という政治の重職にもあった菅原道真《すがわらのみちざね》が廃止を進言し、受け入れられた。私は、この遣唐使の廃止を日本が中国の文化を必要としないという自信の表われであったと見ている。もはや学ぶべきものはすべて学んだ、という意識があったに違いない。そして遣唐使が廃止されて以降、真に日本らしい傑出した文化が花開くことになる。

その一番は仮名文字の発明である。それまでは文章を書く際は、漢文を使うか、そうでない場合もすべての文字に漢字を使用していた。漢字を表音文字として使っていたのだ。その典型が『万葉集』である。しかしそれらは音や訓が入り混じり、しかも統一された決まりもなく、一般に普及させるには非常に不便なものであった。そこで編み出されたのが仮名である。

最初に仮名を使用したのは九世紀初めの僧侶たちだった。彼らは経典などの難読漢字の横に、読みやすいように省略文字でふりがなをふった。たとえば、江→エ、止→ト、多→タ、という具合だ。これが片仮名の由来である。片仮名はその後も漢文の読みを表わす補助的な文字として使われた。その後、漢字の草書体から平仮名が編み出された。平仮名は片仮名に比べ優美な曲線を持っていたことから、宮中で働く女官たちが好んで使った。そのため「女手《おんなで》」とも呼ばれた。この平仮名の発明は日本語における表現力を飛躍的に発展させた。

平安京の女官たちは高い教養を持っていたが、彼女たちはそれを競い合うかのように、平仮名を使って様々な著作を生み出した。清少納言《せいしょうなごん》が書いた随筆『枕草子《まくらのそうし》』、紫式部《むらさきしきぶ》が書いた長編小説『源氏《げんじ》物語』、藤原道綱母《みちつなのはは》が書いた日記文学『蜻蛉《かげろう》日記』、菅原孝標女《たかすえのむすめ》が書いた『更級《さらしな》日

記』などは、千年後の現代でも読まれている名作である。

これらの文学作品は平仮名の発明なくしては生まれなかった。「やまとことば」といわれる繊細な言葉は、情緒豊かな表現の世界を広げた。『源氏物語』はその代表作であるが、現代でも世界の二十ヵ国以上で翻訳され読まれている。私は、平安時代の文学が女性たちによって紡がれたことを、本当に素晴らしいことであると思う。

日本以外の世界を見渡せば、女性が書物を著わすのは近代になってからである。それ以前の中国やヨーロッパでは、女性は出産や子育てや男性の快楽のための存在であり、教養や知識を持つどころか、文字を読める人さえ稀であった。イスラム原理主義の強い国では、二十一世紀の現代でも女性に教育が与えられていない。しかし日本においては古代からすでに女性が和歌を詠み、それらは『万葉集』にも数多く載せられている。文化的先進国でも、これほど女性の地位が高い国は他にない。また『源氏物語』を読めば、当時の宮中の女性たちが男性に支配される立場ではなく、恋愛に関しても対等であったことがわかる。

話を平仮名に戻すと、小中華を自負する朝鮮が、平仮名にあたる「ハングル」を持ったのは十六世紀である。しかし、当時の学者たちから嫌われ、ほとんど普及しなかった（公文書はすべて漢文）。ハングルを普及させたのは、二十世紀に大韓帝国を併合した日本である。戦後、韓国はナショナリズムが昂じた末に、固有名詞以外では漢字をほとんど使わなくなり、書籍はすべてハングルで綴られている。日本語でいえば、すべて平仮名だけで書かれた文章である。

コラム 『源氏物語』は、宮中を舞台に主人公の光源氏《ひかるげんじ》の一生を描いた物語である。そこには光源氏の栄光と没落、そして華麗なる恋が描かれている。

下級貴族出身の紫式部は二十代で藤原宣孝《のぶたか》と結婚し一女をもうけたが、三年後に夫と死別し、その悲しみを忘れるためにこの物語を書き始めた。友人たちの間で評判になり、当時、貴重品だった紙を提供してくれる者が次々と現れ、紫式部はそのたびに続きを書いていった。そしてついに全五十四帖からなる大長編小説を完成させた。約百万字、四百字詰め原稿用紙に換算して二千五百枚の長さであるから、当時としては桁外れの長編である。

なお、紫式部は本名ではない。彼女の父の役職「式部」に作中の「紫の上」の紫を付けて、そう呼ばれている。清少納言も彼女の父の清原元輔《きよはらのもとすけ》の「清」の字に役職名である「少納言」を付けただけである。これは当時、女房と呼ばれる女性たちは本名をみだりに明かすことはなかったからである。そのため現代でも彼女たちの本名はわからない。

武士の誕生

前章で述べたが、土地制度の崩壊とともに、貴族や僧侶による土地の私有化が始まり、これが平安時代に入って一層加速した。同時に貧富の差が開いていく。富裕な貴族や有力な寺が取

得した土地は荘園と呼ばれたが、当時は正確な地籍図もなく、所有権も曖昧で、土地をめぐる争いは日常茶飯事だった。そこで貴族たちは荘園を守るために用心棒のような男たちを雇った。土地を守るため（あるいは奪うため）の用心棒であるから、彼らは戦いに備えて武装していた。一方、寺では下級僧侶たちが自ら武装していた。これを僧兵という。

地方でも、国司として派遣された下級貴族の一部が土着して、土地を私物化し、それを守るために自ら武装集団化した。彼らは武芸を習得して戦闘の専門家となり、それが家業として受け継がれていく。そしてやがて武士と呼ばれる存在となる。武士の別名は「侍《さむらい》」だが、これは「貴人に従う」を意味する「さぶらふ」（侍ふ／候ふ）に由来した言葉である。武士はその後、明治維新まで九百年以上も存在し、日本社会の精神を象徴するものともなる。

ただ、初期の武士集団というのは現代でいうならヤクザのような存在であった。実際、昔の武士と現代のヤクザには共通項が多い。まず「親分子分の関係が強固」「法よりも力とスジにものを言わせる」「縄張り意識が強い」などだ。もっとも、時代が下って権力を持つようになると、彼らの中に独特の武士道というものが生まれていく。

こうしていつのまにか地方に有力な武士が誕生し、彼らは棟梁《とうりよう》と呼ばれる者を頂点とする一族を形成するようになる。その中で有力な一族となったのが、関東を中心として勢力を広げた平氏と、摂津《せつつ》や河内《かわち》（ともに現在の大阪府）を中心に勢力を広げた源氏である。平氏は第五十代桓武天皇の流れを汲む皇族出身、源氏は第五十六代清和《せいわ》天皇の流れを汲む皇族出身であり、

その家格の高さから武士たちの尊敬を集め、やがて大きな勢力を持っていく。

藤原氏の台頭

平城京時代の終わり頃から財力を持った貴族が増えていったが、その中でも藤原氏の財力はずば抜けていた。藤原氏は飛鳥時代の中臣鎌足《なかとみのかまたり》が始祖である。鎌足は中大兄皇子の右腕となって「乙巳の変」で活躍したことで出世し、臨終に際して藤原姓を与えられた。そしてその子の不比等《ふひと》の時代に、大きな権力を得た。

不比等は実は天智天皇の子供だという説がある（『興福寺縁起』や『大鏡《おおかがみ》』など多くの史書にそれを匂わす記述がある）。現代の歴史学者の多くは、確たる証拠はないと言っているが、鎌足の子で藤原姓を名乗れたのは不比等（鎌足の次男）だけであるということを見ても、信憑性は高いと思う。不比等の四人の息子（藤原四兄弟）は四つの家系（南家《なんけ》、北家《ほっけ》、式家《しきけ》、京家《きょうけ》）を興すが、そのうち京家は早くに没落する。残り三家が競い合うが、政争や一族の反乱などで南家と式家も平安時代初期に衰退し、北家だけが栄えることになる。平安時代に栄華を極める藤原氏は北家のことである。

藤原氏（北家）は平安時代の中期から、一族の娘を次々と天皇に嫁がせ、天皇の外戚として力を振るうようになる。藤原氏の当主は摂政や関白として天皇の代わりに政治を執り行なった。

これを摂関政治という。遣唐使の廃止を進言した菅原道真も藤原氏の策略によって失脚させられ、九州の大宰府に流された。

藤原氏が最も権勢を振るったのは十一世紀の道長《みちなが》の時代である。道長は長女を一条《いちじょう》天皇の后に、次女を三条《さんじょう》天皇の后に、三女を後一条《ごいちじょう》天皇の后にし、天皇を思うがままに操った。そのうえライバルを次々に失脚させ天下を意のままにした。この頃、道長が詠んだ「この世をば 我が世とぞ思ふ 望月の 欠けたることも なしと思へば」という歌はあまりにも有名だ。この世は自分のためにあるかのようで、欠けた部分のない満月のようだ、という全能感に酔った歌である。

余談だが、一条天皇には二人の后がいて、その一人、定子《ていし》（道長の姪）に仕えたのが随筆『枕草子』を書いた清少納言であり、もう一人の后の彰子《しょうし》（道長の長女）に仕えたのが長編小説『源氏物語』を書いた紫式部である。二人は才女としてのライバル心に加えて、そうした立場の違いから、仲が悪かったという説もある。

ところで、満月は日を経るごとに欠けていく。道長もこの歌を詠んだ直後から、次々と不幸に見舞われる。まず本人が身体の不調をきたし、次に息子が死に、三人の娘もすべて死ぬ。道長は、これらは自分が政争で追い落とした者たちの祟りに違いない、と恐れた。彼は臨終に際し、地獄に落ちることを恐れ、自分が建てた法成寺《ほうじょうじ》の九体の阿弥陀如来の仏像の手と自分の手を糸で結んで、僧侶に念仏を唱えさせながら死んだ。

「祟り」について

ここで「祟り」について触れたいと思う。古《いにしえ》の日本人は、非業の死を遂げた人は怨霊となって世の中や人に祟ると信じて非常に恐れた。疫病が流行ったり、天災が続いたりすると、そうした祟りのせいだと考え、怨霊を鎮めるための祭りを行なったり、神社を作ったりした。怨霊を鎮める祭りは「御霊会《ごりょうえ》」と呼ばれ、朝廷は何度も大掛かりな御霊会を行なっている。

実は日本の歴史を見ていくと、この怨霊を恐れるという思想は、その後も日本人の心の底に根強く残っていて、幕末の頃まで続いていたのがわかる。明治維新以後、西洋風の合理主義が入り込んだことで、私たち現代人は「祟り」や「怨霊」というものを非科学的なものとして排除するようになったが、日本の歴史を見る際には、かつての日本人がそうしたものを恐れていたということを忘れてはならない。当時の人々の行ないは「祟り」や「怨霊」を恐れたゆえのものであったことが少なくないのだ。

平安時代の人々が恐れおののいた「祟り」の一つが、「菅原道真の祟り」である。

藤原時平《ときひら》の讒言《ざんげん》を信じた醍醐《だいご》天皇によって大宰府に流された道真は、二年後にその地で亡くなるが、「祟り」はそれから数年後に起きる。道真を追い落とした藤原氏の主だった男たちが次々と急死し、その子供たちも次々と亡くなっていく。道真を左遷に追いやった首謀者の藤原

時平はそれを見て、道真の祟りに怯えながら狂い死にする。それでも祟りは収まらず、今度は皇太子までもが亡くなる。

醍醐天皇は道真の怨霊を恐れて、彼の左遷を取り消して名誉を回復させるが、祟りは収まらなかった。天皇が政務を行なう内裏の清涼殿に雷が落ち、道真の大宰府での動向を見張っていた男が直撃を受けて死ぬ。衝撃を受けた醍醐天皇は八歳の朱雀《すざく》天皇に譲位するが、にもかかわらず、その七日後に醍醐天皇は崩御する。朝廷は道真の怨霊を鎮めるために北野天満宮を作り、そこに道真の霊を祀って、ようやく祟りは収まった。

この一連の事件を目の当たりにした当時の人々は、「祟り」の恐ろしさをあらためて知ることになる。この時、藤原氏でただ一人、藤原忠平《ただひら》（道真を追い落とした首謀者であった時平の弟）だけは無事だったが、彼は生前から道真に同情し、大宰府に送られた彼に励ましの手紙などを送っていた男だった。彼一人が祟りを受けず、その後、摂政・関白にまで出世したことはさらに「祟り」の信憑性を高めることとなった。前述の藤原道長も晩年、自分が追い落とした人たちの祟りを恐れていたのは想像に難くない。

その後も、人々は不遇の死を遂げた人物の祟りを恐れ、彼らの怨霊を鎮めるために神社を作って、御霊《みたま》を祀った。死者が祟るというこの考え方は日本人特有である。

武士の反乱

都で藤原氏が我が世の春を謳歌している一方、地方の政治は乱れていた。十世紀に入った頃には、もはや地方役人だけでは、力を持った武士団を抑えることができなくなっていた。「平将門《まさかど》の乱」はそんな折の象徴的な出来事であった。下総《しもうさ》（現在の千葉県北部と茨城県西部あたり）の猿島《さしま》を本拠としていた平将門は、承平《じょうへい》五年（九三五）に一族の内紛から伯父を殺すと、やがて国府を攻め、関東の大半を支配した。天慶《てんぎょう》二年（九三九）には、自ら新皇と称し関東に独立国を建てようとした。

同じ年、伊予（現在の愛媛県）に役人として赴任、その後、土着して海賊の首領となっていた藤原純友《すみとも》が朝廷に反旗を翻した（藤原純友の乱）。ただ、将門も純友も統制の取れた軍勢ではなく、朝廷の遣わした武士団に鎮圧された。朝廷は二人の共謀を疑ったが、これは偶然であった。この二つの乱は、それが起こった時の元号から「承平・天慶の乱」とも呼ばれる。後に『将門記《しょうもんき》』という物語が生まれたが、これは我が国初の「戦記文学」である。

摂関政治の弊害

将門と純友の乱が起こっても、都では藤原氏が兄弟同士で勢力争いに明け暮れていた。その

争いとは自分の娘を天皇や皇太子に嫁がせ、その縁故をもって摂政や関白になるというものだ。彼らはそうして実権を握り、幼い天皇に代わって政治を行なった。いつの頃からか摂政や関白は藤原一族以外からは出なくなっていたため、藤原氏は「摂関家」と呼ばれるようになった。

藤原氏は政治を意のままに動かし、自らの持つ荘園の税も朝廷に納めなくなった。他の貴族は自分の土地を藤原氏に寄進して、その恩恵に与ろうとした。藤原氏は広大な土地を所有することとなり、朝廷は政府としての機能を果たせない状況に陥りつつあった。

藤原道長の息子、頼通《よりみち》の時代、寛仁《かんにん》三年（一〇一九）に「刀伊《とい》の入寇《にゅうこう》」と呼ばれる事件が起きた。満洲に住んでいた刀伊（女真《じょしん》族のこと。後に、金《きん》や清を興した民族。刀伊とは東夷に別字を当てたもの）が、対馬《つしま》、壱岐《いき》、北九州を襲い、女性や農作物を奪った事件である。

この大事件に、朝廷が取った行動は常軌を逸したものだった。何と武力を用いず、ひたすら夷狄調伏《いてきちょうぶく》の祈禱をするばかりだったのだ。いかに政府が無力になっていたかがわかる。

刀伊を撃退したのは、大宰権帥《だざいのごんのそち》（大宰府の次官）であった藤原隆家《たかいえ》だった。隆家は道長の甥だったが、叔父との折り合いが悪く、若い頃に左遷され、出世はしなかった。天下の「さがな者」（荒くれ者）として知られ、権威をものともしない性格で、数々の逸話があり、清少納言の『枕草子』にもたびたび登場している。いうなれば、はみだし者だったわけだが、こういう男が日本を守ったというのが面白い。

武士の台頭

「刀伊の入寇」から九年後の万寿《まんじゅ》五年（一〇二八）、関東で平忠常《ただつね》が乱を起こした。「平忠常の乱」と呼ばれるこの争乱は、簡単にいえば、身内同士の縄張り争いが大きくなったようなものである。平将門の乱から約九十年後の出来事だったが、この間ずっと関東では平氏同士の紛争が絶えなかった。朝廷は、関東の治安維持のため、源氏の源頼信《よりのぶ》に命じて忠常の乱を鎮圧させる。これにより平氏は関東での勢力を失うこととなる。

永承《えいしょう》六年（一〇五一）と永保《えいほう》三年（一〇八三）には、東北で、帰順していた蝦夷の残党が内乱を起こしたが、いずれも源氏の武士団によって鎮圧された。これらは「前九年合戦」「後三年合戦」と呼ばれ、「後三年合戦」で奥州《おうしゅう》を鎮圧した源義家《よしいえ》（忠常の乱を鎮圧した頼信の孫）は、朝廷に恩賞を請うたが、朝廷は豪族間の私闘と見做し、恩賞を与えなかった。そのため義家が私財をはたいて家臣たちに恩賞を与えると、東国の武士たちは義家に心酔した。これがきっかけとなり、後の武士独特の忠誠心につながる強い結びつきができていくのである。

戦を嫌う平安貴族たち

「刀伊の入寇」以後の一連の争乱に対する朝廷（天皇および貴族たち）の対応を見ていると、

朝廷は治安を維持する警察機構のようなものを持たず、戦は武士たちに任せきりだったのがわかる。雅を愛する平安貴族たちは「戦」のような野蛮なものを「穢《けが》れ」として忌み嫌うようになっていたからだ。

彼らは同じ理由で、自らが手を汚す「死刑」制度も廃止していた。現代の死刑廃止論者らが「平安時代は死刑がなく、人権意識が進んでいた時代」と言うことがあるが、これは完全な誤解である。たしかに日本は弘仁《こうにん》九年（八一八）に嵯峨《さが》天皇が「死刑廃止」の宣旨《せんじ》を出してから保元《ほうげん》元年（一一五六）までの三百年以上、制度としての死刑はない。これは世界史的に見ても稀有なことであるが、命や人権を重んじてなされたことではない。天皇や太政官たちは自分たちが「死」にまつわることに直接関係する（死刑を宣告する）と、「身が穢れる」と考えたのだ。それと死刑に処された者が怨霊となって祟ることを恐れたということもあった。

平安時代末期は、平和どころか治安は非常に悪く、都にも盗賊が横行し、殺人事件も多かった。にもかかわらず朝廷は犯人を捕まえても死刑にすることはなく、都から追放する処分しか下さなかった。要するに、嫌なものは目に入らないようにしていただけだったのだ。

一方、地方では、国司や検非違使《けびいし》による死刑は普通に行なわれていた。武士の間ではむしろ厳しい処罰が当たり前であった。また民衆による私刑もあった。したがって「平安時代は死刑のない平和な時代」というのはまったくの誤りである。

前述した通り、平安時代末期は警察機構がほとんど機能しないばかりか、経済も立ち行かず、

都の通りに餓死者の死体が転がっていることも珍しくなかった。都の玄関口である羅城門《らじょうもん》でさえ荒れ果てており（『今昔物語集』に、羅城門で餓死者の衣服を剝ぎとる老婆の話が出てくる）、天皇が住む大極殿《だいごくでん》の一部にも鬼が出るとさえいわれていた（貴族たちが大極殿で肝試しをする話も残っている）。しかし朝廷は世の中の嫌な事件や現実には目を瞑り、ひたすら優雅な生活と文化を愛し、権力争いに明け暮れていたのだ。

飛鳥時代の政府（朝廷）は、防人制度を作ったり大宰府に水城を築いたりして、常に外国からの侵略に備えていたが、三百年も平和が続くと、朝廷も完全な平和ボケに陥り、国を守るという考えが希薄になっていた。同時に現実的な判断力をも失っていた。「刀伊の入寇」の際、ひたすら祈禱に頼るしかなかったというのが、まさにその象徴的な行動である。

院政の時代

平安時代の権力闘争は、白河《しらかわ》天皇が堀河《ほりかわ》天皇に譲位した頃から複雑なものになっていく。律令制度では譲位した天皇は上皇（太上天皇の略）になり、天皇と同等の権力を有するものとされたが、白河上皇はそれを利用し、政治の実権を握った。これを「院政」という。現代でも、表向きは引退した経営者が実権を握って組織を運営している時に、この言葉が使われる。後の上皇たちも白河上皇に倣って院政を敷いたので、朝廷内で、上皇と天皇の間で争いが生じるよう

になった。貴族たちも上皇についたり天皇についたりして、朝廷は権謀術数の場となっていく。「上皇側」と「天皇側」による権力闘争の最も大きなものが「保元の乱」である。もともとは皇室内の争いにすぎなかったこの事件だが、皮肉なことに、これにより皇室は逆に権力を失うことになる。その意味で、保元の乱は日本史を変えた事件だったといえる。

保元の乱

日本史を大きく変えた保元の乱は、崇徳《すとく》上皇と後白河《ごしらかわ》天皇（崇徳上皇の甥・弟）の争いだが、この争いの背景には、雅とはほど遠いどろどろした人間ドラマがあった。それは崇徳上皇の出生にまつわる話が発端となっている。

崇徳上皇は鳥羽《とば》上皇の子供ということになっているが、本当の父親は鳥羽上皇の祖父の白河法皇である（上皇が出家すると法皇になる）。つまり白河法皇が孫の妻と不倫して生まれた子が崇徳天皇（後、上皇）だったのだ。このことは正史には書かれていないが、様々な状況証拠から、おそらく事実である。鳥羽上皇は息子の崇徳天皇を「叔父子」と呼んでいた（祖父の子は自分にとって叔父にあたるからである）。

保安《ほうあん》四年（一一二三）、白河法皇は鳥羽天皇を無理矢理に皇位から降ろし、三歳の崇徳天皇を皇位に就けた。鳥羽天皇の悔しい思いは如何ばかりであったか。

白河法皇が亡くなった後、鳥羽上皇の復讐が始まる。寵愛する藤原得子《とくし》（美福門院《びふくもんいん》）が男子（体仁親王《なりひと》）を産むと、崇徳天皇を皇位から降ろし、わずか二歳の体仁親王を天皇（近衛天《このえ》皇）にし、自らは法皇となる。実は院政には決まりがあり、天皇が上皇の弟である場合は、院政が敷けない。つまり近衛天皇は崇徳上皇の弟なので、鳥羽法皇が亡くなった後も、崇徳上皇は院政を敷くことができないのだ。鳥羽法皇はそこまで先を読んでいたわけである。

しかし近衛天皇は十六歳で亡くなる。崇徳上皇は自分の息子を天皇にして院政を敷こうとするが、鳥羽法皇は今度は崇徳上皇の弟である後白河を天皇にする。後白河と崇徳上皇は同じ母から生まれている兄弟だが、崇徳上皇の実の父は白河法皇、後白河天皇の父は鳥羽法皇である。つまり鳥羽法皇は実の息子を天皇にして、崇徳上皇の血を受け継ぐ者を排除したのだ。鳥羽法皇の執念も凄いが、こんな仕打ちを受けた崇徳上皇の心中が穏やかであったはずはない。

この時、崇徳上皇はこんな歌を詠んでいる。

「瀬をはやみ　岩にせかるる　滝川の　われても末に　あはむとぞおもふ」

百人一首にも入っているこの歌の意味は、二つに分かれた急流が、いつかは一つになって出会うこともあろうかというもので、やがては皇統が一つになってほしいという願いが込められている。

鳥羽法皇と崇徳上皇の確執が燃えさかっている時、藤原氏も、兄弟同士で関白の座を狙った争いが始まっていた。鳥羽法皇についている関白の藤原忠通《ただみち》（兄）と崇徳上皇についている左

大臣の藤原頼長《よりなが》（弟）の確執である。

保元元年（一一五六）、鳥羽法皇が崩御した時、法皇の屋敷に赴いた崇徳上皇は門前払いの扱いを受ける。ここに至り、積年の恨みが爆発した。そして藤原頼長の勧めに従い、武力によって権力を奪取することを決意する。そのために崇徳上皇と藤原頼長は武士の源為義《ためよし》、為朝《ためとも》（父子）、平忠正《ただまさ》などを味方につけた。

崇徳上皇の動きを察知した後白河天皇は、同じく武士の源義朝《よしとも》と平清盛を味方につけた。実は敵味方に分かれた源為義と源義朝は親子であり、平忠正と平清盛は叔父と甥の関係であった。ちなみに崇徳上皇と後白河天皇は兄弟、藤原忠通と藤原頼長も兄弟、つまりこの争いはまさに兄弟、親子による骨肉の争いだった。

崇徳上皇についた源為朝は夜襲を進言するが、藤原頼長に「かしこくも上皇と天皇の争いに卑怯な真似はできない」と一蹴されている。頼長は学はあったが、実戦を知らなかった。その夜、逆に後白河天皇側が夜襲をかけ、崇徳上皇側は一夜にして壊滅した。そして藤原頼長は逃げる途中に自害し、崇徳上皇は讃岐《さぬき》に流された。

余談だが、捕らえられた源為義と平忠正は後白河天皇の命令によって死刑になった。弘仁九年（八一八）より廃止されていた死刑はこの時復活する。

讃岐に流された崇徳上皇は反省を込めて仏教の経典を書き写して都に送るが、朝廷はこれを受け取らずに送り返した。怒りに震えた崇徳上皇は自ら舌を嚙み、その血で経典に「われ日本

国の大魔縁となり、皇《おう》を取って民とし民を皇となさん」と書いた。怨霊となって、皇室をつぶすと宣言したのだ。以降、崇徳上皇は髪も爪も伸ばし放題になり、異形のまま、その地で崩御した。白河上皇による不倫の末に生まれた悲劇の天皇であった。

保元の乱の歴史的意味は、それまで脇役でしかなかった地方の武士団が中央の権力争いに顔を出したということである。平氏と源氏の力は一挙に膨れ上がり、まもなく起こる「平治の乱」によって、朝廷は力を失っていく。その意味で保元の乱こそ、日本史の大きなターニングポイントの一つといえるのだが、そのもととなったのが不倫だったというのが面白い。

コラム 崇徳天皇（上皇）は日本最大の怨霊とされている。死後に都で様々な異変や凶事が相次いで起こったからだが、最も大きな禍《わざわい》は「皇を取って民とし民を皇となさん」という予言が実現したことだ。

崇徳上皇の死後まもなく、武家出身の平清盛が天皇や皇族に取って代わって政治の実権を握ることとなった。以後、政権は源氏から鎌倉幕府、さらに室町幕府へと移っていく。まさに「民」が「皇」となったのである。当時の皇室がどれほど崇徳上皇の怨霊を恐れたかは想像に難くない。この後、皇室は崇徳上皇の御霊を祀るために百年ごとの式年祭を執り行なうようになる。

しかし天皇が政治の実権を回復するのには、明治維新まで、七百年も待たなければならな

かった。明治元年（一八六八）、政治の実権を握った明治天皇は即位の礼の際、京都に白峯宮（現在の白峯神宮）を創建し、崇徳上皇の御霊を七百年ぶりに讃岐から京都へ帰還させ、怨霊との和解をはかった。その百年後には、崇徳上皇が亡くなった香川県で昭和天皇が式年祭を執り行なっている。二十世紀においても、「怨霊を鎮める」ことを大事とする考えが皇室の中で受け継がれていたのである。

平治の乱

保元の乱の後、後白河天皇は皇位を二条《にじょう》天皇に譲り、上皇となって院政を敷くが、彼の寵愛を受けた藤原通憲《みちのり》（法名・信西《しんぜい》）が異例の出世をする。信西は後白河上皇と男色関係にあったという噂もあるが、これは単なる中傷ともいわれている。

これをよく思わなかった藤原信頼《のぶより》が、平治元年（一一五九）、源義朝の力を借りて、クーデターを起こした。源義朝は御所を占拠して、後白河上皇と二条天皇を幽閉し、信西を殺す。源義朝は保元の乱では平清盛と手を結んで後白河上皇を助けたが、その後、信西と姻戚関係を結んだ平清盛が自分よりも重用されたことを恨みに思っていたのだ。

藤原信頼と源義朝の謀反を知った平清盛は、後白河上皇と二条天皇を救い出すと、兵を挙げて信頼と義朝を攻め、二人を死に追いやった。これが「平治の乱」である。

この時、平清盛は義朝の子供の頼朝《よりとも》（当時十二歳）を殺そうとしたが、清盛の継母が愛らしい頼朝を見て、亡くした息子を思い出し、清盛に助命嘆願する。清盛は仕方なくそれを受け入れ、頼朝を伊豆に流す。清盛は頼朝の異母弟である義経《よしつね》（当時一歳）も殺そうとするが、その母を自分の妾にすることで、義経の命を助け、鞍馬寺《くらまでら》に預けた。

後に平氏は源頼朝の命を受けた源義経に滅ぼされることになるが、もし清盛が継母の言葉に耳を貸さず、また義経の母の情にほだされなければ、歴史が変わっていた可能性は大である。「保元の乱」から「平治の乱」、その後の歴史を眺める時、必然性があるのはたしかだが、その裏に、男と女のドラマ、人間の情愛、欲望と怒りが大きく関係していることもまたたしかだ。歴史の転換点でそうした人間の情念が顔を出した時、流れが大きく変わるというのが面白い。

平氏の栄光

後白河上皇を助けた平清盛はその後、一気に出世街道をひた走る。武力を背景にのしあがり、ついに最高位の太政大臣に就く。藤原氏をはじめとする貴族たちしかなれなかった太政大臣に武士の清盛が就いたのは異例中の異例だが、これは清盛が、自分は白河法皇が祇園女御《ぎおんのにょうご》に産ませた子という噂を広めていたためだ（事実ではない）。権力を得るためには天皇の血筋を引いているとすることが大きかったのだろう。

そしてついに自分の娘（徳子《とくこ》）を高倉《たかくら》天皇の皇后にすることに成功する。これは清盛の後ろ盾が欲しかった（あるいは脅されて）後白河法皇が認めたものだった。高倉天皇は六歳で皇位に就き、徳子と結婚したのは十歳（徳子は十七歳）、完全な政略結婚である。徳子は六年後、皇太子を産み、清盛は未来の天皇の祖父となる。

治承《じしょう》三年（一一七九）、清盛は数千騎の大軍を擁して福原から上洛し、後白河法皇を幽閉して、政治の世界から退くように迫った。これを「治承三年の政変」という。ここに長らく続いた院政時代は実質的に終わりを告げた。

翌年、清盛は十八歳の高倉天皇を退位させ、自分の孫の安徳《あんとく》天皇（当時一歳）に譲位させた。幼い安徳天皇が政治を行なえるはずもなく、表向きは高倉上皇の院政ということだったが、すべての権力は清盛が握っていた。清盛は大輪田泊《おおわだのとまり》（現在の神戸港）を修築し、宋《そう》と貿易を行ない、富を築いた。この時、宋の銅銭が大量に流入した。

平氏の一族はことごとく高位高官に就き、知行国二十五ヵ国、国守二十九ヵ国、所有する荘園は全国五百ヵ所に及ぶ勢力を誇ることになる。まさに権力と財力のすべてを掌握したのだ。これにより、「平氏にあらざれば人にあらず」といわれるほどになった。ちなみに、これを言ったのは平氏の一人である平時忠《ときただ》で、原文は「この一門にあらざらむ人は皆、人非人《にんぴにん》なるべし」である。当時の「人非人」は侮蔑語ではなく、「宮中で出世しない人」という意味だった。

平氏の没落

日本史上、武家として初めて権力を握った平氏であったが、手法はそれまでの貴族政権を踏《とう》襲《しゅう》したものにすぎなかった。平氏は貴族の真似事をしたかっただけのようにも見える。

そんな平氏にやがて全国の武士たちが反発する。筆頭となったのは源氏である。治承四年（一一八〇）、源氏の嫡男である頼朝が挙兵したことで、源氏と平氏の戦いが起こった。

清盛の死後、頼朝の従兄弟にあたる源（木曽《きそ》）義仲《よしなか》が平氏を攻め、寿永《じゅえい》二年（一一八三）に平氏は安徳天皇を奉じて京都から西へ逃げた。京都を支配した義仲は洛中で乱暴狼藉を働き、そのため後白河法皇は頼朝に義仲追討を命じた。頼朝は弟の義経に義仲を討たせた。

次に後白河法皇は義経に平氏追討を命じる。軍事の天才だった義経は、一ノ谷の戦いや屋島の戦いで、平氏に圧勝し、文治《ぶんじ》元年（一一八五）に壇ノ浦の戦いで、ついに平氏を滅亡させた。六歳の安徳天皇もこの戦いで海に没して崩御している。

壇ノ浦の戦いの後、平氏の栄光と没落を描いた『平家物語』が生まれた。これはきわめて優れた軍記物語であると同時に、日本的な無常観と死生観が表われた素晴らしい文学に昇華している。その冒頭を次に記す。

「祇園精舎《しょうじゃ》の鐘の声、諸行無常の響きあり。沙羅《しゃら》双樹《そうじゅ》の花の色、盛者必衰《じょうしゃひっすい》の理《ことわり》をあらはす。驕《おご》れる人も久しからず、ただ春の夜の夢の如し。猛き者もつひにはほろびぬ、ひとへに風の前の

塵に同じ」

世の無常と儚さをリズミカルに表現した名文である。

コラム　平氏と源氏の戦いは、壬申の乱以来の大乱であるが、その規模ははるかに大きく、初めての天下を二分する国内戦争だったといっても過言ではない。さらにもう一つ、注目すべきことがある。それはこの戦いが、武士のみで行なわれたものであるということだ。一般民衆はまったく巻き添えになっていない。

一方、ヨーロッパや中国では、戦争となると必ず市民に多くの犠牲が出る。特に政権が入れ替わる時の戦では、夥《おびただ》しい死者が出る。ところが源平合戦で、市民の犠牲者が出たという記述はない。これは壬申の乱の時も同様である。ヨーロッパで「戦争では非戦闘員である市民を殺さない」というハーグ陸戦条約が生まれたのは明治三二年（一八九九）である。日本はそれよりも千年も前に、その精神に立っていたといえる。

ただ、源平合戦では例外があった。壇ノ浦の戦いで、強大な水軍を擁する平氏に対して劣勢に陥った義経が、平氏の船頭や漕ぎ手を弓で射殺したといわれている。船頭や漕ぎ手は一般市民ではないものの非戦闘員で、彼らを殺さないというのが当時の不文律であったのだが、義経はそれを破ったのだ。そのあたりが義経の軍事的天才と呼ばれる所以の一つだが、「勝つためなら何をしてもいい」という精神はそれまでの日本にはなかったものである。

第四章

鎌倉幕府〜応仁の乱

平氏との権力争いに勝利した源氏は、政治の実権を握ることになる。いわゆる「鎌倉時代」といわれる時代に入っていくが、鎌倉幕府の成立年には諸説あって、いまだに定説がない。

長い間、鎌倉幕府成立の年は、頼朝が征夷大将軍に任命された建久《けんきゅう》三年（一一九二）とされていたが、現代では、それ以前に始まっていたという説が主流となっている。たとえば、頼朝が侍所を設置して、事実上、東国の武士たちを支配下に置いた治承四年（一一八〇）という説、東国の支配権を承認する宣旨が下された寿永二年（一一八三）という説、公文所及び問注所を開設した元暦《げんりゃく》元年（一一八四）という説、守護・地頭の任命を許可する文治の勅許が下された文治元年（一一八五）という説、日本国総守護地頭に任命された建久元年（一一九〇）という説などがある。

実は、鎌倉幕府という概念は当時はなかった。この言葉が生まれたのは明治時代である。したがって鎌倉幕府という名称を使うのは適切でないが、本書では便宜上、用いることにする。

そもそも当初の鎌倉幕府は関東地方を中心とする東国支配の地方政権にすぎず、西日本では朝廷が実権を握っていた。実際に鎌倉幕府の支配が全国に及ぶのはだいぶ後のことである。

鎌倉政権

平氏滅亡の最大の功労者は源義経であったが、義経の異母兄で源氏の棟梁である頼朝はこれを快く思わなかった。頼朝が何よりも怒ったのは、義経が頼朝の許可を得ずに、後白河法皇から位を得たことであった。武家政権の確立を目指していた頼朝にとって、朝廷の権威に靡《なび》く義経の態度は許されざるものであった。そして、法皇の信頼と武士たちの信望を得た義経の謀反を恐れ、討伐を決意する。

それを知った義経は、後白河法皇から頼朝追討の許しを得る。しかし義経に従う者は少なく、後に後白河法皇は義経討伐の院宣を出す。

義経は鎌倉の軍勢に追われ、東北へ逃げ、奥州藤原氏に匿われる。奥州藤原氏は東北地方一帯を支配していた大豪族である。本拠地の平泉《ひらいずみ》（現在の岩手県西磐井《にしいわい》郡平泉町）は、平安京に次ぐ日本第二の都市で、奥州は半ば独立国のような存在だった。

当主の秀衡《ひでひら》は、義経を引き渡せという頼朝の命令を拒絶する。秀衡はこのままでは奥州は鎌倉に呑み込まれると見て、義経を将軍に立てて鎌倉と一戦交えようと考えたのだ。しかしその矢先に秀衡は病没する。秀衡の跡を継いだ息子の泰衡《やすひら》は、父の遺言に背き、頼朝の追討要請に従って義経を殺す。しかし頼朝は、それまで義経を匿ってきた罪は反逆以上のものであるとして、奥州藤原氏を滅亡させ、東北全域を支配する。

こうして頼朝は障碍《しょうがい》となるものを排除し、権力を確固たるものにしたが、頼朝の死後、跡を継ぎ二代将軍となった息子の頼家《よりいえ》は暗殺され、弟の実朝《さねとも》が三代将軍となるが、頼家の息子の公暁《くぎょう》に殺される。直後、公暁は執権の北条氏《ほうじょう》によって討ち取られ、頼朝の死後わずか二十年で頼朝の血筋は絶える。

その後、鎌倉幕府の実権を握ったのは、執権という立場で政治を補佐していた北条氏だった。もともと北条氏は頼朝の庇護者であり、頼朝の妻となった政子《まさこ》は北条氏の出である。当時は、女性は結婚しても出身家の姓を名乗っていて、そのため彼女は北条政子と呼ばれる。この北条政子が鎌倉幕府を盤石にする立役者となるのである。

承久の乱

かねて源氏の東国支配を快く思っていなかった後鳥羽《ごとば》上皇は、頼朝の血筋が絶えたことで、鎌倉幕府が崩壊すると見て、承久《じょうきゅう》三年（一二二一）、執権であった北条義時《よしとき》追討の院宣を発する。これに呼応して、鎌倉政権に不満を持つ武士や僧兵などが挙兵した。

鎌倉幕府は朝廷側の命令に動揺したが、実権を握っていた北条政子（義時の姉）が御家人（頼朝と主従関係を結んでいた武士）を集め、頼朝がいかに彼らのために戦ってきたかを熱く説いた。これは史上に名高い演説であり、政子の名を「尼将軍」として後世にまで残すエピソ

ードとなった。政子の言葉に燃えた御家人たちは、上皇側と戦う決意をする。そして鎌倉で上皇の軍勢を迎え撃とうという当初の計画を取りやめて、京都へ攻め上った。

鎌倉を出立した時はわずか十数騎の兵力だったが、続々と御家人たちが集結し、最終的には十九万の軍勢になったという。これに対して後鳥羽上皇に味方する武士は予想よりも少なく、戦いは鎌倉側の圧勝に終わった。しかし幕府の怒りは収まらず、後鳥羽上皇、順徳《じゅんとく》上皇、土御《つちみ》門《かど》上皇を、それぞれ隠岐《おき》、佐渡、土佐に流した。挙兵に加わった上皇の近臣の貴族や武士たちを処刑し、その所領（土地）を没収した。

これ以降、鎌倉幕府は朝廷をはるかに上回る強大な権力を持ち、実質的に全国を支配した。私は、完全な政権交代が行なわれたこの時をもって、完全な鎌倉幕府の時代に入ったと考える。鎌倉幕府は日本史上に現れた初めての武家政権だったが、その政権は御家人たちによるものである。武士には御家人と非御家人の二つがあり、御家人は鎌倉幕府と主従関係を結んでいる武士で、非御家人は公家や寺社の荘園などにいて幕府と主従関係を結んでいない武士である。非御家人は幕府の庇護を受けず、また幕府に対する義務も負わなかった。

頼朝の血筋が絶えた後、北条氏は京都から摂関家（藤原氏）や皇族を鎌倉幕府の将軍として迎え入れた。もっともこれは名目だけのもので、実権は執権である北条氏が握っていた。名ばかりの将軍とはいえ、それなりの求心力を持ち得るため、将軍には幼少の者を据え、成人すると将軍職を解いて京都へ送り返した。北条氏から将軍を出さなかったのは、家格の低い北条氏

が将軍となれば、有力御家人の反発は必至で、これを恐れたためと見られている。

執権政治が確立されたのは三代目の執権、北条泰時《やすとき》の時代である。貞永《じょうえい》元年(一二三二)、「御成敗式目」が定められ、武士(御家人)が政権を管理するための法典ができた。時代はそれまでの貴族社会から、武家社会へと大きく変化していく。

「一所懸命」と「いざ鎌倉」

鎌倉幕府は全国に御家人を置き、所領を与えた。御家人はその土地を大切に守りつつ、鎌倉幕府に忠誠を誓った(非御家人は一般庶民と同じ扱いであった)。

現在では「一生懸命」と書かれることもあるが、もともとは「一所懸命」であった。これは自分の土地はしっかりと耕し、命を懸けても守り抜くものということが語源となった言葉である。御家人たちはその土地の名前を苗字として名乗ることも多かった。後の「建武中興《けんむのちゅうこう》」で活躍する足利尊氏《あしかがたかうじ》や新田義貞《にったよしさだ》の苗字も地名を取ったものだ。彼らの姓は源である(源氏の一族)。

一方で御家人たちは日常的に戦いの訓練を怠らず、もし鎌倉幕府に危機が迫れば、鎌倉に馳せ参じる覚悟があった。これは今も「いざ鎌倉」という言葉として残っている。

商業の発達

鎌倉時代に入ると、貨幣経済が一層進展した。鎌倉幕府以前は基本的に米や布が貨幣の代わりに用いられていたが、様々な物品が貨幣で売買されるようになる。これにより商業が飛躍的に発達し、織物、鋳物、焼き物などの手工業品も多く作られるようになり、職人も増えた。

変化はそれだけではない。農業も治水や開墾技術が進み、農地が増えた。田に水を引く水車が作られ、用水池も掘られた。牛馬を使って田畑を耕すようになり、肥料もそれまでの草木灰《そうもくばい》に加えて、刈敷《かりしき》や厩肥《きゅうひ》が用いられるようになった。西日本を中心に二毛作も行なわれるようになる（春には米、冬には麦を植える）。漁業も発達し、塩田も多く作られた。各地の鉱山の開発も進んだ。政治体制が大きく変わったことにより、社会全体に変革が為されたのである。

文永の役

同じ頃、中国大陸でも歴史が大きく動いていた。

十二世紀の終わりに、チンギス・ハーンに率いられたモンゴル民族が、近隣の諸民族を吸収していった。モンゴル高原にいた遊牧民の一部族が、突如として巨大な力を持ったのである。

モンゴル人は金や西夏《せいか》といった遊牧民族の国を滅ぼすと、高麗《こうらい》、インド、ロシア、アフガニ

スタン、ペルシャの地を手中に収めた。最終的には宋も滅ぼし、ユーラシア大陸のほとんどを支配する大帝国を築いた。ポーランドの平原ではドイツ・ポーランド連合軍を完膚なきまでに撃破して、ヨーロッパの国々を震撼させた（モンゴル軍はヨーロッパへ本格的には攻め込まなかった）。その版図《はんと》は歴史上最大で、驚くべきことに、当時の世界人口の半数以上を統治するものだった。

この大帝国は後にいくつかに分かれるが、中国大陸を支配した元《げん》帝国の初代皇帝フビライ・ハーン（チンギス・ハーンの孫）は、日本をも服属させようと考えた。文永《ぶんえい》五年（一二六八）、高麗の使者を介して武力制圧をほのめかした国書を日本に送ってきたのだ。その国書でフビライは「大蒙古《もうこ》国皇帝」と名乗っている。

執権だった北条政村《まさむら》は、この国難に際し、鎌倉武士団の団結を高めるため、六十二歳である自身は引退し、北条得宗家《とくそうけ》（本家嫡流）の時宗《ときむね》に執権の座を譲った。驚くべきことに、この時、時宗は満十六歳であった。

当時、外交の権限を持っていた朝廷は、蒙古からの国書にどう対応していいかわからず、おろおろするばかりだったが、北条時宗は、蒙古とは交渉しないという断固たる決定を下した。蒙古はその後、何度も使節を寄越したが、時宗は返書を出そうとする朝廷を抑えて、黙殺する態度を貫いた。このことを国際情勢と外交に無知だったせいだと批判めいた解釈をする歴史学者がいるが、無礼な手紙に対して返書をしないのは当然である。

蒙古がいかに強大な帝国であるかという情報を、南宋と貿易していた鎌倉幕府が知らないはずはない。それでも、時宗は蒙古の恫喝に萎縮することはなかったのだ。想像だが、彼は日本国を預かる執権として屈辱的な外交はできないという誇りを持っていたのだろう。日本を守るためには、大帝国との一戦もやむを得ないと考えていた。時宗は、御家人たちに防御態勢を取れと命じて、蒙古軍の襲来に備える。

最初の国書が送られてきてから六年後の文永一一年（一二七四）十月五日（新暦では十一月十一日）、フビライはついに日本に軍隊を送り込んできた。蒙古は一二七一年に国号を「元」と改めていたが、本書では蒙古と書く。蒙古軍は七百〜九百艘の軍船に、水夫を含む四万人の兵士を乗せて襲ってきた。内訳は蒙古人二万人と、蒙古に征服されていた高麗人一万人だった（他に一万人の水夫がいた）。

蒙古・高麗軍はまず対馬を襲い、多くの島民を虐殺した。次に壱岐を襲い、同じく多くの島民を虐殺した。この時、蒙古軍は捕虜とした島の女性たちの掌に穴を空け、そこに縄を通して船べりに吊り下げた。おそらく迎撃する日本の兵を恐れさせるためであったと考えられる。

蒙古軍は二つの島を侵した後、博多に上陸した。

未曽有の国難に際し、九州の御家人らは命を懸けて立ち向かった。蒙古・高麗軍の独特の集団戦法と、毒矢や「てつはう」（火薬を使った爆弾のようなもの）に苦しめられながらも、御家人らは懸命に戦い、敵軍に対してかなりの損害を与えた。両軍の戦闘の優劣については、日

本側、蒙古側、高麗側の様々な資料で記述が異なっており、実態がよくわからない。

十月二十日（新暦十一月二十六日）の夜、蒙古・高麗軍の軍船は一斉に引き上げた。彼らの目的は威力偵察であったという説もあるが、わずか二週間で引き上げた理由は、日本軍による攻撃で多大の損害を蒙ったためとも考えられている。鎌倉武士の決死の戦いが蒙古軍を撤退させたのだ。

蒙古軍の船は高麗に戻る途中、多くが沈み、無事に帰国できたのはわずか一万七千人ほどだったと伝えられる。難破した蒙古・高麗軍の船百艘ほどが九州に漂着したという記録もある。

かつては蒙古軍に大きな被害を与えたのは台風とされていたが、新暦の十一月終わりは大型台風が来る季節ではなく、またその記録もなく、現代では「台風説」は否定されている。十一月から十二月にかけての玄界灘《げんかいなだ》は荒れるため、元軍は帰還中に大きな時化《しけ》に巻き込まれた可能性が高いと考えられる。

この戦いは「文永の役」と呼ばれる。

弘安の役

鎌倉幕府は蒙古を撃退したが、決して安心はしなかった。次に蒙古がやってくる時は、前回以上の規模で来るに違いないからだ。

時宗は先手を打って高麗を攻撃することを計画した。実際に軍船や兵士を博多に集結させ、出兵準備を整えていたが、これは中止となった。並行して進めていた博多湾沿岸の石塁建設に多額の出費と人員を要したためと思われる。

「文永の役」があった翌建治《けんじ》元年（一二七五）、フビライは日本を服属させるために再び使節団を送ってきたが、時宗はその使者を斬首に処した。使者を斬り捨てるのは国際感覚としておかしいという意見を述べる現代の学者がいるが、この使者たちは日本の地理や国情を調べる偵察員でもあった。

フビライは日本侵攻を計画するが、この時は南宋との戦いの最中であったため、一時計画を棚上げした。翌建治二年（一二七六）、南宋を滅ぼした後、日本侵攻に本格的に着手する。三年後の弘安《こうあん》二年（一二七九）、フビライはまたもや、日本に服属を要求する使節団を送ってきたが、時宗はこの使節団も斬首の刑に処した。

弘安四年（一二八一）、蒙古は再度、日本侵攻のための軍隊を送り込んだ。今度は前回の威力偵察のようなものではなく、一気に日本全土の制圧を狙った大軍勢だった。

五月、蒙古軍と高麗軍の兵士約四万人を乗せた九百艘の軍船が高麗を出航した（東路軍）。江南《こうなん》からは約十万人の旧南宋軍の兵士や水夫を乗せた軍船三千五百艘が出航した（江南軍）。合わせて約四千四百艘という艦隊はそれまでの世界史上最大の規模であった。兵士・水夫も約十五万人にのぼり、「文永の役」の四倍にもなった。フビライが日本との戦いに総力を挙げた

ことがわかる。この時の軍船には農機具なども積まれており、そのまま日本を占領しようとの意図があった。

幕府は御家人だけでなく、非御家人にも出動を命じる。ここに鎌倉の武士団は一致団結して蒙古軍を迎え撃つ。

五月二十一日（新暦六月十六日）、江南軍よりも先に到着した東路軍は対馬を襲った後、博多湾上陸を試みたが、二〇キロにわたる石塁（高いところでは三メートルにも及ぶ）と、鎌倉武士団の激しい抵抗にあい、上陸を断念する。

六月六日、東路軍は志賀島（現在の福岡県）を占拠して、ここを軍船の停泊地とする。その夜、日本軍は夜襲をかけて元軍を脅かす。さらに八日と九日、日本軍は志賀島に総攻撃を開始し、蒙古軍を打ち破った。東路軍は志賀島を捨てて、壱岐に退却し、後から来る江南軍を待つことにした。ところが合流期日である十五日になっても江南軍は到着しなかった。東路軍の兵士は連日の敗戦で疲弊し、疫病も蔓延し、三千人もの死者が出た。

六月下旬、江南軍の一部が壱岐に到着して東路軍と合流した。遅れて本隊が平戸島《ひらどじま》に到着した。ついに四千艘を超えるとてつもない船団が壱岐から平戸島一帯を覆った。これを迎え撃つ日本の武士団は元軍の三分の一ほどの数しかいなかった。

しかし勇敢な日本軍は六月二十九日、壱岐の東路軍に総攻撃をかけた。激戦が数日続き、大きな損害を出した東路軍は平戸島の江南軍と合流するため壱岐から撤退した。

江南軍と合流した東路軍は大宰府攻撃に備えて鷹島《たかしま》沖（現在の長崎県）で停泊するが、七月二十七日の夜、日本軍の軍船が戦いを仕掛けた。日本軍の戦術は、小舟から蒙古軍の船に乗り込み、白兵戦（刀剣などを用いた戦い）を挑むというものだった。戦いは夜を徹して行なわれ、日本軍は夜明けに引き上げた。蒙古軍は日本軍の再度の襲来に怯え、二十八日から二十九日にかけて海岸に土塁を築き、軍船同士を鎖で縛って砦のようにした。

翌七月三十日（新暦八月二十二日）の夜半、九州北部を台風が襲った。このため蒙古軍の軍船の多くが沈没あるいは損壊した。『張氏墓碑銘《ちょうしぼひめい》』には、この時の台風によって荒れた波の高さは「山の如し」とあるから、超大型台風であったと考えられる。今も鷹島沖の海底からは当時の蒙古・高麗軍の武具が大量に見つかる。

軍船の大半を失った蒙古軍の将軍たちは、鷹島に約十万人の兵卒を置き去りにして撤退した。残された蒙古軍の兵は島の木を伐り、船を作って逃げようとしたが、日本軍の掃討戦に遭って、蒙古人と高麗人は皆殺し、南宋人は捕虜にされた。一説には、鷹島から本国に逃げ帰ることができた元軍兵士はわずかに三人だという。鷹島にはこの時の掃討戦の激しさを物語るような地名が多数残っている（首除《くびのき》、首崎、血崎、血浦、刀の元《とうのもと》、胴代、死浦、地獄谷《じごくだに》、遠矢の原《とやのはる》など）。

この戦いは「弘安の役」と呼ばれる。

「文永の役」と「弘安の役」は、現代では「元寇」と呼ばれているが、鎌倉時代には「蒙古襲来」あるいは「異国合戦」などといわれていた。「元寇」という呼称は江戸時代に徳川光圀《とくがわみつくに》が

編纂した『大日本史』で最初に使われたものである。

最近、歴史教科書では、「元寇」や「蒙古襲来」という呼称は、モンゴルや中国に対する侮蔑的な言葉であるから使わないという流れになっているという。笑止千万である。歴史用語を現代の感覚で言い換えたり、使用禁止にしたりする行為は、歴史に対する冒瀆《ぼうとく》である。

コラム

「弘安の役」で蒙古軍を襲った台風は、後に「神風」と呼ばれ、「神国日本には神のご加護がある」という一種の信仰のようなものが生まれた。しかし台風が来なかったとしても、蒙古軍が日本に勝てたかどうかは疑問であると私は考える。というのは、その前から、蒙古軍は日本軍に苦戦しており、前述のように九州上陸が困難だった上、日本には地の利があり、援軍を送ることも可能だった。実際、本州から数万の軍隊が九州に向けて進軍中だった（到着前に戦いは終結していた）。加えて蒙古軍の兵糧はすでに一月分《ひとつき》を切っており、長期戦になれば持ちこたえられなかったと思われるからだ。

「神風信仰」は当時の朝廷によって広められた可能性もある。蒙古に勝てたのは武士団の戦いのお陰ではなく、朝廷の祈禱によるものだとする方が朝廷の権威が高まるからだ。しかしこれは現実から目を背けた考え方である。

ところで、フビライはその後も日本侵攻を諦めなかった。第三次侵攻計画は何度も立案され、実際にそのための徴兵や造船も行なわれた。正応《しょうおう》五年（一二九二）には本格的に実現に

向かっていたが、永仁《えいにん》二年（一二九四）、フビライの死によって、計画は中止された。以後、元において日本侵攻が計画されたことはない。

世界の大半を征服したモンゴル人からの攻撃を二度までも打ち破った国は、日本とベトナムだけである。これは日本人として大いに胸を張ってもいいことだと私は思う。

なお北条時宗は「弘安の役」の三年後、三十二歳の若さで世を去った。文学的な修辞を使うことが許されるなら、時宗とは、蒙古から日本を守るために生まれてきた男であった。

鎌倉幕府の衰退と悪党の台頭

蒙古と戦った鎌倉幕府の御家人は甚大な犠牲を払った。当主や息子を失った者もいれば、戦の費用を捻出するために、土地や屋敷を売った者もいた。日本が守られたのはそのお陰といえる。しかし元との戦いは防衛戦であったため、日本側が得たもの（戦利品や領地）はなく、幕府は御家人に十分な恩賞（土地や金）を与えることができなかった。

さらに弘安の役以後、幕府は御家人に異国警固番役などを命じたため、御家人の暮らしぶりは一層悪化した。また当時の武家の相続方法では、嫡男以外の兄弟にも土地が分け与えられたので、三代も経ると、それぞれの家の財産が縮小し、生活の貧窮を招くようになっていた。困窮した御家人は商人から金を借り、その利子と返済に苦しむようになった。

そこで幕府は御家人を救うために、永仁五年（一二九七）、史上初の「徳政令」を出した。徳政令とは、簡単にいえば債務免除、借金の棒引きである。

鎌倉幕府の徳政令は、商人が借金のかたに手に入れた御家人の土地を元の持ち主に返させるという形のものだった。これによって御家人は失った土地が戻り、一時的には助かったが、以降、商人は金を貸さなくなり、結果として御家人の窮乏が加速した。

一方、中央では北条氏が権力を独占していたため、多くの武士の間に不満が蓄積していった。こうした社会情勢から治安が乱れ、西日本の各地に、徒党を組んで、他人の土地や財産を奪う武士たちの集団「悪党」が生まれた。現代でも使われる「悪党」の語源である。悪党はやがて朝廷や寺社とも手を結び、荘園領主や幕府と対立する存在となっていく。

十四世紀に入ると悪党はさらに大きな勢力となり、幕府の権限も及ばないものになっていく。

鎌倉の文化

鎌倉時代には文化の面でも革命的ともいえる変化が起こった。優雅を重んじた平安の貴族文化から質実剛健な武士の文化へと変化し、多くの分野で傑作が生み出された。

なかでも特筆すべき分野は文学である。鎌倉時代の文学は、それまでの王朝ものに見られたきらびやかさが鳴りを潜め、近代文学のようなリアリズムと諧謔《かいぎゃく》精神に満ちたものが多い。

『平家物語』『保元物語』『平治物語』（いずれも作者不詳）などの軍記物語はその典型である。これらは叙事詩的であり、同時に「現世の儚《はかな》さ」のようなものを謳っている。説話集の『宇治拾遺《しゅうい》物語』は物語性に優れ、同時に深い寓意がある。この萌芽は平安時代末期の『今昔物語集』に見られるが、より完成された形となっている。

随筆にも平安時代のような貴族趣味は見られず、皮肉とユーモアを効かせた作品が出現した。その代表ともいえる吉田《よしだ》兼好《けんこう》（卜部《うらべ》兼好《かねよし》）の『徒然草《つれづれぐさ》』は現代の辛口コラムとしても通用する内容であり、鴨長明《かものちょうめい》の『方丈記』は前述の軍記物語に通じる「世の無常」を綴った傑作である。

彫刻や絵画は、いずれも写実的で力強さに溢れており、ひと目で「鎌倉らしさ」を感じ取ることができる。その代表は、運慶《うんけい》、快慶《かいけい》らが造立した『東大寺南大門金剛力士像』だが、アシンメトリーな構図と迫力あるタッチは、三世紀後のヨーロッパに現れたミケランジェロらの彫刻に勝るとも劣らない傑作だ。しかも、ヨーロッパの彫刻の多くが石像であるのに対し、鎌倉彫刻の傑作のほとんどは木像である。劣化や焼失の可能性が格段に高い木彫像が、幾度もの戦乱や天災をくぐりぬけて八百年後の今日に存在しているのは、奇跡的なことである。このことについても、私は先人への畏敬の念と感謝を禁じ得ない。

絵画の世界でも、『平治物語絵巻』や『蒙古襲来絵詞《えことば》』には当時の武士の合戦の様子がリアルに描かれており、歴史的な資料としても一級品である。

鎌倉の仏教

平安時代末期から鎌倉時代にかけては、戦乱と飢饉がたびたび起きた。そのためか、末法《まっぽう》思想が流行し、同時に、庶民の間に救いを求める風潮が強まっていた。末法とは、釈迦の死後、時が経って「末法」に入ると、仏の教えが衰滅するという考えである。こうした背景から、鎌倉時代には現代にまで続く仏教の宗派がいくつも生まれたが、それらは、対照的とも見える二つの流れに大別できる。

一方は、法然《ほうねん》と親鸞《しんらん》（法然の弟子）に代表される『南無阿弥陀仏』と念仏を唱えれば極楽に行ける」という、大衆を救う教えである。これは画期的なことだった。というのも、それまでの仏教では救済は僧によってもたらされるとされていたが、個人でも念仏を唱えれば救済されるものへ大きく変化したからだ。この斬新な教えは旧来の仏教界にとっては都合が悪いもので、彼らは朝廷に働きかけて、法然と親鸞を流罪にした。しかし法然らの教えは庶民の間にまたたくまに広まっていった。この「新しい仏教」は後に浄土宗、浄土真宗という宗派となる。

ちなみに親鸞は肉食妻帯《にくじきさいたい》を公言した最初の僧である。それまでは、僧は肉食妻帯をしないという建前で生きていたが、実は多くの僧が隠れて行なっていた。平安時代末期の仏教界はすっかり堕落腐敗していたのだ。親鸞はそうした偽善と欺瞞《ぎまん》を打ち破るために敢えて肉食妻帯を宣言したと考えられる。

鎌倉時代に生まれたもう一方の仏教の流れは、法然、親鸞の教えとは対照的なものであった。それは「禅」である。念仏を唱えれば阿弥陀仏によって救われるという思想に対し、「禅」は座禅などの修行によって自らを救済するという教えである。これもまた古い仏教界からは弾圧されたが、禅の厳しい修行は鎌倉武士に受け入れられて、全国に広まった。さらに鎌倉時代には、日本独自の神道理論が形成された。伊勢神道が生まれたのもこの頃である。

これらを見ると、後の日本人の宗教観、死生観の多くが鎌倉時代に形成されたと考えることができる。その意味で鎌倉時代は、日本の精神史にとっても非常に重要な時代といえる。

後醍醐天皇の討幕運動

鎌倉時代の天皇には政治的な実権はなかった。それどころか、内輪の後継者争いに明け暮れていた。発端は十三世紀の終わりに、後深草《ごふかくさ》上皇とその弟である亀山《かめやま》天皇（後に上皇）の間で、どちらの子供を次の天皇にするかで争いが起こったことだった。その後、二人の子孫は各々幕府の支持を得ようと働きかける。幕府はたびたび調停役となり、後深草上皇と亀山上皇の子孫から交互に皇太子を立てることを提案し、両統の了承を得た。これを両統迭立《てつりつ》という。それぞれの居所の名にちなんで、後深草上皇側の系統を「持明院《じみょういん》統」、亀山上皇側の系統を「大覚寺《だいかくじ》統」と呼ぶが、この二つの系統は、その後も皇位継承をめぐって争いを続け、後の「南北朝」

の対立を生むもととなった。

文保《ぶんぽう》二年（一三一八）に二十九歳で即位した第九十六代後醍醐《ごだいご》天皇（大覚寺統）は、二つの系統の争いに終止符を打ち、同時に平安時代以来の天皇が自ら政治を行なう親政を復活させようと考えた。後醍醐天皇による討幕のドラマが描かれた『太平記』では、時の執権の北条高時《たかとき》は田楽《でんがく》や闘犬に夢中で政治を顧みなかった暗愚な暴君として描かれている。いささか悪意のある表現とはいえ、政治的な手腕に欠ける執権であったことはたしかなようだ。

元亨《げんこう》四年（一三二四）、後醍醐天皇は寺社勢力や悪党勢力を恃んで討幕を計画するが、これは事前に幕府側に情報が洩れて頓挫する。しかし後醍醐天皇は諦めず、元弘《げんこう》元年（一三三一）に再び討幕を計画するが、幕府軍に捕らえられて隠岐に流された。幕府は後醍醐天皇を廃し、持明院統の光厳《こうごん》天皇を即位させる。ところがこの事件がきっかけとなり、鎌倉幕府に不満を持つ各地の武士が次々と蜂起する事態となった。

悪党、楠木正成の挙兵

後醍醐天皇が隠岐に流された元弘二年（一三三二）、河内国（現在の大阪府東部）の悪党、楠木正成《くすのきまさしげ》が挙兵した。前年の下赤坂城での挙兵に続く二度目の企てである。

翌年一月、鎌倉幕府は正成を追討するために十万人の大軍を送った。これは当時としては凄

まじい大軍であった（『太平記』には百万の軍勢と書かれているが、実際には十万人ぐらいであったろうと考えられている）。

正成はわずか千人の軍勢で千早《ちはや》城という小さな山城に籠もって、これを迎え撃った。幕府軍は一気に叩き潰そうと力攻めで押しに押す。ところが楠木正成は戦の天才だった。特に山岳ゲリラ戦を得意とし、鎌倉武士団を翻弄した。幕府軍がどれほど攻めても千早城を落とすことはできなかった。

そこで幕府軍は城を包囲して兵糧攻めをすることにした。しかし正成は水も食料も十分に用意していた。時間を持て余した幕府軍の兵たちは、歌会を始めたり、茶の飲み分け勝負をしたり、碁や双六の遊びにふけったりしだす始末だった。そこへ正成軍は奇襲攻撃をかけ、幕府軍を挑発した。怒った幕府軍は猛攻撃をかけるが、正成軍の罠にはまって大損害を蒙る。以後、幕府軍は包囲することに徹したが、大名たちは近隣から遊女を呼び寄せて遊びにふけった。ある大名の叔父と甥が賽の目のことで喧嘩になり、互いに刺し違えて死んだことから、双方の家臣が争って二百人以上が死ぬ事件まで起こっている。何という無様《ぶざま》な体たらくか。わずか五十年前、蒙古軍に挑んだ鎌倉武士団と同じ武士とはとても思えない有様である。

だが、これが日本の武士のもう一つの姿ともいえる。日本が危機にさらされた時は命懸けで戦う一方、内乱から鎌倉幕府を守るための戦いでは、まったく士気が上がらなかったのだ。

鎌倉武士団が苦戦しているという噂が広まると、周辺の悪党たちが正成軍に味方し、幕府軍

の補給路を遮断する行動に出た。そのために包囲している幕府軍の兵糧が逆に少なくなるという事態に陥り、毎日のように百人、二百人が脱走するようになった。

閏《うるう》二月には、幕府軍が千早城にかかりきりになっている間隙を衝くように、後醍醐天皇が隠岐を脱出し、討幕の兵を挙げた。そのため、千早城を包囲していた大名たちは動揺し、中には帰国する者も現れた。幕府は後醍醐天皇軍の討伐と千早城攻めのため、援軍として、御家人の足利尊氏（当時は高氏と名乗っていた）を派遣したが、尊氏は幕府を裏切り、五月には幕府の出先機関である京都の六波羅探題《ろくはらたんだい》を攻め落としてしまった。

六波羅陥落の情報が千早城を包囲していた幕府軍に伝わると、幕府軍は包囲戦を諦めて一斉に撤退を始めた。何と千早城は百倍の軍勢を相手に、半年以上（間に閏二月があった）も戦い、幕府軍を釘付けにしていたのだった。

同じ頃、鎌倉幕府は上野国新田荘《こうずけのくににったのしょう》（現在の群馬県太田市周辺）の御家人、新田義貞に千早城を攻めるための高額の戦費を要求したが、義貞がこれに応じなかったため、幕府は義貞追討令を出した。怒った義貞は逆に鎌倉に攻め込んだ。この戦いによって北条高時は自害し、幕府は滅亡した。楠木正成が千早城で挙兵してからわずか半年で、鎌倉政権は百五十年の歴史に幕を閉じたのだった。

新田義貞が幕府を倒すことができたのは、正成攻めのために千早城に送り込んだ大軍が半年近くも釘付けにされ、鎌倉の防備が手薄になっていたからだった。その意味でも、鎌倉幕府滅

亡の真の立役者は楠木正成といえるだろう。

建武中興

鎌倉幕府が滅亡すると、後醍醐天皇は京都に入り、親政を行なった。この親政は一三三四年に改めた建武という元号にちなんで、「建武中興」あるいは「建武の新政」と呼ぶ。なお、鎌倉幕府が擁立した光厳天皇は廃され、現在も歴代天皇には数えられていない。

新政府は討幕のために戦った者たちへ論功行賞を行なったが、この恩賞は実際に戦った武士に薄く、たいした働きをしなかった公家に厚かった。そのため武士の間で不満の声が高まった。六波羅探題を滅ぼした足利尊氏も重要な役職に就けなかった一人だった。

建武二年（一三三五）、北条氏最後の執権だった高時の息子、時行《ときゆき》が建武の新政に対する反乱を起こした。時行は足利尊氏の弟がいた鎌倉将軍府を襲ったので、尊氏は弟を守るために、後醍醐天皇の許可を得ることなく、鎌倉に出兵して、反乱軍を鎮圧した。

尊氏はそのまま京都に帰らず、自分に付き従った武将たちに独断で恩賞を与える。このことを知った後醍醐天皇は尊氏の謀反を疑い、新田義貞に尊氏追討令を出す。

それを知った尊氏はいったんは武士をやめて僧侶になろうとするが、尊氏に代わって足利一族を率いた弟の直義《ただよし》が朝廷軍に打ち破られたため、再び前線に復帰して戦うことになる。

延元《えんげん》元年・建武三年（一三三六）、尊氏は京都まで進軍するが、ここで北畠顕家《きたばたけあきいえ》や楠木正成との戦いに敗れ、九州へ逃げる。その途上で光厳上皇（後醍醐天皇に廃位させられた天皇）の支持を得て「官軍」を名乗ることになる。そして西日本各地の武将を味方に引き入れることに成功すると、大きな勢力となって再び京都に攻め上った。

楠木正成はこの状況を見て、すでに多くの武士たちの心は建武政権側にはなく、足利尊氏側にあると悟り、後醍醐天皇に対して、尊氏と和睦することを進言する。しかし、これが天皇や側近の不興を買い、正成は国許での謹慎を命じられる。

ところが、尊氏を迎え撃った朝廷軍の総大将、新田義貞が敗北を続けたため、後醍醐天皇は楠木正成を呼び戻す。正成は、兵力で上回る尊氏の軍勢に対して正面から迎撃するのは無理と判断し、足利軍を京都に引き入れてから挟撃するという作戦を提案した。しかし後醍醐天皇や側近は、都を離れるという大胆な作戦を受け入れることができず、これを却下する。正成はやむなく不利を承知で湊川《みなとがわ》（現在の神戸市）で尊氏の大軍を迎え撃つが、敗れて戦死する（二年後、新田義貞も戦死）。

尊氏は湊川の戦いの後、京都に入って後醍醐天皇を追い払うと、持明院統の光明《こうみよう》天皇（光厳上皇の弟）を即位させ、政治の実権を握った。こうして天皇の親政による建武政権はわずか三年で瓦解した。

延元元年・建武三年（一三三六）、足利尊氏は光明天皇を即位させると同時に、施政方針を

示した「建武式目」十七条を定めた。延元三年・暦応《りゃくおう》元年（一三三八）、尊氏は光明天皇から征夷大将軍に任ぜられる。室町幕府成立の時期ははっきりしないが、このあたりに始まったとされる。なお、室町幕府という名称は、三代将軍・足利義満《よしみつ》が京都北小路室町（現在の京都市内の今出川通《いまでがわどおり》と室町通が交わるあたり）に造営した「花の御所」（室町殿）に由来する。

南北朝時代

後醍醐天皇は足利尊氏との和睦のしるしとして、三種の神器を光明天皇に譲り（三種の神器は古来、即位に必須とされる）、京都に幽閉された。しかしその年の暮れに密かに奈良の吉野に脱出し、光明天皇に渡した三種の神器は偽物で、本物を所持している自分こそが真の天皇であると宣言した。これにより、京都の天皇（北朝）と吉野の天皇（南朝）の二つの朝廷が存在するという前代未聞の事態となる。しかも二つの朝廷がそれぞれ異なる元号を用いたからややこしい。

後醍醐天皇は全国に勢力を広げるべく、北陸や九州など各地へ自らの皇子を奉じた武将を派遣した。これにより、全国の諸将の間で、南朝を正統とする者たちと、北朝を正統とする者たちが内乱を繰り返すこととなる。

コラム

南北朝に分かれたのは、持明院統（北朝）と大覚寺統（南朝）に分かれたのがそもそものきっかけである。鎌倉時代には、二つの統から交互に天皇が輩出していたが、南北朝時代には、両統がともに天皇を即位させるという異様な事態になった。ちなみに二つの系統とも「万世一系」といわれる皇統の男系の血を引くものであり、血統的には由緒正しい。

南北朝のどちらが正統であるかという議論は、「南北朝正閏《せいじゅん》論」と呼ばれる。室町時代には南朝が正統と見做されていたが、その後は北朝が正統と見做されるようになった。しかし江戸時代に入って、水戸藩が編纂した『大日本史』では、三種の神器を捧持《ほうじ》していた南朝を正統とする考え方を取り、南朝正統論が有力となった。

ただ、北朝が持っていた三種の神器が偽物であるというのは後醍醐天皇の主張によるもので、実は本物であった可能性が高い。というのも、後述するように、正平《しょうへい》六年・観応《かんのう》二年（一三五一）に足利尊氏が南朝と和議を結んだ時（尊氏にとっては降伏に近い条件での和議であった）、南朝は北朝から三種の神器を取り戻しているからだ。それらが偽物であったなら、そもそも取り戻す必要はない。そう考えると、南朝と尊氏の和議以前に即位した北朝の天皇は本物の三種の神器を保持していて、逆に南朝の天皇は保持していなかったということになる。となれば、三種の神器を保持しての即位が正統という考え方にも無理が生じる。

それはともかく、南朝が正統であるという考えは明治に入っても受け継がれた。学会においては二つの朝廷は対等に扱われ、国定教科書でもそうなっていたが、明治四四年（一九一

一）に、国定教科書で南朝を正統とし、北朝は認められなくなった。以後、大東亜戦争終結まで、「南北」という言葉は学会では禁句となり、自由な研究が許されなかった。

現在、北朝の五代の天皇は、歴代天皇百二十五代の中には数えられていない（北朝六代目の後小松《ごこまつ》天皇は南北朝が統一された後、百代目の天皇となっている）。

観応の擾乱

足利政権は誕生した時から盤石な体制ではなかった。全国の武将たちの間に後醍醐天皇の南朝を支持する勢力があった上に、幕府内でも内紛が生じていたからである。足利尊氏を軍事面で補佐する高師直《こうのもろなお》と行政面で補佐する足利直義（尊氏の弟）が権力争いを始めたのだ。やがて師直との権力争いに敗れた直義は南朝と手を結ぶ（その後、直義は師直を殺す）。

尊氏は朝廷を南朝に戻すという条件で和議を結び、北朝の天皇を廃し、元号も南朝に合わせる。これは直義と南朝の間を裂き、南朝に直義追討の綸旨《りんじ》を出してもらうための策略だった。そのために尊氏は征夷大将軍の解任まで受け入れている。

南朝勢力は京都に侵攻して尊氏の嫡男の義詮《よしあきら》を追い払い都を占拠するが、義詮は反撃に転じて南朝を再び京都から追放する。義詮は北朝の元号に戻し、新しい北朝の天皇を三種の神器なしに即位させ、尊氏も征夷大将軍に復帰した。

一方、幕府の権力争いはその後も続き、直義も結局、尊氏との戦いに敗れ、幽閉された後に殺される（表向きは病死だが暗殺された可能性が高い）。直義の残党はその後も南朝を支持し、幕府と対立し続けた。

この一連の争いは「観応の擾乱《じょうらん》」と呼ばれる。南北朝と幕府の権力争いをめぐるこれらの出来事は実に複雑で、詳しく書くには本一冊ぐらいの分量が必要になるが、本書は日本の通史なので、このあたりにとどめておく。ただ、この騒動を見てもわかるように、室町幕府の権力基盤は実に脆弱で、政敵を倒すためには天皇の後ろ盾が必要だったのである。

その後も、南朝勢力と北朝勢力は各地で小競り合いを起こしていたが、正平一四年・延文《えんぶん》四年（一三五九）、九州で南朝を支持する菊池《きくち》一族と足利勢が戦い、菊池勢が勝利したことで、南朝勢力が九州一円を支配した。この戦いは「筑後《ちくご》川の戦い」と呼ばれ、かつては「日本三大合戦」の一つとされていたが、現在では忘れられた戦いともいえる。

南北朝の統一

南北朝時代に終止符を打ったのは、足利三代将軍の義満（尊氏の孫）だった。

義満は自分の側近を全国の守護職に就け、南朝を支持する守護大名の力を削いでいく。南朝側は懐良《かねよし》親王や宗良《むねよし》親王といった精神的支柱ともいえる人物が亡くなり、また南朝を支え続け

た北畠顕能《あきよし》などの武将が亡くなったこともあって、急速に勢力が衰えていく。

元中《げんちゆう》九年・明徳《めいとく》三年（一三九二）、義満の仲介で、南朝は北朝との和議を受け入れる。持明院統と大覚寺統の間で再び両統迭立することを条件に、南朝の第九十九代（南朝としては四代目）後亀山《ごかめやま》天皇が退位し、北朝六代目の後小松天皇に三種の神器を譲渡して、後小松天皇が第百代天皇となった。ここに五十六年続いた南北朝時代は幕を閉じた。

その後、幕府は九州を支配する菊池一族とも和解し、九州を支配下に置くことに成功した。尊氏が政権を取って六十年近く経ってようやく室町幕府は全国を制覇したのだった。

足利義満の野望と死

成立初期は政権基盤が弱かった室町幕府だが、十四世紀の後半、三代将軍の足利義満の頃には、大きな権限を持つようになった。義満は京都の室町に花の御所と呼ばれる豪華な邸宅を作ったことから「室町殿」と呼ばれた。この呼び名はその後、足利将軍を指すようになる。

義満は武家としての最高権力を持つ「征夷大将軍」と、公家としての常置の最高職である「左大臣」になり、ほぼすべての権力を掌握した。さらに応永《おうえい》元年（一三九四）、征夷大将軍を息子の義持《よしもち》に譲ると、太政大臣の座にのぼりつめた。

義満の横暴ぶりは凄まじいものであったと伝えられている。公家の妻や妾などを差し出させ

たり、天皇が持っていた祭祀権や叙任権（人事権）などの諸権力を接収したりもした。自らが寺社などに参拝する時は、上皇と同じ礼遇をとらせた。応永一五年（一四〇八）に後小松天皇が行幸《ぎょうこう》した時には、義満の座る畳には上皇が座る畳が用いられた。義満は自分の妻を天皇の准母（天皇の母親格）にし、自らは太上天皇（上皇）となることを望んだとされる。

義満の最終的な目標は次男の義嗣《よしつぐ》を天皇にすることだった。後小松天皇に皇位を義嗣に譲らせ、自らは天皇の父として権勢を振るうという計略だった。そのための布石として、応永一五年（一四〇八）、義嗣の元服を、宮中において立太子式（親王が皇太子になる式）と同じ形式で行なった。これは義嗣を皇太子として扱ったということになり、まさしく前代未聞の出来事であった。

もし何らかの事情で天皇が亡くなれば、義嗣が自動的に天皇となる。あるいは義満が後小松天皇に退位を迫って譲位させることも可能だった。義嗣は遠くは清和天皇に連なる血筋であるから、「万世一系」は保たれるという理屈は成り立つ。しかしそれには何十代も遡らなければならず、実質的には万世一系というには無理がある。

つまり義満の計画は皇位簒奪であり、皇統を破壊する企みであった。義嗣が天皇になれば、その父である義満は上皇として自由に政権を動かし、代々、足利氏から天皇が輩出することになる。義満のこの計画は九分九厘成功したも同然だった。

ところが、ここで不思議なことが起こる。義嗣の立太子式のわずか六日後、義満は突然発病

し、その五日後に急死するのである。公式には流行病に罹ったとされているが、この突然の死を偶然と見做すにはあまりにもタイミングが良すぎる。義満の身体は頑健だったという記録もあるだけに、研究者の中には、暗殺（毒殺）されたと見る者も少なくない。私もその説をとりたい。

なお、義満には死後に太上法皇の尊号宣下があったが、子の義持はそれを辞退している。

倭寇と勘合貿易

足利義満が凄まじいまでの権勢を誇った頃、中国では漢民族の王朝、明が勢力を伸ばしていた。義満はこの明と貿易（日明貿易）を行ない、巨万の富を得た。この貿易は、公私の船を区別するために勘合《かんごう》（合い札）を使ったことから「勘合貿易」と呼ばれるが、勘合が使われた背景には「倭寇《わこう》」の存在があったことはよく知られている。

倭寇とは十三世紀から十六世紀にかけて中国や朝鮮の沿岸で略奪行為を働いた海賊である。中国や朝鮮の文献にも、非常に恐れられた存在であったと書かれている。倭寇という言葉は「日本人による侵略」を意味し、対馬や壱岐、それに九州沿岸の漁民たちが、元と高麗に対する復讐のため始めたものだったといわれている（中国もそれを認めている）。しかし後には海賊行為だけでなく私貿易や密貿易を営むようになり、一部には高麗人も交じっていた。

十六世紀の後期倭寇になると、構成員の主体は中国人となり、ポルトガル人も含まれるようになる。十六世紀には多くのヨーロッパ船がアジアへ来るようになっていた。ポルトガル人が台湾を発見し「イラ・フォルモサ」（麗しの島）と名付けたのもこの頃だ。

日本の一部の教科書には、明が勘合を用いた管理貿易に乗り出した理由は、もっぱら日本人海賊に苦しめられたためと書かれているが、これは正確ではない。勘合貿易は、日本に利益を与える代わりに、日本に倭寇を取り締まらせるという安全保障政策でもあったのだ。一時は猛威を振るった倭寇だったが、明の海防の強化と、後に日本国内を統一した豊臣秀吉《とよとみひでよし》の海賊禁止令によって完全に姿を消した。

なお「倭寇」という言葉だが、これは中国や韓国から見た呼称であり、きわめて侮蔑的な意味を含む。隣国では十六世紀の秀吉による朝鮮出兵や二十世紀の日中戦争における日本軍も「倭寇」と呼んでいる。前述したように、今日の日本の歴史教科書では「元寇」という言葉は相手国に対する侮蔑的な意味を含むため使用しない傾向にある。それなら我が国を貶める「倭寇」という言葉の使用もおかしいということになるが、後者は今も普通に使われている。私は歴史用語を現代の感覚で言い換えたり、使用禁止にしたりするのは間違いだと考えている。

コラム 明は民間貿易を許しておらず、明と貿易する周辺国は、明に対して「君臣」関係を結び朝貢をして「冊封」を受けることになっていた。そのため、足利義満は明皇帝から「日

本国王」として冊封を受けた。日本が中華王朝の冊封を受けたのは、古代を除いて初めてのことであった。ただ、この時も天皇は冊封を受けていない。

日明貿易は朝貢貿易で、わずかな品物を明帝国に捧げる代わりに、それ以上の価値のものを受け取ることができたため、足利幕府は巨額の利益を得た。しかし明の冊封を受けていることは国内でも大いに問題とされ、義満の死後、跡を継いだ四代将軍・義持は貿易を中止した（六代将軍・義教《よしのり》の時代に復活する）。

ところで、冊封は属国であることを意味するものではない。あくまで中国皇帝のメンツを重んじた儀礼にすぎず、実効支配や統治とは異なる。最近、中国共産党政府が、古くから中国王朝に朝貢をしていたチベットなどについて、「古代から一貫して中国の一部だった」との主張をしているが、この伝でいけば室町幕府も琉球も「明の一部だった」ことにされてしまう。こんな史実からかけ離れた主張に取り込まれることのないよう、私たちの先人が、冊封すら嫌ったということをしっかりと覚えておきたい。

毀誉褒貶の足利義教

義満の跡を継いだ四代将軍の義持（義満の長男）の頃までは、幕府も安定した政権運営をしていた。義持は政治の実権を握ったまま、息子の義量《よしかず》に将軍職を譲るが、義量は十七歳で急逝

する。他に男子がいなかった義持は後継者を決めないまま、病を得て亡くなる。

義持が危篤になっても後継者を指名しない状況に、困った群臣たちは評議を開き、石清水《いわしみず》八幡宮で籤引《くじび》きをして、義持の四人の弟の中から次の将軍を決めることにした。足利家には長男以外は出家して僧になるというしきたりがあったため、義持の弟たちは皆、僧侶だった。籤引きの結果、次の将軍は五男の義教（当時は義宣《よしのぶ》）に決まった。

義持が後継者を決めなかったのは、誰を選んだとしても、有力な守護大名の許可を得なければ認められない状況があったためといわれる。つまり将軍の力がそれだけ弱かったという証左である。鎌倉幕府や後の江戸幕府においても、籤引きで将軍を選んだケースはなく、呆れるほかはない。

義教は将軍職を固辞するが、周囲に押し切られて還俗《げんぞく》（僧から一般人になること）し、六代将軍となる。当時、石清水八幡宮の籤引きには神の意思があるとされていたので、将軍となった義教は強引なまでの政策をとった。

「籤引き将軍」と陰で揶揄された義教は、義満時代のような将軍家の復興を目指した。義持の時代に中断していた勘合貿易を復活させ、財政再建に取り組み、各地の守護大名や寺社の勢力を削ぎ、幕府権力の強化につとめた。長らく完全な支配下に置くことができなかった九州や関東も制圧し、延暦寺をも屈服させた。これは義満でも成し得なかったことである。

しかしあまりにも強引な手法は多くの敵を作り、最後は部下である守護大名に謀殺されてし

まう。そして義教の死によって、室町幕府は急速に弱体化していく。

義教については後世の評価も毀誉褒貶《きよほうへん》が激しく、織田信長《おだのぶなが》を先取りしたような先進性を持った人物という評価を与える人もいるが、すべてを性急に進めすぎた一面がある。

人間的には非常に激しやすく、他人に対してしばしば苛烈な処罰を与え、そのため人々に「悪御所」「万人恐怖」と渾名《あだな》されて恐れられた。たとえば儀式の最中に笑顔を見せた部下に対し、「将軍を笑った」と怒って所領を没収したり、闘鶏見物で集まった群衆のせいで義教の行列の通行が妨げられたとして、京都中の鶏をすべて洛外に追放したり、説教しようとした僧の頭に灼熱の鍋をかぶせ、二度と喋れないように舌を切ったりした。他にも、酌が下手な侍女をさんざん殴って髪の毛を切ったり、梅の枝が折れていたという理由で庭師に切腹を命じたり、料理が不味いということで料理人を処刑したりしたという記録も残っている。能で有名な世阿《ぜあ》弥《み》も義教の不興を買って佐渡へ流されている。

こういう激しい気性も織田信長に通じるところがあったといえるかもしれない。配下の者に討たれるという最期も似ている。

守護大名の台頭から応仁の乱へ

義教の死後、息子の義勝《よしかつ》が八歳で七代将軍となったが、義勝はその翌年亡くなり、弟の義政《よしまさ》

が八歳で将軍に選ばれた（正式に将軍になったのは十三歳の時）。

この時代、幕府は財政難と全国各地で何度も起こった一揆などに悩まされており、幼くして将軍の座に就いた義政は政治を疎むようになった。義政は妻の日野富子《ひのとみこ》や有力守護大名の細川《ほそかわ》勝元《かつもと》、山名宗全《やまなそうぜん》らに政治を任せ、自らは東山殿（慈照寺、現在の銀閣寺）と呼ばれる別宅に住み、趣味の世界に生きるようになる。こうした「将軍不在」の間に政治は大きく乱れ、後の応仁の乱を引き起こす原因となる。

ただ、義政の文化面での功績は大きい。庭師の善阿弥《ぜんあみ》、絵師の狩野正信《かのうまさのぶ》（東山山荘に障壁画を描いている）、土佐光信《とさみつのぶ》、能役者の音阿弥《おんあみ》らを召し抱えて活躍させ、「わび・さび」という新たな美意識を有する東山文化と呼ばれる世界を築いた。彼が収集した絵画・茶器・花器・文具などは後に「東山御物」と呼ばれ、現在その多くが国宝になっている。

室町の文化

室町文化の特色としてまず挙げられるのは、前述の「わび・さび」である。

「わび」（侘び）とは、「心細く思う」「落ちぶれた生活を送る」「困って嘆願する」などの意味を持つ「わぶ」という動詞の名詞形だ。本来良くない意味を持つこの言葉が、中世の頃から「貧粗・不足の中に心の充足を見出そうとする意識」へと変化し、室町時代の茶の文化などと

結びついて、独特の美意識が形成された。

一方、「さび」（寂び、あるいは然び）は、「さびれる」を意味する動詞「さぶ」の名詞形である。本来は「時間の経過とともにものが劣化する」という意味の言葉だったが（金属の錆《さび》もそこから来ている）、室町の頃から、「閑寂さの中に、奥深いものや豊かなものがおのずと感じられる美しさ」という意味を持つようになった。これもまた日本独特の美意識である。

この「わび・さび」を象徴する存在が、足利義政が建立した銀閣だ。銀閣は慈照寺（東山殿）の観音殿の通称である。銀閣については、義政が、祖父の義満が建てた金閣に対抗して豪華な山荘を建てようとしたものの、財政難のため銀箔を貼ることができず今のような姿になった、といわれてきたが、これは俗説である。平成二〇年（二〇〇八）から平成二二年（二〇一〇）にかけての解体修理に伴い、京都府教育委員会が行なった調査で、銀箔説はほぼ否定され、二階の壁が内外とも黒漆で塗られていたことが判明している。そもそも金閣・銀閣という名前自体が江戸時代に付けられた通称で、もともと二つは対照させられる建物ではなかった。義満が自らの権力・財力の象徴として建てた北山山荘と、応仁の乱に疲れ政治の世界から逃避するために義政が作った東山山荘では創建の意図からしてまったく違っていた。

とはいえ、義政の中に、祖父に対抗する気持ちがなかったともいい切れない。祖父の金ピカの建物とは違った、質素で幽玄の美を強調する趣味の良い建物を作って、新しい自分なりの美意識と価値観を世に示そうとしたとも考えられる。その独特の美意識が「足りないものを逆に

尊ぶ」というものであった。

この「わび・さび」が室町時代を象徴する文化となっていった。茶をたてて心の平安を求める侘茶や、座敷を飾る生け花や立花が流行った。侘茶や立花を「道」として確立したものが茶道と華道である。住宅も質素なものとなり、それらは今日の和風建築のもととなった。庭も自然の地形を生かしたものとなり、また枯山水《かれさんすい》と呼ばれる簡素で象徴的な庭園も作られた。枯山水は水のない庭のことで、池や水を使わずに石や砂などにより山水の風景を表現する日本独特の庭園様式である。龍安寺《りょうあんじ》の石庭や龍吟庵《りょうぎんあん》の東庭が有名だが、これらは二十世紀のヨーロッパに生まれた表現主義や象徴主義の前衛芸術の思想を数百年も先取りしたかのようでもある。

わずかな動きで世界を表現する能や狂言が発達したのもこの頃である。絵画の世界でも、墨の濃淡だけで自然を描く水墨画が雪舟《せっしゅう》によって完成された。

こうした「わび・さび」という美意識から生まれた様々な文化や考え方は、その後の日本人の生活や文化に強い影響を与え、現代に生きる私たちの中にも一種の思想となって根強く生きているといえる。

応仁の乱

義政の将軍時代に「応仁の乱」が始まるが、この戦いがなぜ始まったのか、目的は何だった

のかは、後世の歴史学者たちの頭を悩ますところである。様々な人物の思惑が背景にあり、それらが複雑に絡み合っていて、明確な説明をするのが困難だからだ。そこでいささか乱暴な記述になるが、私が敢えて簡潔に述べてみようと思う。

そもそもは管領《かんれい》（室町幕府においては将軍に次ぐ役職）が輩出する畠山《はたけやま》氏の後継者争いが始まりだった。それが大きな乱に発展したのは、将軍の後継者争いが絡んだからだ。

義政には男子がいなかったために、寛正《かんしょう》五年（一四六四）、僧になっていた弟の義視《よしみ》を後継者に指名する。義視は、兄の義政に将来男子が生まれる可能性を考えて固辞するが、義政は「たとえ男子が生まれても、その子は僧にする」という証文を書いて、義視を還俗させる。

ところが翌年、義政に男の子（後の義尚《よしひさ》）ができる。義政の妻、日野富子は自分が産んだ子（義尚）を将軍にしようと考え、有力守護大名の山名宗全に義尚の後ろ盾になってもらうよう依頼する。一方の義視は管領だった細川勝元を頼る。

このことから山名と細川が争うことになるのだが、おかしなことに後に補佐役が入れ替わる。すなわち山名宗全が義視を補佐し、細川勝元が富子と義尚を補佐した。このあたりも「応仁の乱」のややこしいところである。山名宗全と細川勝元の間にはそれ以前から権力をめぐっての確執があった。結局、応仁元年（一四六七）、山名宗全と細川勝元が覇権をめぐって京都を戦場にして戦う「応仁の乱」が始まる。

両者の戦いは、やがて他の有力守護大名たちを巻き込んだものとなり、山名側（西軍）と細

川側（東軍）に分かれて、全国的な争いへと発展していく。争いは混沌とし、各大名たちは最初西側についていたかと思うと、いつのまにか東側につき、あるいはその逆もあって、次第に敵味方も判然としない有様になっていった。この乱で京都市街が戦場になり、足軽たちの放火や略奪が横行し、市街の大半が焦土と化した。この時、多くの貴重な史料が失われた。

戦いが始まって七年目の文明《ぶんめい》五年（一四七三）、総大将であった山名宗全と細川勝元が相次いで亡くなったが、乱は終わらなかった。同年十二月、義政は将軍職を八歳の義尚に譲ったが、全国的な争いはその後も続いた。もはや何のために戦っているのかわからない状態だった。

結局、乱は十一年間続いた後、急速に収束していく。何も決着がつかず、勝者も敗者もない争いであり、後半の何年かは、ただ惰性的に各地で大名たちが戦っていただけだった。主だった将が戦死することもなく、戦後に罪に問われた守護大名もいなかった。

日本史上、多くの戦いがあったが、これほど無意味な戦いは例がない。当時の人たちもこの争いの意味を理解できなかったらしく、同時代の興福寺の僧、尋尊《じんそん》は日記『尋尊大僧正記』に「いくら頭を捻っても応仁の大乱が起こった原因がわからない」ということを書いている。歴史年代の語呂合わせ「一四六七《ひとよむな》しい応仁の乱」は応仁の乱の本質を見事についている。

大乱のきっかけは、息子を将軍にしたいという母の我儘な思いだった。歴史というものは、しばしばそんな人間的な感情から大きく動くが、応仁の乱もまたその一つであった。

応仁の乱の影響

京都を中心にして全国で十年以上も続いた応仁の乱は、社会や制度を大きく変えた。まず従来の身分制度が崩れた。東西陣営とも、戦いに勝つために、家格に囚われず、勢力を持つ者たちを守護職に就けたからだ。さらに文明七年（一四七五）に、足利義政が「諸国の御沙汰は毎事力法量」（諸国の沙汰は力次第である）と述べたことにより、法秩序も乱れた。家格に関係なく、実力ある領主が各地に誕生し、これらが後に戦国大名へと成長していく。

それまで有力武将はすべて源氏や平氏の流れを汲む者、つまり天皇の血統に連なる者が尊ばれたわけだが、応仁の乱以降は血統とは無縁の実力者が現れるようになった。

戦国時代を象徴する「下剋上《げこくじょう》」の思想もこの時代に生まれた。「下剋上」とは「下の者が上の者に剋《か》つ」という意味の言葉である。また地方領主の台頭によって、荘園が奪われ、公家の収入が激減し、朝廷の勢力が一層弱まった時代でもある。

大和朝廷誕生から脈々と続いていた伝統的な社会制度や通念は、応仁の乱によって一気に崩壊し、新しい概念が生まれた。その意味では、応仁の乱は無意味な戦いではあったが、日本史に大きな影響を与えたといえる。

═ コラム 応仁の乱が始まる四十年ほど前、永享《えいきょう》元年（一四二九）に沖縄諸島に琉球国（歴史 ═

教科書では琉球王国と書かれることが多いが、正式名は琉球国である）が誕生している。

琉球国は室町幕府からも明からも独立した王国と見做されていた。現在の沖縄の人々の主な祖先は十世紀前後に九州の南部から移住してきた人たちだと考えられている。ちなみに沖縄の正史『中山世鑑《ちゅうざんせいかん》』や『おもろさうし』などでは、十二世紀に源為朝（源頼朝の叔父にあたる）が沖縄に逃れてきて琉球国の始祖である舜天《しゅんてん》になったとある。日本史では、為朝は流された伊豆大島で自害したことになっていて、『中山世鑑』は伝説の類と思われるが、琉球ではこれが正史として扱われている。

遺伝子研究でも、現在の沖縄県民の遺伝子は中国人や台湾人とはとても遠く、九州以北の本土住民に近いという結果が複数出ている。また琉球の古語や方言にも中国文化の影響は見られず、七世紀以前の日本語の面影が残っている。

現在、琉球独立を唱える人々の中には、琉球はそもそも日本ではないと主張する者がいるが、民族的にも言語的にも日本であるといえる。中国に対して朝貢外交をしていた歴史はあるものの、中国の領土であった時代は一度もない。

第五章

戦国時代

日本史ファンには人気の高い戦国時代だが、各地の大名同士の戦いは歴史的にはさほど重要なものではない。特筆すべき人物は、織田信長と豊臣秀吉と徳川家康《とくがわいえやす》の三人である。

この時代は、古い価値観や身分制度が大きく崩れ、たとえ身分が下の者であっても、実力次第でのし上がれるという、日本史上に類を見ない「戦国」の時代となった。

戦国時代のもう一つの注目すべきことは、日本人が初めてヨーロッパの文化に接したことだ。それまで異国といえば、朝鮮半島と中国大陸の国々を意味していたが、それとはまったく異なる文化が、日本人の思想と行動に新しい風を吹き込んだ。

そして小さな島国から、約九百年ぶりに海外に派兵し、世界進出を試みた。

しかし日本人は結局その道を断念し、最終的にはヨーロッパの文化と深く交わることを拒んだ。江戸時代のいわゆる「鎖国」政策により、日本は激動する世界に背を向けて、太平の世で、独特の文化を築いていくことになる。

戦国時代の前半

応仁の乱以後、管領職を独占した細川氏が政治の実権を握った。この期間は明応《めいおう》二年（一四九三）から天文《てんぶん》一八年（一五四九）まで半世紀以上の長きにわたる。時代区分としては室町幕府の時代となっているが、実質的には「細川政権」と呼ぶべきものである。ただ細川氏もまた盤石ではなく、一族内で何年も争いを続けた。足利氏の将軍は名ばかりのものとなり、権力争いの道具にすぎなくなっていた。

細川政権には全国を統治する力など到底なく、各地の守護大名や有力武士たちを抑えることはできなかった。そのため全国のあちらこちらで、力のある者が武力で土地を奪い合うという弱肉強食の時代に突入した。

この頃、武士と同じくらい力を持っていたのは寺院である。武器を持った僧たちの集団は強大で、彼らもまた武力にものをいわせて土地を奪った。とりわけ浄土真宗（一向宗。ただし蓮如《れんにょ》は一向衆と呼んだ）が勢力を伸ばし、信徒である農民たちが一向一揆を起こした。彼らは守護大名や武家集団と戦い、しばしばこれを破った。中には守護大名を領地から追放し、自治領を作ったところもある。もっともそれを利用したのは総本山である本願寺であった。

こうした弱肉強食の流れは十六世紀に入ってさらに加速し、やがて戦国大名と呼ばれる存在が台頭した。先駆けといえるのが関東を支配した北条早雲《そううん》である。この後、全国に有力な大名

が次々と現れた。興味深いのは、戦国大名の多くが伝統的な守護大名ではなく、新興の勢力であったことだ。中には、家臣が主君から権力を奪ってのし上がった「下剋上」も少なくない。大和朝廷の成立以来、連綿と続いていた旧来の権威が通用しなくなったともいえる。

ちなみに前述の北条早雲は、無名の素浪人から大名になった下剋上の典型的な存在といわれていたが、近年の研究では、室町幕府の政所《まんどころ》（訴訟を司る職）の執事であった伊勢氏の出であったらしいともいわれている。ただ、早雲が関東一円を支配する大名になった過程は下剋上そのもので、その意味では、やはり北条早雲こそ戦国大名の嚆矢《こうし》といえる。

こうして誕生した戦国大名たちの領土は「分国」と呼ばれた。もはや室町幕府や将軍の存在は形だけのものとなり、「分国」それぞれが独自のルールで統治する独立した国家のような存在となった。

戦国時代の後半

十六世紀半ばから後半にかけて出た主な戦国武将としては、関東一円を支配した北条氏康《うじやす》（早雲の孫）、甲斐《かい》（現在の山梨県）の武田信玄《たけだしんげん》、越後《えちご》（現在の新潟県）の上杉謙信《うえすぎけんしん》（長尾景虎《ながおかげとら》）、美濃《みの》（現在の岐阜県）の斎藤道三《さいとうどうさん》、出羽《でわ》（現在の山形県）と陸奥《むつ》（現在の宮城県など）の伊達政宗《だてまさむね》、安芸《あき》（現在の広島県）の毛利元就《もうりもとなり》、土佐（現在の高知県）の長宗我部元親《ちょうそかべもとちか》、薩摩

（現在の鹿児島県）の島津貴久《しまづたかひさ》などが挙げられる。彼らは皆、歴史ファンには大人気の武将で、それぞれに人間的魅力もあり、興味深いエピソードも豊富で、歴史小説の主人公としてもよく描かれるが、前に述べたように、日本の通史を見る上では重要な人物とはいえず、彼らの個々の武勇伝に目を留める必要はないといっていい。

彼らは互いに近隣の大名との領地争いに明け暮れていて、天下統一に向けた行動は起こさなかった。武田信玄と上杉謙信の「川中島の戦い」は非常に有名だが、これは戦国時代に数多ある地方合戦の一つにすぎない。もっとも地方の大名は、京都に攻め上れば、その間に自分の領地が奪われてしまうという大きなリスクがあったため、容易に動けないという事情もあった。つまり上洛するには近隣の諸大名を完全に支配下に置いてからでないと無理だったのだ。

永禄三年（一五六〇）に桶狭間《おけはざま》で織田信長に討ち取られた今川義元《いまがわよしもと》は天下取りを目指して上洛中だったという説があるが、これは誤りで、「桶狭間の戦い」も単なる領地争いの地方合戦の中で起こった出来事である。

戦国時代に最初に京都を支配したのは、畿内一円を支配していた三好長慶《みよしながよし》である。天文一八年（一五四九）、長慶は細川晴元《はるもと》を京都から放逐し、実質的な政権を握った。その意味では、三好長慶は戦国時代の最初の天下人ともいわれるが、その力もまた細川政権と同様、全国を支配できるほどではなかった。そのため、各地の戦乱は一向に収まらなかった。やがて政治の実権は長慶から三好家の家臣の松永久秀《まつながひさひで》に受け継がれていく。しかし久秀も畿内の平定に精一杯

で、天下統一を目指すことはなかった。

応仁の乱以後、旧来の社会制度が崩壊して乱れた世相を、当時の公家たちは古代中国の「春秋戦国時代」になぞらえて「戦国の世」と称した。当時の武将たちも自分たちが生きる同時代を「戦国」と呼んでいた。

もっとも江戸時代には「戦国時代」という言葉は使われず、当時の元号から「元亀天正《げんきてんしょう》の頃」と表現されていた。戦国時代という名称が一般的になるのは明治以降である。

室町幕府の滅亡

領地争いを続ける戦国大名の中で、急速に勢力を伸ばしていたのが織田信長だった。桶狭間で今川義元を破った信長は、諸大名との同盟策を駆使し、また近隣の敵を滅ぼし領地を拡大していった。そして永禄一〇年（一五六七）、尾張と美濃の一帯をほぼ支配下に置いた頃から、天下統一を目指すようになったといわれる。というのも、この頃から信長は自らの朱印（公的文書に押す印章）に「天下布武」という文字を用い始め、城下町「井ノ口」の地名を「岐阜」に改めているからだ。「天下布武」とは、「天下に七徳の武を布《し》く」という意味で、岐阜は「周の文王が岐山《きざん》より起こり、天下を定む」という故事にちなんで命名したといわれている（阜は山と似た意味）。もっとも当時「天下」という言葉は、京を中心とする畿内一円を指

したともいわれている。しかし信長がそこを手中に収めようと考えていたことは間違いない。

この頃、京都では政権を取り戻そうとしていた十三代将軍・足利義輝《よしてる》が三好家の家臣である三好三人衆に暗殺されるという大事件が起きた（永禄八年【一五六五】、永禄の変）。一般には松永久秀が暗殺したといわれているが、事実は違うようである。三好三人衆は義輝の従兄弟を将軍にして、自分たちの傀儡とした。

奈良に逃れていた足利義昭《よしあき》（後の十五代将軍。当時の名前は義秋《よしあき》）は、全国の諸大名に、三好氏を討伐し自らを将軍として擁立《ようりつ》するよう檄を飛ばす。しかし武田信玄や上杉謙信らは近隣諸将と対立していたため動くことができなかった。そこで義昭は京都に近い越前の朝倉義景《あさくらよしかげ》についで、岐阜の織田信長に上洛を要請した。

永禄一一年（一五六八）、信長は足利義昭を奉じて上洛し、三好三人衆を四国へ追い払った。同年、義昭を十五代将軍に擁立して、政治的実権を手にしたが、その後、義昭と対立し、元亀四年（一五七三）、義昭を京都から追放する。こうして室町幕府は二百四十年の歴史に幕を閉じた。

乱世の怪物、織田信長

京都を支配下に収めた信長ではあったが、この時点では全国の大名たちを抑え込むまでの力

はなかった。

天下統一を狙う信長は、強大な兵力を手にするために、経済力を持とうと考えた。まず楽市楽座を敷き、城下町の経済を振興させた。当時、商人たちの組合のような存在であった「座」を廃止し、経済活性化を図ったのだ。それまで商人たちは、商売をするのに「みかじめ料」のようなものを寺社やその土地の実力者、座などに支払っていたが、信長はそれらをなくした。これは現代風にいえば、「規制緩和」と「減税」である。おそらく信長は商人たちから「税金」のようなものを徴収していたと思われる。

さらに撰銭令《えりぜにれい》（良銭と悪銭の交換レートを定める）などの貨幣改革を行ない、貨幣価値を安定させ、経済を発展させた。こうして大きな財力を摑んだ信長は、他の戦国大名にはないアドバンテージを手に入れることができた。ちなみに信長の旗印は明の銭である「永楽通宝」である。銭を軍の旗印に掲げるほど、経済を重要なものと見做していたのである。

当時、多くの戦国大名の兵力の大半を占める兵隊（徒士《かち》や足軽）は農民であった。彼らは普段は田畑を耕作しているが、戦になれば兵隊として戦場に駆り出される存在であったため、大遠征や長期戦を行なうのは難しかった。武田信玄と上杉謙信の数次にわたる川中島の戦いが、いずれも短期間であったのはそのためだ。ところが経済力を手に入れた信長は兵隊を金で雇うようになる。つまり戦いの専門家（傭兵）を持つことができたのだ。

信長はこのような経済政策をとったために、それまで商人たちから「みかじめ料」を取って

いた寺社勢力と真っ向から対立することになった。天台宗（総本山は比叡山延暦寺）や浄土真宗（総本山は石山本願寺）は、信長と対立する大名と手を結んだ。元亀元年（一五七〇）、本願寺十一世である顕如《けんにょ》は、神仏をないがしろにして武力による天下統一を狙う信長を仏敵と見做し、全国の本願寺門徒（信者）に「打倒信長」の檄を飛ばして決戦を挑んだ。ここに、信長と本願寺の十年にわたる凄まじい戦いが始まる。

当時の寺院の兵力は戦国大名と対等かそれ以上のものがあった。僧兵たちは武器を持っていた上に、彼らと戦う兵たちが仏罰を恐れたからだ。しかし信長は仏教を恐れなかった。元亀二年（一五七一）の延暦寺との戦いでは、寺を焼き尽くし、僧だけでなく女性や子供まで数千人を皆殺しにした。天正《てんしょう》二年（一五七四）の伊勢長島の一向一揆鎮圧の際も、女性や子供を含む二万人を皆殺しにしている。

これは日本の歴史上かつてない大虐殺である。壬申の乱、源平合戦、鎌倉幕府倒幕の戦い、応仁の乱など、数々の戦があったが、戦闘員でない老人、女性、子供まで虐殺したことはない。その数も桁外れだ。いかに信長という人物が破天荒な男であったかがわかる。

彼は仏罰というものを信じていなかった。その意味でもきわめて現代的な感覚の持ち主であるといえる。もっとも、熱田神宮をはじめとする多数の神社に莫大な寄進をしたほか、伊勢神宮の式年遷宮を復興させたことを考えれば単に無神論者だとは言い難い。

ただし信長は、戦国大名との戦いにおいては、勝った後に相手の兵隊や住民を殺害すること

はなかった（ただ、相手方の武将の一族には、しばしば報復的な殺戮をしている）。彼が皆殺しにしたのは一向宗などの宗教を背負った一揆に限られた。これは信長が、宗教のもたらす狂信的な力を憎むとともに、その勃興を恐れた証でもある。特に本願寺は将軍の足利義昭や戦国大名の毛利氏、武田信玄や朝倉義景と連携し、信長包囲網を敷き、信長を苦しめた。

しかし信長は武田氏や朝倉氏を滅ぼし、中部地方や北陸地方を支配下に置いていく。そして天正八年（一五八〇）、十年の長きにわたって戦った大坂の石山本願寺もついに降伏させ、天下統一まであと一歩のところまでこぎつけた。

ところが、その二年後の天正一〇年（一五八二）、京都の本能寺に滞在していた信長は家来の明智《あけち》光秀《みつひで》の謀反によって討たれる（本能寺の変）。この事件に関しては、多くの作家が様々な説を述べているが、私は明智光秀が個人的な恨みから起こした単純なもので、用意周到に練られたものではなかったと思っている。なぜなら、その後の行動がきわめてお粗末だからだ。

ともあれ、信長は天下統一を目前にして亡くなった。天下統一を目指すきっかけとなった桶狭間の戦いの直前、信長はお気に入りの幸若舞《こうわかまい》『敦盛《あつもり》』の「人間五十年、下天のうちを比ぶれば、夢幻の如くなり」という一節を舞ったといわれているが、本能寺で亡くなったその時、数え年で四十九歳だった。

織田信長の出現は日本史におけるエポックメーキングな出来事である。私は、信長の出現がなければ、戦国時代はあと半世紀は続いていたのではないかと考える。

信長は単に戦に強かったというだけでなく、古い社会通念に縛られない、きわめて近代的な合理主義に基づく考え方をする人物だった。旧来の制度やしきたりをいくつも廃し、自らの家臣についても、身分や出自に囚われることなく、能力がある者はどんどん出世させた。キリスト教宣教師から献上された黒人「弥助《やすけ》」を家臣にしているが、信長はいずれ彼に領地を与えて城主にするつもりであったといわれている。また新しいものが好きで、西洋風の衣装などを着たりもした。鉄砲をいち早く取り入れたのも彼である。

ある意味で日本史上に現れた突然変異のような存在だが、戦国時代という未曽有の混乱した時代だからこそ生まれた傑物ともいえる。織田信長という男は、戦国時代を収束させるために出現した人物かもしれない。

コラム 信長という人物について書かれたものできわめて興味深いのは、宣教師ルイス・フロイスが記した『日本史』だ。フロイスは永禄六年（一五六三）に三十一歳で来日し、以後三十四年間日本で過ごし、六十五歳で長崎において亡くなった。織田信長や豊臣秀吉にも会い、冷静な観察眼で彼らの人物評を書き残している。信長についてはこう書かれている。「極度に戦を好み、軍事的修練にいそしみ、名誉心に富み、正義において厳格だった」「ほとんどまったく家臣の忠言に従わず、一同からきわめて畏敬されていた」「彼は日本のすべての王侯を軽侮し、下僚に対するように肩の上から彼らに話をした」「神および仏のいっさ

いの礼拝、尊崇、ならびにあらゆる異教徒的占卜や迷信的慣習の軽蔑者であった」とある一方、「極卑賤の家来とも親しく話をした」とある。

フロイスの眼力は見事というほかない。

ついでながら、明智光秀評も紹介しておこう。

「裏切りや密会を好み、刑罰を科するに残酷。忍耐力に富んでおり、謀略の達人」

これもなるほどと思わせる評である。

羽柴秀吉による天下統一

信長の突然の死によって、歴史のひのき舞台に躍り出た人物がいた。信長の家臣の一人であった羽柴《はしば》秀吉である。もとの名を木下藤吉郎《きのしたとうきちろう》といった秀吉は、一介の足軽から成り上がった男であった。若い時から非常に才覚に優れ、それを高く評価した信長によって取り立てられ、織田家の重鎮にまで出世していた。もし秀吉が信長以外の武将に仕えていたなら、おそらく侍大将になることすらなかったであろう。

信長が本能寺で光秀に討たれた時、秀吉は備中国《びっちゅうのくに》(現在の岡山県)で毛利軍と戦っている真っ最中だった。主君の信長が光秀に討たれたという情報を摑むや、秀吉はただちに軍を率いて畿内に戻り、山崎(現在の京都と大阪の府境)で明智光秀の軍勢を打ち破る。「本能寺の

変」からわずか十一日後のことであった(「三日天下」という言葉は、この時の明智光秀を指して生まれた)。この山崎の戦いで天王山を制した秀吉が勝利したことから、現在でも政治やスポーツなどの重大な試合や局面の比喩に「天王山」という言葉が使われる。

その後、秀吉は信長の後継者争いにも勝ち、天下統一に乗り出した。信長同様、戦上手の彼は、多くの戦いを制して九州と関東・東北を除く全国を支配し、天正一四年(一五八六)、正親町《おおぎまち》天皇から豊臣の姓を賜り、公家として最高職の太政大臣に就く。秀吉はその前年に五摂家筆頭の近衛《このえ》前久《さきひさ》の猶子《ゆうし》(形式的な養子)となり、公家となって藤原姓を名乗っていた。

天正一五年(一五八七)に九州を制圧、天正一八年(一五九〇)に関東と東北を制圧し、ここに約百年続いた戦国の世は終わりを告げた。信長が本能寺で討たれた八年後のことだった。ただし、秀吉の天下統一は日本全土に及ぶものではなかった。とりあえず、すべての大名を服従させたにすぎず、中央集権的な政治機構ではなく、それぞれの地方では戦国時代同様、各大名が治める封建社会体制が継続していた。しかし秀吉の絶対的な武力の前に反旗を翻す大名はおらず、東海に一大勢力を持っていた徳川家康も秀吉に臣従した。

ちなみにフロイスの秀吉評はかなり辛辣である。

「彼は身長が低く、また醜悪な容貌の持ち主で、片手には六本の指があった。眼がとび出ており、シナ人のように髭が少なかった」「彼は自らの権力、領地、財産が順調に増して行くにつれ、それとは比べものにならぬほど多くの悪癖と意地悪さを加えて行った。家臣のみならず外

部の誰に対しても極度に傲慢で、嫌われ者でもあり、彼に対して憎悪の念を抱かぬ者とてはいないほどであった」「関白は極度に淫蕩で、悪徳に汚れ、獣欲に耽溺しており、二百名以上の女を宮殿の奥深くに囲っていたが、さらに都と堺の市民と役人たちの未婚の娘および未亡人をすべて連行してくるように命じた」

いやはや、ひどい書かれようである。秀吉の並外れた好色ぶりと女漁りはよく知られているが、それにしても、フロイスのこの記述には少々誇張があるのではなかろうか。

秀吉は後にキリスト教を弾圧しただけに、フロイスの評には個人的な恨みが込められている部分もあると考慮すべきだが、同時代の他の人々による秀吉評も概ねこのようなものである。

ところで、秀吉が多指症（右手）であったという記述であるが、これに関しては、他にも証言がある。私が興味深く思うのは、当時の人々からは奇異に見られていたであろうに、彼が指を切り落としていなかったことだ。私はそこに、名もなき足軽から天下人にまでのし上がった秀吉という人物の、異常に強い自尊心と意地のようなものを見る。なお、差別につながるのを避けるためか、多くの歴史書に秀吉の多指症についての記述はない。

鉄砲伝来

天文一二年（一五四三）、種子島に中国船が漂着したが、その船に三人のポルトガル人が乗

っていた。これが記録に現れるヨーロッパ人と日本人の最初の邂逅である。室町時代の終わり頃で、管領の細川氏が実権を握っていた時代である。

この時、ポルトガル人が持っていた品物は種子島の人々の興味を惹くが、領主の種子島時堯《たねがしまときたか》が最も関心を寄せたのは鉄砲（火縄銃）だった。

鉄砲は十五世紀にドイツで発明されたもので、日本人にとっては未知の武器であった。時堯はポルトガル人が射撃の実演をしてみせた鉄砲を二丁購入する。そして刀鍛冶の八板金兵衛《やいたきんべえ》に命じて数十丁を複製させた。金兵衛が作った国産第一号の火縄銃は、現在、鹿児島県西之表市の文化財として種子島開発総合センター（鉄砲館）に展示されている。

その後、堺から商人の橘屋又三郎《たちばなやまたさぶろう》が種子島を訪れ、一年かけて鉄砲の製法を学んで帰った。又三郎は鉄砲製造と販売を行ない、堺は全国有数の鉄砲産地となる。堺の鉄砲はその後、多くの戦国大名が購入したが、この地を支配下に置いていた織田信長が最も多くの鉄砲を所有し、他の大名との戦いを有利に進めた。長篠の戦いにおいて、織田・徳川の連合軍が最強と噂されていた武田家の騎馬軍団に圧勝したのは鉄砲によるといわれている。

それにしても驚くべきは、当時の日本人がヨーロッパの鉄砲と火薬の技術をたちどころに吸収し、量産化に成功したことだ。一説によると、戦国時代末期の鉄砲保有数は世界一ともいわれている。もっとも統計的資料はなく、事実かどうかは不明である。ただ当時ヨーロッパからやってきた宣教師の多くが日本の軍事力に驚嘆していることから、相当数の鉄砲が存在したこ

とはたしかである。

イエズス会宣教師のアレッサンドロ・ヴァリニャーノ（信長に弥助を献上した人物）は、天正七年（一五七九）に本国イタリアに向けて、「日本人の好戦性、大軍勢、城郭、狡猾さと、ヨーロッパ各国の軍事費を比較して、日本を征服することは不可能である」と報告している。

この時代にヨーロッパから伝わったもう一つの重要なものがキリスト教である。

天文一八年（一五四九）、カソリック教会の男子修道会イエズス会の宣教師フランシスコ・ザビエル（スペイン生まれ）によって初めてキリスト教が伝えられた。ザビエルはヨーロッパから様々な品も持ち込んだが、眼鏡もこの時初めて日本に持ち込まれたものだった。

ザビエルは日本に滞在した二年間、西日本各地で精力的に布教活動を行なう。その後、来日した宣教師たちも、妨害や迫害に遭ったりしながらも布教活動を続けたが、織田信長の庇護を受けたことで、信者（キリシタン）を増やすことに成功した。一般庶民だけでなく、大名や侍の中からもキリシタンとなる者が出た。

信長がキリスト教の布教を認めたのは、生来の新しもの好きという性格もあったが、最も大きな理由は、一向宗の力を削ぐためであったと考えられる。

キリスト教の伝来

種子島の人々に鉄砲を伝えたポルトガル人は、その後、本国に戻って日本のことを伝えた。これがヨーロッパの国々にもたらされた日本についての初めての情報だった。

十三世紀にマルコ・ポーロの『東方見聞録』において中国の東に「黄金の国ジパング」があると紹介されて以来、ヨーロッパの多くの人々の興味と関心をひきつけていたが、その後二百五十年にわたって、正確な位置すら不明だったのだ。その証拠に、ヨーロッパで発行された当時の地図には、日本が太平洋上のあちこちに適当に描かれている（日本の「発見」は、コロンブスがアメリカ大陸を発見した明応元年【一四九二】よりも半世紀以上も後のことである）。

日本が「発見」されて以後、世界をキリスト教化するという使命感を持っていたカソリックのイエズス会が積極的に宣教師を送り込んできた。

戦国時代の後半に日本にやってきた宣教師たちは、一様に日本人と日本の文化の優秀さに感嘆している。それらは手紙や日記などに記されているが、最も有名なのは、前述のルイス・フロイスが書き残したものである。そこにはヨーロッパのインテリ（フロイスは文才豊かで教養もある人物だった）の目を通して見た当時の日本人の姿がある。彼が本国のイエズス会に書き送った中から、日本人に言及したところをいくつか紹介しよう。

「この国の人々は、これまで私たちが発見した国民の中で最高の人々であり、日本人より優れている人々は、異教徒の中では見つけられないでしょう。彼らは親しみやすく、一般に善良で悪意がありません」

「驚くほど名誉心の強い人々で、他の何よりも名誉を重んじます。彼らは恥辱や嘲笑を黙って忍んでいることをしません」

「窃盗はきわめて稀です。彼らは盗みの悪を非常に憎んでいます」

善良で、親しみやすく、名誉を重んじ、盗みを憎む――これが十六世紀の日本人の姿であった。もっとも、あくまでヨーロッパの人々から見て、ということであり、絶対的な基準があるわけではない。ただ、三百年後の幕末の頃に日本に来たヨーロッパ人たちも同じような印象を記している。

他に多くの宣教師が共通して挙げているのは、日本には庶民にも読み書きのできる者が多いということと、男性が常に武器（長刀および短刀）を携行していたということだ。後者については、特に武士とは書いていない。つまり当時の男性の多くが刀を持っていたということだ。実際、戦国時代の日本人の識字率と武器携行率の高さは、当時のヨーロッパにはないものだったのだ。

コラム キリスト教の宣教師たちを精神的に苦しめたのは禅僧たちだった。宗教家であると同時に高い教養を身につけた哲学者でもあった当時の禅僧は、全国各地でキリスト教の宣教師たちに鋭い質問を浴びせた。
たとえば、「悪魔は神の恩寵を失った者というが、その悪魔が人よりも大きな自由を持ち、

人を欺き、正しい者を滅亡の危機に導くことができるのはなぜか？」「神が愛の神であるならば、なぜ人が罪を犯さないように作らなかったのか？」「善をなす人が現世において報いられず、悪をなす人が許されるのはなぜか？」「キリスト教の神が全知全能であるなら、その愛をなぜこれほど長く日本人に隠していたのか？」というものだ。

これらの疑問はいずれもキリスト教の本質と弱点を衝くもので、宣教師たちは明確な答えを示すことができなかった。フロイスは「禅宗はキリシタンの最も厳しい敵である」と書いているし、第二代布教長コスメ・デ・トルレスも「多くの宗派の中でも、禅宗の僧侶たちは最も理知的で、盛んに論争を挑んだ。それを論破することは容易ではなかった」と書いている。

宣教師たちが世界の他の地域で出会うことのなかった鋭い知性に遭遇し、戸惑った様子がありありとうかがえる。

検地と刀狩

天下統一を果たした豊臣秀吉は全国で検地を行なった。

検地とは田畑の面積と石高（米などの収穫量）の調査のことである。これにより全国の石高が判明し、日本の国力が正確に把握された（当時の日本は自給率一〇〇パーセントなので、人

口は石高によってある程度判断できた）。実は信長も検地を行なっていたが、秀吉はこれを徹底させ、そのため「太閤検地」と呼ばれる。

現代のリベラル学者や進歩的文化人たちからは「搾取システムの政策」と酷評されることもある太閤検地だが、実は画期的な政策であった。特に課税対象者を、土地の所有者ではなく、耕作者にした点は出色だ。これによって長らく存在していた土地の中間搾取者が一掃され、同時に奈良時代から続いていた荘園制度がなくなり、近代的ともいえる土地制度となったのだ。

秀吉が行なったもう一つの大胆な政策は、農民から武器を取り上げる「刀狩」である。刀狩そのものは、秀吉以前にも鎌倉幕府が寺に対して行ない、戦国時代にも多くの大名が行なっていたが、秀吉は天正一六年（一五八八）に全国の農民たちを対象に大々的に実施した。

それまで農民の多くは（町人も）武装しているのが普通だった。当時の農民は、平時は農作業をし、戦争になれば兵として出陣する存在で、また自分たちの土地や財産を守るためにも武器は必需品だった。それを没収するというのは、当時としては非常に大胆な政策だった。敢えて譬えるなら、アメリカ合衆国が市民から銃を没収するようなものである。

歴史家の多くは、織田信長のもとで一向一揆を何度も鎮圧した秀吉が、武装農民は危険な存在と考えて、「刀狩」を実施したとの主張をするが、私はそれには少し疑問を感じている。

天下統一を果たした秀吉は、戦乱の時代を終わらせて、社会に治安維持をもたらしたかったのではないだろうか。なぜなら「刀狩令」を出す以前に、「惣無事令《そうぶじれい》」（すべての地域において

大名間の私闘を禁ずる法律）や「喧嘩停止令」（私闘の禁止）をも出しているからだ。当時は戦国時代の名残もあり、農民（町人も含めて）が武器を手にして争うことがよくあった。つまり「刀狩」とは、日本を戦国の世から近代社会に変革させようという試みでもあったのではないか。少なくとも一揆を防ぐためだけに行なわれたのではなかったと思う。その証拠に、没収したのは刀だけで、その他の武器は対象外であり、地域によっては刀狩の後にも刀を持つことを許されたところもあったのだ。

ただ「刀狩」によってそれまで曖昧だった武士と農民の区別が明確になり（兵農分離）、後に身分の固定化が進んだ。その意味で、秀吉の「刀狩」は歴史的に非常に大きな意味を持つ政策であった。

キリスト教宣教師の追放

秀吉は当初、キリスト教の布教を認めていたが、やがて勢力を拡大したキリスト教徒が、神社や寺を破壊する事件が多発する。イエズス会が日本人を奴隷としてヨーロッパに売買していたとわかると激怒し、天正一五年（一五八七）、「バテレン追放令」を発布、宣教師を国外追放とした。ただ、庶民の信仰までは禁じなかった。

ところが、文禄《ぶんろく》五年（一五九六）に起こった「サン＝フェリペ号事件」がきっかけとなって、

秀吉はキリスト教に対する態度をいっそう硬化させ、庶民の信仰も禁止した。

この時、難破したスペイン船、サン＝フェリペ号の水先案内人が「スペイン国王はキリスト教の宣教師を世界中に派遣し、その土地の民をキリスト教徒にして国を裏切らせてから、その国を武力征服する」という意味のことを告げたからといわれている。このことを証明する史料はないが、当時のスペインやポルトガルが宣教師に先兵のような役割をさせ、中南米や東南アジアの国々を植民地にしてきたことは事実である。

アステカ帝国（現在のメキシコに位置する）とインカ帝国（現在のペルーに位置する）がスペイン人に滅ぼされたのは、まさに同時代である（アステカ帝国滅亡は大永《だいえい》元年【一五二一】、インカ帝国滅亡は天文二年【一五三三】）。二つの国は単に征服されただけでなく、町や文化を徹底的に破壊され、先住民は虐殺され、生き残った者は過酷な奴隷労働を強いられ、一時は民族滅亡の危機に陥った。この虐殺と奴隷労働の凄まじさを物語るデータを一つ挙げると、インカの人々は、百年の間に千六百万の人口をわずか百万にまで減らされている。

また後年のことではあるが、アメリカは十七世紀から十九世紀にかけて、奴隷労働に使役するためにアフリカから黒人を約千二百万人（諸説あり）も運んだ。長らく白人は、有色人種を同じ人間とは考えていなかったのだ。

日本がそういう運命を辿らなかったのは、ひとえに武力を有していたからであった。

フィリピン臨時総督のドン・ロドリゴやフランシスコ会のルイス・ソテロらが、スペイン国

王に送った上書には次のような記述がある。

「陛下を日本の君主とすることは望ましいことですが、日本は住民が多く、城郭も堅固で、軍隊の力による侵入は困難です。よって布教をもって、日本人が陛下に悦んで臣事するように仕向けるしかありません」

やはりスペインが布教を侵略の道具に使っていた面は否定できない。

秀吉が、サン゠フェリペ号事件の直後から、キリスト教に対して激しい弾圧を行なったのは、事件の前後に何らかの情報を得たからだと思われる。この後、日本におけるキリスト教の布教の勢いは急速にしぼんでいく。

朝鮮出兵

秀吉は天下統一後、かつて日本の為政者の誰も考えなかったことを計画した。大明帝国の征服である。もっとも明を攻めるという発想はもともと信長のものだったともいわれている（フロイスの記述に残っている）。

秀吉はまず明の冊封国である李氏朝鮮（現在の韓国・北朝鮮）に服属を強要し、明への道案内を要求したが、拒否されたので、天正《てんしょう》二〇年（一五九二）、朝鮮を征服するために十五万人を超える大軍を朝鮮半島に派遣した。これを「文禄の役」という。日本にとっては「白村江の

戦い」以来、約九百年ぶりに行なわれた対外戦争だった。

日本軍を迎え撃ったのは朝鮮軍約十九万五千人（うち二万二千人は義兵軍）と、明軍約五万三千人である。両軍合わせて四十万人を超える戦争は、十六世紀における世界最大規模のものだった。

戦闘は日本が朝鮮軍を圧倒し、わずか二十一日で首都の漢城《かんじょう》を陥落させた。一時は朝鮮半島のほぼ全土を制圧したが、明が参戦したことや、慣れない異国での長期戦ということもあって、戦線は膠着状態になった。戦いが四年に及ぶと、日本軍の中にも厭戦気分が蔓延して、文禄五年（一五九六）に日本と明との間で講和交渉が行なわれ、休戦となった。

実はこの時、双方の講和担当者は、本国に向けて、相手が降伏したという偽りの報告をしていた（この時の講和は日本と明の間で行なわれ、抗戦を主張する朝鮮は完全に蚊帳の外に置かれていた）。

文禄五年（一五九六）、明は秀吉に対し、日本国王の称号と金印を授けるために使者を派遣した（日本が降伏して臣下になったと思っていたため）が、秀吉は激怒して使者を追い返し、朝鮮への再度の出兵を決定した。

翌慶長二年（一五九七）、秀吉は十四万人を超える大軍を朝鮮半島に派遣した。これを「慶長の役」という。緒戦の漆川梁《しつせんりよう》海戦で朝鮮水軍をほぼ全滅させた日本軍は、その後も数に優る明・朝鮮の連合軍を各所で打ち破った。もしそのまま攻め込んでいたら、明を窮地に追い込ん

だ可能性は高い。

しかし翌慶長三年（一五九八）、秀吉が病死したことによって、本国で臣政権を支えていた大名たちの間で対立が起こり、もはや対外戦争を続行する状況ではなくなった。そこで豊臣家の五大老は秀吉の死を秘匿して日本軍に撤退を命じ、その年のうちに全軍が撤退した。

この時、撤退戦の最中に起こった露梁《ろりょう》海戦において、明・朝鮮水軍が日本軍を全滅させたと韓国では伝えられている。この戦いの司令官、李舜臣《りしゅんしん》は韓国では歴史的英雄と祭り上げられている人物だが、露梁海戦で明・朝鮮水軍が勝利したというのは事実ではない。

明・朝鮮水軍による待ち伏せの奇襲攻撃から始まった露梁海戦は、双方ともに損害を出した戦いだったが、明・朝鮮水軍の主な将軍が多数戦死（李舜臣も戦死）しているのに対し、日本軍の武将はほとんど戦死しておらず、日本軍の勝利に終わった戦いと考えられる。

韓国の歴史書や日本の一部の歴史教科書には、李舜臣はこの海戦以外にもたびたび日本軍を打ち破ったと書かれているが、彼が戦果を挙げたといえるのは、開戦初期に護衛のない輸送船団を襲った時だけで、日本軍が護衛船をつけるようになってからは、ほとんど手出しができなかった。また露梁海戦で朝鮮軍が使ったとされる亀甲船に関しては、完全なフィクションであり、復元図なども後世の作り物である。

近年の歴史教科書では、「慶長の役」で日本軍は苦戦したと書かれていることが多いが、これは正しくない。日本軍が「慶長の役」で明軍を圧倒していたことは中国も認めている事実で

ある。『明史』（清の時代に編まれた）には、「豊臣秀吉による朝鮮出兵が開始されて以来七年、明は十万の将兵を喪失し、百万の兵糧を浪費するも、明と朝鮮に勝算はなく、ただ秀吉が死去するに至り乱禍は終息した」と書かれている。

しかし日本もまたこの戦いにおいて、少なくない損害を出し、豊臣政権が倒れる原因の一つとなったことはたしかではある。

コラム 秀吉が明を征服しようとした動機は不明である。歴史学者によって、信長遺言説、功名心説、領土拡大説など、様々な説が挙げられているが、定説はなく、日本史の大きな謎の一つである。老いによる「呆け説」もあるが、計画そのものは周到に練られており、この説には無理がある。

歴史学者の大半は、日本が人口が多く国土も広い明を征服するのは不可能で、秀吉の誇大妄想と見做しているが、私はそうは思わない。「文禄の役」と「慶長の役」において、日本軍は終始、明軍を圧倒していたし、もしかつてのモンゴル軍のように捕虜とした朝鮮人を兵隊として用いていれば、明を征服することは決して不可能ではなかったと考える。

というのも、日本との戦いで疲弊した明は、慶長の役の四十七年後、農民反乱指導者の李自成《じせい》によってあっさり滅ぼされているからだ。そしてその李自成も翌年、北方の少数民族である女真族の清に滅ぼされた。

李自成を滅ぼした清の三代皇帝・順治帝《じゅんち》の祖父ヌルハチは、文禄の役の時、日本軍に苦戦する明と朝鮮に、「援軍を送ろう」と申し出ているが、朝鮮は「蛮族の助けなどいらぬ」と断っている。日本軍の将の一人、加藤清正《かとうきよまさ》は女真族の力を測るために満洲にまで攻め込み、女真族の城を攻略している。百年も続いた戦乱の世を生きてきた当時の日本の武士たちは、世界最強の軍隊であった可能性が高い。こうしたことを見ると、日本軍が明を征服するのはあながち誇大妄想の類ではないと思われる。実際、元も清も少数民族でありながら、中国大陸を百年以上にわたって支配している。

歴史に「ｉｆ」はないが、もし慶長三年（一五九八）に秀吉が死なず、日本軍が撤退していなければ、東アジアの歴史は大いに違ったものになっていたかもしれない。

なお近年の歴史教科書では、「朝鮮侵略」と記述されていることが多いが、他国に攻め込むことを侵略と書くなら、世界史におけるアレクサンドロス大王やチンギス・ハーンやナポレオンの遠征もすべて侵略と書かなければ辻褄が合わない。

関ヶ原の戦い

秀吉の死後、遺言により、五奉行と五大老が合議制で政治を運営することになっていた。しかし五大老の筆頭であり、最も力のあった徳川家康は、多くの大名と姻戚関係による同盟を結

んでさらなる勢力の拡大を図った。そのため五奉行の一人である石田《いしだ》三成《みつなり》と対立する。

慶長五年（一六〇〇）、三成は家康を討つために挙兵し、家康もまた挙兵した。この戦いは他の大名たちも巻き込み、三成についた西軍（総大将は毛利輝元）と家康についた東軍との決戦となった。これが天下分け目の関ヶ原の戦いである。秀吉が死んでわずか二年後のことだった。

両軍合わせて、十五万〜十八万の兵力が投入された大戦争だが、戦いはわずか半日で、東軍の一方的な勝利に終わった。というのも、西軍の多くの武将が動かず、また東軍へ寝返った者も出たからだ。

この戦いに勝利した家康は、三成をはじめとする西軍の大名たちを処刑し、あるいは領地を没収して、多くの大名たちを傘下に収めた。豊臣家も大幅に領地を減らされ、わずか六十五万石の一大名になった。

慶長八年（一六〇三）、家康は征夷大将軍となり、江戸幕府を開いて初代将軍となった。

唯一の心配は豊臣家から恩顧を受けた大名たちが秀吉の遺児、秀頼《ひでより》を担ぎ出すことだった。家康は後顧の憂いをなくすため、幕府を開いた十一年後の慶長一九年（一六一四）の「大坂冬の陣」、さらに翌年の「大坂夏の陣」の二つの戦いで、豊臣家を完全に滅亡させた。

コラム 大坂夏の陣で死んだ豊臣家の当主である秀頼は、秀吉が五十七歳の時にできた子供

である。秀吉は、正室（本妻）のねねや、生涯にわたって数多くいた側室（本妻以外の妻）との間に、長らく子供が生まれなかった。おそらく秀吉は不妊症に近かったと思われる。ところが、五十歳を超えてから、側室の茶々《ちゃちゃ》（織田信長の姪、後に淀《よど》と呼ばれた）が二人の男の子を産んでいる（長男は夭逝《ようせい》、秀頼は次男）。

それまでどんな女性も妊娠させることができなかった男が、生殖能力が減退する五十代になって、茶々（淀）だけを二回も妊娠させたというのはきわめて不自然である（若い時に側室の一人に子供を産ませたという話が残っているが、事実かどうかは不明）。茶々が産んだ二人の子供の父親は、本当は秀吉ではないのではないかと当時の人々も考えていた。秀頼の本当の父親は豊臣家の家臣、大野《おおの》治長《はるなが》という説もあれば（当時から茶々との密通の噂があった）、石田三成や無名の陰陽師《おんみようじ》という説もあるが、実際のところは不明である。

しかし秀吉は秀頼を溺愛し、幼い秀頼を自らの跡継ぎとするために、後継者と決めていた甥で養子の秀次《ひでつぐ》に謀反の罪をかぶせて切腹を命じた。亡くなる一ヵ月前には、五奉行と五大老に、満五歳の秀頼への忠誠を誓わせている。さらに亡くなる十三日前に残した遺書にも、秀頼を頼むと繰り返し懇願するように書いている。

ところで、秀頼を産んだ茶々の母の市《いち》（信長の妹）と義父の柴田《しばた》勝家《かついえ》を自害に追い込んだのは秀吉である。つまり茶々にとって秀吉は両親の仇に他ならない。もし茶々が敢えて不義の子を産み、その子が豊臣家を継いだなら、ある意味、復讐を果たしたといえなくもない。

真相は永遠に謎だが、戦国の世にはこうした男女の生々しいドラマもまた渦巻いていた。残された証言によれば、秀頼は秀吉に似ず、背の高い偉丈夫であったという。

秀吉の死後、女同士の間にも熾烈な戦いがあった。ねね（その頃は北政所と呼ばれていた）は豊臣家の多くの家臣から慕われ、豊臣政権において大きな政治力を持っていたが、茶々との関係は良くなかったといわれる。関ヶ原の戦いにおいて、豊臣恩顧の武将の多くが西軍につかなかったのは、ねねが茶々を嫌っていたからともいう。ねねは豊臣家の滅亡後、徳川家に厚遇された。

ちなみに徳川二代将軍の秀忠《ひでただ》の正室であるお江《ごう》は茶々の妹である（信長の姪）。お江は後に三代将軍となる家光《いえみつ》を産むが、これによって織田の血が徳川へと流れ込み、支配者の血脈に残ることになる。

第六章 江戸時代

江戸時代はある意味で日本の近代だといえる。

唯物史観の歴史家の中には、江戸時代を「前近代的な文化の遅れた時代」であるかのように捉える者がいるが、決してそうではない。

江戸時代は、百年続いた戦乱の時代が終わり、社会制度が急速に整い、国家秩序が安定した。世界に先駆けて貨幣経済が発達し、豊かになった庶民による文化が花開いた。徳川幕府の統治が安定していた約二百六十年間は、大きな戦争は一度もなく、日本の歴史上、最も平和で治安の良かった時代であったともいえる。

同時代のヨーロッパ諸国と比べても、民度も知的レベルもともに高く、街は清潔で、疫病の発生もほとんどなかった（ヨーロッパはその不潔さが原因で、何度も疫病が大発生し大量の死者を出している）。

ただ、鎖国政策によって外国からの科学技術の流入がなかったため、テクノロジーの分野で後れを取ったのは事実である。

また国内の安定を重んじて変化を恐れたため、江戸時代の後半になると、社会の様々な制度に、硬直した考え方による弊害が生じた。そのために幕末に大きな混乱が生まれることになる。

江戸幕府

慶長八年（一六〇三）、江戸幕府を開いた徳川家康は二年後に息子の秀忠に将軍職を譲ったが、政治の実権はしっかりと握っていた。

慶長二〇年（一六一五）に豊臣家を滅ぼすと、家康は江戸幕府の支配を盤石にするための法律である「武家諸法度《ぶけしょはっと》」を制定し、二百人前後いた全国の大名たちを管理下に置いた。

大名とは一万石以上の領地を持つ者で、江戸時代初期には全国で二百人ほどだったが、中期以降は二百六十〜二百七十人ほどとなった（改易《かいえき》で家を取り潰された者もいれば、新たに大名になる者もいた）。当時は一人の人間が一年間で食べる米の量はおよそ一石といわれており、つまり一万石の藩は一万人の人間を養える国力があると見做された。

ただ徳川家が全国を直接治めたわけではない。幕府の直轄領（天領）以外の全国の土地は、それぞれの藩主が支配し、法律も藩ごとに違っていた。藩によっては領内でしか通用しない「藩札」という地域紙幣を使用しているところもあった。つまり戦国時代に生まれた「分国法」に近いものが江戸時代にも受け継がれていたというわけだ。この「幕藩体制《ばくはんたいせい》」と呼ばれる制度は、日本独特の封建制である。

だが、各藩は江戸幕府の命令には逆らうことができず、改易（取り潰し）・減封《げんぽう》（領地を減らされること）・転封《てんぽう》（領地を替えられること）の命令が下った時には、従うほかはなかった。

ちなみに江戸時代に改易を命じられた大名家は、二百四十八家にも及ぶ。

こうして江戸幕府は三代将軍・家光の時代までに、ほぼ盤石の体制を築くことに成功した。

ところで、現代では大名たちが治めた地を「藩」と呼んでいるが、この呼称は江戸時代にはほとんど使われておらず、公式名称でもなかった。したがって当時は藩主や藩士という呼び方もない。武士たちが自己紹介する時は、主君の名の下に「〇〇家臣」や「〇〇家中」と名乗った。またその土地のことは「国」と呼んだ。当時、「国」は日本全体を表わす言葉というわけではなく、それぞれの地方を意味した。現代でも「国」という言葉に、故郷や地方という意味があるのはこの名残であろう。

ちなみに「藩」という言葉が制度名として使われたのは明治元年（一八六八）である。そのわずか三年後の明治四年（一八七一）の廃藩置県によって、「藩」は「県」に置き換えられている。しかし、ここでは便宜上、「藩」という言葉を使うことにする。

家康は全国の諸藩を三つに分類した。徳川家の血筋を引く「親藩《しんぱん》」、関ヶ原の戦い以前から徳川家に忠誠を誓っていた「譜代《ふだい》」、関ヶ原の戦い以後に服従した「外様《とざま》」の三つである。親藩や譜代の多くは、石高は少ないが要地を与えられていたのに対し、外様の多くは石高は多くても僻地に追いやられていた。毛利藩はその典型で、関ヶ原の戦いの後、領地を大幅に減らされた上に、中国地方の端に閉じ込められた恰好となった。

外様は軍役などの負担も重く財政的にも苦しめられた。おそらく外様の藩士の徳川家への恨

みは相当なものであったに違いない。約二百六十年後、江戸幕府を倒す主力となったのが、こうした外様の藩士であったことは決して偶然ではあるまい。

徳川幕府は、朝廷には「禁中並《きんちゅうならびに》公家諸法度《くげしょはっと》」を定めて管理した。長らく特権階級だった公家まで「法度」という法律をもって管理下に置いた支配者は家康が初めてだった。

なお寺院には「寺院法度」（これは宗派ごとに分けたものだったが、その後、一律にした「諸宗寺院法度」を出す）、神社には「諸社禰宜神主法度《しょしゃねぎかんぬしはっと》」などを定めて管理した。

豊臣家を滅ぼした翌年、家康は世を去った。江戸時代の終わり頃、「織田がつき、羽柴がこねし天下餅、座りしままに食うは徳川」という落首《らくしゅ》（匿名の狂歌）が書かれた絵が出版されたが、うまい譬えだと思う。百年近く続いた乱世を治めたのは信長で、それを引き継いで天下統一を果たしたのは秀吉で、家康はそれを巧みな政治手腕で奪ったといえる。秀吉の不運（と失敗）は後継者に恵まれなかったことだ。

コラム　幕府を開くことができるのは征夷大将軍だけだったが、室町幕府以降、征夷大将軍は源氏の血を引いている武士でなければならないという不文律ができていた。

そこで家康は系譜を書き換え、自分の祖父は源氏の流れを汲んでいるとして、氏を源と自称し、征夷大将軍の地位を得た。つまり公式には徳川家康の正式名は源家康ということになる。したがって後の徳川将軍もすべて、国の公式文書や朝廷に出す手紙などには「源〇〇」

と署名している。徳川の血を引く松平《まつだいら》一族も同じで、たとえば幕末に京都守護職を務めた会津藩主、松平容保《かたもり》も正式名は源容保である。もっとも明治になって新しい戸籍制度が生まれた時、徳川家も松平家もそれぞれの姓で戸籍登録している（他にも源を氏としていた家は、細川、島津などがある）。

実は豊臣秀吉も征夷大将軍の座に就こうとして、足利義昭の養子になろうと画策したが、義昭の拒絶にあって叶わなかった。

三代将軍・家光

元和九年（一六二三）、三代将軍となった家光は、祖父の家康に倣うように大名たちの改易、減封、転封を行ない、巧みに彼らの力を削いだ。さらに参勤交代と江戸屋敷に妻子を置くことを命じるなどの制度（実質的な人質である）を取り入れ、大名たちに大きな負担を強いた。そのために各藩とも江戸に大名屋敷（藩邸）を建てた。

その結果、当時の江戸の七割を大名屋敷が占め、人口の大部分を占める約五十万人の町人たちはわずか一割の土地（現在の東京都中央区、台東区、千代田区の一部）に住むという状況になっていた。面積の上では江戸は武士の町だったといえる。

参勤交代とは、一年おきに藩主が行列を組んで、国から江戸まで上る制度だ。その行列の規

模も藩の格によって決められていた。藩主は一年間江戸で暮らし、国へ戻る時は、また行列を組まなければならなかった。参勤交代の費用と妻子が暮らす江戸屋敷の維持費用は藩の財政を圧迫したが、江戸幕府の狙いはまさにそこにあった。諸藩が力を蓄えられないように（幕府に歯向かうことのないように）するためのものだったのだ。

江戸屋敷に詰める各藩の武士たちはというと、二年に一度、藩主に従って国から江戸に移る者もいれば、何年も江戸に暮らす者もおり、何代にもわたって江戸に住み続ける者もいた。江戸時代の後期にもなると、国許の武士と何代も江戸にいる武士では、同じ藩士とはいえ、言葉も通じにくかったのではないかと思われる。

江戸幕府の政治体制

政治は老中《ろうじゅう》と呼ばれる者たちが執り行なった。老中は現代風にいえば首相にあたり、親藩や譜代大名（藩主）の中から有能な者が選ばれた。ただし、幕末に至るまで、いかに大藩といえども外様大名から選ばれることはなかった。

将軍は世襲だったが、本家の血筋が絶えた時のために、家康の男系男子の子孫からなる御三家（尾張徳川家、水戸徳川家、紀伊徳川家）および、家康の血を引く子供の受け皿（養子）にする大名をこしらえた。家康の脳裏に、三代で絶えた鎌倉の源氏将軍のことがあったのかどう

かはわからないが、徳川家の将来までも見据えた用意周到なシステムであった。

ただ水戸家はそのために作られた家ではなく、そもそもは御三家でもなかったという説もある。真偽は不明だが「水戸家からは将軍を出さない」という定めがあったという話もある。

水戸藩は変わった藩で、伝統的に皇室に対する尊崇の念が特に強かった。そのせいか否か、藩主は他藩のように参勤交代はせず、基本的に定府《じょうふ》（常に江戸屋敷にいること）と決められていた。水戸藩は幕末の日本に大きな影響を及ぼすことになるが、それは後に述べる。

鎖国

家光の時代に行なわれた、日本史に最も大きな影響を与えた政策が「鎖国」である。

秀忠の時代から幕府はキリスト教を禁じ、海外貿易も制限するようになっていたが、寛永《かんえい》一二年（一六三五）に日本人の海外渡航を禁じ、国外にいる日本人の帰国も禁止した。そのため商人や漁師が漂流して外国に流れ着いた場合、再び祖国の地を踏むことは許されなかった。

鎖国に至った理由の一つは「島原の乱」である。寛永一四年（一六三七）、九州の島原と天草で、四万人近くの農民と浪人となった武士たちが一揆を起こしたが、幕府は十二万人の軍勢を送って鎮圧した。この一揆に加わった農民の中に多数のキリスト教信者がいたことから、幕府はキリスト教に対する弾圧を一層強め、同時にオランダと中国（当時は明、後に清）以外の

外国船の入港を禁じた（他に交易を許されたのは朝鮮と琉球国だけ）。窓口は長崎、対馬、薩摩、松前の四つに限られた。

ただ、「鎖国」という言葉が使われ出したのは幕末の頃であり、その言葉が定着したのは明治以降である。そのため近年では、日本は鎖国状態ではなかったという歴史学者もいる。しかし前述の国以外とは交渉も通商もせず、幕末までの二百数十年の間、ヨーロッパの文化や科学技術がほとんど入ってこなかったことや、世界の情勢に無関心であったことから、「鎖国」状態であったというのは間違いではない（出島のオランダ人を通じて、世界の様々な情報はわずかに入ってはいたが、それは微々たるものだった）。

つまり日本は世界に背を向けて、一国平和主義を目指したのだ。しかし、これが二百年以上も続いたのは地理的条件に恵まれていたからに他ならない。ヨーロッパにとって極東に位置する日本はあまりに遠かった。ちなみに琉球国は慶長一四年（一六〇九）に薩摩藩に服属させられていた。もっとも、明の冊封（後に清の冊封）も受けており、二重外交を続けていた。

蝦夷地《えぞち》（現在の北海道）には今日アイヌと総称される人々も住んでいたが、江戸幕府以前から内地人と交流があり、十七世紀になってからは松前藩に支配された。アイヌの祖先は北海道に暮らしていた縄文人であるという説もあるが、江戸時代初期から内地の日本人との混血が進んでいたのも事実である。

コラム 起こり得なかったことを論ずるのは歴史の本ではタブーとされているが、もし日本が鎖国政策を取らなかったらと考えてみるのは、非常に面白い。

江戸幕府が日本人の海外進出を認めるか、あるいは積極的に勧めていたなら、どうなっていたか。当時、世界有数の鉄砲保有国であった日本の兵力をもってすれば、東南アジアを支配下に収めていたと思われる。江戸時代初期にシャム（現在のタイ）に渡った山田《やまだ》長政《ながまさ》は日本人の武士を率いてシャムの中のリゴールという地方の王（領主）になっている。

当時フィリピンはスペインに支配されていたが、もしフィリピンでスペインと戦えば、地の利がある日本が勝利した可能性は高い。同じ理由でインドネシアに拠点を置いていたオランダとの戦いにも勝利したであろう。

日本のアジア支配と進出経路はインドシナ半島からビルマ経由でインドに至るのが自然の流れである。そうすると、十七世紀の後半にインドの支配をめぐってイギリスと一戦交えていた可能性も否定できない。おそらくその戦いは海戦になったであろうが、スペインの無敵艦隊を打ち破ったイギリス海軍が若干有利といえるかもしれない。

朝鮮半島に進出していたならば、先の「文禄の役」と「慶長の役」の戦いを見てもわかるように、朝鮮軍は日本軍の敵ではない。当時、崩壊寸前だった明には朝鮮に援軍を送る力はなく、朝鮮半島は日本の支配下に置かれたであろう。日本はそのまま大陸へ進出し、一気に明を滅ぼしていたかもしれない。

しかし女真族が率いる後金《こうきん》（後の清）との対決においては勝敗の予想は難しい。平原における戦いを得意とした騎馬民族の女真族には、日本軍はあるいは敗れたかもしれない。ただ、織田・徳川連合軍が長篠の戦いにおいて、日本最強といわれた武田の騎馬軍団を鉄砲隊で潰滅させているから、後金との戦いもどうなったかはわからない。

もし日本がインド洋大海戦と大陸での大会戦の二つの戦いのどちらか一つにでも勝っていれば、世界の歴史は大きく変わっていただろう。少なくとも今日の世界とは、まるで違ったものになっていた可能性がある。

ただ、日本には虐殺によって他国を完全服従させ、他民族を奴隷化するという伝統はなく（ヨーロッパは古代からそうである）、その甘さゆえに、後にヨーロッパ諸国が行なったように中国大陸や東南アジアを支配できたかははなはだ疑問ではある。しかしもしかしたら、大東亜文化圏のようなものが生まれ、膨張するヨーロッパ諸国に対抗しえたかもしれない。

江戸時代の身分制度

幕府は武士を頂点とする身分制度を定めた。武士は特権階級で苗字を名乗ることと刀を持つことが許されていた。しばしば「士農工商」といわれるが、士は武士（僧侶を含む）、農は農民（漁師を含む）、工は職人、商は商人を指す。

この言葉は古代中国の歴史書から引用されたもので、実際は武士である「士」と「農工商」に分けただけのものである。「農・工・商」の間に身分の上下はない。「工・商」はわかりやすくいえば都市部に住む町人のことである。ただ町に住む職人は町人とされたが、農村に住む職人は農民とされた。

それぞれの人口比は、武士は人口の七パーセント前後、農民は七五〜八三パーセント、町人は一〇〜一七パーセントくらいといわれているが、はっきりとした統計はなく、また藩によっても時代によっても割合が異なるため、目安にすぎない。

この他に約二パーセントの賤民階級があった。代表的なのは皮革業を生業とした穢多《えた》である。その存在は現代においても大きな社会問題として残っている。

皇室や公家は別格の身分とされていた。皇室は幕府から三万石の領地（禁裏御料《きんりごりよう》）を与えられていて、何とかやりくりできたが、中級以下の公家は朝廷からの俸給も少なく、和歌や書道を庶民に教えたり、百人一首のカルタや花札の絵を描いたり、屋敷の一部を博奕打ちに貸したりして生計を立てていた。

幕府は「士」と「農工商」とを区別したとはいえ、厳格なものではなかった。下級武士である足軽と農民の間にははっきりした線引きはなく、特に「中間《ちゆうげん》」と呼ばれる下級武士は、武士と農民の中間的な存在であることから、その名が付けられた。幕末に活躍した坂本龍馬《さかもとりようま》は土佐藩の郷士《ごうし》であったが、その身分もまた武士と農民の間のようなものだった。

苗字を名乗れるのは武士に限られたが、実は農民や町人たちの多くも苗字を持っていた。ただ公式には名乗れなかったというだけである。江戸時代の農民や町人には苗字がなかったというのは誤解である。

幕府は身分や職業を世襲としたが、これも有名無実化していた。江戸の後期になると、旗本や御家人に持参金を持って養子に入れば、町人でも容易に武士になれた。この行為を「御家人株を買う」という。表向きは武士の身分を金銭で買うことは禁じられていたが、実際のところは黙認されていた。幕末に軍艦奉行となった旗本の勝義邦《かつよしくに》（海舟《かいしゅう》）の曽祖父は町人だったが、御家人株を買って名目上は徳川直参の家臣となっている。同じく幕末の京都で恐れられた新撰組隊士の多くは、もとは町人や農民である（局長の近藤勇《こんどういさみ》は農民であり、副長の土方歳三《ひじかたとしぞう》は薬売りであった）。

このように江戸の身分制度はきわめてフレキシブルであり、部分的にはある意味、近代的な感覚を備えたものだった。

なお江戸時代の法律である「公事方御定書《くじかたおさだめがき》」には、武士が町人や農民から侮辱を受けた時は、斬り殺しても処罰されないとは書かれているが（これを「切捨御免」という）、実際には町人を斬り殺して処罰を免れる例は少なく、多くの場合、斬った武士も切腹を命じられている。刀を抜いただけでも大ごとになったため、多くの武士が刀を抜く機会など一生に一度もなかったといわれる。ちなみに江戸城内では、刀を抜いただけでも切腹であった。

コラム

武士は幕府や藩に召し抱えられ、禄《ろく》（給料）を与えられる身分である。禄は個人ではなく家に与えられた。家の主人が隠居すると、家督を継いだ息子が父に代わって城勤めをするが、原則的には禄も役職も父と同じと決まっていた。家老の子は家老になり、足軽の子は足軽になる（例外はある）。父の跡を継げるのは長男のみで、次男以下の男子は他家に養子に入るしかない。それが叶わない場合、兄の家で「部屋住みの身分」として一生居候のような暮らしをするか（正式な結婚はできない）、あるいは浪人となって、町人と同じように自ら金を稼いで生活しなければならなかった。

女性の場合も同様で、男子の跡継ぎがいない家では、長女が婿《むこ》を取るが、次女以下は他家に嫁に行くか、男子と同じように「部屋住み」として一生独身で暮らす。

農民も同じく、父の土地を継ぐことができるのは長男のみだったが、農家には次男以下を部屋住みとして食べさせてやるだけの余裕はなく、ほとんどが武家の奉公人になったり、他の農家の下男になったりした。中には江戸に出て町人になるケースもあった。

自由な身分といえるのは都市の町人だったが、当然ながら生活の公的保障は一切ない。治安も良く、社会資本も整っていたとはいえ、現代とは比べものにならない厳しい社会であったことは間違いない。

武断政治から文治政治へ

慶安《けいあん》四年（一六五一）に三代将軍・家光が死去し、家光の長男である家綱《いえつな》が十歳で四代将軍となった。幼い家綱が政務を執るのは難しく、老中や大目付などが彼を支えた。この時代になると、徳川政権の基盤が固まり、戦国の荒々しい空気が希薄になったこともあり、それまでの武力を背景にした武断政治から文治政治へと舵が切られた。

家綱は温厚な人柄で、長じても絵画や釣りを好み、政治は老中たちに任せた。彼らが政策面での確認を求めると「左様《さよう》せい」（そのようにしろ）と言ったことから、「左様せい様」という渾名が付けられた。関ヶ原の戦いから半世紀も過ぎると、徳川将軍にも随分おっとりした男が生まれたものである。

家綱の在職中、「明暦《めいれき》の大火」と呼ばれる大火事が起き、江戸城の本丸も含めて、多くの武家屋敷や神社仏閣が焼けた。家綱はそれらの復興に多額の費用を充てた。また火事から避難しやすいように両国橋を架け、橋のたもとには「火除地《ひよけち》」を設けて、すぐに壊せる建造物しか許可しなかった。そこで「すぐに壊せる」ことから土俵が作られ、後に両国は相撲の街として栄えた。

家綱は身体が弱く、嫡男をもうけることなく亡くなったため、館林藩主となっていた松平綱《つな》吉《よし》（家光の四男）が将軍職を継いだ。

徳川五代将軍となった綱吉は「生類憐《しょうるいあわれ》みの令」で知られる将軍である（これは何度かにわたって出された一連の御触れを指す）。この令によって、犬や猫などの動物を殺した者は死罪や切腹を命じられた。さらには釣りをしただけで流罪になったり、鳥が巣をかけた木を切って処罰されたり、この法によって罪人とされた者は夥しい数に及んだ。

綱吉はもともとは聡明な将軍であったといわれる。「生類憐みの令」も、儒教や仏教に則って弱者へのいたわりを重んじ、生き物の命を粗末に扱ってはならないという精神から出されたものだが、行きすぎた法律と運用がしばしば天下の悪法となる悪しき見本である。

幕府は「生類憐みの令」を守るようにと全国の藩に通達しているが、それが遵守されたのかどうかは疑問である。というのも、尾張藩（徳川御三家の一つ）の御畳《おたたみ》奉行、朝日文左衛門《あさひぶんざえもん》が残した日記『鸚鵡《おうむ》籠中記《ろうちゅうき》』には、敢えて禁を犯すように釣りや投網を七十六回もしたことが記されているからだ。

当時の人々がこの悪法を嫌悪したのは当然だが、綱吉の評判の悪さはそれだけが原因ではない。むしろ在職中に天変地異が頻繁に起こったことの方が大きかったかもしれない。元禄《げんろく》八年（一六九五）の奥州の飢饉、元禄一一年（一六九八）の勅額《ちょくがく》大火、元禄一六年（一七〇三）の元禄大地震、元禄一七年・宝永《ほうえい》元年（一七〇四）の浅間山噴火、宝永四年（一七〇七）の富士山噴火、宝永五年（一七〇八）の宝永の大火などである。当時は、災害を「天罰」と捉える風潮があり、為政者のせいであるとも考えられた。その意味では綱吉は不運でもあった。

コラム

綱吉の馬鹿げた法律は「生類憐みの令」だけではない。「鶴字法度《つるのじはっと》」というものもある。綱吉は長女である鶴姫を溺愛するあまり、鶴姫が十一歳の時、庶民が「鶴」の字を使うことを禁止したのだ。このため井原西鶴《いはらさいかく》は西鵬《さいほう》と改名し、京都の老舗「鶴屋」は「駿河屋《するがや》」と屋号を変えた。ここまでくると、完全なバカ殿である。

また綱吉は能を舞うのが異常に好きだった。陰で「能狂」と呼ばれるほどだったが、その舞は下手くそであったらしい。しかし本人はそのことに気付かず、江戸城内でも家臣たちに頻繁に披露しただけでなく、大名の屋敷や寺社を訪れた際も能を舞うのが常だった。そのため大名や家臣たちは、綱吉に会うと能を所望しなければならなかった。

綱吉は自ら舞うだけでなく、側近や大名にも強制した。貞享《じょうきょう》三年（一六八六）に江戸城において能の大きな催しが行なわれたが、錚々《そうそう》たる大名が綱吉の命を受け、慌てて稽古に励んで能を舞ったという。まるで落語の世界である。

「生類憐みの令」や「能狂」の話を聞くと、戦と下剋上が常だった戦国時代ははるか昔のこととなったのがよくわかる。「大坂の陣」からわずか七十年余りで、すっかり天下泰平の世になったのである。

花開く元禄文化

戦国時代から江戸時代初期までの日本は、世界有数の金銀銅の産出国だった。その豊かな財力で江戸の町の整備にとどまらず、全国の主要な街道と河川の普請《ふしん》などの公共工事が盛んに行なわれた。しかし江戸初期に鉱山産出量のピークが過ぎ、収入が減った中期以降は財政が苦しくなった。

そこで幕府は元禄八年（一六九五）、貨幣の金銀含有量を減らす改鋳《かいちゅう》を行なった。「悪貨が良貨を駆逐する」というグレシャムの法則で知られるように、金の含有量を減らす改鋳は、貨幣の価値を金で決める「金本位制」の下では良くないとされている。だが、この元禄の改鋳は見方を変えれば、江戸時代の日本が世界に先駆けて近代的な管理通貨制度を採用した画期的な出来事だったといえる（ただし完全ではない）。この時、改鋳前の一両と改鋳後の一両の貨幣としての価値は変わらず、むしろ市中に多くの貨幣が出回ったため、インフレにはなったものの景気は良くなった。これは現代の経済用語でいえば、「金融緩和政策」である。

この好景気を背景にして、様々な娯楽や文化が生まれた。いわゆる「元禄文化」と呼ばれるものである。貨幣経済のさらなる進展と経済成長により、生活に余裕のできた庶民が多くの文化を作り上げたのだ。江戸時代を代表する元禄・化政という二つの文化のうち、元禄文化が上方を中心に栄えたのも、経済の先進地であったことによる。

「浮世草子《うきよぞうし》」と呼ばれる小説が流行り（代表作に井原西鶴の『好色一代男』『好色五人女』『日本永代蔵』など）、また人形浄瑠璃も人気を博した（代表作に近松門左衛門《ちかまつもんざえもん》の『曽根崎心中』『心中天網島《しんじゅうてんのあみじま》』など）。西鶴の小説は、庶民の欲望を生き生きと描いたものだが、近松の作品は、社会の制約によって悲劇的な最期を遂げる庶民の姿を描いている。いずれも当時の庶民の生き方や暮らしをリアルに描いたもので、こんな物語はそれまでなかった。

江戸以前の読み物は写本（書き写し）によるものだったが、江戸時代には木版印刷が普及したため大量に刷られるようになる。木版は一ページごとに彫るため、百ページの本なら百枚の木版が必要となる。一冊の本を作るのにかなりの手間とコストがかかり、本も高価になる。たとえば『好色一代男』の価格は銀五匁《もんめ》で、これは現代の価格に直すと約八千～一万円にもなった。これが飛ぶように売れたというのだから、当時の庶民の読書欲の高さがうかがえる。元禄年間（十六年間）に出版された書物は約一千万部といわれる。年平均で六十万部以上である。出版は江戸時代を代表するビジネスの一つであり、文化の振興を支えたインフラだったのだ。

松尾芭蕉《まつおばしょう》が俳句を完成させたのもこの時代である。

絵画の世界では、庶民の風俗を描いた浮世絵が生まれた。浮世絵もまた木版によって大量に刷られた。文芸も絵画も、庶民が嗜み育んだのが元禄期文化の特徴である。

儒学や朱子学が盛んになったが、これは主君に忠義を尽くし目上の者を敬うという朱子学の思想が幕府に尊ばれたからに他ならない。一方で朱子学を批判して、孔子や孟子《もうし》の教えに戻る

べきという学派が生まれているのも面白い。

中国で生み出された囲碁のレベルを飛躍的に高めたのも元禄の日本人だった。囲碁が日本に伝えられたのは奈良時代といわれているが、戦国時代には多くの大名が愛好していた。なかでも囲碁好きだった家康は、幕府を開いた後、自分の囲碁の師匠であった本因坊《ほんいんぼう》算砂《さんさ》に高禄を与えて家元にした。ちなみに算砂は織田信長の師匠でもあり、信長が彼に「名人」という称号を与えたことで、「名人」という言葉ができた。江戸幕府によって、世界史上初の「ゲーム専門の集団」が生み出されたわけであるが（将棋の家元も同時に誕生）、元禄期に登場した本因坊道策《どうさく》は、日本の囲碁を発祥の地である中国のレベルをはるかに凌ぐ次元に高めた。その後も碁士（棋士）たちは囲碁を進化させ続け、二十一世紀に入るまでコンピューターが人間に勝てない高みにまで押し上げた。

自然科学が発達したのもこの頃である。元福岡藩士の宮崎安貞《みやざきやすさだ》による『農業全書』は、著者の経験と見聞をもとにして、農業の仕事や作物の栽培法について科学的見地から書かれている。また博物学、医学、天文学、数学も発達した。もとは囲碁の家元の碁士であった渋川春海《しぶかわはるみ》（安井算哲《やすいさんてつ》）は、誤差が生じていた当時の暦（宣明暦《せんみようれき》）を見直し、天体を観測して新しい暦（貞享暦）を作った。

六代将軍・徳川家宣《いえのぶ》に直参として仕えた関孝和《せきたかかず》は、和算と呼ばれる日本式数学の基礎を確立した人物だが、その業績は世界的な評価に値する。独力で代数の計算法を発明し、世界で最も

早く行列式の概念を提案した。また「エイトケン加速法」という計算法を用いて円周率を小数点第十六位まで正確に求めている。エイトケン加速法がヨーロッパで再発見されたのは一八七六年であるから、関は二百年以上も先取りしたことになる。

江戸時代の庶民は知的レベルも非常に高く、数学好きでもあった。寛永四年（一六二七）に吉田《よしだ》光由《みつよし》が著わした『塵劫記《じんこうき》』は、面積の求め方やピタゴラスの定理まで書かれた数学の本であるが（関孝和もこの本で勉強した）、これが江戸時代を通してのベストセラーかつロングセラーとなっている。幕末までに四百種類もの『塵劫記』が出版されたという事実を見ても、当時の庶民の知的好奇心の高さ、数学好きの度合いがわかる。

その顕著な例は算額《さんがく》だ。算額とは、庶民が自分で考えた数学の問題を額や絵馬に書いて神社仏閣に奉納したものである（解答の算額もある）。中には現代の専門家を悩ますような難問もあるというから驚く。このような習慣は世界に例がなく、日本の江戸時代特有の文化である。現在、千枚近い算額が発見されており、重要文化財に指定されているものもある。

江戸時代の庶民が数学を勉強したのは、出世や仕事のためではない。もちろん受験のためでもない。純粋に知的な愉しみとして取り組んだのだ。世界を見渡してもこんな庶民がいる国はない。

ケインズを二百年以上も先取りした荻原重秀

貨幣改鋳による金融緩和政策で、元禄期に好景気をもたらしたのは、勘定奉行の荻原重秀《おぎわらしげひで》である。重秀はこの時、自身の決意のほどを「貨幣は国家が造る所、瓦礫《がれき》を以《もっ》てこれに代えるといえども、まさに行うべし」という言葉で表わしている。つまり重秀は、「政府に信用がある限りその政府が発行する通貨は保証される、したがって通貨が金や銀である必要はない（瓦礫でも代用できる）」という、現代に通じる「国定信用貨幣論」を打ち立てたのである。

ヨーロッパを中心とした世界が、金本位制を脱し、信用通貨システムに移行したのは第一次世界大戦を終え、世界恐慌を経た後のことだ。それより二百数十年も前に、日本の勘定奉行が、信用貨幣の概念を有し、その流通によって、財政を圧迫することなくデフレを回避し、経済を成長させる策を取っていたのだ。これは画期的なことである。

旗本の次男に生まれた重秀は、綱吉に取り立てられて勘定奉行にまでなり、貨幣改鋳以外にも辣腕を振るった。太閤検地以来八十年ぶりとなる各地の検地、地方直しを実施し、佐渡金山の再生、東大寺大仏殿再建、火山災害賦課金の設置、さらに代官の世襲を廃し官僚化を進めるなど、実に多彩かつ現代的な業績を残した。にもかかわらず、今日、荻原重秀の名を知る人は多くない。それどころか、元禄の貨幣改鋳は教科書等では負の歴史として書かれている。

その理由は、綱吉の死後、六代将軍・家宣のブレーンとなった新井《あらい》白石《はくせき》が、重秀を嫌って弾

劾し、その政策の多くを逆回し（貨幣を金銀本位に戻し緊縮財政に）した上に、強烈なネガティブキャンペーンを張ったせいである。一例だが、貨幣改鋳の負の側面として伝えられてきた物価上昇も、年率三パーセント弱にすぎず、それも実際には冷害の影響が大きかった。

二十世紀イギリスの偉大な経済学者、ジョン・メイナード・ケインズより二百四十年も早く現代のマクロ経済政策を先取りした日本人、荻原重秀の功績はもっと語られてもいい。

世界最高の教育水準

江戸時代独特の文化の一つに寺子屋がある。寺子屋は僧侶や浪人（主家を持たない武士）が寺や自宅で子供たちを教育する庶民のための施設である（寺子屋の名称は本来は上方のもので、江戸では「筆学所《ひつがくしょ》」「幼童筆学所」と呼ばれた）。月謝はなく、入学時にわずかばかりの束脩《そくしゅう》（入学料のようなもの）を払い、あとは盆と正月の差し入れくらいで、実質はボランティアに近いものであった。

その歴史は古く、桃山時代にはすでに都市部に寺子屋があった。当時来日したキリスト教の宣教師が、「日本人は女子供まで字が読める」と驚いたのも、寺子屋のお陰である。これが江戸時代中期（十八世紀）から農山漁村に広がり、その数は幕末には全国で一万五千以上にもなっていた。明治五年（一八七二）に学制が敷かれた時も、校舎建設や教員養成の追いつかない

地方の小学校では、既存の寺子屋が校舎として活用された。

寺子屋で教えたことは「読み書き・算盤《そろばん》」が基本だったが、他に『国尽《くにづくし》』『町村尽《まちむらづくし》』などの地理書、『国史略《こくしりやく》』『十八史略』などの歴史書、『百人一首』『徒然草』などの古典、「四書《ししよ》五経《ごきよう》」『六諭衍義《りくゆえんぎ》』などの儒学書、『庭訓往来《ていきんおうらい》』『商売往来』などといった往来物のほか、時代により、また教師によって多岐にわたる書物が教材とされた。就学率は地方によって違うが、江戸では七〇～八〇パーセントだったといわれる。江戸時代の庶民が世界一高い識字率を誇り、世界でも類を見ないほど高い教養を持ったのも自明である。

武士の子弟は、藩に作られた藩校で学んだ。ここでは寺子屋よりもレベルの高い教育が施されていた。水戸の弘道館《こうどうかん》、長州の明倫館《めいりんかん》、薩摩の造士館《ぞうしかん》など名門校がいくつもあり、幕末には優秀な者が多数輩出した。その他にも蘭学や医学を教える私塾が全国にあり、向学心に燃える若者が通った。江戸時代の日本は非常に教育水準の高い国だったのだ。

コラム　江戸時代にはスポーツという概念も、また競技もなかったが、武家の男子は剣術、槍術、弓術、馬術といった武芸は必修だった（女子は薙刀《なぎなた》）。
庶民はそうした武器を使用する武芸を学ぶことは少なかったが、徒手で行なう柔術だけは例外だった。これは戦国時代からあった武芸の「組討《くみうち》」や人を捕らえるための「捕手《とりて》」が発達したもので、江戸時代に各藩で様々な流派が生まれ、武士だけでなく、町人や農民にも習

う者が多かった。男性のほとんどが習っていた村もある。

柔術はそもそもが合戦から生まれたもので、まず「当身《あてみ》」（殴る蹴る）、次に組み合った時に用いる「関節技」（相手の関節を攻める）、「絞め技」（首を絞める）というものだ。また着衣格闘技というのも実戦的である（相手の着衣を掴んで投げたり絞めたりする）。

ちなみに柔道は明治になって、柔術から生まれた競技スポーツで、当身や危険な関節技と絞め技の多くを禁じ、投げ技を中心としたものである。その後、講道館柔道の発達によって、古流の柔術は廃れていくが、明治の頃に日本の柔術家が海外に伝えたものが、「ブラジリアン柔術」や「ヨーロピアン柔術」などとなって独自の発達を遂げた（ロシアの格闘技サンボはボクシングと柔術から生まれた）。世界の多くの軍隊も柔術の技を取り入れている。

平成五年（一九九三）にアメリカのデンバーで行なわれた世界初の総合格闘技の大会で、ボクサーやレスラーや空手家を破って優勝したのは、日本の古い柔術の流れを汲むブラジリアン柔術の使い手だった。それ以降、多くの総合格闘家が柔術の技を身に付けるようになったといわれている。江戸時代の庶民の武芸が、現代の総合格闘技に大きな影響を与えているのである。

なお世界でも人気の高い空手は、琉球で発達したものだ。韓国が「自国の伝統武芸」と主張するテコンドー（オリンピック競技にもなっている）は、昭和に来日した朝鮮人が日本の松濤館流空手を真似て作った新しい格闘技である。

赤穂事件

元禄時代は平和な時代であり、大きな騒乱・事件はほとんど起こらなかったが、「赤穂事件《あこう》」は江戸の庶民を驚かせた事件の一つである。

発端は元禄一四年（一七〇一）に播磨《はりま》赤穂藩の藩主、浅野長矩《あさのながのり》（内匠頭《たくみのかみ》）が江戸城松之大廊下において吉良上野介《きらこうずけのすけ》に斬りかかったことだった（時の将軍は綱吉）。内匠頭は切腹、赤穂藩は改易となったが、上野介には何のお咎めもなかったことから、赤穂藩の浪人たちが吉良邸に討ち入りし、主君の仇を討ったのである。この事件は後に『仮名手本忠臣蔵《かなでほんちゅうしんぐら》』（略して『忠臣蔵』）として人形浄瑠璃や歌舞伎の人気演目になった。

『忠臣蔵』がなぜ当時の庶民の人気をさらったかについては、様々な理由が考えられている。「平和な時代が続き、武士道が廃れたと思われた時代に、古き良き武士の姿を見たから」「忠義のためなら命を捨ててもかまわないという自己犠牲の美しさに感動したから」「仇討ちが恰好良かったから」などだが、そのすべての要素があてはまる。

前述したように江戸城で刀を抜けば、理由の如何を問わず切腹と決まっており、内匠頭に対する幕府の処置は当然であった（江戸時代二百六十五年に刃傷《にんじょう》事件は七回あった）。内匠頭が刃傷沙汰に及んだ理由については、「いじめ説」や「怨恨説」など多くの学者たちが様々な臆説を述べているが、いずれも論拠がない。私は単に精神錯乱であったと思う。上野介について

は、松之大廊下の事件の三年前、津和野《つわの》藩主の亀井《かめい》茲親《これちか》に対しても陰湿ないじめをしたという話が残っているが、これもおそらくは後世の創作である。

豪商の出現

元禄の頃から干拓などの事業によって農地が拡大した。さらに農機具の発達（千歯《せんば》こきや備中鍬《びっちゅうぐわ》など）や肥料の改良などにより、農作物の収穫量が飛躍的に向上した。土地ごとの特産品も多く作られ、これらの販売によって貨幣経済が進んだ。

漁業や林業や鉱業なども発展し、それらの流通を担った商人の中には豪商と呼ばれる者も現れた。大坂の淀屋はその代表的な存在で、全盛期に全国の大名に貸し付けていた金は、現在の資産価値に直すと百兆円ともいわれる。ところが宝永二年（一七〇五）、五代目の広当《ひろまさ》（辰五郎《たつごろう》）の時に、「町人の分限を超え、贅沢な生活が目に余る」という理由で、幕府によって闕所《けっしょ》（財産没収）となった。しかし淀屋は後に再び大坂で店を興して商売を続け、幕末の頃、倒幕運動に身を投じ、ほとんどの財産を朝廷に献上して、店を閉じた。

嵐の中を船で紀州から江戸までみかんを運んで大儲けしたエピソードで有名な紀伊国屋《きのくにや》文左衛門《ぶんざえもん》も元禄時代を代表する豪商だが、晩年は事業に失敗し、乞食同然の哀れな暮らしだったという（異説もある）。

元禄の頃に店を興し、その後も長く豪商として残ったのは三井である。三井初代の高利《たかとし》が作った呉服屋「越後屋」は、後に両替商として成功し、江戸期を通じて発展した。

三井一族は明治維新後、世界有数の大財閥となった。しかし大東亜戦争後、進駐軍によって解体され、二百七十三年の歴史に幕が下ろされた。三井一族は全財産の九割を財産税で没収された上、資産の大部分を占める株式を一方的に処分された。さらに一族はすべての会社役員の座から追放された。江戸英雄元三井不動産社長は、「その取り扱いの無慈悲で過酷なことは戦犯以上であった」と自著に書き残している。

余談だが、それから約半世紀後の平成四年（一九九二）、三井宗家第十一代当主が亡くなった時、遺族は東京都港区西麻布に残された一二〇〇坪の土地と由緒ある邸宅の相続税（約百億円）が払えず、一〇四〇坪を国に物納した。国はその後、物納された土地を民間に売却したが、建物は平成六年（一九九四）に東京都小金井市にある「江戸東京たてもの園」に移築された。そこでは、元禄から長きにわたって栄華を誇った三井家の最後の姿を見ることができる。

街道の整備

大名の参勤交代と流通の発達に伴って、全国に街道が整えられていった。このうち、東海道、中山道、日光道中、奥州道中、甲州道中の五街道は幕府が直轄し、宿泊や通信のための施設を

整備した。

街道には宿場が設けられ、参勤交代の時に大名が宿泊する本陣および脇本陣、一般旅行者が宿泊するための旅籠《はたご》が作られた。宿場には茶店や商店もでき、また人や荷物を運ぶための駕籠《かご》かきや馬も用意され、町として発展していった。

街道が整備されていくと、庶民が旅行する機会も増えた。伊勢神宮や讃岐の金刀比羅宮《ことひらぐう》、安芸の嚴島《いつくしま》神社、信濃の善光寺などの有名な寺社に参詣に行く者、また全国の湯治場に行く者、大坂や京都に観光に行く者などが、街道を使った。

驚くのは、江戸時代の治安の良さだ。強盗や山賊はほとんどおらず、京都から江戸まで女性が一人旅できた。同時代のヨーロッパでは考えられないことである。

飛脚制度ができたのも江戸幕府の頃だった。それ以前も通信のための制度や施設はあったが、公のものや大名専用であった。しかし江戸時代の飛脚は大名だけでなく、庶民の手紙や物も扱った（公儀の継飛脚や大名の大名飛脚もあった）。飛脚の手段は駆け足と馬の二種類だった。

物資の大量輸送には船が使われ、そのために太平洋と日本海と瀬戸内海で全国をつなぐ航路ができた。

コラム 街道が整備され、お伊勢参りや金刀比羅参りが庶民の間にも定着していく中で、「犬のお伊勢参り」という世にも面白い現象が出現した。これは、人が飼い犬を連れてお参りす

るのではなく、歳を取るなどして自力でお参りできなくなった飼い主（人）に代わって、犬が、首にお布施を下げて伊勢まで旅をし、参拝する、つまり「犬のお遣い」なのである。

参拝に赴く犬が道中、食べ物や水、休憩場所を与えられたり、道案内をしてもらったり、時には首の巻物が重かろうと持ってあげる人が現れたり、お金を袋に入れてくれたりと、多くの人の助けを得てお伊勢参りを果たし、無事に飼い主のところへ戻ったということだ。俄かには信じられない話だが、詳細な記録がいくつも残っている。

「犬のお伊勢参り」の最初の記録は、明和八年（一七七一）、山城国（現在の京都府南部）の高田善兵衛という人の犬が、外宮《げくう》、内宮《ないくう》に参拝したというものだが、次第に全国に広まったようで、多くの書物に記されている。なかには、安芸国（現在の広島県西部）から伊勢にお参りした豚の話まであり、これはさすがに「珍しきこと」と書かれている（『耳嚢《みみぶくろ》』）。

このエピソードに接して、まず驚き知るのは、当時の日本の津々浦々の治安がいかに良かったか、市井の人々がいかに暢気な優しさを備えていたかである。貧しく治安の悪い国であれば、犬が首にお金など巻いて歩いていたら、たちまち捕まって金を盗られ、犬も食べられていただろう。

この話からは、当時の日本人の物心両面の豊かさはもちろんのこと、現代の日本人にも通じる巡礼者への接し方、動物への独特な接し方をも見ることができる。

都市の発展

全国の各藩では、藩主が住む城の周辺に武士や町人が集まり、城下町が発展した。幕府の直轄地である大坂には全国の藩が蔵屋敷を置き、商人の町として大いに賑わったが、町として大発展を遂げたのは江戸だった。

家康が江戸城に入った頃は、推定人口十五万人ほどだった小都市が（同時代の京都は三十万〜四十万人、大坂は二十万人、いずれも推定）、幕府を開いてから旗本や全国の大名たちが次々に屋敷を構え、多くの商工業者が集まったため人口が急増し、元禄時代には三十数万人にもなった。

これに伴い、幕府は江戸の町を整備していく。治水と水上交通のため、もともと江戸湾（現在の東京湾）に注いでいた利根川を太平洋に注ぐように河道の付け替え工事を行ない（利根川東遷事業）、台地を削って、その土で埋め立て工事を行ない、土地を増やした。

さらに飲料用の上水道を整備した。江戸の地下水は海水が混じっているために飲料には適さなかったからだ。上水道の水源は多摩川と井之頭池で、この二つから引かれた水は、地下に埋め込んだ石樋《せきひ》や木樋《もくひ》の水道を通って江戸中に配水された。ちなみに中央・総武線の駅「水道橋」の名は、神田上水の水門から、川の対岸に水を送るための懸樋《かけひ》の名残である。大名屋敷や大店では、専用の呼び井戸へ水が送られたが、庶民の住む長屋へは、木樋からさらに細い竹樋

を通じて、共同の上水井戸に貯水された。

ポンプなどもない時代、高低差のみを利用してすべての上下水道を江戸の町中に網の目のように張り巡らせるのには、きわめて高度な測量技術と土木技術が不可欠である。トランシットのような測量機器もない中で、わずかな高低差を計算して地中に石樋や木樋を埋め込んでいくということには恐ろしいまでの技術力と緻密な作業が必要である。

たとえば玉川上水の水源から最終的な水門までの距離四三キロの間の高低差は九二メートルである。これは理論的には四・三メートルの間に九・二ミリの高低差しかないということになる。このわずかな差の下り勾配を正確につけながら石樋を敷くなど神業である。当時の江戸には、この神業を成し遂げるほどの優れた技術者が何人もいたのだ。

さらに驚くべきは、長屋や借家に住む庶民は上水道を利用するにあたって一切お金を払っていなかったことだ。上水道の維持管理費用は、地主たちが間口に応じて分担金を支払うシステムになっていた。武家屋敷は石高によって分担金が決められていた。

下水道も同じように高低差を利用して作られた。これも地中の木樋内を汚水が通っていくシステムとなっていた(木樋の蓋はどぶ板と呼ばれた)。木樋も蓋も木で作られていて経年劣化するため、補修が常に必要だった。三百年も前に江戸の町でこれほどのインフラ整備が行なわれていたことにはただただ驚嘆するしかない。

最終的には江戸は百万都市となるが、人口が増えていくたびに、上水道と下水道の工事が追

加されていたことはいうまでもない。

なお、飲料用の水道が建設されたのは江戸だけではなかった。城下町に水道を敷いた藩は少なくなく、播磨国赤穂（現在の兵庫県赤穂市）、備後国《びんごのくに》福山（現在の広島県福山市）の上水は江戸の上水と並んで、「天下の三上水」といわれた。

江戸の食文化

江戸文化で特筆すべきことの一つは、世界に類を見ない外食産業の繁栄である。

江戸には各地から様々な食材が集まったため、それらを材料にして、高級料理屋から安い居酒屋や屋台まで、市中に多くの飲食店ができた。その種類も多く、魚料理、うどん・そば、茶漬け、寿司、中には獣肉を出す店もあった。団子、汁粉、菓子などの甘味屋、茶店も多かった。

京都や大坂では行楽に出かける際などには弁当を持参する風習があったが、江戸では庶民も侍も手ぶらで出かけ外食するのが普通だった。文化年間（一八〇〇年代初頭）の頃には、江戸の料理屋は七千を超えていた。この数は同時代のパリやロンドンを断然圧倒し、世界一であった。当時、人口約百万人の江戸で七千軒以上というのは、飲食業界花盛りの現在の東京を軽く上回る比率である（平成三〇年の東京の人口は約千三百八十万人、飲食店数は八万数千軒）。

さらに驚くことに、料理店のガイド本も多数出版され、料理店の番付が書かれたものも人気

を呼んでいた。現代の『ミシュランガイド』を二百年以上も先取りしていたのである。料理のレシピ本もたくさん出版されていた。『豆腐百珍《とうふひやくちん》』などベストセラーとなった本も多く、そのうちの一冊『江戸流行料理通』は江戸土産として人気だった。

コラム　江戸の町を語る上で避けることができないのが火事である。「火事と喧嘩は江戸の華」という言葉があるように、江戸では火事が頻繁に起こった。

記録にあるだけで千七百九十八回、記録に残らない小さなものまで含めると、三千回はあっただろうと思われる。一八〇〇年代の六十七年間だけで九百八十六回という多さだ。その中には、死者十万を数えた「明暦の大火」、武家屋敷二百七十五・寺社七十五・町家二万が焼失した「水戸様火事」など、江戸の大半を燃やし尽くした規模の大火災が幾度もある。

火事だけでなく、地震も多かった。元禄地震、安政江戸地震などは大きな被害を与えた。しかしながら江戸の町はそのたびに驚異的なスピードで復興している。これほどの復興力を持った国は世界に類を見ないばかりか、その力はこと江戸に止まらない。

日本列島は、太古から多くの災害に見舞われてきた。世界有数の地震地帯にあるため、江戸時代にも全国各地が大地震に見舞われ、それに伴う大津波の被害にも遭った。さらに夏から秋にかけては、毎年のように西日本を中心に大型台風が襲い、台風や豪雨による河川の氾濫や堤防の決壊も日常茶飯事であった。北陸、東北では豪雪による被害も大きかった。

現代でもこうした天災の被害は甚大だが、江戸時代におけるダメージの大きさは今とは到底比較にならない。人々は災害のたびに家屋や田畑や財産を失い、また何よりも大事な家族を失った。

しかし私たちの祖先は決して挫けなかった。悲しみと痛手を乗り越え、そのつど力強く立ち直ってきたのである。日本人の持つ独特の「忍耐強さ」「互いに助け合う心」「過去を振り返らない強さ」「諦めのよさ」などの精神は、もしかしたら繰り返しやってくる災害に立ち向かってきたことで培われたのかもしれない。その意味では、私たちの性格は日本という風土が生んだものといえるのだろう。

江戸時代が幕を閉じた約七十年後、日本は大東亜戦争へと進んで、その結果、全国各地が焦土と化す。この時にも我々の先人は、焼け野原の中から、世界が目を見張る奇跡の復興を遂げるのだが、その原動力も、長年にわたる災害との格闘という民族の歴史が育んだものだったといえるのかもしれない。

「五公五民」の嘘と「百姓一揆」の真実

ここで江戸時代の農民の暮らしについて語ろう。

農民は収穫した米の半分（「五公五民」という）、あるいは六割（「六公四民」という）を年

貢米として領主に納め、悲惨な暮らしをしていたという誤ったイメージがある。農民は米を食べることができず、ヒエやアワばかり食べていたという話もまことしやかに伝えられている。八代将軍・吉宗《よしむね》の下で、享保の改革の裏方を務めた勘定奉行、神尾春央《かんおはるひで》の「胡麻の油と百姓は絞れば絞るほど出るものなり」という放言が独り歩きしたためでもあるが、「悲惨な農民」のイメージは一種の印象操作である。

江戸時代の農民は人口の約八割を占めていた。よく考えればわかることだが、収穫した米の半分を年貢で取るということは、残りの二割の人口でそれを食べていたということになり、それはあまりにも不自然である。また人口の八割がヒエやアワばかり食べていたならば、日本のほとんどの農地がヒエ畑やアワ畑だったということになる。近年の研究では、江戸時代の農民の生活は実はそれほど悲惨ではなかったということが明らかになっている。

江戸時代の年貢は個人ではなく、村に対して課され、年貢率は、「村高《むらだか》」と呼ばれる村の生産力、村が作り出す富の総量を米の量に換算した数字をもとに決められた。この村高はほとんどの地域で寛文から元禄までの検地によって決まってしまっていた。その一方で、未墾地の開発がこの時代までにほぼ終わり、その後は商品価値の高い作物を工夫して作るようになっていた。こうして元禄以降は、村の富が増大しても村高には反映されない状況となり、農民には余裕ができていったのだ。

享保の改革の頃になってもこの状況は続き、表向きは「五公五民」とされながらも、実際、

享保元年（一七一六）から天保一二年（一八四一）までの年貢率は三〇〜四〇パーセント、四公六民から三公七民という状態になっていた。生産性の向上、収益性の高い作物栽培の導入に加え、農産加工品の発達などによる現金収入の増加も「村高」に反映されなかったため、実質的な年貢率は一〇〜三〇パーセントだったと類推されている。この税率なら重税に苦しんでいたとはいえない。

また「農民を虐げ冷酷に税を取り立てる武士」は、実は江戸時代の農村にはいなかった。そんな武士の姿が見られるのは主に後世に創作された映画やドラマの中だけである。

江戸時代の農村では農民による自治が行なわれていた。これがヨーロッパにおける農村や農民と大きく異なる点である。日本にはヨーロッパや中国で見られたような農奴《のうど》は存在せず、また世界でも非常に珍しいことだが、古くから農民が土地を所有していた。諸外国では土地は封建領主のものであった。

元禄時代以降、農地が拡大し農村の収入が増えていっても、幕府が新たに検地を行なって村高をつかみ直すことは、新田以外はほとんど不可能となっていた。後の天保の改革の時に、近江国で幕領検地を行なおうとしたことがあったが、農民の反対によって頓挫している。つまり、支配者としての武士、虐げられる農民というのは江戸時代の実相ではない。農民は着実に富を蓄え、休日を増やしたばかりか、村祭りなどの機会を利用して娯楽を享受するようになっていた。

とはいえ飢饉になれば、東北地方を中心に多くの餓死者が出たのも事実だ。海外貿易による食料輸入がなく、自給率一〇〇パーセントの国では常にその危険がつきまとう。大飢饉の時は、「米所」の大坂の町人にも多くの餓死者が出ている。

ところで、「百姓一揆」に関しても、誤解している人が多い。大勢の農民が鍬や竹槍を持ち、武士と争うような一揆は江戸時代にはほとんど起こっていない。それらは戦国時代の国一揆や土一揆のイメージである（戦国時代の一揆では農民も武士と同じく武装していて、戦争と同じであった）。江戸時代の一揆は、農民が集団で、あるいは代表を立てて、領主や代官と交渉するという形がほとんどである。ただ、飢饉の時などに、豪商や米問屋に対して、集団による「打ちこわし」（豪商の屋敷などを民衆が破壊すること）がたびたび起き、これは一般の町人も行なった。

コラム 江戸時代の典型的な疾患《しつかん》の一つに脚気《かっけ》がある。

これはビタミンB_1の不足によって生じる疾患で、末梢神経に障碍をきたし、心機能の低下・不全を併発すると死に至る。足がむくんでしびれが起きることから脚気と呼ばれる。

玄米にはビタミンB_1が含まれているため、これを食べていた時代は脚気になる人は多くはなかったが、元禄時代から、江戸や大坂など都会で白米を食べる習慣ができたことにより、脚気患者が一気に増えた。地方から参勤交代で江戸に出た侍や、あるいは江戸や大坂に丁稚

奉公に来た農民が罹り、地方に戻ると快癒することから、「江戸患い」「大坂腫れ」といわれた。美味しい米を食べるというグルメな江戸の習慣が皮肉にも厄介な病を生んでしまったのだ。

長らく原因も治療法もわからず、明治時代に入っても毎年、脚気による死者は数千〜一万数千人にのぼり、結核と並んで「二大国民病」「二大亡国病」といわれた。ビタミンB_1の不足によって起こると判明したのは、明治四三年（一九一〇）であった。にもかかわらず、国民の栄養に対する意識の低さから、その後も患者はなかなか減らなかった。

家宣から家継、そして吉宗へ

宝永六年（一七〇九）、綱吉が亡くなったが、彼には嫡男がいなかったため、養子の家宣が六代将軍となった。家宣はもとは甲府藩主の徳川綱豊《つなとよ》（家光の孫）である。

家宣は将軍になると、ただちに「生類憐みの令」を廃止した。そして学者の新井白石を侍講（政治顧問）に登用して、元禄時代に改鋳した貨幣の金銀含有量を元に戻した。これによって幕府の財政も悪化したが、同時に市中に出回る貨幣の流通量が減り、日本全体がインフレからデフレへ転換し、世の中は不景気となった。このあたりが経済の不思議なところである。

家宣は三年後に亡くなり、息子の家継《いえつぐ》が三歳で将軍となるが（歴代の最年少将軍）、三歳の

童子に政務ができるはずもなく、新井白石が引き続き実際の政治を執り行なった。

家継は三年後の正徳六年（一七一六）、わずか六歳で亡くなった。ここに二代将軍・秀忠の血を引く徳川宗家（直系）の男子は絶えた。そこで幕府は御三家の一つである紀州藩の藩主、徳川吉宗（家康の曽孫）を八代将軍とした。宗家の男系男子が絶えた時のために用意しておいた御三家が生きたというわけである。

吉宗は新井白石を解任し、財政再建のために自ら様々な改革を行なった。これは享保元年（一七一六）に始まったことから、後に「享保の改革」と呼ばれる。一番大きかったことは、それまでは米の収穫高に応じて決められていた年貢を、豊作凶作にかかわらず一定の量に定めた定免法《じょうめんほう》だ。これにより幕府の収入は安定したが、農民にとっては不作や凶作の時には、非常に厳しい状況になった。また豊作の時は米の価格が下がるので、幕府にとっても農民にとっても益は少なかった。このあたり、吉宗は生きた経済がわかっていなかったといえる。

しかしそれ以外の改革は斬新で効果的な策が多かった。全国各地の新田開発、青木昆陽《あおきこんよう》に命じたサツマイモの栽培研究、その他、菜種や朝鮮人参や薬草などの商品作物の栽培奨励、植林政策など、農業改革には注目すべきところが多かった。特にサツマイモの栽培は飢饉から多くの人を救った。

優秀な人材を確保するために「足高《たしだか》の制」を設けたことも良策であった。江戸時代の武士の地位と禄高（給料）は、生まれた家によって決められていたが、吉宗は、優秀な者については

高い地位に昇進させ、在職中に限りという条件で禄高も上げるというシステムを取った。

司法改革も行なった。それまでの裁判は奉行などが先例に倣いつつ、その時の主観に近いやり方で判決を下していたが、基本法と判例を明文化した「公事方御定書」(今でいう「刑事訴訟法」のようなもの)を作り、裁判審理の場で用いた。そもそもこれは幕府の法律であったが、後に各藩がこの写本を所有し、次第に日本国内統一法のようなものになった。

他にも吉宗が「享保の改革」で新設した制度は多くあるが、注目すべきは、「目安箱」の設置である。目安箱とは、江戸の庶民が直接幕府に宛てた注文や請願や訴えの手紙を入れることができる箱だ(後には京都や大坂やその他幕府の直轄地にも設けられた)。これは日本史上初の画期的なシステムである。

大和朝廷成立以来、千年以上、庶民は政府に対し口を出すことはできなかった(直訴は極刑)。その伝統を打ち破って、広く庶民の訴えを聞くというシステムは、近代の先進国でもおそらく初めてのことではないだろうか。私はこのことだけでも、吉宗の先進性を高く評価する。実際、「目安箱」の投書により、江戸幕府の薬草園である小石川御薬園の一角に、貧しい庶民のための無料の医療施設である小石川養生所が作られ(現在、小石川植物園として国の史跡に指定されている)、江戸の防火対策のいくつかも採用されている。

吉宗は幕府の財政立て直しのために緊縮策をとり、自らも率先して粗衣粗食(食事は玄米で一汁三菜)とし、庶民にも贅沢を禁じた。しかしこれは結果的にデフレを促進するだけだった。

幕府の政策に対して真っ向から逆らったのが、尾張藩主の徳川宗春《むねはる》である。宗春は民に贅沢を奨励し、自らも散財した。そのお陰で尾張藩は景気が良くなり、城下町の名古屋は空前の繁栄を迎えた。吉宗は宗春のやり方を非難したが、宗春は幕府の言うことを聞かなかった。

ただ尾張藩では町や庶民の景気は良くなったが、藩の財政は良くならなかった。一番の理由は、商人から税金を取らなかったことにある。尾張藩の収入のほとんどは領内の年貢米（これは換金できた）だった。すでに近代的な経済になりつつあった商取引から税を徴収するというアイデアが浮かばなかったのは不思議だが、この点は幕府も同じである。

吉宗の宗春に対する憎悪は凄まじいものがあった。宗春を強引に隠居させ、名古屋城の三の丸に蟄居を命じ、死ぬまでその屋敷から出ることを禁じたばかりか（父母の墓参りさえ許さなかった）、死後も、墓に金網をかけたほどだ（吉宗の方が先に亡くなっていたが、おそらくは遺言か何かで命じていたのだろう）。この過酷な処断を見ると、吉宗は自分の経済政策が失敗だったということ、つまり敗北を認めていたのではなかったか。宗春が逆の政策をとって名古屋を大いに繁栄させていたことが悔しかったのではないだろうか。英明で知られる吉宗だったが、それゆえに自らの間違いを認めたくなかったのかもしれない。

「享保の改革」で徹底した緊縮策をとっていた吉宗だが、一向に景気が回復しない状況に困り果て、元文《げんぶん》元年（一七三六）、大岡忠相《おおおかただすけ》（越前守）の忠告を受け入れて、金の含有量を大幅に減らした貨幣（元文小判）を発行している。つまり綱吉と同じ金融緩和政策を行なったわけで

ある。これは「元文の改鋳」と呼ばれている。これによりようやく江戸の町の景気は蘇った。

後世、「享保の改革」は成功したという評価がなされているが、実際には享保年間（一七一六〜一七三六）の二十年に行なわれた改革は成功とはいいがたく、元文の改鋳によって、初めて成功したといえる。

吉宗は息子たちのために新しい家（田安《たやす》徳川家、一橋《ひとつばし》徳川家）を創設した。これは、自らの血統による支配を強化するために作った家である。後に作られた清水《しみず》徳川家を加えた三家は、「御三卿」と呼ばれた（いずれも江戸にあった）。

傑物、田沼意次

吉宗の後、九代将軍となった家重《いえしげ》（吉宗の長男）は障碍（脳性麻痺という説が濃厚）のため、言語が不明瞭であった。虚弱体質ながら、幼少から大奥に入り浸り酒と女に溺れた。頻尿でもあり、江戸城から上野寛永寺に行くまでのわずか数キロの間に、二十三ヵ所の便所を設置させたことから、陰で「小便公方《くぼう》」と揶揄された。知能は正常だったという説もある。

家重が亡くなった（享年四十九）後、十代将軍となったのは家治《いえはる》（家重の長男）であった。

家治は祖父、吉宗に似て幼い頃より聡明で、文武に優れた人物であったといわれるが、二十三歳で将軍になってからは政治を家臣に任せ、趣味の将棋に没頭したことから、後世、無能な

将軍という評価が下されている。残された家治の棋譜から、現代のアマチュア高段者に匹敵する腕は十分にあるとされており、日本将棋連盟会長を務めた二上達也九段によれば、詰将棋創作に関しては相当なレベルであるという。

徳川将軍の中では珍しく愛妻家で、正室（本妻）に男児が生まれなかったことから、やむを得ず側室を作ったが、二人の側室が男児を産んだ後は側室のもとへは通わなかった。

家治将軍時代（宝暦《ほうれき》一〇年【一七六〇】〜天明六年【一七八六】）に、側用人・老中として権勢を誇ったのが、旗本の田沼意次《たぬまおきつぐ》である（意次が側用人になったのは明和四年【一七六七】）。意次の父は紀州藩の足軽だったが、吉宗に才能を認められ、幕府の旗本となった。意次が世に出たのも、吉宗の能力重視の方針のお陰だったのである。

意次は悪化していた幕府の財政を立て直すため、それまでの米中心の経済から、商業振興策へと転換を図った。鉱山の開発、干拓事業、また清との貿易で重視された輸出用の俵物《たわらもの》（煎《いり》海鼠《こ》、干鮑《ほしあわび》、鱶鰭《ふかひれ》）を専売にして貿易の拡大を行なうなどした。

意次の政策で最も注目すべきは、商人から税を徴収したことである。彼は商品流通を行なうための株仲間（幕府から営業の独占権を与えられた商人の集まり）を結成し、そこから冥加金《みようがきん》を取った。これは現代の事業税に近いものがある。

この政策はあまり評価されていないが、私は画期的なことであったと思う。江戸幕府が開かれて百五十年以上、どの将軍も老中も思いつかなかったことだ。いや、むしろ経済がこれほど

発展し、商人たちが大きな収益をあげ、その金を大名たちに貸して利益を得ていたにもかかわらず、彼らの利益から徴税することに気付かなかったのは不思議だというべきか。

江戸、大坂、京都、その他天領の町のインフラ、街道の整備、役人の給料まで、すべて幕府直轄地の鉱山と年貢で賄うのはどうみても無理があった。意次が商業経済に目を付けたのは慧《けい》眼《がん》である。積極的に商業振興策をとったことで、幕府の財政は大いに改善され、社会の景気も良くなった。町人や役人の生活も、それまでの米を中心としたものから金銭中心となり、近代的な経済社会へと急速に近づいた。

意次は蝦夷地の天然資源を調査し、ロシアとの交易の可能性を探るために、国後《くなしり》島や択捉《えとろふ》島の探検もさせている。さらに士農工商に囚われない能力主義による人材登用を進めようとするなど、身分制度にも風穴を開けようと試みた。意次の大胆な発想には驚かされるばかりだが、斬新で先鋭的な改革は、旧来の伝統を墨守する保守的な幕閣の反発を買うこととなった。

また意次の改革は、都市以外ではすぐに効果が現れるものではなく、生活に困窮した農民たちが田畑を放棄して都市に流入したため、農村は荒廃した。明和の大火や浅間山の大噴火などの大災害もあり、加えて天明の飢饉が起こり、一揆や打ちこわしも増えて町の治安は悪化し、社会不安が増大した。こうしたこともあって、天明六年（一七八六）、将軍家治の死と同時に意次は失脚させられる。

もし意次が失脚せず、彼の経済政策をさらに積極的に推し進めていれば、当時の経済は飛躍

的に発展していた可能性が高い。そうなると日本は世界に先駆けて資本主義時代に入っていたかもしれない。

田沼意次というと、現代でも賄賂《わいろ》政治を行なった人物として悪名高いが、それは当時の噂を信じた後世の人々が作った誤ったイメージである。意次は領地や私財のほとんどを没収されるほどの苛烈な処分を受けたが、この時、財産と呼べるものは驚くほど少なかったといわれる。

意次への処分の厳しさから、いかに彼が既存勢力の幕閣たちから嫌われていたかがうかがえる。意次の失脚は、「改革者を蹴落とす」という日本的な嫌な部分を見るようである。

寛政の改革

家治の後に十一代将軍となった家斉《いえなり》は、もとは一橋徳川家の出身だったが、家治の息子が急死したために、七歳で家治の養子になり、天明七年（一七八七）に将軍職に就いた。当時、十四歳だった。

家斉は将軍在位五十年と歴代で最も長く将軍職にあったが、政治を幕臣たちに任せ、大奥に入り浸っていたことから、「俗物将軍」と渾名された。わかっているだけでも十六人の妻妾を持ち、男子二十六人、女子二十七人をもうけている（成人したのは二十八人）。精力増強のためオットセイの陰茎を乾燥させて粉末にしたものを飲み、陰で「膃肭臍《おっとせい》将軍」とも呼ばれてい

た。幕府は家斉の子と大名家との縁組みの際、領地の加増を行なうなど多額の出費をしたために、財政が苦しくなった。

家斉の代わりに老中として政務を行なったのは、陸奥白河藩主の松平定信《さだのぶ》（吉宗の孫。田安徳川家の流れを汲む）である。二十八歳で老中になった定信は、経済中心の田沼意次の政策を憎み、祖父の吉宗が行なった米と農業を基本にした政治を目指し、様々な改革を行なった。これは後に「寛政《かんせい》の改革」と呼ばれる。

定信は、幕府の役人のみならず、朝廷や大名、農民や町人に至るまで、厳しい倹約を命じた。昔ながらの文武を奨励し、幕府の学問所（昌平坂《しょうへいざか》学問所）では朱子学以外の講義は禁じた。在野の論者による幕政批判を厳しく禁じ、『海国兵談』で国防の危機を説いた林子平《はやししへい》を処罰した。田沼意次がやろうとした蝦夷地開拓やロシアとの貿易計画も中止した。前述のように昌平坂学問所では蘭学も廃止されていたため、幕府はヨーロッパ諸国の情報に疎くなった。

理想主義者で潔癖症の定信は、町人の文化にまで口を出し、贅沢品を取り締まり、公衆浴場での混浴も禁止した。また洒落本《しゃれぼん》や黄表紙の内容は風紀を乱すものとして、作者や版元を処罰した。

定信の理想主義は現実とは乖離《かいり》したもので、将軍家斉との対立もあって、寛政五年（一七九三）に失脚し、改革は六年ほどで終わった。

コラム

この頃に流行った狂歌に、「白河の 清きに魚も すみかねて もとの濁りの 田沼こひしき」（大田《おおた》南畝《なんぼ》）という有名な歌があるが、理想だけでは生きていけない庶民の本音が表われている。白河は陸奥白河藩主の定信のことである。

大田南畝は御家人で、勘定所勤めの官僚であったが、若い頃から狂歌の名人で、洒脱で諧謔に富んだ歌をいくつも詠んでいる。定信の政策を皮肉った「世の中に 蚊ほどうるさき ものはなし ぶんぶ（文武）といふて 夜もねられず」の作者も南畝といわれている。南畝は当時としては長寿の七十四歳まで生きたが、道で転倒したことがもとで死んだ。辞世は「今までは 人のことだと 思ふたに 俺が死ぬとは こいつはたまらん」という人を食ったものだった。

余談だが、死に臨んで和歌などを詠むという「辞世」は、日本独特の文化の一つで、日本史に残る有名人の多くが名歌を詠んでいる。残念ながら、明治に入ってその風習は急速に廃れ、大東亜戦争後はほとんどなくなった。私も死ぬ時に、何か一つ拙い歌を詠んでみたいと思う。

ちなみに南畝の少し後に活躍した式亭三馬《しきていさんば》（滑稽本『浮世風呂』の作者）の辞世は「善もせず 悪も作らず 死ぬる身は 地蔵笑はず 閻魔叱らず」というもので、同じく滑稽本『東海道中膝栗毛』の作者、十返舎一九《じっぺんしゃいっく》の辞世は、「この世をば どりゃおいとまに せん香の 煙と共に 灰左様なら」というものだ。一九は「遺体を洗わずに火葬にしてくれ」と遺言し、友

人たちが火葬にしたところ、着物の間に仕込んでいた花火が炸裂して、葬儀の参列者を驚かせたという逸話が残っている。
南畝の狂歌や、三馬や一九の滑稽本には、幕府の政治体制とは別世界の江戸の庶民のしたたかな精神が垣間見られる。

一国平和主義の日本

定信が失脚した後は、将軍家斉も贅沢三昧な生活を送り、社会も再び活性化する。景気が良くなる中で文化・文政《ぶんせい》（一八〇四～一八三〇）の元号を取って「化政《かせい》文化」と呼ばれる町人文化が花開く。浮世絵は技術が上がり、多色刷りの豪華絢爛な版画が多数作られ、また滑稽本などの出版文化も全盛期を迎える。歌舞伎も隆盛を極めた。

「元禄文化」は上方（京都、大坂）を中心としたものだったが、「化政文化」は江戸を中心としたもので、この頃を境に文化の発信地は上方から江戸に移る。江戸の庶民は太平の世に花開いた享楽的ともいえる化政文化を謳歌した。しかしその平和な暮らしは、非常に危うい基盤の上に成り立っているものであった。この時すでに、日本は累卵《るいらん》の危うきともいうべき状況にあったのだ。その原因は異国の脅威だった。

十八世紀の半ばからイギリスでは産業革命が起こり、ヨーロッパ全体が凄まじい勢いで近代

化していた。日本は百五十年にわたる鎖国政策のせいで、武力や科学技術などでヨーロッパ諸国に大きく後れを取っていたのだが、幕府はその現実と深刻さに気付いていなかった。寛政の改革の頃（天明七年【一七八七】～寛政五年【一七九三】）、世界はまさに激動の時代であった。安永《あんえい》四年（一七七五）に、イギリスの植民地だったアメリカの十三州が独立を目指してイギリスと戦って勝利し、アメリカ合衆国が生まれ（独立宣言は安永五年【一七七六】）、寛政元年（一七八九）には、フランスのパリで市民が反乱を起こし、最終的には国王を処刑した。これは「フランス革命」と呼ばれている。

ヨーロッパ諸国はすべて君主制だったので、フランスの市民革命が自国に広がるのを抑えようと、革命政府をつぶしにかかったが、ナポレオン・ボナパルト率いるフランス軍がそれらの国を打ち破った。ナポレオンは、一時は西ヨーロッパの大半を支配し、フランス皇帝の座に就いた。皮肉なことに革命政府を守るために戦った男が、再び君主制に戻したのだ。しかし「フランス革命」の精神である「人間は平等である」というスローガンはヨーロッパに広まり、近代化への大きな原動力となった。

もっともヨーロッパ人が唱えた「平等」は、あくまで白人のキリスト教徒に限られ、有色人種や異教徒に対しては、一切の人権を認めず、アフリカ、アメリカ、アジアの植民地では、先住民を虐殺、奴隷化した。自由を求めてイギリスと戦ったアメリカも、その後、現地のアメリカ・インディアンを大量に虐殺した。中南米ではそれ以前にスペイン人によって先住民が絶滅

寸前まで追い込まれている。

日本が鎖国政策をとり、世界に背を向けて「一国平和主義」の夢をむさぼっている間に、世界はヨーロッパ人によって蹂躙《じゅうりん》されていた。十五〜十七世紀の大航海時代に、スペインとポルトガルが、アフリカ、南北アメリカ、インドに進出し、その後、イギリス、オランダ、フランスがそれに続き、十八世紀までに、世界のほとんどを植民地化していた。東南アジア諸国も、一八〇〇年代に次々とヨーロッパの国々に滅ぼされ、植民地とされていった。

ヨーロッパから見て極東に位置する日本は、最後に残されたターゲットであった。

次々に押し寄せる異国船

田沼時代の明和年間（一七六〇年代）から、ロシア船が日本近海に出没し始めていたが、寛政年間（一七九〇年代）には、ロシア船、イギリス船、アメリカ船が次々と来航して、幕府に通商を要求するようになった。幕府はいずれも拒否した。

家光が「鎖国令」を出した頃は、日本はヨーロッパの国々も簡単には手を出せない国力（武力）を持っていたが、前述したように百五十年という時間は彼我の力関係に大きな変化を与えていた。

オランダ以外のヨーロッパの船が日本に通商を求めてきたのは、安永七年（一七七八）、蝦

夷地の厚岸《あつけし》（現在の北海道厚岸郡厚岸町）に来たロシア船が最初だったが、これは松前藩が拒否した。しかし十四年後の寛政四年（一七九二）、ロシア遣日使節が根室にやってきて、再び通商を求めると、幕府は長崎への入港の許可書を与えて退去させる。

十二年後の文化元年（一八〇四）、ロシアは長崎に来航して通商を求めるが、幕府は半年以上も回答を引き延ばした末、翌年、拒否する。これに怒ったロシアは樺太《からふと》や択捉島で略奪や放火を行なった。そのため、幕府はそれまでロシアの漂着船には水や食料を支給して速やかに帰らせる「ロシア船撫恤令《ぶじゅつれい》」を出していたが、この事件以降、蝦夷地を幕府の直轄地とし、東北諸藩に出兵を命じ、蝦夷地沿岸の警備を強化するとともに、文化四年（一八〇七）、「ロシア船打払令」を出す。ちなみに「撫恤」とは「あわれみ、いつくしむこと」という意味だが、なんとも「上から目線」である。

日本に来航するのはロシア船だけではなかった。寛政八年（一七九六）には室蘭にイギリス船が来航して港の水深を測っているし、享和《きようわ》三年（一八〇三）には長崎にアメリカ船が来航して通商を求めている（幕府は拒否）。

次第に緊迫の度合いを高めていた時に、「フェートン号事件」が起きる。これは文化五年（一八〇八）八月十五日（新暦十月四日）、イギリスの軍艦フェートン号がオランダ国旗を掲げて長崎に入港し、同国人と思って出迎えたオランダ商館員を拉致した事件である。長崎奉行の松平康英《やすひで》はイギリス側に対して、オランダ人を解放するように求めたが、イギリス側はそれに

は応じず、水と食料を要求した。

康英は湾内警備を担当する佐賀藩に対し、フェートン号を拿捕《だほ》あるいは焼き討ちにするよう命じる。ところが太平の世に慣れきっていた佐賀藩は、経費節減のために守備兵力を一割に減らしていた。よって康英は近隣の藩に援軍を要請する。

十六日、イギリス側は人質を一人解放し、薪、水、食料（米、野菜、肉）を要求すると同時に、拒否すれば港内の和船を焼き払うと恫喝した。長崎奉行はやむなく食料や水をイギリス船に提供し、オランダ商館から提供された豚と牛をイギリス船に送ると、イギリス船は残る人質を解放して、出航した。

十七日未明に大村藩から兵隊が長崎に駆けつけたが、フェートン号はすでに去った後だった。事件後、長崎奉行の松平康英は、国威を辱めたとして自ら切腹、佐賀藩の家老数人も切腹した。

これらの事件から、幕府もイギリスとロシアを危険な国と認識し、長崎通詞（幕府の公式通訳者）らにイギリスについて研究することを命じると同時に、オランダ語通詞全員に英語とロシア語の研修を命じた。

文化八年（一八一一）には「ゴローニン事件」が起きる。これは国後島でロシア軍艦の艦長ゴローニンら八人を、南部藩士が捕まえた事件である。日本からすればロシアが行なった樺太や択捉島での略奪の報復だったが、ロシアと日本の間に軍事的緊張が高まった。ロシアの副艦長は本国に戻り、ゴローニン救出のために遠征隊を出すように要請するが、当時ロシアはナポ

レオンとの戦争直前で、日本に遠征隊を送る余裕はなかった。

この事件は民間人、廻船《かいせん》業者の高田屋嘉兵衛《たかだやかへえ》の尽力もあり、ロシア側が択捉島での略奪行為を謝罪するという形で、ゴローニンらが釈放されて解決したが、これにより日本とロシアの関係が改善されたわけではなかった。

文化一四年（一八一七）、イギリス船が浦賀に来航する。この時は特に目的はなかったようだが、翌文政元年（一八一八）、再びイギリス船が通商を求めて浦賀に来航した（幕府は拒否）。文政五年（一八二二）にもイギリス船は浦賀に来航して、薪や水や食料の提供を求めた。幕府はイギリス船に薪と水を与え、交易を禁じる旨を伝えている。

右往左往する幕府

文政七年（一八二四）、「大津浜事件《おおつはま》」が起きた。これはイギリスの捕鯨船の乗組員十二人が水戸藩の大津浜（現在の茨城県北茨城市大津町）に上陸した事件である。

十八世紀にはヨーロッパの船は日本近海で捕鯨を行なっており、事件の少し前から水戸藩の近海でも、異国の捕鯨船が頻繁に見られるようになっていた。この時、大津浜に上陸したイギリス人たちは、船に壊血病の患者が出たので、新鮮な野菜と水を求めてやってきたのだった。水戸藩士たちが彼らを捕らえたが、事情を聞いた幕府役人は、水と野菜を与えて釈放した。と

いうのも、ロシア船に対しては「ロシア船打払令」が出ていたが、その他の異国船には「撫恤令」が適用されていたからだ。これは「薪水給与令《しんすい》」ともいわれ、薪（燃料）と水と食料が不足した異国船に対しては、それらを与えて追い返すというものだった。

しかし水戸藩では、この幕府の対応を手ぬるいと非難する声が上がった。これが後の水戸藩での攘夷運動につながったといわれている。

同じ年、薩摩沖の宝島（奄美大島と屋久島の間に位置する島）にイギリスの捕鯨船の乗組員が上陸し、牛を強奪しようとして、島民との間で交戦状態となる事件が起きた。この時、上陸したイギリス人（二十〜三十人といわれる）は島民に牛を要求するが、島にいた薩摩藩の役人に拒否されたため、牛三頭を強引に奪った。そこで薩摩藩士がイギリス人一人を鉄砲で射殺した。

この二つの事件がきっかけとなり、文政八年（一八二五）、幕府はそれまでの「薪水給与令」を廃し、「異国船打払令」を出す。これは日本沿岸に接近する外国船は、見つけ次第砲撃し、また上陸する外国人は逮捕するという強硬なるものだった。つまり幕府は外国との交流は一切拒否するという強気な姿勢を内外に示したのだった。この時の幕府には、外国船など威嚇すれば逃げていくだろうと考えていたふしがある。

ところが天保一三年（一八四二）にアヘン戦争で清帝国がイギリスに負けたことを知った幕府は、今度はイギリスおよびヨーロッパ列強の強さに怯え、同年、それまでの政策を一八〇度

転換して「異国船打払令」を廃し、遭難した船に限り給与を認める「天保の薪水給与令」を発令した。まさに右往左往の政策である。

シーボルト事件と蛮社の獄

「異国船打払令」が出された三年後の文政一一年（一八二八）、「シーボルト事件」が起きる。これはオランダ商館付きの医師シーボルトが、国外に持ち出すことが禁じられていた「日本地図」の縮図をオランダに持ち帰ろうとした事件である。海岸線が詳細に描かれた日本地図は、国防上きわめて重要なものだった。この事件でシーボルトは追放、彼に関わった多くの日本人が処分された。

シーボルトはオランダのスパイだったとする説があるが、私は、シーボルトは純粋な興味から、日本地図を土産物として持ち帰ろうとしたのだと思う。博物学者でもあったシーボルトは非常に好奇心旺盛な学者で、帰国の際、哺乳動物標本二百点、鳥類標本九百点、魚類標本七百五十点、爬虫類標本百七十点、無脊椎動物標本五千点以上、植物二千種、植物標本一万二千点の他、日本で収集した文学的・民俗学的コレクション五千点以上を持ち帰っている。日本地図もその一つにすぎなかったのだろう。

シーボルトは日本に滞在中、ヨーロッパの最先端の医学を多くの日本人に教え、蘭学を学ぶ

者たちの中には、西洋を無条件に敵視する幕府の姿勢に疑問を抱く者も現れた。蘭学者の中には「日本は開国し、西洋の優れた知識や文化を取り入れるべきだ」と考える者もいた。

江戸幕府も「蛮書和解《わげ》御用掛」を設置して蘭学を積極的に受け入れる姿勢を示したものの、蘭学を学んだことで政府を批判する勢力となった人たちが出たため、これを取り締まった。この言論弾圧を「蛮社の獄」という。当時、蘭学者たちは「南蛮の学問を学ぶ」ということから「蛮社」と呼ばれていた。この時、渡辺崋山《わたなべかざん》や高野長英《たかのちょうえい》（シーボルトの弟子でもあった）といった素晴らしい学者たちが切腹を命じられたり、殺されたりした。

西洋について詳しい情報を持った人物を粛清する行為は、大きな目で見れば、自らの首を絞めかねないということに、幕閣たちは気付いていなかった。

コラム　シーボルトが持ち出そうとした地図は、「大日本沿海輿地《よち》全図」の縮図だが、これを作ったのは伊能忠敬《いのうただたか》という一民間人である。

上総《かずさ》国山辺郡小関村（現在の千葉県山武郡九十九里町小関）で生まれた忠敬は農民であり商人であった。四十九歳で隠居し、五十歳の時に江戸に出て、当時、天文学の権威であった三十歳の高橋至時《たかはしよしとき》を師匠として、天文学、暦学、数学を学んだ。二人は暦を正確なものにするためには、地球の大きさや日本各地の経度や緯度を知ることが必要だと考えた。ちょうどその頃、ロシア船が何度も蝦夷地に来航していた。至時は幕府に蝦夷地の測量を願い出て、

忠敬がその任に就いた。

こうして寛政一二年（一八〇〇）、五十五歳の忠敬は蝦夷地測量の旅に出た。忠敬の測量はあしかけ十七年にも及び（その間に師匠の高橋至時は亡くなっている）、ついに日本の沿海図を正確に描いた地図を完成させた。これによって幕府は海防および国防の上で大きな情報を得た。

私は忠敬が作った地図を前にすると、唖然とする。当時の平均寿命を超えている年齢から暦学を学び、五十五歳から七十一歳まで、日本全国を歩いて測量するなど想像もつかない。忠敬の測った緯度の誤差は約千分の一である。海岸線は人が歩けない険しい崖であることが多いが、忠敬の残した地図には、そうした海岸線もきわめて正確に描かれている。現代のような測量機器などはもちろんない。凹凸のある道なき道を行き、その距離を正確に測るというのは、まさに超人的な、気の遠くなるような大仕事である。

忠敬のような人物を知ると、当時の日本人の底知れぬパワーに、今さらながら畏敬の念を抱かずにはいられない。異国船を前に、幕閣が右往左往している時にも、こうした民間人が日本を支えていたのである。

内憂外患、揺れる日本

天保八年（一八三七）、家斉の子の家慶《いえよし》が十二代将軍となったが、家慶は政治への関心が薄く、趣味に没頭し、家臣の意見を聞いても「そうせい」と言うのが口癖で、陰では「そうせい様」と渾名された。これは四代将軍の家綱の「左様せい様」と同じである。

しかし家綱の時代（慶安四年【一六五一】～延宝八年【一六八〇】）と家慶の時代（天保八年【一八三七】～嘉永《かえい》六年【一八五三】）では日本を取り巻く状況がまるで違っていた。対外的には異国船来航の事件が幕府を揺るがせていたのは前述の通りだが、国内的にも大きな問題がいくつも起こっていた。

天保年間（一八三〇～一八四四）に入って、毎年のように不作が続き、天保四年（一八三三）には天保の大飢饉が起こった。この大飢饉は天保一〇年（一八三九）まで続き、その間に日本の人口は全体の四パーセント近い百二十五万人以上減少したといわれている。

天保八年（一八三七）、天保の大飢饉の影響で、大坂でも毎日のように餓死者が百五十～二百人も出たといわれている。そんな中、元大坂町奉行東組与力で儒学者の大塩平八郎《おおしおへいはちろう》は私財をなげうって、飢えた民衆の救済活動を行なうが、根本的な解決策を取らない幕府の怠慢な姿勢と、米を買い占める豪商に対して怒りを爆発させ、ついに民衆とともに蜂起した。しかし密告者のせいで乱はその日のうちに鎮圧された（大塩平八郎の乱）。

同じ年、越後国柏崎で国学者の生田万《いくたよろず》が貧民救済のため蜂起した（生田万の乱）。翌年、佐渡でも大規模な打ちこわしが起こるなど、全国各地で暴動が頻発した。

まさしく日本は内外ともに大きく揺れていたのだ。ちなみに「蛮社の獄」が起こったのは天保一〇年（一八三九）である。

黒船前夜

天保一四年（一八四三）、イギリス船が八重山諸島を調査・測量するという事件が起きた。翌天保一五年（一八四四）、オランダ国王が幕府に対して「開国勧告」の手紙をよこした。このまま鎖国を続けていると、アヘン戦争で敗れた清の二の舞になるかもしれないと、わざわざ忠告してくれたのだ。にもかかわらず、幕府は翌年、オランダ国王に対して拒絶の返答をした。

同年、フランス軍艦アルクメーヌ号が那覇に入港して、貿易とキリスト教の布教許可を求める（琉球側は四年後に拒否の回答）。以後、ほぼ毎年のように、ヨーロッパやアメリカの船が来航し、日本に対して通商を求めてくるようになった。

嘉永二年（一八四九）、アメリカの戦闘小型帆走船に乗ったジェームス・グリンが長崎に入港し、日本で幽閉されていたアメリカ船員の引き渡しを要求する事件が起きた。この船員は蝦夷地沖で難破した捕鯨船の乗組員たちであった。

グリンは船員を解放しなければ、アメリカによる軍事介入の可能性があるとほのめかした。幕府はその脅しに屈した形で、船員全員を釈放した。グリンは帰国後、アメリカ政府に対し、

「日本を外交交渉によって開国させること」「必要であれば『強さ』（武力）を見せるべき」との建議を提出した。この建議によって、アメリカは日本を武力で脅して、開国させる方針を決めたといわれる。

コラム グリンが解放した船員の中に、冒険家ラナルド・マクドナルドがいた。カナダ生まれのアメリカ人だが、白人とアメリカ・インディアンとの混血であった彼は、肌が有色であったこと（アメリカでは差別を受けていた）と、容貌が日本人に似ていることから、日本に対して親近感を抱いていた（彼は日本人とアメリカ・インディアンのルーツは同じだと思っていた）。生来冒険心に富んだマクドナルドは、謎のベールに包まれていた日本に対する興味と、「日本人に英語を教えたい」という気持ちから、嘉永元年（一八四八）、二十四歳の時に自らの意思で日本に密入国した。

彼は日本のために働きたいという思いを持っていたが、残念ながら幕府によって捕らえられ、長崎に送られて座敷牢に入れられた。ところが、彼が日本文化に関心を持ち、また聞き覚えた日本語を使うのを見た長崎奉行は、日本人通詞十四人に英語を教えることを許す（マクドナルドは日本人に英語を教えた最初のアメリカ人である）。後にペリーとの交渉で通訳を務めた森山栄之《もりやまえいの》助《すけ》と堀達之《ほりたつの》助《すけ》はマクドナルドの教え子である。

帰国後、マクドナルドは、日本は未開の国ではなく高度な文明を持った国であるというこ

とをアメリカ人に伝えた。彼の情報は後の対日政策の方針に影響を与えたといわれている。彼の名は日本ではほとんど知られていないが、アメリカでは歴史上重要な人物として評価されている。

その後、マクドナルドはインド、オーストラリア、アフリカ、ヨーロッパなど、全世界を舞台に働き、晩年はワシントンのインディアン居留地で暮らした。日本に対しては終生愛着を持っていたという。七十歳で亡くなったが、最期の言葉は「Soinara（さようなら）my dear Soinara」であったという。彼の墓碑にも「SAYONARA」の文字が刻まれている。

黒船来航

嘉永五年（一八五二）六月、オランダ商館長は、一年後にアメリカ艦隊が開国要求のために日本にやってくるという情報を幕府に伝える。幕閣らはその時にどう対応するかを議論するが、結論は出なかった。

翌嘉永六年（一八五三）六月三日（新暦七月八日）、ペリー率いるアメリカの軍艦四隻が浦賀にやってきた。そして武力行使をほのめかして、開国を要求した。この時、幕府は慌てふためくばかりであった。というのも、何の準備も用意もしていなかったからだ。そしてここから幕府も日本全体も開闢以来の混迷の時代を迎える。

激動の幕末を語る前に、アメリカ側の事情を述べておく。アメリカが日本に開国を求めた理由は、日本が捕鯨船の寄港地として重要だったからだ。当時、捕鯨はアメリカで重要な産業の一つだったが、捕鯨船は一年以上の航海を行なうため、大量の薪や水や食料を入手できる補給拠点や、難破した時のための避難港が必要だった。捕鯨の目的は、ランプの燃料となるクジラの脂を取ることである。当時、まだ石油（灯油）は使われていなかった（ペンシルベニア州でアメリカ初の油田が発掘されるのは安政六年【一八五九】である）。加えてアメリカは弘化《こうか》五年（一八四八）にメキシコとの戦争に勝って、カリフォルニアを含む西海岸を手に入れたことで、太平洋全体が重要なエリアとなっていたのである。

ペリーは日本に来る二年前の嘉永四年（一八五一）に、日本遠征の基本計画を海軍長官に提出しているが、その中には次のような文章がある。

「日本人は蒸気船を見れば、近代国家の軍事力を認識するはず」

「中国人に対したのと同じように、恐怖に訴える方が、友好に訴えるより有効である」

まさに「舐められ」ていたのだ。しかし、これが外交である。この時、アメリカ艦隊はいつでも戦闘を開始できる状態であった。

実はアメリカは三年前に、オランダに「日本との交渉の仲介」を依頼して断られている。ペリーが日本の海の玄関である長崎ではなく浦賀に来たのは、オランダに交渉の邪魔をさせないためだった。ペリーは日本遠征が決まった時から、前述のシーボルトやゴローニンの書いた本

を読み、日本人の性質を徹底的に研究していた。

このように事前に様々な情報を仕入れ、用意周到にやってきたアメリカ艦隊に対し、幕府はオランダ商館長から一年も前にペリー来航の情報を知らされていながら、何の準備もしていなかった。いやそれどころか、ペリーが来航する半世紀も前から、ヨーロッパ船やアメリカ船が来航する頻度が年々高まり、開国要求も強まっていく中でも、幕府は来るべき「Xデー」にまったく備えていなかったのだ。

これをどう見ればいいのだろう。普通に考えれば、文化・文政の頃には、幕閣らも、いずれ欧米列強が武力を背景に開国を迫ってくることはわかっていたはずだ。長崎のオランダ商館から毎年、送られてくる『阿蘭陀《オランダ》風説書《ふうせつがき》』（世界情勢の報告書のようなもの）で、世界の情勢をおおよそ摑んではいた。もっとも『阿蘭陀風説書』は世界情勢のすべてが書かれているわけではなかった。たとえば、オランダがナポレオンに敗れて占領されていたことなどは伏せられていたが、それでもアジアやアフリカ諸国のほとんどが欧米列強に支配されていることなどは幕府も把握していたし、清がイギリスにアヘン戦争で敗れ、香港を奪われたことも知っていた。

にもかかわらず、幕府は五十年以上、何もしなかったのだ。その理由は「言霊《ことだま》主義」にあると私は見ている。

日本人は昔から言葉に霊が宿ると考えていた。わかりやすくいえば、言葉には霊力があって、祝福を述べれば幸福が舞い降り、呪詛《じゅそ》を述べれば不幸が襲いかかるという信仰である。とくに

後者について、「あってはならないこと」や「起こってほしくないこと」は、口にしたり議論したりしてはならないという無意識の心理に縛られているのである。そうしたことを口にするのは「縁起が悪い！」と忌み嫌われるのは日常生活においてだけでなく、政治の世界においても、同様なのである。

大東亜戦争時、作戦前に参謀や将校が「失敗するかもしれない」とか「敗れた場合」ということを口にすることは許されなかった。そのために陸軍では多くの無謀な作戦がとられ、夥しい兵士が飢えで苦しんだ。なぜなら日本の参謀は作戦日数分の食料しか用意せず、作戦通りに進まなくなった時のための備えがなかったからだ。情けないことにそれが何度もあった。

終戦間際の昭和二〇年（一九四五）の春以降、ソ連の軍隊がシベリア鉄道を通って続々と満洲国境に集結していたが、普通に考えれば、満洲に侵攻する準備であるとわかる。しかし日本の関東軍はその情報を摑んでいながら、「ソ連軍による満洲侵攻」に何の対策も講じなかった。そのせいで終戦直前に襲いかかってきたソ連軍によって、満蒙開拓団の民間人から夥しい死者を出し、武装解除した関東軍の兵士六十万人近くが捕虜となりシベリアに送られた。

現代においても、世界の多くの国の憲法に書かれている「緊急事態条項」が日本にはない。それどころか国会で議論さえも行なわれていない。「最悪の事態が起こるかもしれない」という想定での議論が避けられるからである。

記憶に新しいところでは、大規模な原発事故に備えてロボットを導入しようという意見が、

「原発に大規模な事故を想定することは許されない」という考えから、議論以前につぶされていたという事例がある（原発に大規模な事故が起きる可能性があると認めた場合、原発反対派から追及されるのを恐れたためでもある）。

このように、「起こってほしくないこと」は「起こらない」と考えようとする「言霊主義」は、我が国においては二十一世紀の現代にも根強く残っている。

とまれ、幕府は一年間の猶予がありながら（実質は半世紀以上の準備期間がありながら）、何の対策もせず、ペリーの開国要求以降、泥縄的に対応を図ることになる。

そして二百五十年近くも激動の世界情勢に背を向け、一国平和主義の殻に閉じこもったまま太平の眠りについていた日本という国家が、これ以降、無理矢理に国際社会に引きずり出されることになるのである。

第七章 幕末〜明治維新

黒船が来航してから、明治維新までの十五年間は、まさしく日本中がひっくり返るほどの大騒ぎであった。

それまでの二百五十年間に起こった様々な大事件をすべてひっくるめても、この時代に起こった大事件の総数には及ばないのではないかと思えるほどだ。重要な事件や出来事が目白押しの上、魅力溢れる人物が続々登場して、大河ドラマさながらの物語満載なのだが、そのすべてを書こうと思えば本一冊では到底足りない。

本書は日本の通史であるから、いかに面白くても細かいドラマは他書に譲ることにして、歴史の大きな流れを追い、必要最小限の出来事を記すことにする。

ここで特筆すべきは、「天皇」の存在である。

江戸時代においては政治の表舞台にまったく登場しなかった「天皇」だが、祭祀を司るだけの存在ではなかった。海の向こうから「夷狄」が現れ、日本が未曽有の危機を迎えた時、江戸幕府の将軍や幕閣を含め、多くの日本人があらためて「天皇」の偉大さを知ることになる。「天皇」こそ、日本人の精神的な柱であったのだ。

維新の動乱はまさに天皇をめぐって動いていく。

もう一つ、読者の皆さんに心に留めておいてもらいたいのは、この時代、討幕派も佐幕派も、日本を国難から救おうと真剣に考えていたということだ。

幕府狼狽

ペリーは大統領からの国書を、半ば無理矢理に幕府に手交した。

そこには「日本はアメリカ船に石炭と水を供給すること」「アメリカの難破船や乗組員を救助すること」「下田と箱館（函館）を開港し、アメリカの領事を駐在させること」などの要求が記されてあった。幕府は一年後に返答すると答え、ペリーを帰国させた。

アメリカ艦隊が去った十日後、将軍家慶が死んだ。暑気中《あた》りで病臥《びょうが》して六日後に亡くなったのだが、おそらくは黒船来航による精神的なショックも影響したと考えられる。二十九歳の息子の家定《いえさだ》が跡を継ぎ、十三代将軍となった。

前将軍の家慶は十四男十三女をもうけたが、成人まで生き残ったのは家定のみであった。江戸時代の乳幼児の死亡率は現代とは比べものにならないほど高かったが、家慶の子らは、とりわけ死亡率が高かった。もしかしたら遺伝的な何かがあったのかもしれない。家定も幼少より病弱な上、言葉が不自由だった。身体にも麻痺があり（おそらく脳性麻痺）、気に入らないことがあるとすぐに泣き、そのため人前に出るのを極端に嫌った。父の家慶は、家定には将軍職は務まらないと考え、一時は一橋家から養子を取って将軍継嗣《けいし》にしようとしていたほどだ。

江戸幕府を揺るがす大事件の最中に将軍が死去するという巡りあわせもさることながら、跡を継いだ将軍が心身ともに脆弱な人物であったこともまた、幕府にとっての大きな不運だった

といえるだろう。

家慶は亡くなる前、「今後の政治は徳川斉昭《なりあき》（海防参与）と阿部正弘《あべまさひろ》（老中）に任せる」と言い遺した。徳川斉昭（水戸藩主）は開国には大反対で、アメリカとの戦争も辞さずという徹底した攘夷論者だったが、阿部正弘（備後福山藩主）は、それが国際情勢を無視した考えだということをわかっていた。

ただ、何がベストであるかわからなかった阿部は、全国の諸大名に対して、忌憚のない意見を出すようにと命じた。やがて大名に止まらず、旗本や御家人、さらには町人にまでアイデアを求めていく。これは江戸幕府始まって以来の画期的なことだった。八代将軍・吉宗の目安箱とは違い、庶民が政道そのものに意見できるという状況は、日本史上なかっただけでなく、当時の世界を見渡しても例がないことであった。

寄せられた意見は七百十九通にものぼった（町人からも九通あった）が、中には当時無役の三十歳の勝義邦の意見もあった。勝の意見を要約すると、「国を守るには軍艦が必要である。同時にそれを操れる海軍士官と水兵の養成、つまり海軍が必要」というものだった。この意見が幕府の役人の目に留まり、勝は後に長崎海軍伝習所に派遣され、出世の糸口を摑む。

幕末に起こった討幕運動は全国の下級武士たちによって行なわれたが、それはこの時に幕府が下々に広く意見を求めたことがきっかけになったといわれている。つまり「自分たちも天下のご政道に口を出してもいいのだ」という空気が生まれたのだ。

同時に、今の幕府では国は守れないのではないかという危機感を、多くの者が抱いた。

コラム 黒船が来航したことで、幕府は江戸湾の海岸警護を周辺の藩に命じるが、各藩とも武具を満足に所持しておらず、慌てて出入りの商人に武具を集めさせた。足軽や従卒の数も足りず、これも斡旋屋に依頼して、とりあえず頭数だけを揃えたという話も残っている。

直参の旗本や御家人も同様で、徳川将軍の号令で異国と一戦交えるかもしれない事態になったものの、多くの家には甲冑《かっちゅう》すらなかった。そのため旗本や御家人が古道具屋に殺到し、それまで十両ほどだった具足が七十〜八十両にも跳ね上がった。壊れた武具を直す鍛冶屋も大繁盛したという。太平の世に浸りきり、幕府も大名も、そしてもちろん一般の武士たちも「国防」を完全におろそかにしてきたことの証左である。

ペリーが兵隊を乗せた小舟を下ろし、江戸湾（現在の東京湾）の水深を測るという行動に出た時、防備にあたっていた川越藩兵はそれを阻止しようとしたが、幕府から「軽挙妄動を慎め」と命じられていた浦賀奉行によって押しとどめられた。自国領内、しかも江戸城のすぐ目の前の海を外国人が堂々と測量することを黙認した幕府の態度は腰抜けとしかいいようがない。ただこれは、現代の日本で起きていること、たとえば尖閣諸島の沖で、中華人民共和国の海警局の船の跋扈を看過している状況と似たことのようにも見える。

開国

嘉永七年（一八五四）一月（新暦二月）、ペリーは再びやってきた。前回の倍近い七隻の大艦隊を伴っての来航である（最終的に九隻となる）。

大名らの意見は開国に反対というものが多かったが、アメリカを恐れた幕府は、三月に「日米和親条約」（正式名称は「日本國米利堅《めりけん》合衆國和親條約」）を結ぶ。

ここに二百年以上続いた鎖国の時代が終わりを告げた。このニュースは世界に広まり、その後、イギリス、ロシア、オランダとも求められるまま、幕府は和親条約を結ぶことになる。

これにより幕府の威信は大きくぐらついたが、それを象徴するかのように、翌安政二年（一八五五）十月、江戸に大地震が起きる。家屋倒壊約一万五千、死者も一万人にのぼったとされ、江戸城も大きな被害を受けた。前年から翌年にかけて全国各地で何度も起きた大地震を総称して「安政大地震」と呼ぶ。

安政三年（一八五六）、アメリカから外交官のタウンゼント・ハリスが来日し、通商条約の締結を迫る。幕府（老中首座は阿部正弘から堀田《ほった》正睦《まさよし》に代わっていた。阿部は翌年、急死）は交渉の引き延ばしを図るが、同じ頃、「アロー戦争」で、清がイギリス・フランス連合軍に完敗したという情報が入ってきた。

あらためて欧米列強の力を見た幕府は、安政五年（一八五八）、アメリカとの条約を結ぶこ

とを決め、朝廷に勅許を求めるが、徹底した攘夷論者である孝明《こうめい》天皇は拒否した。攘夷論とは、外国を撃退して鎖国を通そうという排外的な思想である。朝廷だけでなく、全国の大名も程度の差こそあれ、条約調印には反対意見が多かった。

しかし同年、大老（臨時の役職で老中よりも上）に就いた井伊直弼《いいなおすけ》（彦根藩主）は、朝廷の勅許を得ないままに「日米修好通商条約」を結ぶ。

この条約は日本にとってきわめて不利な二つの条文を含む不平等条約だった。「アメリカの領事裁判権を認める」ことと「関税自主権がない」ことである。

「領事裁判権を認める」とは、アメリカ人が日本で罪を犯しても、日本人が裁くことができないということだ。極端なことをいえば、アメリカ人は日本で犯罪をやり放題ということになる。また、関税率を決める権限がなければ、外国から安い商品が流れ込んだ時、日本の産業が大打撃を受けても、それを防ぐ手段がない。

この時決められた関税率は、輸入品には平均二〇パーセント、輸出品には五パーセントというものだったが、輸出品の関税が低かったのはアメリカが日本の生糸を大量に買いたかったからである。その結果、条約締結以降、国内の生糸価格が高騰する一方で、外国から安価な綿織物が大量に入ってきて、国内の綿織物産業が大打撃を受ける状況に陥った。

現代なら中学生でもわかるこんな不利な条件を、なぜ呑んだのかといえば、ひとえに当時の幕閣たちの無知のせいである。それまで大々的に国際貿易を行なったことがなかったので、関

税の重要性を理解していなかったのだ。領事裁判権については、日本側は「アメリカ人を裁く手間が省ける」と、むしろ歓迎したともいわれる。こうして書いていても、当時の幕閣たちのあまりの無知とお気楽さに頭がくらくらしてくる。

また開国した途端、外国人たちが日本へ来て、銀を金に換えて持ち帰るという事態も起きた。長い間、金と銀の交換比率（価値の比率）は、世界も日本も一対五だった。しかし一七〇〇年代にメキシコで巨大な銀鉱山が発見され、世界では銀の価格が急落し、金との交換比率は一対十五にまで開いていた（現在は一対八十以上）。ところが幕府は長年の鎖国でそのことを知らなかったため、外国人に利用され、大量の金が日本から持ち去られたのだ（実際の方法としては、メキシコ銀貨を日本の一分銀と交換し、それをさらに小判に換えて持ち帰った）。こうして国外に流出した金はわずか八ヵ月の間に五十万両にも上ったといわれている。

これが半世紀以上も国際情勢に目を瞑ってきた弊害である。いずれ開国を迫られる日が来るとわかっていたのだから、その日のために可能な限り情報を収集し、国際条約についての勉強をし、対策を練っていれば、こんな馬鹿げた搾取には遭わなかったはずだ。それをひたすら「その日が来ないこと」を願い、あるいは「その日が来ること」を考えずに過ごし、いざその日が来てから泥縄的に対処したものだから、ひどい体たらくに陥ったのである。

同じ年、幕府はアメリカと結んだものとほぼ同内容の条約をオランダ、ロシア、イギリス、フランスとも結ぶ。「安政の五ヵ国条約」と呼ばれるこれらの不平等条約を解消するのに、そ

の後、日本は大変な苦労をすることになる。

私は、日本人は世界のどの国の国民にも劣らない優秀な国民だと思っている。これまで述べてきたように、文化、モラル、芸術、政治と、どの分野でもきわめて高いレベルの民族であり国家であると確信している。しかし、幕末における幕閣の政治レベルと国際感覚の低さだけは、悔しいながらも認めざるを得ない。

世界情勢に背を向けて、ひたすら一国平和主義を唱え、そこに日本人特有の「言霊主義」が混ざり合った結果、このような無様な事態になってしまったのだ。

コラム 安政二年（一八五五）、ロシアと日露和親条約を締結したことは前述した。この条約には今日の日露関係にも大きな影響を及ぼす重大な内容が含まれていた。北方四島の帰属である。

条約締結への道のりにはある美談が残されている。遅れ馳せながら日本との通商を求めて、ロシアの提督プチャーチンが下田に現れた折、安政大地震が起きた。下田の町は津波で壊滅状態となり、ロシアの黒船も壊れた。この時、ともに被災した伊豆の人々とロシアの乗組員は協力して被災者救助にあたり、その後、日本側がロシア側に帰国のための新しい船を造って寄贈しようということになった。

当時、伊豆の代官だった江川《えがわ》太郎左衛門《たろうざえもん》は、長崎で海防を学び、後に江戸湾に、国防のた

めの洋上砲台（現在のお台場）を設置した先進的な人物だった。彼は幕府にかけあい、腕利きの職人や資材を伊豆に集めた。そしてロシアの乗組員らとも協力し、日本史上初の西洋式帆船を完成させる。

この後に行なわれた日露の交渉によって、北方四島は日本の領土と定められたのだ。

それから約百六十年後の平成二八年（二〇一六）、日本を訪れたロシアのプーチン大統領に、安倍晋三首相が一枚の絵を贈った。描かれていたのは、かつて日露の人々が協力して造った帆船「ヘダ号」（造船された戸田《へだ》村、現在の静岡県沼津市戸田の地名から名付けられた）であった。

両国の先人たちの親善の逸話と、北方四島の帰属を決めた歴史に、思いを馳せようというメッセージを込めたギフトであった。

桜田門外の変

「日米修好通商条約」が結ばれた一ヵ月後、将軍家定が三十四歳で死んだ。家定の養子である十二歳の家茂《いえもち》が十四代将軍となった。

家定には子供がいなかったため、幕府内では以前から継嗣問題が起こっていた。水戸藩主の徳川斉昭ら幕政改革派（一橋派）は一橋慶喜《よしのぶ》を推したが、大老の井伊直弼ら幕府保守派（南紀

派）が推す紀伊徳川家当主の慶福《よしとみ》（家茂）が継嗣となった。家茂は将軍となったが、政治の実権は引き続き大老の井伊直弼が握っていた。

幕府が朝廷の勅許を得ずにアメリカと通商条約を結んだことで、反幕府の気運が急速に高まっていた。有力大名や公家も公然と幕府を非難し、孝明天皇は譲位をほのめかした。譲位は当時、天皇による抗議の意思表示でもあったのだ。

尊王攘夷の志士たちが京都に集まり、井伊直弼を打倒するための謀議に及び、孝明天皇は、井伊直弼を排斥する密勅《みっちょく》（天皇が出す秘密の勅命）を水戸家に下した。これを知った井伊直弼は密勅に関係した人物や、自分の政策に反対する者たちを次々と処罰していく。これを「安政の大獄」という。

これにより、刑死（切腹含む）した者は八人、遠島や追放は七十人以上にのぼった。特に水戸藩に対する処分は厳しく、前藩主の徳川斉昭は永蟄居、藩主の慶篤《よしあつ》は隠居謹慎、密勅に関わった三人の藩士はいずれも斬罪や獄門（さらし首）、公家の多くも謹慎させられた。一橋慶喜も隠居謹慎を命じられている。松下村塾で多くの俊秀を育てた吉田松陰《よしだしょういん》もこの時、処刑されている。

私は井伊直弼の開国の決断自体は正しかったと考えている。徳川斉昭や孝明天皇のような国際情勢を無視した攘夷論は話にならないし、頑迷に開国を拒絶し続けていたなら、日本を武力で侵略する列強が出てきた可能性もある。あるいは「アロー戦争」で清を破ったイギリスとフ

ランスのように、連合国として日本に相対してきたかもしれない。不平等条約は残念なことだったが、当時の幕府は苦しい状況の中で開国というベターな選択をしたということだけはいえる。

ただし、「安政の大獄」はやりすぎだった。この苛烈な策が反発を呼び、国内の攘夷論がさらに高まった上に、討幕の気運も生まれたからだ。

特に斉昭と慶篤に対する処罰は水戸藩士を激怒させた。

安政七年（一八六〇）三月、水戸藩を脱藩した十七人と薩摩藩士一人が、彦根藩邸から江戸城に向かう井伊直弼の行列を襲撃する事件が起きた。「桜田門外の変」と呼ばれるこのテロ事件で、井伊直弼は殺される。

この時、彦根藩の行列には護衛の藩士が六十人いたとされるが、わずか十八人の刺客に藩主の首を取られている。当日は季節はずれの雪で、彦根藩の侍たちは刀の柄《つか》に袋をかぶせていたために抜刀するのに手間取ったという不運もあるが、襲撃と同時に少なくない藩士が逃走したとも伝えられている。

そもそも雪から守るために柄袋をかぶせるなど、何のための刀かという、間抜けな話だ。

戦国時代、「井伊の赤備え」と他家に恐れられ、武勇の誉れ高い井伊家の藩士たちも、長年の太平の世に暮らすうち、侍の覚悟を失っていたのであろう。ちなみに死亡した八人の彦根藩士の息子たちは全員が跡目相続を許されたが、重傷者の五人は主君を守れずに家名を辱《はずかし》めたと

いうことで、下野国佐野《しもつけのくにさの》に流され、軽傷だった者は切腹、無傷の者は斬首で、いずれも御家《おいえ》断絶の処分を受けた。

将軍がいる江戸城の前で大老が暗殺されるという前代未聞の事件は、幕府の屋台骨を大きく揺るがせた。

新たに老中になった安藤信正《あんどうのぶまさ》（磐城平《いわきたいら》藩主）と久世広周《くぜひろちか》（関宿《せきやど》藩主）は、早急に幕府の威信を回復させなくてはならなかった。同時に反幕の矛先を和らげるために、公武合体を画策した。その策とは孝明天皇の妹である和宮親子《かずのみやちかこ》内親王を将軍家茂に嫁がせるというものだった。和宮も孝明天皇も拒絶するが、幕府は「攘夷を実行するから」という実現不可能な約束をして、文《ぶん》久《きゅう》二年（一八六二）二月、家茂と和宮の婚儀が行なわれる。この時、家茂、和宮ともに十五歳であった。

この婚儀は急進的な尊王攘夷論者から非難を浴びた。降嫁《こうか》の年の一月、脱藩した六人の水戸藩士が磐城平藩邸から江戸城に向かう安藤信正の行列を襲い、安藤を負傷させた。刺客は護衛の磐城平藩士によって全員が殺されたが、「坂下門外の変」と呼ばれるこの事件により、幕府の権威はさらに失墜した。安藤は老中を罷免され、隠居・蟄居を命じられる。

コラム 政略のために泣く泣く降嫁した和宮だったが、結婚後は仲睦まじい夫婦となったという。家茂は優しい性格であり、聡明でもあったと伝えられる。幼い頃は小動物を可愛がる

のを愉しみとしていたが、十二歳で将軍となってからは、そうした趣味は捨てて文武両道に励んだ。幕府海軍奉行の勝義邦は「武勇にも優れた人物であった」と語っている。

家茂の優しさを表わすエピソードの一つに、こんな話がある。ある日、書の達人の老臣が家茂に字を教えていた時、突然、家茂が墨を磨《す》るための水を老臣にかけてしまい、「今日はここまで、また明日」と言って席を立った。日頃にはない乱暴な態度に周囲の者は訝《いぶか》ったが、老臣は涙を流していた。実は老臣は習字中に失禁していたのだ。それが周囲に知られれば厳罰になるのをわかっていた家茂は、咄嗟に老臣に水をかけて不問に付したのである。

またこんなエピソードも残っている。伝染病のためにフランスの蚕《かいこ》が絶滅の危機に瀕したのを知った家茂は、蚕種を農家から集めてナポレオン三世に寄贈した。フランスではその蚕を研究して病気の原因を突き止めることができ、同時に生き残った蚕同士を掛け合わせて品種改良に成功した。ナポレオン三世は謝礼として慶応三年（一八六七）、幕府に対し、軍馬の品種改良のためのアラビア馬二十六頭を贈呈した。

後に、家茂は崩れ落ちようとする幕府を立て直すため、若き身で懸命に奮闘するが、志半ばにして二十歳の若さで世を去る。死因は脚気であった。

安政七年（一八六〇）の「桜田門外の変」がきっかけとなったかのように、以降、日本中でテロの嵐が吹き荒れた。狂信的な攘夷論者によって各地で外国人が殺されたり襲撃されたりする事件が多発する。

京都でも尊王攘夷派の志士たちが「天誅《てんちゅう》」と称して、佐幕派（幕府の政策を支持する勢力）の武士を暗殺するテロ事件が横行した。京都にはそうした志士と呼ばれるテロリストが五百人もいるといわれ、連日のように起こる殺人事件は、もはや京都所司代や町奉行の手には負えなくなっていた。このため幕府は文久二年（一八六二）に京都守護職を置くことにし、会津藩にその任に当たらせることにした。

二十六歳の若き会津藩主、松平容保は最初、この任を固辞するが、再三の要請により、ついに引き受けた。家老たちは、京都守護職に就くということは「薪を背負って火中に飛び込むようなもの」と言って容保に翻意を促すが、容保は日本と京都を守る覚悟で任地に赴く。

容保は頑迷な佐幕派ではなく、むしろ開明的な思想を持ち、公武合体により日本を強化したいという思いを持っていた人物だった。

彼はテロリストを弾圧するのではなく、むしろ彼らの主張に耳を傾けてやるべきと考えており、「国事に関することならば内外大小を問わず申し出よ。手紙でも面談でも一向にかまわない。その内容は関白を通じて天皇へ奉じる」と布告を発令し、幕府へも建議した。しかし将軍後見職にあった一橋慶喜は「そんなものを聞いていていてはきりがない」とあしらった。

志士たちの暴挙は一向に収まらなかった。容保は配下に新撰組や京都見廻組を組織し、テロリストを取り締まった。このことが後に長州藩の恨みを買い、会津の悲劇につながる。

遺米使節団

「安政の大獄」で日本中が騒然となっている頃、はるか海の向こうでは、日本人がアメリカ人を驚かせていた。安政七年（一八六〇）一月、日本の遣米使節団の一行が日米修好通商条約批准のため、日本人として初めてアメリカを公式訪問したのだった。

メンバーはアメリカの軍艦ポーハタン号に乗った新見《しんみ》正興《まさおき》（正使）、村垣範正《むらがきのりまさ》（副使）、小栗《おぐり》忠順《ただまさ》（目付）ら七十七人と、護衛艦の咸臨丸《かんりんまる》に乗った九十六人の総勢百七十三人。咸臨丸には木村喜毅《きむらよしたけ》（総督）、勝義邦、福沢諭吉《ふくざわゆきち》、中浜万次郎《なかはままんじろう》（ジョン万次郎として知られる）がいた。

新見らはサンフランシスコから蒸気機関車とアメリカ軍艦を乗り継いで、ワシントンに到着した。町は彼らの姿を一目見ようとする市民たちで溢れかえった。ニューヨーク・ヘラルド紙は「星からの珍客」と評した。髪を結い、見たこともない服装で、腰に二本の刀を差した日本人の姿は、アメリカ市民たちの目には非常に奇異に映ったに違いない。しかしアメリカ人はまもなく、日本人一行の礼儀正しい振る舞い、慎み深い態度に感銘を受ける。ニューヨーク・タイムズ紙は「彼らは世界で最も洗練された人たちである。我々には奇妙に見えるけれども、彼

らから見れば、我々も奇妙に見えるだろう」と書いた。

新見らはホワイトハウスでアメリカ大統領に謁見するが、大統領が江戸城のような大きな城に住んでいないことに驚いた。さらにワシントンの海軍工廠に案内され、その巨大さに衝撃を受ける。目付の小栗忠順は今さらながらに攘夷の愚かさを認識した。そしてアメリカの技術を取り入れることを誓った。

しかし小栗もまたアメリカ人たちを驚愕させていた。実は小栗は一両小判とドル金貨の交換比率を定める為替レート交渉という任務を負っていたのだが、造幣局において、彼はアメリカ人技師たちの前で小判とドル金貨のそれぞれの金含有量を測ってみせる。彼らはまず小栗が使った天秤の精密さに驚き、次に小栗の算盤による計算の速さと正確さに舌を巻いた（アメリカ人の筆算よりも小栗の算盤の方が何倍も速かった）。

一方、咸臨丸の一行もアメリカ人に感銘を与えていた。私が好きなのは木村喜毅総督のパフォーマンスである。咸臨丸にはサンフランシスコの上流階級の人々が見学に来たが、この時、夫人たちも艦内に入ろうとした。幕府の軍艦は女人禁制であり、木村は乗船を断わった。すると夫人たちは怒り、今度は日本人を欺こうと男装してやってきて、まんまと乗船して艦内を見学した。彼女らが船を降りようとした時、木村はお土産として紙包みを渡した。彼女らが船から降りて紙包みを開けると、そこには美しい簪《かんざし》が入っていた。この粋なはからいに、夫人たちが感激したのはいうまでもないが、サンフランシスコ市民も喝采を送った。日本人の株が一気

に上がったといわれている。

この時の訪米で、アメリカ文化に直接触れた使節団の男たちが得たものは計り知れない。小栗忠順、勝義邦、福沢諭吉らは後に日本史に大きな足跡を残すが、それは当然であった。

しかし日本においては、いまだ尊王攘夷の嵐が吹き荒れており、近代化にはもう少し時を経なければならなかった。

コラム

咸臨丸に乗っていた中浜万次郎は、日本史の教科書などでは大きく取り上げられることはないが、私は幕末史において避けて通れない重要な人物だと思っている。敢えていえば、幕末の日本を動かした人物である。

万次郎ほど数奇な運命を辿った人物も少ない。文政一〇年（一八二七）、土佐国幡多《はた》郡中ノ浜村（現在の高知県土佐清水市中浜）の貧しい漁師の家に生まれた万次郎は幼くして父を亡くし、寺子屋にも通えず、読み書きもできなかった。十四歳の時、乗り組んだ漁船が難破して、仲間四人とともに絶海の無人島（鳥島）に漂着する。

そこで幸運にもアメリカの捕鯨船に助けられたが、当時は、海外に出た日本人は帰国すれば処刑されるため、船長のホイットフィールドは一行をハワイに降ろした。しかし万次郎は自らの希望で捕鯨船員として船に残った。万次郎は船の中で見た世界地図で、日本の小ささを知り衝撃を受ける。

同年、捕鯨船がアメリカに帰国した後、万次郎はマサチューセッツ州ニューベッドフォードのフェアヘイブンに住むホイットフィールド船長の養子となり、そこで学校へ通う。十七歳の時、バーレット・アカデミーで数学、測量、航海術、造船技術を学び、首席で卒業する。万次郎はアメリカで民主主義の精神を学ぶとともに人種差別をも経験する。

卒業後はホイットフィールド家を出て、捕鯨船に乗って世界を回る。途中、船長が病気で船を降りた時、新しい船長を決める船員たちの投票で、万次郎ともう一人の船員が同数で一位になるが、万次郎は年長者に船長の座を譲り、自分は副船長となる。そして普通なら十年はかかるといわれた一等航海士にわずか三年でなった。

二十三歳の時、日本に帰ることを決意した万次郎は、帰国資金を得るためにサンフランシスコの金鉱で金を採掘し、そこで得た資金をもとに上海行きの商船に乗り、途中、ハワイで別れた漁師仲間に再会して彼ら（全員ではない）を船に乗せた。

嘉永四年（一八五一）、万次郎は仲間とともに、商船から小舟に乗って、琉球に上陸した。すぐに鹿児島に送られて薩摩藩による取り調べを受けるが、藩主、島津斉彬《なりあきら》は自ら万次郎に会い、万次郎の語るアメリカの話に真剣に耳を傾けた。万次郎が「異国では、人の値打ちは身分によって定まらず、才によって定まる」と語った時、斉彬はその言葉に何度も深く頷いたという。薩摩藩は万次郎を厚遇し、藩の洋学校の英語講師とした。また彼から得た知識をもとに、その後、和洋折衷の越通船《おつとせん》を建造する。その後、万次郎は土佐に戻り、十一年ぶり

に母との再会を果たす。万次郎は土佐藩に士分として取り立てられ、藩校の教授となる（この時の生徒に後藤象二郎《ごとうしょうじろう》や岩崎弥太郎《いわさきやたろう》らがいる）。

嘉永六年（一八五三）、黒船来航によって慌てふためいていた幕府は、アメリカの情報を得るために万次郎を江戸に招き、旗本の身分を与えた（この時、中浜という苗字が授けられた）。その後、万次郎は軍艦教授所の教授になり、造船の指揮、測量術、航海術の指導に当たった。

ペリーとの交渉の通訳に、万次郎ほどの適役はいなかったが、老中がスパイ疑惑を持ち出したため、役目から降ろされた。もし万次郎が交渉で重要な役目を負っていたなら、日米修好通商条約の中身は変わっていただろう。

この頃、勝義邦も万次郎と会い、アメリカ文化を学んでいる。勝の先見性と視野の広さは万次郎に教えられたものだ。万次郎は幕末から明治の時代に、当時のアメリカにおける民主主義を、最もよく理解していた人物であった。坂本龍馬も万次郎の世界観に大きな影響を受けた一人である。この後、日本は勝や龍馬が思い描いたように動いていくが、その意味で、万次郎は幕末の日本に最も大きな影響を与えた一人といえる。

遣米使節団の一員として咸臨丸に乗り組んだ際は、艦長格を自任する勝義邦がひどい船酔いで満足に指揮を執れなかったため、代わって万次郎が操船の指揮を執った。この時、万次郎の操船技術の高さに、アメリカ人が驚いたといわれる。

その後も万次郎はいくつかの役職に就くが、いずれも彼の高い能力に見合うポストとはいえなかった。幕府に取って代わった明治政府も彼を重用しなかった（明治政府が与えたポストは東京大学の英語教授）。理由は、少年時代に漢文などの素養を身に付けておらず、日本語の文章力に乏しいからというものだった。いかにも日本の官僚的な考え方である。アメリカの近代的な政治やシステムを肌で知っていた万次郎が明治政府の要職に就いていたなら、日本の明治はまた違ったものになっていたであろう。

なお、明治三年（一八七〇）、ヨーロッパへ派遣された万次郎は、帰国の途中アメリカに立ち寄り、恩人であるホイットフィールド船長と四半世紀ぶりの再会を果たしている。余談だが、万次郎の子孫である中浜家とホイットフィールド家の子孫の間では今も交流が続いており、万次郎の故郷である土佐清水市と、ホイットフィールド家があったマサチューセッツ州のフェアヘイブン市は姉妹都市の関係となっている。

欧米列強との初めての戦闘

話を幕末に戻そう。文久三年（一八六三）三月、将軍家茂は朝廷からの度重なる上洛要求（和宮降嫁の折の約束でもあった）に抗しきれず、徳川将軍として二百三十年ぶりに上洛する。朝廷は、家茂と一橋慶喜（将軍後見職）に攘夷決行（これも和宮降嫁の折の条件であった）

を要求する。家茂らは、攘夷は不可能であることを説明しようとするが、強硬な攘夷論を掲げる公家たちに押し切られ、孝明天皇の下鴨・上賀茂神社への攘夷祈願の行幸にまで同行させられる始末だった。もはや幕府の権威などどこにもなかった。その上、将軍後見職の慶喜は、将軍の名で「五月十日をもって攘夷を決行する」という約束をしてしまう。

この時の慶喜の態度には唖然とするほかない。アメリカやイギリスと戦争して勝てるはずがないのは、聡明で聞こえる慶喜ならわかっていたはずである。にもかかわらず、苦し紛れにそんな約束をするなど、もはや姑息を通り越した態度である。しかし慶喜がそう言わねばならないほど、当時の日本は「攘夷こそ正義」という異常な空気に包まれていた。

外国人に対するテロは志士たちによるものだけではなかった。家茂の上洛の前年、武蔵国の生麦村（現在の横浜市鶴見区生麦）の近くで、薩摩藩の行列の前を馬で通ったイギリス人の一行を、怒った藩士が斬り殺す事件が起きている（生麦事件）。駕籠に乗った国父（藩主格）の久光《ひさみつ》が「斬れ」と命じたという説があるが、真偽は不明である。

文久三年（一八六三）七月、報復のためにイギリス艦隊が鹿児島を襲撃し、薩英戦争が起こった。この戦いでイギリス軍の砲撃によって鹿児島市内の一割が焼かれるが、薩摩藩士は善戦し、イギリス軍は撤退する。戦闘による死傷者はイギリス軍の方が多かった。最終的には、薩摩藩がイギリスに賠償金を支払って講和するが、当時、西洋の国々は薩摩藩の強さに驚いた。ニューヨーク・タイムズ紙は、日本の勇敢さと強さを称え、彼らを侮ってはいけないと書いた。

この戦いで薩摩とイギリスの双方が相手の優秀さを認め合い、以後、急速に接近する。

一方、同年五月十日、長州藩の攘夷派は、幕府が朝廷に攘夷決行を約束したことを受けて、馬関《ばかん》海峡（下関海峡）を通るアメリカ商船を砲撃した。逃げていくアメリカ商船を見て攘夷派の意気は大いに揚がり、その後、フランス軍艦、オランダ軍艦も砲撃した。

しかし翌月、アメリカ軍艦が報復に来て、長州の軍艦を撃沈し、下関の町を砲撃した。さらに翌年、イギリス（九隻）、フランス（三隻）、オランダ（四隻）、アメリカ（一隻）の四国艦隊が、前年の砲撃の報復と航行の安全確保のために、再度、下関の砲台を攻撃した。長州藩は四日で砲台を占拠され、すべての砲門を奪われた。列強によるこの襲撃は、攘夷の急先鋒であった長州藩に西洋の力を見せつけ、攘夷が不可能であることを示すという目的もあった。

薩摩藩も長州藩も、西洋との戦闘によって、近代装備の威力を知る。薩摩藩は和議を結んだイギリスから近代的な兵器を買い入れ、長州藩もそれまでの攘夷の方針を変更してイギリスに接近していく。このことによって、二つの藩は、その後、討幕の主役を務めることになる。

長州藩はイギリスの要求（「新たな砲台建設の禁止」「三百万ドルの賠償金」「馬関海峡を通る外国船に薪水を提供」など）をほぼ全面的に呑まされたが、ただ一つ彦島租借に関しては拒否した。この時、長州藩は脱藩の罪で謹慎処分になっていた高杉晋作《たかすぎしんさく》（吉田松陰の「松下村塾」の門下生）を赦免して、イギリスとの講和を一任していた（高杉は筆頭家老の養子と偽って講和の席に着いていた）が、高杉は日本の領土をイギリスに渡せば第二の香港になると考え、

それだけは断固として拒否したのだ。高杉は二年前に上海に渡航しており、イギリスの租借地で「犬と中国人、立ち入り禁止」と書かれた看板を見て激怒したといわれている。

驚くべきは、五十五歳のイギリス公使、ラザフォード・オールコックと交渉した高杉が満二十四歳であったことだ。この時、オールコックは高杉のことを「魔王のようだった」と評している。

ただ、彦島租借拒否の話は、講和の席にいた伊藤博文《いとうひろぶみ》の回想によるもので、交渉の公式記録には残されていない。しかし国際感覚に優れていた高杉だけに、真実だと私は見ている。

その後、高杉は藩内でクーデターを起こし、長州藩の実権を掌握、藩論を討幕に統一する。

鍋島直正と島津斉彬

日本中が攘夷だ開国だと揺れている時、そうした争いに背を向けて日本の近代化を見据えている者もいた。その一人が佐賀藩主、鍋島直正《なべしまなおまさ》だ。

文政一三年（一八三〇）、十五歳の若さで藩主となった直正は、まず破綻していた財政を立て直すため、役人を五分の一に削減し、磁器・茶・石炭などの産業振興に力を注ぎ、農民には小作料の支払いを免除し、農村を復興させた。さらに藩校「弘道館」を拡充し、優秀な人材を育成、出自にかかわらず、有能な者を積極的に登用した。

直正の凄いところはそれだけではない。嘉永三年（一八五〇）、鋳物や鍛冶の優れた職人を集め、反射炉を作った。反射炉とは、耐火煉瓦《れんが》を積み上げた塔の内部で燃料を燃やして銑鉄《せんてつ》を高温で溶かし、それを鋳型に流し込んで大砲を作る施設である。これがなければ強い鉄を作ることができない。しかし何度も失敗を繰り返し、担当の家老は切腹を申し出るが、直正はそれを押しとどめ、成功するまでやり抜くように命じた。そして苦労の末についに西洋の最新式の大砲、アームストロング砲を日本人の手だけで完成させた。

また嘉永五年（一八五二）、黒船来航の前年、直正は独自に理化学の研究・実験をする施設である精錬方を設置し、蘭書を研究して、火薬・弾丸・ガラス・石炭・せっけん・写真機などを作っている。この精錬方の事業には膨大な費用がかかり、藩の重臣は経費節減のため廃止を主張し始めるが、直正は「これは自分の道楽だから制限するな」と言って、諦めずに研究開発を続けさせた。

直正がこれほどの情熱を持って西洋の技術導入を図ったのは、文化五年（一八〇八）のフェートン号事件で味わった屈辱からだった。軍事力がないばかりにむざむざとイギリス船に鼻であしらわれ、藩の家老が何人も切腹させられたことから、西洋に対抗するには近代的な科学技術が不可欠だと考えたのだ。

慶応《けいおう》元年（一八六五）、ついに日本で初の実用蒸気船「凌風丸《りょうふうまる》」を完成させている。実際の蒸気機関を見たこともないのに、本と図面だけで、同じものを作り上げたのだ。これは驚異的

な偉業である。西洋の蒸気機関は同じ頃のアジアやアフリカの諸国民も見ているが、これを作り上げた国などどこにもない。

また直正は天然痘ワクチンの普及に貢献した人物でもあった。嘉永二年(一八四九)、オランダ商館の医師から入手した牛痘ワクチンを、当時四歳だった長男に接種したのだ。この時代、日本で前例がないにもかかわらず、藩主が跡継ぎである息子に種痘を施すという行為は常識では考えられない。直正がいかに正確な知識を持っていたかという証拠だが、同時にその勇気に感動する。このワクチンが後に大坂の緒方洪庵《おがたこうあん》などに分与されて各地に種痘所が開設され、日本での天然痘の撲滅に大きく貢献する。

直正は黒船が来た時、開国の意見を掲げるが、その後は佐幕、尊王、公武合体に関しては、いずれの派にも属さなかった。日本を立て直すには、そんなものよりも徹底した近代化以外にないと考えていたのかもしれない。

同時代の薩摩藩主、島津斉彬もまた直正と同じく近代化を目指した人だった。直正に続いて反射炉の建設に着手している。この時、何度も失敗して挫けそうになる藩士に向かって斉彬が言った「西洋人も人なり、佐賀人も人なり、薩摩人も人なり。屈することなく研究に励むべし」という言葉はよく知られている。

薩摩藩は苦労の末に、西洋式軍艦「昇平丸《しょうへいまる》」を建造し、さらに佐賀藩に先駆けて、日本初の蒸気船「雲行丸《うんこうまる》」を建造している。これは中浜万次郎の知識をもとに作った越通船と呼ばれる

和洋折衷船に蒸気機関を搭載した実験船だが、これを見たオランダ海軍軍人ヴィレム・ホイセン・ファン・カッテンディーケを、「簡単な図面を頼りに蒸気機関を完成させた人物には非凡な才能がある」と驚かせている。後の薩英戦争でイギリス軍を苦しめたのは、先進技術を取り入れていた斉彬の政策に負うところが大きい。

斉彬も直正同様、旧弊に囚われず、下級武士出身の西郷隆盛《さいごうたかもり》や大久保《おおくぼ》利通《としみち》を登用した先進性を備えた藩主だった。幕末にこそ必要な人物であったが、残念ながら安政五年（一八五八）に急死した。この死については弟の久光による暗殺説が根強い。

直正も斉彬もこの混迷の時代にあって、きわめて合理的な精神を持っていた人物であり、その業績も傑出していたが、忘れてはならないのは、彼らの命を受けて、それらを形にしたのが無名の職人たちだったことだ。現代のように工科大学や理学部で専門教育を受けた人々ではない。にもかかわらず懸命に勉強して、ついに当時の最高のテクノロジーに追いついたのだ。これが日本人の凄さである。

宇和島藩主の伊達宗城《むねなり》も蒸気船の建造に成功したが、これを作ったのは無学な仏壇職人で提《ちょう》灯《ちん》屋の前原嘉蔵《まえばらかぞう》だった。宗城に蒸気船を作れと命じられた家臣らが、困り果てた末に、器用だという評判だけで連れてきた職人だった。

ところがその嘉蔵が藩医の村田《むらた》蔵六《ぞうろく》（元長州藩士、後の大村益次郎《おおむらますじろう》）の翻訳したオランダの本と図面だけを見て、不眠不休で蒸気機関の模型を作り上げた。それを見た宗城はすぐさま彼

を藩士として召し抱え、蒸気船を作れと命じた。余談だが、嘉蔵が羽織袴に二本の刀を差して家に戻った時、近所の人々は「嘉蔵は気が狂った」と噂したという。この後、嘉蔵は苦労の末に見事に小型の蒸気船を作り上げた。ペリーが黒船で来航してわずか六年後のことである。

司馬遼太郎《しばりようたろう》は「この時代宇和島藩で蒸気機関を作ったのは、現在の宇和島市で人工衛星を打ち上げたのに匹敵する」と書いている。嘉蔵も見事だが、それを見つけてきた宇和島藩の家臣も、また一介の提灯屋である彼を武士として召し抱えた藩主も素晴らしい。なお村田蔵六はその後長州藩に戻って大活躍することになる。

明治に入って日本は驚異的なスピードで近代化を達成するが、その萌芽はすでに幕末の頃からはっきりと現れていたのだ。

コラム 今日、我が国の国旗に使われている「日の丸」は、島津斉彬が提案したといわれる。日米和親条約調印後、日本の船を外国船と区別するために船舶旗が必要となった。幕府は当初、白地に黒の横一文字の「大中黒《おおなかぐろ》」を考えていたが、島津斉彬の進言によって「日の丸」の幟《のぼり》を用いることになり、嘉永七年（一八五四）七月九日（新暦八月二日）、老中・阿部正弘によって正式に布告された。島津斉彬は鹿児島城から見た桜島から昇る太陽の美しさに、これを国旗にしたいと家臣に言ったという。それを受けて薩摩藩が建造した初めての洋式軍艦「昇平丸」を幕府に献上する際の航海で、これを掲げた。

古代より日本は太陽を神聖視しており、日本という国名にもそれが使われている（日は太陽のことである）。日輪のマークは天下統一の象徴であり、源平合戦の折も、平氏は「赤地金丸」、源氏は「白地赤丸」を使用した。それ以降、「白地赤丸」の日の丸が天下統一を成し遂げた者の象徴として受け継がれていったといわれている。

江戸時代には「白地赤丸」は意匠の一つとして普及し、様々な場所で用いられ、幕府は公用旗として使っていた。家康ゆかりの熱海の湯を江戸城に運ばせる際には、その旗を立てている。「熱海よいとこ日の丸立てて御本丸へとお湯が行く」という唄も生まれている。それ以外にも幕府が所有する船に「日の丸」が描かれていた例などは枚挙にいとまがない。つまり「日の丸」は正式に国旗として決められる以前に、七百年も前から日本という国を象徴する旗として使われていたのだ。

現代の一部の人々が、「軍国主義の象徴である」という理由で、「日の丸」を嫌悪するが、根拠不明のいいがかりである。伝統も歴史も知らぬ馬鹿者としかいいようがない。

小栗忠順

意外に知られていないが、幕府もまた近代化に懸命に取り組んでいた。欧米列強の脅威に対して、何とかしなければならないと考えていたのだ。

その代表的な一人が小栗忠順である。二十代で異国船に対処する詰警備役となった小栗は、蒸気船を見て、日本は積極的に外国と通商をすべきだと強く主張した。その後、目付となり、遣米使節団の一員としてアメリカに渡った時、日本も近代的な造船所を作らねばならないと決意した。

アメリカからの帰国後、文久元年（一八六一）、ロシア軍艦による対馬占領事件の処理に当たった小栗（外国奉行になっていた）は、幕府に対し、「国際世論に訴えかけ、場合によってはイギリス海軍と手を結ぶ」ことを提言するが、受け入れられず、外国奉行を辞任する。

翌年、三十五歳で勘定奉行になった小栗は、幕府財政の立て直しに取り組む。同時にフランスの助力を得て、製鉄所の建設を計画する。幕閣からは反対されたが、将軍家茂の承認を得て、慶応元年（一八六五）に横須賀製鉄所（後の横須賀海軍工廠）の建設を開始する。これは単なる製鉄所ではなく、造船所とドック（船の建造や修理のための施設）が一体となるものとして計画された。小栗は完成した製鉄所の所長としてフランス人を任命し、同時に雇用規則、社内教育、洋式簿記、月給制など、当時の日本では画期的なシステムを導入した。その中には残業手当の規約まであった。

日本の商人が海外貿易で外国と対等に渡り合えない原因は資本力の弱さにあると見た小栗は、江戸と京都と大坂の商人から資本を集めて、株式会社の「商社」を設立した（Company を商社と訳したのは小栗といわれている）。

また陸軍増強のために、フランスから最新式の大砲や小銃を大量に購入し、フランスの軍事顧問団に訓練をさせた。同時に、小銃、大砲、弾薬の国産化を推し進め、ベルギーより弾薬用火薬製造機械を購入し、日本初の西洋式火薬工場を建設した。

彼は文化面でも大きな功績を残している。日本最初の本格的なホテル「築地ホテル館」を建設し、これも日本初のフランス語学校（横浜仏蘭西語伝習所）を設立した。同校の卒業生で明治政府に貢献した者は多い。

小栗はこれらをわずか数年でやってのけた。その先進性とバイタリティーには驚嘆するほかはない。彼は幕藩体制を改め、中央集権体制へ移行することも考えており、徴兵制も視野に入れていた。明治の新政府で活躍した大隈重信《おおくましげのぶ》は「明治政府の近代化政策は、小栗忠順の模倣にすぎない」と語っているし、後に日本海海戦でロシアのバルチック艦隊を打ち破った東郷平八郎《とうごうへいはちろう》は、「日本海海戦に勝利できたのは、製鉄所、造船所を建設した小栗氏のお陰である」と語っている。司馬遼太郎は小栗を「明治の父」と書いている。

しかし忘れてはならないのは、小栗を重用し、存分にその力を振るわせたのが、徳川幕府であったということだ。近代化を成功させた明治政府に対して、「徳川幕府は頑迷固陋《ころう》の体質を持っていた」と語られることが少なくないが、必ずしもそうではない。徳川幕府もまた押し寄せる欧米列強の脅威を前に、懸命に近代化を進めていたのだ。

もし小栗が幕末を生き延びていたなら、明治政府にとって大きな力となったことは間違いな

い。そう私は断言する。彼の悲劇は後ほど語ることにしよう。

なお、小栗が作った横須賀製鉄所は後に横須賀海軍工廠となり、戦後はアメリカ軍に接収され、現在もドックはアメリカ海軍横須賀基地の中で現役で機能している。

水野忠徳

水野《みずの》忠徳《ただのり》も日本史で語られることは少ないが、日本にとって忘れてはならない重要な人物である。江戸幕府の旗本であった忠徳は、長崎奉行時代に幕府海軍創設に奔走し、外国奉行時代は安政二朱銀を発行して金貨の海外流出を防ごうとするなど、日本を外国から守るために尽力した有能な官吏だが、彼の最大の業績は小笠原諸島を守ったことだ。

江戸幕府は寛文一〇年（一六七〇）には小笠原諸島の存在と位置も把握していたが、江戸から一〇〇〇キロも離れている同諸島を管理することはできず、長らく無人のまま放置し、国際的にその帰属も明確ではなかった。ところが十九世紀以降、同諸島に外国の捕鯨船がたびたび寄港するようになり、文政一三年（一八三〇）には、アメリカ人ら五人がハワイ系の人々二十数人とともに入植した。

一八五〇年代には、ペリーが寄港してアメリカ人住民の一人を小笠原の植民地代表に任命している。同じ頃、イギリス、ロシアが諸島の領有権を主張、アメリカもフランスも領有権を主

張する。この時、小笠原諸島の領有権確保のため現地に赴いたのが水野忠徳であった。

文久元年（一八六一）、幕府の軍艦・咸臨丸で小笠原諸島に上陸した五十歳の忠徳は、島々の測量等の調査を行なうと、欧米系の島民に対して、彼らの保護を約束して日本の領土であることを承認させる。その一方、イギリス、ロシア、フランスの間を巧みに渡り歩き、列強同士の対立をも利用しながら、小笠原諸島の領有権が日本にあることを認めさせたのだ。外国人が居住していた島だったにもかかわらず、その領有権を欧米諸国に認めさせたというのは超一流の外交手腕である。この時、忠徳のしたたかな交渉を支えたのが通訳のジョン万次郎だった。

明治一三年（一八八〇）、小笠原諸島は東京府の管轄となり、居住していた外国人たちは全員、日本国籍を取得した。

小笠原諸島は希少な自然が残る美しい島々だが、重要なのは自然だけではない。二十一世紀の今日、日本の広大な排他的経済水域（領海含め世界六位の約四四七万平方キロメートル）の約三分の一は、小笠原諸島を中心とする海なのだ。その海洋資源と海底資源は膨大である。

もちろん当時の忠徳がそれらを知るはずもない。しかし彼は領土・領海の持つ価値と重要性を十分に理解していた。だからこそ島に乗り込み、領有権を確保したのだ。もし忠徳と万次郎がいなければ、小笠原諸島と周辺の海は外国のものとなっていたであろう。

薩長連合

話を長州と四国艦隊の戦いに戻そう。

欧米列強は長州藩が行なった砲撃の賠償金として三百万ドルを幕府に要求した。ちなみに幕府は生麦事件の賠償金も払わされている。本来はそれぞれの藩が支払うべきもののように思われるが、外国からすれば、「統一国家ならば、賠償金はその政府が支払うべき」という見解だった。これはある意味当然で、封建制度の矛盾が幕末に至って露呈したといえる。いずれにしても、この二つの賠償金によって、幕府の財政はさらに苦しいものとなった。

欧米列強はそんな幕府の混乱に乗じ、条約に書かれた兵庫開港の遅れを理由に、慶応二年(一八六六)、幕府に改税約書に調印させる。これにより輸入品の関税は五パーセントという低額になった。しかもこの時、それまでの「従価税」から「従量税」に改めさせられた。「従価税」は価格によって税額が変わるが、この時の「従量税」は四年間の物価平均で定まる原価の五パーセントというものだった。そのため日本国内で物価が上がれば、実質的な関税率はさらに下がることとなった。これ以降、外国製の安い製品が大量に入ってきて、貿易不均衡になったばかりか、日本の産業が著しく圧迫され、関税によって国庫を潤すことも難しくなった。日本の経済は打撃を受け、庶民の暮らしにも影響した。こうして民衆もまた幕府に対して不満を抱くようになる。

幕府は兵庫の開港や「日米修好通商条約」の勅許をめぐる薩摩藩との対立にも手を焼いていた。条約は安政五年（一八五八）に結ばれていたが、朝廷の勅許がなく、幕府はイギリスなどから勅許を求められていた。兵庫は京都に近いということで、朝廷が開港を認めなかったのだ。将軍後見職の一橋慶喜は、「朝廷が勅許を出さなければ、欧米列強が京都に攻め込んでくる」と半ば脅しのような言辞で、勅許を取った。このことに薩摩藩は怒り、反幕府の意思を固める。

以前から政権交代を目論んでいた土佐藩の脱藩浪人、坂本龍馬（勝義邦の弟子）は今こそ、長州藩と薩摩藩が手を握るべきと考えたが、長州藩は元治《げんじ》元年（一八六四）の「蛤御門《はまぐりごもん》の変」（禁門の変）で、薩摩藩と会津藩に多くの藩士を討たれた上に、京都から追い出されているだけに、両藩には深い恨みを抱いていた。長州藩士は下駄の裏に「討薩賊会奸《とうさつぞくかいかん》」（「薩摩の賊と会津の奸物《かんぶつ》を討つ」という意味の言葉）と書いて、恨みを忘れずにいたほどである。薩摩藩もまた文久二年（一八六二）の公武合体運動を長州藩によって阻止されたことから恨みを抱いており、二つの藩が手を結ぶことは無理と見られていた。

しかし日本で初めての株式会社である「亀山社中」を作った龍馬は、外国との取引を禁じられていた長州藩に、薩摩藩名義で購入した最新式の西洋の武器を売るという奇策を用いて、両藩を近づけた。そして自らが仲介役となって、慶応二年（一八六六）一月、薩摩藩と長州藩の同盟を成立させた。この「薩長連合」が後に討幕の大きな力となる。

第二次長州征伐

弱体化する幕府に援助を申し出てきたのはフランスだった。その理由は、イギリスが反幕府路線を取る薩摩藩や長州藩と接近したことによる。両国は「日本を開国させるという目的」では共通していたが、植民地獲得競争では常に対立していた。そのため日本での利権をめぐって水面下で争っていたのだ。おそらく両国とも、今後の日本の実権を握るのが幕府か薩摩・長州かを見ていたのだろうが、フランスは幕府側についた。

前述のようにフランスは幕府の横須賀製鉄所の建設を援助したり、横浜仏蘭西語伝習所を作って幕臣の教育をしたりして、幕府を支援していた。

その頃、長州藩が軍備を拡充していると知った幕府は、長州藩に対して十万石の削封や藩主の毛利敬親《たかちか》の隠居などの処分を通達するが、回答期限を過ぎても返答がないため、慶応二年(一八六六)六月、諸藩に命じて十五万人という大軍で四方面から長州に総攻撃をかける(長州は「四境戦争」と呼んでいる)。

これは幕府による二度目の長州征伐で、一度目は二年前の「蛤御門の変」の直後に行なわれたものである。もっともこの時は、長州側が三人の家老を切腹させて幕府に謝罪し、降伏したので、実際の戦闘は行なわれなかった。長州藩の度重なる反抗に、幕府としては「今回は許さん」という気持ちだったのだろう。

迎え撃つ長州軍はわずか三千五百人。しかし長州軍はイギリスから購入した最新式の武器と、司令官、村田蔵六（大村益次郎。宇和島藩で前原嘉蔵に蒸気機関製作のアドバイスをした人物）や高杉晋作の優れた戦略により、各所で兵力において上回る幕府軍を圧倒する。

長州征伐の最中の七月、大坂城で指揮を執っていた将軍、家茂が亡くなった。二十歳になったばかりであった。幕府は将軍の死を秘して戦いを継続するが、すぐに形勢挽回は無理と判断し、講和した。戦いは幕府軍の完敗であり、幕府の権威は完全に失墜した。全国を支配しているはずの幕府が、たった一つの外様の藩に敗れ去ったのだ。これを見た朝廷も全国の藩も徳川政権にはもはや何の力もないと悟った。

討幕の密勅

長州征伐の最中に急死した将軍の家茂には子供がなかったため、将軍後見職の一橋慶喜が将軍に推された。ところが、慶喜はこれを辞退する。長州征伐で敗れた後、多くの藩が離反していく中、徳川幕府の将軍になるのは荷が重いと考えたためだといわれる。慶喜は聡明ではあったが、そういう損得に敏感な人物だった。しかしフランス軍の援助を受けて軍政改革を行なった後、慶応二年十二月五日（新暦一八六七年一月十日）、二十九歳で徳川十五代将軍となった。

その二十日後、攘夷論者ではあったが公武合体派で親幕府でもあった孝明天皇が三十五歳の

若さで急死する。これにより幕府は大きな後ろ盾を失い、朝廷では討幕派が台頭していく。そのため孝明天皇の死は討幕派勢力による暗殺ではないかという説も根強い。孝明天皇に代わって第百二十二代天皇になったのは、皇子の明治天皇である。後年、賢帝として知られる明治天皇だが、皇位に就いた時は十四歳で、実際の政治は側近が行なった。

翌年五月、京都において、「四侯会議」が開かれた。これは将軍の徳川慶喜と島津久光（前薩摩藩主）、山内豊信《やまうちとよしげ》（容堂・前土佐藩主）、松平慶永《よしなが》（前越前藩主）、伊達宗城（前宇和島藩主）の四つの雄藩の指導者による国政会議である。しかし会議が始まると同時に、慶喜と久光が長州の処分について真っ向から対立し、会議そのものが成り立たなくなった。これ以降、薩摩藩は武力による討幕に舵を切ったといわれる。

一方、長州藩と薩摩藩を結び付けた坂本龍馬は武力による討幕には反対だった。それは龍馬の師匠である勝義邦の考えだった。勝は軍艦奉行という幕臣でありながら、徳川家では日本は持ちこたえられないと考えていた。そこで幕府が政権を朝廷に譲り、国政は徳川家と雄藩による合議制によって行なうという計画を持っていた。

勝や龍馬らが武力討幕に反対していたのは、それによって内戦になり、日本全体が疲弊してしまうことを恐れたからだった。東南アジア諸国では西洋の干渉によって内乱が生じ、国全体が弱体化した時に、あっさりと植民地化されていたことを知っていたのだ。

同年六月、龍馬は長崎から京都へ向かう船の中で、土佐藩の実力者である後藤象二郎に、自

分が考えた新しい国家体制論を書いたものを渡した。これは「船中八策」と呼ばれるもので、「大政奉還」など近代的な思想が盛り込まれていた。大政奉還とは、幕府が天皇に政権を返上するという意味である。後藤から「船中八策」を見せられた前藩主の山内豊信は、それを建白書として慶喜に提出した。

しかし薩摩藩の本音は大政奉還にはなく、あくまで武力による討幕だった。

薩摩藩の大久保利通は、公家の岩倉具視《いわくらともみ》と組んで、天皇に「討幕の密勅」を出させることに成功した。それは「幕府の最高責任者たる徳川慶喜を討て」という明治天皇の勅書で、薩摩藩に出されたのが慶応三年（一八六七）十月十三日（新暦十一月八日）、長州藩に出されたのが十月十四日（新暦十一月九日）である。同時に「会津藩の松平容保、桑名藩の松平定敬《さだあき》（容保の弟）を誅戮《ちゆうりく》（罪ある者を殺すこと）せよ」という勅書も出されていた。会津藩と桑名藩は徹底した佐幕派で、薩長は以前から「橋会桑《はしかいくわ》」（橋は一橋慶喜のこと）と呼び、憎んでいた。

これらの勅書は天皇の直筆ではなく、本来あるべき勅旨伝宣の奏者三人の花押《かおう》もないなど、不審な点が多々あり、おそらくは作り物である。薩摩藩と長州藩は偽勅書をこしらえてまでも、徳川慶喜、松平容保、松平定敬を殺したかったのだ。

ところが薩長にとって思いがけないことが起こる。慶応三年（一八六七）十月十四日（新暦十一月九日）に、徳川慶喜が大政奉還をすると上表（天皇に対して書を奉ること）したのだ。

つまり、この日を以て、二百六十五年続いた江戸幕府の統治が突然終わりを告げた。黒船が来

て、わずか十四年後のことであった。これにより薩摩藩と長州藩は、武力討幕の大義名分を失った（事実、討幕の中断を命ずる勅書が出される）。

コラム 時代が大きく変わっていくのを感じていたのは武士だけではなかった。民衆もまた世の中の不穏な空気を感じ取っていた。

慶応二年（一八六六）六月に武蔵国上名栗《かみなぐり》村で起こった「武州世直し一揆」がきっかけとなり、全国各地で、「不当な支配や収奪を行なう」地主や豪商に対する、農民や民衆による打ちこわしが頻繁に起こった。農村だけでなく江戸や大坂でも大規模な打ちこわしがあった。これらはまさに世情不安の表われ以外の何ものでもなかった。

翌年、豊作により世直し一揆の波が鎮まると、今度は民衆の間で「ええじゃないか」が大流行した。これは慶応三年（一八六七）八月から十二月にかけて近畿・四国・東海地方などで発生した、集団で町々を巡って踊りまくるという不思議な社会現象である。三河国御油宿《ごゆしゆく》において、秋葉神社の御札が空から降ってきたということで、民衆が踊りまくったのが最初といわれる。その後、東海道の宿場町を中心に、この不思議な踊りは頻発した。「ええじゃないか」という囃し言葉とともに、男装した女性や女装した男性らが何日も踊り狂うのだ。時には六夜七日にわたる乱痴気騒ぎもあった。

おそらく動乱の世にあって、鬱積した民衆の不満が、踊りという形で現れたものと思われ

るが、中には「日本国の世直りはええじゃないか」という囃し言葉もあり、根底には「世直し」に対する渇望のようなものがあったのかもしれない。

この「ええじゃないか」は実は討幕を試みた一派が人為的に起こしたものではないかという説がある。というのは「ええじゃないか」が流行した時期は、薩摩藩や長州藩の討幕派が、前述の「討幕の密勅」降下を画策していた時だからだ。それに薩摩や長州では「ええじゃないか」は起こっていない。また各地の囃し言葉の中には「長州」という言葉が出てくるものもいくつかある。そして「討幕の密勅」が出た途端、「ええじゃないか」は突然やむ。

人為的に「ええじゃないか」を起こしたという説は非常に魅力的ではあるが、私はこれには懐疑的だ。「討幕の密勅」の計画時期との一致も偶然だと思う。

とはいえ、誰かが「空から御札が舞い降りる」とふれ回り、民衆を洗脳状態にした工作だった可能性もあながち否定できない。マスメディアがない時代、そうした噂話が町々に伝染していく中、何人かの工作員が、町や通りに御札を撒きながら「ええじゃないか」と踊り出せば、容易に民衆に広がっただろう。

王政復古の大号令

ところで、偽勅旨が出た翌日に慶喜が大政奉還を言い出したというのは、あまりにもタイミ

ングが良すぎる。私の想像だが、朝廷か薩長に徳川の内通者がいたものと思われる。

慶喜が大政奉還を上表したのは、薩長との戦いを避けるためだったが、彼にはもう一つ目論見があった。おそらく新政権は、朝廷や慶喜を含めた雄藩の藩主たちによる合議制の形を採るであろうと見ていたのである。ところが朝廷や雄藩の藩主らには国政を運営した経験はない。となれば、外国との交渉を含め、実質的に日本の政治を行なってきた徳川家の力は無視できず、新政権での自分の発言力は大きくなると考えたのだ。事実、慶喜は弁論が巧みで、雄藩の藩主とのやりとりでも常に周囲を圧倒していた。

そうなっては面白くないと考えた岩倉具視を代表とする討幕派の公家や薩摩藩らは、慶応三年（一八六七）十二月九日（新暦一八六八年一月三日）に慶喜派の公家たちを締め出し（宮中クーデター）、「王政復古の大号令」を発した。これは江戸幕府を廃絶し、同時に摂政と関白を廃止し三職（総裁、議定《ぎじょう》、参与）を設置するという、新政府樹立の宣言である。摂政を廃したのは、二条斉敬《なりゆき》摂政が親幕府であったからかもしれない。

同じ日、新たに設置された三職（有栖川宮熾仁《ありすがわのみやたるひと》親王、中山忠能《なかやまただやす》、岩倉具視、大久保利通、松平慶永、山内豊信、後藤象二郎、徳川慶勝《よしかつ》）の間で小御所会議が行なわれた。この席には慶喜は呼ばれなかった。会議では、徳川慶喜の「辞官・納地」（内大臣の辞官と領地の返還）が決定した。

最初は公議政体派（徳川将軍家も諸侯の一人として会議に参加して政治に関与するという考

えの派閥）の山内豊信（前土佐藩主）、松平慶永（前越前藩主）、徳川慶勝（前尾張藩主）は慶喜の「辞官・納地」に断固反対していたが、それを知った討幕派の西郷隆盛（薩摩藩士で当日は御所の警備をしていた）が三人の暗殺を示唆したところから、会議の空気が変わったという。この時、西郷は「短刀一つあれば済む」と言ったといわれる。山内豊信らは暗殺を恐れたのか、自説を引っ込めた。

京都の二条城で会議の決定を聞いた会津藩と桑名藩の藩士は激怒するが、慶喜は彼らを抑えて、新政府に恭順の意を示し、大坂城に退いた。

そんな慶喜に対し、諸藩の間で同情論が起こり、いったんは慶喜の「辞官・納地」に賛成した山内豊信や徳川慶勝らも再び意見を変え、新政府内でも慶喜擁護派が強くなった。その月の終わりには慶喜の「辞官・納地」はうやむやになり、慶喜が三職の一つである議定に内定した。この間、慶喜は大坂城にいて、城内には徳川家に忠誠を誓う会津藩と桑名藩の藩士たちが詰めていた。

何としても慶喜を廃したい西郷隆盛は、幕府を挑発するために大勢の浪人やごろつきを雇い、江戸市中でテロ活動を行なわせた。彼らは次々と商家を襲い、金を強奪しただけではなく、殺人、強姦、放火などを行なった。「薩摩御用盗」と恐れられた彼らは、薩摩藩邸を根城にしていたため、与力《よりき》では手が出せなかった。しかし庄内藩巡邏《じゅんら》兵屯所が砲撃されたことと、江戸城西の丸が放火されたことで、幕府はついに討伐を決定し、庄内藩士らが薩摩藩邸を砲撃して、

浪人を多数捕縛した。

これら一連の薩摩藩の狼藉を大坂城で聞いた幕臣から、「我々も薩摩を討つべきだ」という声が上がった。その声に押された慶喜は、「王政復古の大号令以来、薩摩の振る舞いは、朝廷の真意とは考えられず、薩摩の陰謀である」として、明治元年（一八六八）一月一日（新暦一月二十五日）、「討薩の表」を発した。だが、これこそ西郷が待っていたことだった。

翌日、会津藩と桑名藩の藩士が大坂城から京都の淀城（親幕府の淀藩の城）に入り、事態は一気に緊迫する。

新政府の議定に内定し、政府内で自分を擁護する勢力が強くなっていることを感じていた慶喜は、ここで一気に薩摩を潰しておきたいと考えたのだろう。薩摩藩中心の新政府軍約五千人に対し、旧幕府軍は約一万五千人という兵力差も慶喜を強気にさせていたのかもしれない。

鳥羽・伏見の戦い

薩摩側は慶喜との対決の前に、朝議を開き、「慶喜の武装上洛を止める」という決定を取り付けた。これが後に大きな武器となる。

明治元年（一八六八）一月三日（新暦一月二十七日）、淀城を出た旧幕府軍と、薩摩・長州の新政府軍が伏見市街で激突した。これは後に「鳥羽・伏見の戦い」と呼ばれる。

数では圧倒していた旧幕府軍だったが、西洋の最新式武器を装備した新政府軍を前に苦戦を強いられた。ただ、在京していた多くの藩は、この戦いを旧幕府軍と薩長の私闘と見做していたため、戦いには参加せず、静観していた。

しかし二日目、新政府軍が、朝敵を討つ時の旗印である「錦の御旗」(錦旗)を掲げると、多くの藩が「朝敵」となることを恐れ、次々に新政府軍に加わった。それどころか、淀藩や津藩のように、旧幕府軍から新政府軍に寝返る藩も出てきた。二百六十年も政治の表舞台に出ることがなかった「天皇」だったが、その象徴である「錦の御旗」が揚がった途端、臨戦態勢にあった旧幕府軍の武士たちを一瞬のうちに、慄《おのの》かせたのだ。

旧幕府軍は態勢を立て直すためにいったん淀城に入ろうとしたが淀藩から締め出され、大坂城まで退くはめになった。

それでも会津藩と桑名藩の士気は衰えてはいなかった。慶喜が出陣すれば挽回は十分可能だったが、慶喜は密かに愛妾を連れて大坂城を脱出し江戸へ逃げ帰った。「たとえ千騎が一騎になっても退くべからず。皆、死を決して戦うべし」と兵士を鼓舞していた将軍自らが戦場から離脱したのだ。これにより旧幕府軍は継戦意欲を失い、大坂を放棄して江戸や自国へと帰還し、戦いは新政府軍の圧勝という形で終わった。これを見て、欧米列強は局外中立を宣言し、旧幕府は国際的に承認された日本政府としての地位を失った。

ところで、「明治」という元号は慶応四年(一八六八)九月八日(新暦十月二十三日)に建

元されたものだが、この時、一月一日（新暦一月二十五日）に遡って明治元年とすることが定められた。したがって本書では、慶応四年ではなく明治元年と書いている。なお、この時から一世一元制（天皇の在位中には元号を変えない制度）となった。

江戸無血開城

薩摩藩と長州藩を中心とする新政府は、徳川慶喜追討令を出し、攻撃目標を江戸と定め、東征軍を組織した。

この時、西郷隆盛は東征軍の先遣隊として相楽総三《さがらそうぞう》が結成した赤報隊を派遣した。相楽は西郷の命令で江戸でテロ事件を画策した、尊王攘夷派の志士だった。赤報隊は進撃の途中、「旧幕府領の年貢を半分にする」という約束を掲げて、農民たちの支持を取り付けていった。これは相楽が新政府に進言して認められた政策だった。しかしその後、新政府は財政逼迫のためにこの方針を撤回し、相楽を偽官軍として処刑した。この事件は新政府軍の汚い性格が露骨に現れたものといえる。

東征軍に対して、旧幕府側は恭順か徹底抗戦かで意見が割れるが、慶喜は恭順を勧める軍艦奉行の勝義邦の意見を取り入れる。勝は江戸が戦場になって無辜《むこ》の民が何万人も死ぬことは避けたかった。また旧幕府軍と新政府軍が総力戦となることで、どちらが勝つにせよ、「日本」

の国力が大いに損なわれることを恐れていた。内乱によって疲弊した後に欧米列強の植民地となった東南アジア諸国の轍は踏みたくないと考えていたのだ。

しかし東征軍の実質的な総司令官である西郷隆盛は、日頃から「戦好き」を公言し、その上、目的のためなら手段を選ばない男であった。手下として使った相楽総三でさえ、罪をかぶせて処刑する残忍さも持っていた。すでに江戸城を包囲し、総攻撃の日を決め、「江戸中を火の海にしても、慶喜の首を取る」と息巻いていたという。

慶喜から全権を任された勝は、総攻撃の二日前、薩摩藩邸に乗り込み、西郷と面談する。そして攻撃予定日の前日、ついに西郷を説得し、戦いを回避することに成功した。時に、明治元年（一八六八）三月十四日（新暦四月六日）のことである。

「江戸無血開城」として知られるこの事件は、日本史に燦然と輝く奇跡のような美しい出来事である。私は、「これぞ、日本」だと思う。恨みや怒りを超えて、日本の未来を見ようという両者の英断があったればこそのことである。

ただし、江戸無血開城を成し遂げられたのは勝の力量であったと私は見ている。勝でなければできなかったことかもしれない。西郷は勝に会う前に、イギリス公使のハリー・パークスに説得されて攻撃をやめることを考えていたという説があるが、私は違うと思う。勝に説得された西郷が、血気にはやる東征軍の幹部クラスを納得させるために、パークスの名前を出したのではないかと考えられる。

徳川慶喜という男

江戸幕府最後の将軍となった慶喜は、若い頃からその聡明さで知られていたが、幕末の一連の事件の中での行動を見る限り、保身を第一とし、勇気と決断力に欠けた男に思える。

家茂が急死した後、将軍職を固辞したのも、火中の栗を拾いたくなかったからだし、大政奉還をあっさり受け入れたと思えば、その後、家臣たちに押されて「討薩の表」を出したり、鳥羽・伏見の戦いで不利な戦況になると、戦線を離脱して江戸に逃げたりと、行動にまるで一貫性がない。そして東征軍がやってくるとなった時、徹底抗戦を主張する多くの幕臣の意見を退けて、勝の意見を採用して新政府に恭順の意を示した。勝の非戦論は日本の将来を見据えたものだが、慶喜の場合は単なる怯懦《きょうだ》であろう。

慶喜が徹底抗戦しなかったもう一つの理由は、朝敵となることを恐れていたからともいわれる。慶喜の実父は御三家の一つ水戸徳川家当主、斉昭であるが、水戸家は徳川御三家でありながら、尊王思想の非常に強い藩であった。それゆえに天皇の意に逆らって開国した井伊直弼は水戸藩士らに討たれたのだ。また水戸家は幕府にとっても特別な家で、三百諸藩のうち、水戸藩主だけが定府（国許に帰らず、常に江戸屋敷に滞在）を命じられてきた。もしかしたら、幕府は水戸家の謀反を恐れていたのかもしれない。それはともかく、慶喜は水戸家で尊王の精神を叩きこまれた男だった。

慶喜が一橋家に養子に行く前、二十歳の時に、父の斉昭に次のようなことを言われている。

「水戸家は幕府を助けるのはもちろんだが、もし徳川本家と朝廷が争うことになれば、朝廷に味方をする。これは光圀公以来の水戸家の家訓である」

徳川幕府の最後の将軍が尊王思想の強い水戸家から出たというのは、何とも運命的である。その意味では、大政奉還と江戸無血開城は歴史の必然であったといえよう。もっともこの斉昭の言葉は、慶喜が晩年に語ったもので、自らの行動を糊塗したものかもしれない。

小栗忠順の死

東征軍に対して徹底抗戦を唱えた一人に小栗忠順がいたが、彼の意見は退けられ、そのために彼は罷免され、上野国群馬郡権田村（現在の群馬県高崎市倉渕町権田）に蟄居する。

後に、小栗が考案していた迎撃作戦を知った大村益次郎（長州藩の兵学者で、戊辰戦争における官軍の実質的な司令官）は「その策が実行に移されていたならば、今頃我々の首はなかったであろう」と言った。その時点において、旧幕府軍は、小栗の近代化による強大な軍事力を持っており（鳥羽・伏見の戦いの旧幕府軍とは全然違う）、もし戦えば旧幕府軍が勝利した可能性は高い。もっともそうなっていても、幕末の歴史は大きく変わっただろうが、だからといって徳川幕府が再建されたとも思えない。おそらく明治新政府に薩長がいないというだけでは

なかったか。少なくとも近代化を阻害することはなかったと思う。

小栗家の元中間で後に三井の大番頭となった三野村利左衛門《みのむらりざえもん》は、このままでは小栗の身が危ないと察し、千両箱を送ってアメリカ亡命を勧めるが、小栗はこれを丁重に断わった。

明治元年(一八六八)、新政府軍は無抵抗の小栗を捕縛し、翌日、裁判もせずに処刑した。新政府軍は旧幕臣には寛容だったが(勝義邦、大鳥圭介《おおとりけいすけ》、榎本武揚《えのもとたけあき》らは政府高官に取り立てられている)、なぜ小栗だけを赦免も行なわずに処刑したのかがわからない。新政府は後に様々な罪状を挙げているが、いずれも事実ではない。もしかしたら、この後に起こった戊辰戦争において、小栗が旧幕府軍の軍師となることを恐れたのかもしれない。

いずれにしても小栗忠順の死は本当に惜しいといわざるを得ない。

コラム 幕末から明治にかけて、多くのヨーロッパ人が日本を訪れたが、彼らの多くが初めて見る日本の社会や文化に驚き、書き残している。中には批判的なものもあれば、嫌悪の目で見た記述もある。しかし彼らが一様に感銘を受けていることがある。それは日本の民衆の正直さと誠実さである。
トロイアの遺跡を発見したことで知られる考古学者のハインリヒ・シュリーマンは、慶応元年(一八六五)に日本を訪れている。彼はその前に清(中国)を旅しており、そこでは常に中国人から法外な料金をふっかけられていたのだが、日本の渡し船の船頭が、正規の料金

しか要求しなかったことを、驚きをもって書き残している。また、横浜から入国する際の日本人の誇りある態度にも感銘を受けている。荷物を解く作業が大変なので、免除してもらおうと税官吏にこっそりお金を渡そうとしたシュリーマンに対し、二人の税官吏は自分の胸を叩いて、「ニッポンムスコ」と言い、受け取りを拒んだのだ。そして二人の税官吏はシュリーマンを信じ、解いた荷物の上だけを見て、通してくれた。

初代駐日イギリス総領事・公使のラザフォード・オールコック（長州との下関戦争の後、高杉晋作と交渉した人物）は、日本の役人には辛辣な評価を与えているが、一般庶民については、まったく別の見方をしている。ある日、彼は心から愛していた飼い犬を旅先の事故で失う。彼が宿屋の経営者に、美しい庭に犬を埋葬してもいいかと訊ねると、主人は快く了承したばかりか、多くの人とともに墓を掘って丁寧に埋葬してくれた。まるで自分たちの家族が亡くなったようにともに悲しんでくれたと、オールコックは感動をもって書き残している。

明治の初期に日本を旅したイギリスの女性旅行家イザベラ・バードは、「日本ほど女性が一人で旅しても危険や無礼な行為とまったく無縁でいられる国はない」と旅行記に記している。世界中を旅してきた彼女にとっては、「ただの一度として無作法な扱いを受けたことも、法外な値段をふっかけられたこともない」経験は稀有なことだった。

ある日、馬子とともに旅したバードは、一本の革ひもを紛失した。すると馬子は、日が暮れていたにもかかわらず、一里（四キロ）引き返して革ひもを探してくれた。バードがその

分の金を払おうとすると、馬子は「旅の終わりには何もかも無事な状態で引き渡すのが自分の責任だから」と言って、一銭も受け取らなかった。これに似た経験を何度もしたバードは、「彼らは丁重で、親切で、勤勉で、大悪事とは無縁です」と書いている。

同じく明治初期の話だが、大森貝塚を発見したことで知られるアメリカの動物学者エドワード・モースは、瀬戸内地方を旅したある日、広島の旅館に、金の懐中時計と銀貨・紙幣を預けて、遠出をしようとした。すると旅館の女中は、それらを盆に載せて、モースの泊まった部屋の畳の上に置いた。部屋はふすまで仕切られているにすぎず、誰でも簡単に出入りできる。モースが宿屋の主人に、これでは心配だと言うと、主人は「ここに置いておけば安全です」と答えた。不安をぬぐえないモースだったが、腹を括《くく》って、そのまま遠出した。一週間後、旅館に戻ったモースは、心底から驚くことになる。盆の上には、金時計はいうに及ばず、小銭に至るまでそのままで残されていたからだ。

このあたりでやめておくが、幕末から明治にかけて日本を訪れた欧米人の書き残したものには、こんな話が山のように出てくる。そこには、誠実で、嘘をつかず、優しい心を持っていた日本人の姿がある。これらの記録を読む時、私は自分たちの祖先を本当に誇らしく思う。幕末の動乱の中で、多くの武士が日本の未来をかけて戦っていたその時も、庶民は日本の美徳を失うことなく毎日を懸命に生きていたのだ。

第八章

明治の夜明け

ひとくちに「明治維新」といっても、その定義は難しい。討幕運動から王政復古、そして明治になってから行なわれた政治改革や社会改革までを含んでいるからだ。したがってその時期の特定も難しいが、一般的には、慶応三年（一八六七）の「大政奉還」から始まり、明治一〇年（一八七七）の西南戦争の終結までの約十年間といわれている（異論もあり）。

黒船来航から大政奉還までの十四年間はとてつもない激動の時代といえるが、本当の意味の激動は、大政奉還後の十年間であった。日本史上において、これほど劇的に国全体に変革が起きたことは、これ以前にも以後にもない。幕末の日本と明治の初期の日本を見ると、とても同じ国とは思えない。政治も社会も生活も何もかもがまるで違っている。他国による侵略以外で、短期間にこれほどまでの変容を遂げた国は、世界史上でも類を見ない。

しかし裏を返せば、この激変は、江戸時代に、あまりにも社会や制度が変化しなかった反動であったともいえる。変革を求める国民（民衆）のエネルギーが、前例なきものを認めない幕藩体制によって抑え込まれていたところへ、黒船が来航し、その重い蓋にヒビが入った。そして、その裂け目から蒸気が一気に噴き出すようにして、重い蓋を吹き飛ばしたのだ。

明治の大変化は、本来、二百六十五年かけて漸進的に行なわれるはずだった改革と変化がわずか十年で起こった現象だと見るべきであろう。

戊辰戦争

明治元年（一八六八）三月（新暦四月）、江戸無血開城が決まったが、政治機構がすんなり明治政府に移行したわけではなかった。まず新政府軍に対して、旗本や御家人が彰義隊を組織して上野（現在の上野公園あたり）に立て籠もって歯向かうが、これは一日で制圧された。

次に新政府は、会津藩と庄内藩の討伐のために東北に軍隊を送った。新政府は長州藩と薩摩藩から成り立っていたが、この二藩は会津藩と庄内藩には遺恨を持っていた。長州藩は「蛤御門の変」で会津藩に京都から放逐された恨みがあり、薩摩藩は江戸でテロ活動をした際に庄内藩に藩邸を焼き討ちされた恨みがあり、両藩はこの機に乗じてそれらの仇を討とうと考えたのだ。


ただ、徳川家が大政奉還して江戸城を明け渡した今、会津藩と庄内藩には新政府と争う理由はなかった。両藩はともに新政府に対して恭順の意を示したが、新政府軍はこれを却下して、仙台藩と米沢藩に、会津藩と庄内藩の討伐を命じた。

しかし仙台藩と米沢藩は、同じ東北の藩として会津藩と庄内藩に同情的だった。そこで両藩は近隣の他の藩とともに、新政府に対して、両藩への寛大な措置を求める嘆願書を出す。だが新政府はこれを受けつけず、逆に「言うことを聞かなければ、仙台藩と米沢藩も討伐する」と通達し、「松平容保の首を差し出す以外に赦しはない」という強硬な態度に出た。これに怒っ

た東北・北陸諸藩は奥羽越列藩同盟を結成して、新政府に対抗した。これはおそらく武士の意地のようなものであったろう。

戦いはその年の五月に始まり、仙台藩、長岡藩、会津藩、庄内藩、米沢藩らは、激しく抵抗するが、数と装備に優る新政府軍の前に次々に降伏し、九月に会津藩と庄内藩、十月に南部藩が降伏して戦いは終結する。これにより新政府軍は東北一帯を制圧した。

明治政府による奥羽越列藩同盟討伐は、一分の正義もないものであった。徹底抗戦を宣言した相手ならともかく、恭順の意を示した相手を討伐する理由はない。敢えていえばまったく日本的ではない。これは長州と薩摩による報復の私闘に他ならず、無益な戦いであるばかりか、この後の日本にとってマイナスをもたらす以外の何ものでもない内戦であった。

この新政府に敢然と反旗を翻したのは旧幕府の海軍だった。海軍副総裁の榎本武揚は、江戸城明け渡しの後、新政府に軍艦を引き渡すことを拒否し、同年八月、八隻の軍艦に彰義隊や仙台藩士の敗残兵、元新撰組隊士ら約三千人の兵を乗せて、蝦夷地に向かった。そして箱館(函館)を占領すると、欧米列強に向けて「蝦夷共和国」なる独立政権樹立を宣言した。

翌明治二年(一八六九)五月(新暦六月)、新政府軍は七千の軍勢で蝦夷共和国に総攻撃をかける(箱館戦争)。榎本らは奮戦するが、同月には降伏する。この箱館戦争の終結をもって、明治新政府は日本全土を制圧した。

鳥羽・伏見の戦いから、箱館戦争までの一連の戦いは、「戊辰戦争」と呼ばれている(明治

元年の干支が戊辰であったことから命名された)。

コラム 明治二年（一八六九）、戊辰戦争の戦没者たちを慰霊、顕彰するための施設として東京招魂《しょうこん》社が創建され、六月二十九日（新暦八月六日）に、戦没者三千五百八十八柱を祀った。東京招魂社は明治十二年（一八七九）に靖國神社と名を変え、西南戦争、日清戦争、日露戦争、日中戦争、大東亜戦争で戦没した軍人を祀ることになる。

後に、維新の前に死んだ吉田松陰や高杉晋作、坂本龍馬らも祀られたが、戊辰戦争で賊軍として戦って死んだ人は祀られていない。また維新の英傑でありながら後年暗殺された伊藤博文や大久保利通なども祀られていない。なお戊辰戦争で戦った会津藩士も祀られていないが、「蛤御門の変」で御所を守って死んだ会津藩士は祀られている。

私は個人的には、戊辰戦争の賊軍も、広義では日本のために戦って死んだ人であり、同じ日本人として合祀してやってほしいと思っている。

五箇条の御誓文

戊辰戦争を戦っている明治元年（一八六八）三月に、明治政府は「五箇条の御誓文」を発表した。これは明治天皇が天地神明に誓約する形で、公家や大名たちに示した明治政府の基本方

針であるが、注目すべきは最初の二条である。

「広ク会議ヲ興シ万機公論ニ決スベシ」

「上下心ヲ一ニシテ盛《さかん》ニ経綸ヲ行フベシ」

これはわかりやすくいえば、「広く人材を集めて会議を開いて議論を行ない、人々の意見を聞いて物事を決めよう」「身分の上の者も下の者も心を一つにして国を治めていこう」というものである。ここには独裁的な姿勢は皆無である。まさに近代的民主主義の精神に満ち溢れている。

それだけでも十分な驚きだが、私は、千二百年以上前に聖徳太子が作ったといわれる「十七条憲法」との類似性に唸らされる。すなわち「和を以て貴しと為し」「上やわらぎ下むつびて」というくだりである。日本は古来、専制君主制ではなく、政治は皆で行なっていくのが理想と考えてきた国なのである。

日本大改造

明治政府は戊辰戦争を戦いながら、一方で様々な改革を急速に進めていた。

まず明治元年（一八六八）七月十七日、明治天皇は「江戸ヲ称シテ東京ト為スノ詔書」を発し、江戸は東京となった。

東京という名前を誰が決めたのかはわからないが、この改称には徳川政権の名残をすべて消し去ろうという意図がうかがえる。町や土地の名前には謂れがある。それをわざわざ消し去り、別称に改めるという行為を、私は良しとしない。江戸はロンドンやパリ以上に歴史のある町であったのに、現在、この由緒ある名前が使われていないのは残念というほかない。

翌明治二年（一八六九）、政府は「版籍奉還」を実施する。全国に三百近くあったすべての藩が、領地と領民を朝廷に返上するというもので、これにより明治政府の中央集権体制ができあがった。旧藩主は「知藩事」となり、従来の石高の一割が家禄として与えられた。同時に全員が華族（貴族）となった。

版籍奉還が終わると、政府は次に「廃藩置県」を行なった。藩を府や県にして、同時に知藩事も罷免して、中央政府から府知事や県令を派遣するというものだった。明治四年（一八七一）七月の最初の廃藩置県では、全国に三府（東京、大阪、京都）三百二県を設置し、十一月には三府七十二県に整理した。ちなみに琉球国は明治四年（一八七一）に鹿児島県に編入されたが、翌明治五年（一八七二）に琉球藩として分離し政府の直轄地となり、さらに明治一二年（一八七九）に沖縄県とされた。

明治政府は版籍奉還と廃藩置県を実施するに際し、旧藩の武士たちが激しく抵抗するかもしれないと恐れていたが、それは杞憂に終わった。ほとんどの藩が返済困難な借金を抱えており、廃藩置県によってそれが帳消しにされるということから（政府が負債を引き継ぐことになって

いた）、むしろ歓迎する藩も多かった。あるいは戊辰戦争で政府に逆らった奥羽越列藩同盟の悲惨な状況を見ていたため、抵抗しても無駄だと考えたのかもしれない。こうして二百六十八年も日本全国に存在していた藩は一瞬にしてなくなったのである。同時に藩主（殿様）という存在も消滅した。

明治六年（一八七三）には、「廃城令」が出され、一部を除いてすべての城が取り壊された。この時、特例で取り壊しを免れた姫路城や彦根城などは、現在、国宝になっている。もし「廃城令」が出されていなければ、今も日本全国に多くの天守閣が残されていたはずで、それらは非常に貴重な文化財であったと同時に、どれほど素晴らしい景観であったかと思うと、惜しみてあまりある。

廃藩置県が行なわれた明治四年（一八七一）、政府は岩倉具視を全権大使とする使節団をアメリカとヨーロッパに送る。この時のメンバーは伊藤博文、大久保利通、木戸《きど》孝允《たかよし》（桂小五郎）といった政府の重鎮たちで、この顔ぶれを見てもいかに重要な使節団であったかがわかる。彼らの目的は不平等条約の改正と欧米諸国の視察だった。

まずアメリカに渡った一行はアメリカ政府の政治家や役人たちに歓待され、「これほどの歓待ぶりなら、条約の改正など快く受け入れてくれるだろう」と期待を抱いた。しかしいざ交渉に入ると、まったく相手にされず、彼らは大きなショックを受ける。明治の重鎮たちは、国際社会も「外交」も知らず、国際条約というものを甘く考えていたのだ。

この時の使節団のメンバーのほとんどは断髪・洋装だったが、日本の文化に誇りを持っていた岩倉だけは髷《まげ》と和服という姿だった。しかしアメリカ留学中の息子に「未開の国と馬鹿にされる」と言われ、シカゴで断髪して洋装に改めている。少々残念に感じるエピソードである。

使節団のもう一つの目的は欧米の社会や工場を視察することだった。一行はイギリスで産業革命を成し遂げた様々な工場を見学したが、彼らを何より驚かせたのはビスケット工場だった。小麦粉と卵とバターから食料品が大量生産される様子を見て、近代文明の凄さを思い知らされる。一方で、夜のロンドンでホームレスの集団を見た使節団は、華やかな文明には暗部もあるという感想を、メモに書き残している。

余談だが、イギリスでお金を銀行に預ければ利子がつくと聞いた一行は、大金（現在の価値で五億円ほど）を預けるが、ロンドン滞在中にその銀行が倒産して、預けた金を失ったという記録がある。もしかしたら金融に疎かったために詐欺に遭ったのかもしれない。

誕生したばかりのドイツ帝国では、鉄血宰相といわれたビスマルクに会っている。ビスマルクは一行にこう語っている。

「あなたたちは国際法の導入を議論しているようだが、弱い国がそれを導入したからといって、決して権利は守られない。なぜなら大国は自国に有利な場合は国際法を守るが、不利な場合は軍事力をもって外交を展開する。だから日本は強い国になる必要がある」

この言葉は一行に大きな衝撃を与えた。国際間係においては、正しい行ないをしていても正

当に扱ってもらえるとは限らない、国際法など、弱い国にとっては何の力にもならないということを、イギリスやフランスに遅れて列強の仲間入りをしたドイツのビスマルクに教えられたのだ。おそらくこの時、使節団一行の頭の中には「富国強兵」という考えが深く刻まれたことであろう。

コラム 明治四年（一八七一）に始まった廃藩置県は、その後、県の数を徐々に整理していき、明治九年（一八七六）には三十五となったが、それぞれの面積が大きすぎるという弊害もあり、明治二一年（一八八八）、三府四十三県（北海道を除く）となって、現在の形となった（その前、明治二年【一八六九】に蝦夷地が改称されて北海道となり、明治一五年【一八八二】に函館県、札幌県、根室県が設置された。東京は昭和一八年【一九四三】に都になっている）。つまり最後の廃藩置県の実施以後、百三十年近く日本の行政単位はほぼ変わっていないのである。

この百三十年の間に、交通網や通信手段、および人々の生活スタイルは激変した。百三十年前は、ほとんどの人の生活範囲は半径数キロ以内だったが、現在は県をまたいで行動することは当たり前の日常となっている。道路、水道、電気、あるいはその他の行政も、もはや一県だけで行なっていくのは合理的か否か疑問が生じているにもかかわらず、百三十年そのままというのも、変化を好まない日本的なやり方のようにも見える。

江戸時代の二百六十五年間がそうであったように、日本の政府、日本人は基本的に変化や改革を嫌う。そういう点では、やはり明治の初めの十数年こそが特殊な時代だったといえる。江戸幕府の崩壊、襲い来る欧米列強と、激動の嵐の中で、大胆な改革をしなければ日本は生き残れないという強い危機感に突き動かされたため可能となったのであろう。

驚異の近代化

日本は凄まじい勢いで近代化へと突き進んだ。

明治五年（一八七二）に日本初の鉄道が「新橋—横浜」間（約二九キロ）で開通した。私はこの事実に驚愕する。鉄道計画が始まったのは明治二年（一八六九）十一月、測量が始まったのは明治三年（一八七〇）三月である（戊辰戦争が終わったのが前年の五月）。そこからわずか二年半で最初の鉄道を開通させたことはまさに驚異である。

しかもこの時の鉄道は約一〇キロも海の上を走らせている。というのも、兵部省が高輪の土地を「軍事上必要であるから手放せない」と測量さえ許さなかったからだ。それに怒った大隈重信が「ならば海の上を走らせろ」と命じ、「芝—品川」間の海上に堤防を築き、その上に線路を敷いたのだ。

同年、国立銀行条例が作られた。名前は国立とはなっているが、すべて民間資本の銀行で、

明治一二年（一八七九）までに百五十三の国立銀行が作られた。作られた順番による番号が行名となったが、現在でもその名前の銀行が地方に残っている。

同年、群馬県富岡で日本初の官営器械製糸工場である富岡製糸場（現在、世界遺産となっている）が操業を開始した。翌年、ウィーン万国博覧会に、日本は富岡製糸場の生糸を出品し、本場イタリア式生糸に遜色ない優秀品と証明され、見事に第二等進歩賞牌を受賞している。当時の日本人の優秀さを物語るエピソードである。

政府はこの他にも様々な工場を建設し、全国各地で鉱山を開発した。すべては近代産業を興して、富国強兵策を進めるためであった。

教育にも力を入れ、明治一〇年（一八七七）に東京大学を設立した。この時、東京大学に入学した学生は全員が江戸時代の生まれで、当然、現代のような義務教育などは受けていない。教授陣の多くは外国人だった。ちなみに明治元年（慶応四年【一八六八】）には慶應義塾大学の前身である慶應義塾、明治八年（一八七五）には同志社大学の前身である同志社英学校が民間人によって創設されている。また学制を定め、全国を八つの学区に分け（後に七つに変更）、それぞれ大学校、中学校、小学校の数を制定した。

身分制度も改められた。旧公家や旧大名は「華族」、旧武士階級は「士族」、それ以外は「平民」となった。移住や職業選択の自由も認められ、いわゆる「四民平等」となった。ただ、一部地域の戸籍には穢多や非人は、「新平民」や「元穢多」「元非人」と記載され、後々までも差

別問題として残った。

地租改正によって、江戸時代には禁じられていた田畑を売買することが許され（田畑永代売買禁止令解禁）、また土地には税金が課せられることになった（地租改正条例）。海軍省と陸軍省も創設され、男子は兵役に就くことが義務付けられた（徴兵制）。同じ頃、郵便制度も確立され、東京、大阪、京都に郵便役所が創設された。

政府は産業や制度改革だけでなく、西洋の文化を積極的に取り入れ、国民にも半ばそれを強要した。明治四年（一八七一）、「散髪脱刀令」を出し、男性はそれまでの髷を切り、いわゆる「ざんぎり頭」になった。華族や士族などは洋服を着るようになり、靴や帽子も流行した。牛鍋店、パン屋、西洋料理店が増え、ビールや紙巻タバコが売られるようになった。上流階級の生活に椅子やテーブルが使われるようになる。

明治五年（一八七二）に銀座一帯が火事で焼失した後、政府は新しい都市計画を作り煉瓦造りの洋風の街とした。さらにガス灯が設置され、馬車が行き交う街となった。その頃の銀座の風景を描いた絵や版画を見ると、江戸時代からわずか数年後の街並みとはとても思えない。

同年、長らく使ってきた旧暦を廃し、新たに太陽暦が採用され、一年を三百六十五日とし、四年ごとに閏年をおくという現在の暦となった（明治五年【一八七二】十二月三日を新暦の明治六年【一八七三】一月一日にすることが決められた）。

こうしたことが戊辰戦争終結後の五年以内に行なわれたというのは驚愕の一語である。しか

も版籍奉還や廃藩置県を行ないながら、である。こうしてあらためて歴史を俯瞰してみても、容易には信じがたい。世界史を見渡しても、これほど急激に近代化を成し遂げた国はない。近年、東南アジア諸国において、日本の明治維新が研究材料となっていることも頷ける。

明治六年の政変

明治政府は李氏朝鮮と近代的な国交を結ぼうとし、明治五年（一八七二）八月に外務大丞《だいじょう》を派遣するが、朝鮮は拒絶し、翌年には排日の気運が高まった。李氏朝鮮の大院君は「日本は夷狄に化けた。獣と同じである。日本人と交わった者は死刑に処す」という布告を出した。

この状況に、政府内で、西郷隆盛、江藤新平《えとうしんぺい》、板垣退助《いたがきたいすけ》らを中心に「征韓」を唱える声が上がった（「征韓論」）。しかし大久保利通や木戸孝允らは、対外戦争はまずいと判断して反対する。大久保らはまず国内をしっかり治めることが最優先であると考えていた。

そこで西郷は、自らが使節として朝鮮に赴き、大院君に会うと言った。これがいったんは認められたが、西郷が使節として朝鮮に渡れば殺される可能性が高く、そうなれば戦争に発展する危険があると考えて、政府は遣韓中止を決定した（実際、西郷は「自分が殺されたら、それを大義名分にして朝鮮を攻めろ」と言っていた）。その結果、西郷や板垣らの征韓派が一斉に政府から去ることとなる。これを「明治六年の政変」と呼ぶ。

この政変は、表向きは「征韓論」で対立した形だったが、実態は薩摩・長州閥と土佐・肥前閥の勢力争いだった。これは「岩倉遣欧使節団」（内治派）と、その外遊中の「留守政府」（征韓派）と呼ばれる者たちの対立でもあった。

新政府が成立してからも、この二つの派閥は水面下で対立していたが、明治六年（一八七三）、司法卿の江藤新平（肥前）が、陸軍大輔の山県有朋《やまがたありとも》（長州）と大蔵大輔の井上馨《いのうえかおる》（同）を汚職疑惑で辞任に追い込んだことによって、一気に表面化した。これは明らかに土佐・肥前閥が薩摩・長州閥の発言力の低下を狙ってのことだった。

危機感を抱いた薩摩・長州閥が、「征韓論」反対で巻き返しを狙ったのが、「明治六年の政変」だった。この政変により、土佐・肥前閥は政府の中枢からほぼ一掃され、以後、明治政府は薩摩・長州閥が幅を利かすようになる。

ただ奇妙なのは、この時、追い落とされた中に、元薩摩藩の西郷隆盛がいたことだ。西郷は留守政府の一員でもあり、板垣や江藤らと行動をともにして多くの改革をなすうちに、藩閥を超えて考えを同じくしていたのかもしれない。

この政変で野に下った板垣退助は翌明治七年（一八七四）、後藤象二郎や江藤新平らと「愛国公党」を結成し、政府の専制政治を批判し、国会の開設を要求した。この運動はやがて「自由民権運動」に発展していく。

台湾出兵

明治七年（一八七四）、日本は台湾に出兵した。これは明治四年（一八七一）、台湾に漂着した宮古島島民五十四人が台湾の原住民によって虐殺された事件の報復でもあった。日本は清に抗議したが、清は「台湾は化外《けがい》の地」（統治外の土地）として、責任はないと答えた。日本はその返答を聞き、台湾は清の支配が及ばない土地と解釈して、出兵した。実はこの出兵の裏には、明治六年（一八七三）から政府に対してたびたび反乱を起こしていた士族の不満を外征で逸らそうという狙いもあった。

台湾を制圧した日本は、後に清と交渉し、日本の出兵が自国民（琉球人）への加害に対する義挙であることを認めさせた。これにより間接的に、琉球が正式に日本に帰属することを清に承認させた（一方で、台湾は清の領土であることを認めている）。

明治八年（一八七五）、日本はロシアと国境画定交渉を行なった。安政元年（一八五五）に結んだ「日露和親条約」で択捉島以南を日本領、得撫《うるつぷ》島以北をロシア領とすることは決まっていたが、樺太に関しては、「日露両国民の雑居の地」とされていた。しかしその後、積極的に樺太経営に乗り出したロシアに対抗するのは難しい状況になっていた。そこで日本はロシアと交渉し、樺太を放棄する代わりに、千島列島をすべて日本が領有するという「樺太・千島交換条約」を結んだ。

朝鮮に開国させる

明治五年（一八七二）以来、李氏朝鮮に何度も国交を結ぶ要求をしていた日本は、明治八年（一八七五）、朝鮮半島の江華島に軍艦「雲揚《うんよう》」を派遣した。しかしこの軍艦が朝鮮に砲撃される事件が起きた（江華島《こうかとう》事件）。雲揚はただちに反撃し、朝鮮の砲台を破壊し、江華島を占拠した。

日本は朝鮮に対し、賠償を求めない代わりに開国を要求し、「日朝修好条規」を締結させた。しかしこの条約には、「日本の領事裁判権を認める」などの項目があり、日本が欧米列強と結んだ不平等条約を朝鮮に押し付けたものとなった。

現代的な視点で見れば、他国に対して不平等条約を押し付けたのは不当な行為ともいえるが、当時の国際感覚では普通の外交だった。国力と情報に劣る弱小国は、強い国の言い分を呑まされることになる。「ジャングルの法則」（the law of the jungle）とも呼ばれるこの「力の法則」を、日本は幕末から明治にかけて学んだのだった。

それにしても、当時の日本の政治家の精力的な動きには感心するほかない。内外に様々な大きな問題を抱えながら、すべての政策と法律がまさに即断即決で出されている。たとえ拙速ではあっても果断に対処していく決断力と実行力は見事である。しかもすべての政治家が近代国

家というものを初めて運営しているにもかかわらずだ。

日本はぎりぎりのところで欧米列強の植民地支配を免れたが、依然、強国が犇《ひしめ》きあう世界の中に放り出された赤子のような国家であった。悠長に政策論議をしている時間的な余裕はなかったのである。

西南戦争

明治九年（一八七六）から全国各地で、新政府に不満を持つ士族の反乱が続いていたが、明治一〇年（一八七七）二月、最大の反乱が九州で起こった。これは西南戦争と呼ばれる。「明治六年の政変」で鹿児島に戻っていた西郷隆盛を総大将とする元薩摩藩の士族たちを中心とした反乱である。西郷は反乱には乗り気ではなかったようだが、部下たちに担ぎ上げられる形で反乱軍のリーダーとなった。

しかし反乱軍はその年の九月には政府軍に鎮圧され、西郷は自決し、戦争は終わった。以後、士族の反乱は途絶えた。ここに戊辰戦争から十年続いていた動乱の時代が終わりを告げ、明治政府は盤石の体制を築くことができた。

多くの歴史家が西南戦争の終結をもって「明治維新」の終わりと見做すのも頷ける。

第九章

世界に打って出る日本

明治政府が近代化を急ぎ、富国強兵を目指したのは、そうしなければ西洋の列強に国が呑み込まれてしまう危険があったからだ。

当時の世界は二十一世紀の今日とはまるで違っていた。十九世紀の後半は、百年以上続いた西洋諸国によるアジア植民地争奪戦の最終段階を迎えていた。加えて列強同士の権益争いが始まろうとしていたのだ。

日本はその中で独立を保ったばかりか、凄まじい勢いで欧米列強を追いかけていく。それはまさに「世界史の奇跡」ともいえる出来事であった。しかし、脅威は去ったわけではなかった。「遅れてきた列強」ロシアが、アジアで南下政策をとり、満洲から朝鮮半島に触手を伸ばしてきたからだ。もしロシアがその一帯を押さえれば、日本の安全は著しく脅かされることになる。

「日清戦争」と「日露戦争」という明治の二つの戦争は、まさに日本の安全確保、自衛のために行なわれた戦争であった。

しかし「日清戦争」の勝利によって、清から多額の賠償金を得たことで、国民の間に「戦争は金になる」という間違った認識が広がった。その誤解と驕りが、「日露戦争」以後の日本を誤った方向へと進ませていくことになる。

立憲政治へ

明治九年（一八七六）、明治天皇は元老院議長に、各国の憲法を研究して日本の憲法を起草するよう命じた。この時点では日本はまだ立憲民主国とはいえず、政治の実権は維新の立役者となった一部の重鎮（元老や参議）たちが握っていた。

しかし明治元年（一八六八）の「五箇条の御誓文」の中で、明治天皇は「万機公論ニ決スベシ」として、議会制民主主義の方向性を提示しており、一方、「明治六年の政変」で野に下った板垣退助らは「民撰議院設立建白書」を提出し、国民が選んだ議員による国会の開設を要求していた。これがきっかけとなり、「自由民権運動」が起こり、全国に広がった。

大政奉還までは、徳川将軍が諸侯の上に君臨し、全国に三百近くあった藩では、農民や町人は、殿様が行なう政道に何一つ口を差し挟むことはできなかった。それが、わずか十年で「自分たちも政治に参加させろ」と声を上げるようになったのだ。日本の民権運動と憲政の実現は、この後の世界史にも深く静かに影響していく。

政府は「自由民権運動」を弾圧するが、その一方で、日本が近代国家になるためには、立憲体制を整え、選挙で選ばれた議員による国会が必要だということもわかっていた。そこで明治一四年（一八八一）、「明治二三年に国会を開設する」との勅諭が出される。これにより、いくつもの政党が生まれることになる（板垣退助の「自由党」、大隈重信の「立憲改進党」など）。

帝国憲法

政府は憲法作成に際して、ヨーロッパ各国の憲法を研究するとともに、聖徳太子の「十七条憲法」以来の日本の政治思想について深く研究し、立憲君主制と議会制民主主義を謳った憲法を作成した。

明治二二年（一八八九）二月十一日、「大日本帝国憲法」が公布されたが、これは明治天皇が憲法作成を命じてから実に十三年の歳月をかけて作られたものである。

この憲法では、天皇は「神聖不可侵」とされていたことから、戦前の日本は、教祖を崇める危険なカルト集団であったかのような誤解が流布している。だが、この「神聖不可侵」の意味は、国民が天皇の尊厳を汚してはならないということにすぎない。その統治権は無制限ではなく、天皇もまた、憲法の条文に従うとされていた。

第十一条に「天皇は陸海軍を統帥す」（統帥権）という条文があり、これは政府や議会が介入できないと誤解されているが、政府も議会も予算を通じて軍に関与することができた。ただしこの第十一条は昭和に入って、政治家や軍の一部によって拡大解釈され濫用される。いくら憲法の条文がしっかりしていても、その解釈や運用を間違うと大変なことになるという教訓である。これについては後に詳しく述べることにする。

翌明治二三年（一八九〇）には、第一回衆議院議員総選挙が行なわれた。この時、選挙権が

与えられたのは、満二十五歳以上の男性で、直接国税を十五円以上納めている者に限られた。これは国民のわずか一パーセントにすぎなかった。

憲法制定と内閣制度の確立により、日本はアジアで初めての立憲国家となった。この頃までに民法、刑法、商法などの法律も整備され、これまたアジアで初めて近代法の整備に成功した国となった。

日本は維新後約二十年をかけて、法整備の点において欧米列強に追いついたのである。

コラム 憲法作成と同じ頃、「君が代」が作られた。国際的な儀式や祭典には、国歌の演奏が欠かせなかったからだ。

「君が代」の歌詞は、平安時代に編まれた『古今和歌集』の詠み人しらずの歌からとられた。原歌は「我が君は 千代に八千代に さざれ石の 巌となりて 苔のむすまで」というものだったが、平安時代末期の本では、「我が君」は「君が代」になっている。歌のもともとの意味は、大切な人の長寿を願うものだったが、後代になって「天皇の御代」(すなわち日本国)が長く栄えることを願うものとなった。江戸時代には、小唄、長唄、浄瑠璃、祭礼歌、盆踊りなどで、庶民の間で賀歌(めでたい歌)として広く歌われるようになる。ただ、決まったメロディーがあるわけではなかった。

明治一三年(一八八〇)、前記の歌詞に、宮内省雅楽課が旋律を付け、楽譜制定顧問のド

イツ人音楽教師フランツ・エッケルトが洋楽風に編曲した。以後、「君が代」は次第に国民の間に国歌として広まっていった。ちなみに「君が代」は世界最古の歌詞を持つ国歌である。

ただ、悲しいのは、昭和に入って大東亜戦争中に国威発揚のために盛んに歌われたために、戦後、占領軍によって軍国主義的な歌と見做され、演奏を禁じられたことだ。

しかし、昭和五二年（一九七七）、文部省は「学習指導要領」で、「君が代」を国歌と表記、さらに平成一一年（一九九九）、「国旗・国歌法」が制定され、「君が代」は正式に国歌となった。なお、昭和四九年（一九七四）、内閣府政府広報室が世論調査を行なったところ、「君が代」が国歌にふさわしいと答えた人は七六・六パーセントであった（ふさわしくないと答えた人は九・五パーセントであった）。

不平等条約に苦しむ日本

アジアで唯一、近代国家の仲間入りを果たした日本だったが、江戸幕府が安政時代に結んだ不平等条約の頸木《くびき》から抜け出ることは容易ではなかった。これが国際条約の重みである。

政府は何度も改定を試みて各国と交渉を重ね、明治二七年（一八九四）、ようやく「領事裁判権の撤廃」に成功した。最初に結んだ日米修好通商条約から三十六年かかったことになる。だが、「関税自主権がない」という条項の完全撤廃は認められなかった。これが撤廃されない

限りは、欧米列強との貿易において常に不利な立場となり、経済的な発展は望めない。この改正が認められないということは、列強と同等の国とは認められていないことの証でもあった。

コラム 不平等条約改正のために、当時の日本人たちは少々情けない振る舞いもした。日本が西洋のような近代国家になったと目に見える形で示せば、認めてもらえるだろうと考えて、ヨーロッパの文化や風俗を真似たのだ。いわゆる「欧化政策」である。前述した「散髪脱刀令」もその一つだったが、最もひどいのは、「鹿鳴館外交《ろくめいかん》」と呼ばれるものであった。

外務卿の井上馨の主導で、明治一六年（一八八三）に、欧米からの来賓をもてなすために鹿鳴館が建てられ、そこでヨーロッパ風の舞踏会や晩餐会が開かれたのだ。政府高官や彼らの夫人がモーニングやドレスを着て、下手くそなヴァイオリンやピアノの演奏をバックに、フォークとナイフで食事をし、外国人相手にダンスを踊ったのだ。

当時は政府の高官といえども、全員が江戸時代の生まれで、西洋風のマナーに通暁した者はいなかった。そんな日本人の珍妙で滑稽な振る舞いを見た欧米人は腹の中で嘲笑した（悔しいことにそんな記録がいくつも残っている）。

もちろん、欧米に阿《おもね》った「欧化政策」を快く思わない日本人も少なくなく、非難の声も上がった。結局、井上の外務大臣辞任（明治一八年【一八八五】に外務卿から外務大臣になっていた）とともに、鹿鳴館時代は幕を閉じた。

日清戦争

日清戦争は明治二七年（一八九四）に起こるが、これは突如勃発した戦争ではない。維新以降、必死に近代化に邁進《まいしん》していた日本だったが、その間も対外的な危機が去ったわけではなかった。十九世紀の国際社会はいまだ弱肉強食の世界であった。アフリカ、南アメリカ、中東、インド、東南アジアと、地球上のほとんどを植民地とした欧米列強は、最後のフロンティアとして中国大陸に狙いを定めていた。

もちろん日本についても安全が保障されているわけではなかった。西ヨーロッパの国々に出遅れていたロシアが南下政策をとり、満洲から朝鮮半島、そして日本を虎視眈々と狙っていたからだ。そのため日本は自国の防波堤として朝鮮の近代化を望んだ。朝鮮半島が日本のように富国強兵に成功すれば、ロシアの南下を防ぐことができる。日本が李氏朝鮮を開国させた一番の理由はそれだった。しかし現実の李氏朝鮮は清の属国であり、国家の体をなしておらず、近代化には程遠い存在であった。それでも開国以来、日本の支援を受けて改革を進めてはいたが、明治一五年（一八八二）、改革に反対する保守派が大規模な暴動を起こし、日本公使館を襲って、日本人軍事顧問や公使館員を殺害した（壬午《じんご》事変）。

日本は兵を派遣したが、清もまた宗主国として派兵した。反乱軍を鎮圧した清は、袁世凱《えんせいがい》を派遣し、事実上の朝鮮国王代理として実権を掌握させた。これにより朝鮮国内では親日勢力

（改革派）が後退し、再び清への従属度合いを強めていく。

そんな中、明治一七年（一八八四）に、ベトナムの領有をめぐって清とフランスの間で戦争が起こったため、朝鮮半島に駐留していた清軍の多くが内地へ戻った。朝鮮の改革派は清がフランスに敗れたことを好機と見てクーデターを起こすが、清軍に鎮圧された（甲申《こうしん》政変）。

この政変で、日本と清の間で軍事的緊張が高まったものの、明治一八年（一八八五）、両国が朝鮮から兵を引き揚げることを約束する天津条約を交わした。この条約で重要なのは、「将来朝鮮に出兵する場合は相互通知を必要と定める。派兵後は速やかに撤退し、駐留しない」という条項だった。

九年後の明治二七年（一八九四）二月、朝鮮で大規模な農民反乱（東学党の乱）が起きた時、朝鮮政府から要請を受けた清が軍隊を送った。そこで日本も天津条約により朝鮮に派兵した。乱が鎮圧された後、朝鮮政府は日本と清に撤兵を求めるが、どちらの軍も受け入れず、一触即発の緊迫した状況の中、七月二十五日、ついに両国の軍隊が衝突し（豊島沖《ほうとうおき》海戦、二十九日には成歓《せいかん》の戦い）、八月一日には、両国が同時に宣戦布告した。

近代装備に優る日本軍は各地の戦闘で清軍を圧倒し、この戦争に勝利した。翌明治二八年（一八九五）、下関で日清講和条約が結ばれた。「下関条約」と呼ばれるこの条約の第一条は、「清は、朝鮮半島の独立を認めること」というものだった。つまり日本が清と戦った一番大きな理由は、朝鮮を独立させるためだったのだ。朝鮮が清の属国である限り、近代化は難しかっ

たからである。下関条約により、李氏朝鮮は初めて清から離れて独立した。李氏朝鮮は二年後に国号を大韓帝国と改め、君主はそれまでの「王」から「皇帝」を名乗ったが、これも朝鮮史上初めてのことである。

ソウルにある「独立門」はこの時の清からの独立を記念して建てられたものだが、今日、多くの韓国人が、大東亜戦争が終わって日本から独立した記念に建てられたものと誤解している。こんな基本的な教育さえ行なわれていないことには呆れるばかりである。

三国干渉

明治二八年（一八九五）四月、下関条約が結ばれた六日後、ロシアとフランスとドイツが、日本に対して「遼東《りようとう》半島の返還」を要求した。これは「三国干渉」と呼ばれる。

「極東の平和を乱すから」というのが干渉の理由だったが、それは建前にすぎず、実際は満洲の利権を狙っていたロシアが、フランスとドイツに働きかけて行なったものだった。フランスとドイツにはこの干渉に参加することによって清に恩を売り、その見返りを得ようという目論見があった。互いがロシアと接近するのを阻むために、敢えて手を結んだという事情もあった。

日本は、この三国に対抗する国力がなく、泣く泣くこの干渉を受け入れ、遼東半島を清に返還した。日本政府は、悲憤慷慨する国民に対して、「臥薪嘗胆《がしんしようたん》」をスローガンに国力を上げる必

要を訴えた。

しかし清から得た二億テールという莫大な賠償金（当時の日本の国家予算の四倍）と遼東半島の還付金三千万テールは日本の経済を繁栄させた。そのため多くの国民が「戦争は金になる」という誤った意識を持った。この意識が後に日本を危険な方向に導くもととなる。

蚕食される清帝国

日清戦争は、列強に「清帝国は弱い」という事実を教えることになった。

それまでイギリスやフランスはアヘン戦争やアロー戦争などで清に対し勝利を収めてはいたが、内心では大国・清を恐れていた。局地戦では勝ったものの、もし膨大な人口を誇る清帝国が国を挙げて立ち上がれば、その力は相当なものだろうと思われていたからだ。清は「眠れる獅子」と呼ばれ、列強は本気で清に戦争を挑まなかった。

しかし日本との戦いで、清の軍隊の脆弱さ、人民の闘争力のなさ、二重統治（少数民族の女真族が圧倒的多数の漢民族を支配）の矛盾などが一挙に露呈し、実は「弱い国」であることを列強は知った。清は「眠れる獅子」ではなく、「死せる豚」と揶揄された。

遼東半島の返還を日本に要求したロシア・フランス・ドイツの三国は清に対して見返りを求め、ロシアは明治二九年（一八九六）に東清《とうしん》鉄道敷設権を獲得、さらに明治三一年（一八九

八）には日本が返還した遼東半島の南端の旅順と大連の租借権を得た。フランスは明治二八年（一八九五）に安南鉄道の延長や雲南・広東などでの鉱山採掘権を獲得、明治三二年（一八九九）には広州湾《こうしゅうわん》の租借権を延長させた。ドイツもその前年、膠州湾《こうしゅうわん》（広州湾とは別）の租借権を獲得していた。日本に干渉してきた国々の「極東の平和を乱す」という理由が、まったくの口実にすぎないことを自ら証明したような行ないである。またイギリスも九龍半島と山東半島東端の威海衛《いかいえい》の保全（他国への不割譲）を約束させた。

こうして列強が清から領土や利権を獲得していく様は、まさに死んだ巨大な豚の肉を食らうハイエナの如くである。もっとも日本も台湾の対岸にあたる福建省の保全を約束させている。スペインとの戦争やハワイ併合のために中国進出が遅れたアメリカは、清に対して「門戸開放」や「機会均等」を提唱した。これは要するに、アメリカにも分け前をよこせということであった。

義和団の乱

欧米列強が次々に清を蚕食《さんしょく》する中、それらを排斥しようとする秘密結社「義和団」が誕生した。これは清に伝わる武道と新興宗教の白蓮教《びゃくれん》の一派とが合体したもので、国内の失業者や難民を吸収して、またたくまに大きな組織になった。

清政府はこれを排外政策に利用しようとし、密かに支援した。義和団は「扶清滅洋《ふしんめつよう》」（清を助け西洋を滅ぼす）をスローガンに掲げて、明治三三年（一九〇〇）には北京に入り、各国の公使館を包囲した。清政府はこれを大きなチャンスと捉えて、欧米列強に宣戦布告する。

日本を含む列強八ヵ国は在留自国民の保護を名目に、清に軍隊を送り込んだ。義和団の神は孫悟空《そんごくう》（『西遊記』に登場する猿。架空のキャラクター）と諸葛孔明《しょかつこうめい》（『三国志演義』に登場する蜀の軍師。こちらは実在）という奇妙なもので、団員たちは修行を積めば刀や銃弾さえもはねかえす不死身の身体になれると信じ、近代兵器で武装した列強の軍隊に徒手空拳で挑んだが、各国の軍隊が到着すると、一瞬のうちに鎮圧された。

これは「義和団の乱」（北清事変《ほくしん》）と呼ばれ、列強は清に対し、四億五千万テールの賠償金を科し、軍の北京駐留を認めさせた。これにより、清は列強の半植民地となった。

コラム 「義和団の乱」において、忘れてはならない日本人がいる。それは柴五郎《しばごろう》である。

万延元年（一八六〇）に会津藩士として生まれた柴は、戊辰戦争の折に祖母・母・兄嫁・姉妹が自決するという悲惨な境遇の中に育つが、後に陸軍士官学校を出て、三十九歳の時、義和団の乱が起きる直前、北京の公使館に駐在武官として派遣された（当時は中佐）。

凶暴な暴徒が各国公使館を取り囲む中（日本の公使館員やドイツ公使が殺されている）、英語・フランス語・中国語に精通していた柴は他国軍と協力して、義和団から公使館を守り

通した。この時、柴は事前に北京城およびその周辺の地理を調べ尽くしており、さらに中国人の間者（スパイ）を使って情報網を築き、籠城軍の実質的な司令官として活躍した。

「義和団の乱」の後、ロンドン・タイムズ紙は、社説で「籠城中の外国人の中で、日本人ほど男らしく奮闘し、その任務を全うした国民はいない。日本兵の輝かしい武勇と戦術が、北京籠城を持ちこたえさせたのだ」と記したが、その功績は柴によるところが大きい。

柴は、イギリスのビクトリア女王をはじめ各国政府から勲章を授与された。柴五郎は欧米で広く知られた最初の日本人となった。

イギリス公使のクロード・マクドナルドは、柴とその配下の日本兵の勇敢さと礼儀正しさに深く心を動かされ、ロバート・アーサー・タルボット・ガスコイン＝セシル・ソールズベリー首相に日英同盟の構想を熱く語ったといわれる。後の日英同盟の交渉の際にはマクドナルドがすべて立ち会い、同盟締結の強力な推進者となった。この日英同盟が、後に起こった「日露戦争」において、日本の大きな援護となる。

火薬庫となる朝鮮半島

清が半植民地となった一方、かつてその属国であった李氏朝鮮は、日清戦争での日本の勝利によって初めて独立を果たし、明治三〇年（一八九七）、大韓帝国となっていた。

清を破って自国を解放してくれたことで、大韓帝国内では親日派が台頭したが、日本が三国干渉に屈したのを見ると、今度は親日派に代わって親ロシア派が力を持った。いかにも朝鮮らしい事大主義（強い他国に従っていくという考え方）の表われである。常にその時代に最も強い国にすり寄っていく、この独特の姿勢には、自国のことを自国で決めるという独立の精神が微塵も見られない。しかも驚くべきことに、親ロシア政策を取った高宗《こうそう》（大韓帝国初代皇帝）は、漢城（現在のソウル）にあるロシア領事館に匿われて政治を行なっていた。どこの国に、自国内にある他国の領事館に住んで政治を行なう国家元首がいるだろうか。

高宗はロシアに言われるがまま自国の鉱山採掘権や森林伐採権を売り渡した。それはかつての清の属国時代よりもさらにひどい有様で、もはや植民地一歩手前の状態となっていた。この状況が続けば、朝鮮半島全体がロシアの領土になりかねず、そうなれば日本の安全が大いに脅かされることは火を見るよりも明らかであった。

ロシアは長年にわたって不凍港を求めていたが、明治一一年（一八七八）のベルリン会議で、地中海に面するバルカン半島への南下政策を阻まれたため、代わりに極東地域での南下に力を入れていた。遼東半島を清から租借したのもそのためであり、朝鮮半島も狙いの一つだった。「義和団の乱」の後、各国が満洲から軍隊を撤退させたにもかかわらず、ロシアだけは引き揚げず、さらに部隊を増強して事実上満洲を占領した。もはや南下の野心を隠そうともしなかった。そのため、日本とロシアの間で、軍事的な緊張が急速に高まっていったのである。

ロシアに比べ大幅に国力の劣る日本は、万が一、戦争になった場合のことも考え、明治三五年（一九〇二）、イギリスと同盟を結んだ（日英同盟）。清に対し大きな利権を持ち、ロシアの満洲支配や南下政策に危機感を抱いていたイギリスは日本と利害が一致したのだ。

日本とイギリスの同盟締結を知ったロシアは、同年、満洲を清に返すという条約を結ぶ。これは「満洲還付条約」といわれ、軍隊の撤退後、ロシアが様々な利権を得るという内容だった。これで日本とロシアの戦争の危機は去ったかに見えたが、ロシアは翌明治三六年（一九〇三）、この約束を反故にした。

これにより日本国内で「ロシア討つべし」という声が高まる。多くの新聞社が、ロシアとの戦争は避けられないという記事で戦争ムードを煽り、政府の態度は無為無策であると激しい言葉で非難した。世論もまた「戦争すべし」という意見が大勢を占めるようになる。

しかし大国ロシアに勝てる可能性は低いと考えていた政府は、ぎりぎりまで外交交渉で戦争を回避する道を模索した。そしてロシアに対し、「満韓交換論」を提案する。これはロシアの満洲支配を認める代わりに、日本の朝鮮支配を認めてくれというものだった。

ところがロシアはその提案を蹴った。これはロシアがいずれ朝鮮半島に進出する意思ありと言ったも同然であった。ロシア皇帝ニコライ二世は日本人のことを「マカーキ」（猿）と呼んで侮っていた。明治三六年（一九〇三）、ロシアは旅順に極東総督府を設置し、日本を挑発しつつ、南下政策を内外に誇示した。ここに至って日本はロシアとの戦争は避けられないと覚悟

する。明治三七年（一九〇四）二月四日、御前会議（天皇臨席による閣僚会議）において日露国交断絶を決定し、二日後の六日、ロシアに対してそれを告げた。

その二日後、明治三七年（一九〇四）二月八日、ロシアの旅順艦隊に対する日本駆逐艦の攻撃で、ついに両国は開戦した（二日後の二月十日に、両国は正式に宣戦布告する）。

日露戦争

日本とロシアの戦争は、二十世紀に入って初めて行なわれた大国同士の戦いだったが、世界の列強は日本が敗れるだろうと見ていた。ロシアの国家歳入約二十億円に対して日本は約二億五千万円、常備兵力は約三百万人対約二十万人だった。しかもコサック騎兵は世界最強の陸上部隊といわれ、海軍もまた世界最強といわれていた。

ロシア陸軍の最高司令官アレクセイ・クロパトキンはこう嘯《うそぶ》いた。「日本兵三人にロシア兵は一人で十分。今度の戦争は単に軍事的な散歩にすぎない」。また日本に四年間駐在していた陸軍武官はこう言っている。「日本軍がどれほど頑張ろうと、ヨーロッパの一番弱い国と勝負するのに百年以上かかる」。今日、私たちは日本がロシアに勝利したことを知っているが、当時、日露戦争は日本にとって絶望的と見られていた戦争だったのだ。

ただ、この戦争の直前に日本がイギリスと同盟を結んでいたことが一筋の光明だった。日英

同盟では、「どちらかの国が戦争になった場合、一方は中立を守る」とあったが、「もしどちらかが二つの国と戦争になった場合、一方は同盟国に味方をして参戦する」となっていた。この条文が日本に有利に働いた。

実はロシアは明治二九年（一八九六）に清と露清密約を交わしており、そこには「日本がロシア・朝鮮・清に侵攻した場合、露清両国は陸海軍で相互に援助する」という条文があった。つまり「日露戦争」が始まれば、清はロシアのために日本を攻撃することになっていたのだ。しかし、そうなれば日英同盟によりイギリスが参戦することになるので、清は動けなかった。もし日英同盟がなければ、日本はロシアと清の二つの国を相手に戦うことになり、そうなれば日本に勝ち目はなかったであろう。

とはいえ清の参戦がなくても、日本が圧倒的に不利なことに変わりはなかった。日本の大きな弱点の一つが資金だった。戦争遂行には膨大な物資を輸入しなければならず、日本はその資金（外貨）が一億円も不足していたのだ。これを外国公債で補おうとしたが、日本の外債は開戦と同時に暴落しており、新たに発行する予定の一千万ポンドの外債の引き受け手はどこにも現れなかった。世界中の投資家が、日本はロシアに敗北すると予想し、資金回収できないと判断していたためである。同盟国イギリスも「公債引き受けは軍費提供となり、中立違反となる」と考え、手をこまねいていた。

この難事に、日銀副総裁の高橋是清《たかはしこれきよ》は自らロンドンに出向き、「この戦争は自衛のためやむ

を得ず始めたものであり、日本は万世一系の天皇の下で一致団結し最後の一人まで戦い抜く所存である」と訴え、中立問題に関しては、「アメリカの南北戦争中に、中立国が公債を引き受けた事例がある」という前例を示してイギリスを納得させた。その上で、額面百ポンドの外債を九十三・五ポンドまで値下げし、さらに日本の関税収入を抵当とするという好条件を提示して、ロンドンで五百万ポンドの外債発行の見込みを得た（この時の関税での支払いは、何と八十二年後の昭和六一年【一九八六】に完済）。

高橋はまたロンドン滞在中に、帝政ロシアを敵視するアメリカのユダヤ人銀行家ジェイコブ・シフの知遇を得て、ニューヨークの金融業界に残りの五百万ポンドの外債を引き受けてもらうことにも成功する。高橋の活躍により、日本はようやく戦う準備が整った。

コラム 高橋是清も明治に現れた傑物の一人である。嘉永七年（一八五四）、江戸で町人の庶子として生まれた高橋（当時は川村家）は、幼少時に仙台藩の足軽の養子となり、十三歳の時に藩命によってアメリカに渡る。しかしアメリカで商人に騙され、奴隷として売られ、様々な土地で働かされる。その後、自由を得て、帰国後は文部省で働きながら、共立学校（現在の開成中学校・高等学校）の初代校長として英語を教える。この時の教え子に正岡子規《まさおかしき》や秋山真之《あきやまさねゆき》（バルチック艦隊を撃破した名参謀）がいる。

高橋は日露戦争での活躍により、その後、貴族院議員、日銀総裁、大蔵大臣となり、大正

一〇年（一九二一）、財政手腕を買われて総理大臣となった。

昭和二年（一九二七）、三度目の大蔵大臣在任中に起こった金融恐慌で、全国的な銀行取り付け騒ぎが起きた際には、支払猶予措置（モラトリアム）を断行するとともに、片面だけ印刷した急造の二百円札を大量に発行して銀行の店頭に積み上げさせ、預金者を安心させて金融恐慌をまたたく間に沈静化させた。

昭和六年（一九三一）、四度目の大蔵大臣在任中に、二年前に始まった世界恐慌の余波で昭和恐慌が起こるが、高橋は金輸出再禁止、日銀引き受けによる政府支出の増額、時局《じきょく》匡救《きゅう》事業などの政策を矢継ぎ早に打ち出し、世界のどの国よりも早くデフレから脱却させることに成功した。金融に明るく、決断力と判断力に優れた偉大な政治家であった。

昭和一一年（一九三六）二月、六度目の大蔵大臣在任中、軍事予算縮小を図ったところ、軍部の恨みを買い、青年将校らに自宅で射殺された（二・二六事件）。享年八十一であった。

日本海海戦

日露戦争について詳しく語ろうとすれば、本一冊ではとても足りない。緒戦の鴨緑江《おうりょくこう》の戦いや、二〇三高地をめぐる死闘など、ドラマティックな史実が山盛りであるが、本書はあくまで通史であることから、戦争の詳細は省くことにする。

二十世紀に入って初めて行なわれたこの列強同士の戦争は、日清戦争とは比較にならないほどの激しい戦いとなった。各地で互いに夥しい死者が出る激戦となったが、明治三八年（一九〇五）一月、日本は旅順を陥落させ、同年三月、奉天《ほうてん》会戦でロシア軍を退却させた。この戦いは日本軍二十五万人、ロシア軍三十七万人という空前の大決戦だったが、秋山好古《よしふる》少将の陽動作戦に怯えたクロパトキン司令官が余力を残したまま撤退するという失態を犯した（この責任を問われ、司令官を罷免されている）。

それでもロシアには講和する意思はなかった。なぜなら、当時世界最強といわれたバルチック艦隊がバルト海のリバウ軍港を出てウラジオストクに向かっていたからであった。この艦隊がウラジオストクに入れば、日本と大陸の輸送路が遮断され、日本の戦争継続は不可能になる。実際この時点で日本の物資や兵員は底をつきかけており、日本が勝利するためには、バルチック艦隊を撃滅するしかなかった。日本政府はすべてを海軍の聯合《れんごう》艦隊に懸けることとなり、水兵は決戦に向けて、連日、猛訓練を行なった。

彼らはその任務を見事なまでに遂行した。明治三八年（一九〇五）五月、対馬海峡において、聯合艦隊は、名参謀の秋山真之（秋山好古の弟）の作戦、司令長官の東郷平八郎の決断力、そして将兵たちの奮戦により、バルチック艦隊をほぼ全滅させたのだ。

「日本海海戦」と呼ばれるこの戦いにおいて、ロシア艦隊は戦艦六隻、巡洋艦五隻を含む二十一隻が沈没、日本が失ったのは小型の水雷艇三隻という、世界海戦史上に残る一方的勝利に終

わった。ウラジオストクに入港できたロシア艦はわずかに四隻だった。ちなみに東郷は弘化四年（一八四七）、秋山は明治元年（一八六八）、それぞれ薩摩藩士、松山藩士の子として生まれている。二人もまた明治新政府が機能する前に生まれた男である。

余談だが、日本海海戦は「丁字《ていじ》戦法」（T字戦法ともいう）によって勝利したというのが定説になっていて、多くの歴史書にもそう書かれている。丁字戦法とは敵の縦列艦隊に対し、その進行方向を押さえる形に艦隊を配し、それがちょうど上から見て「丁」の字になることからその名が付けられた戦法で、艦隊の砲戦においては最も理想的な攻撃態勢である（味方の艦の主砲と舷側の砲はすべて撃てるのに対し、敵艦の砲は前部の主砲しか撃てない）。しかし実は聯合艦隊が丁字戦法で勝利したというのは誤りである。丁字戦法を目指してはいたが、実際には並行航行での砲戦となったのが真実である。「日本海海戦」の圧倒的な勝利と、後に秋山が講演などで丁字戦法を用いたと言ったことから、それがいつのまにか定説になってしまったようだが、真の勝因は水兵たちの練度の高さと、指揮官の勇猛果敢な精神にあった。

この敗北により、さすがのロシアもほぼ戦意を喪失した。

日本の勝利は世界を驚倒させた。三十七年前まで鎖国によって西洋文明から隔てられていた極東の小さな島国が、ナポレオンでさえ勝てなかったロシアに勝利したのだ。しかもコロンブスがアメリカ大陸を発見して以来、四百年以上続いてきた、「劣等人種である有色人種は、優秀な白人には絶対に勝てない」という神話をも打ち砕いたのだ。日本の勝利が世界の植民地の

人々に与えた驚きと喜びは計り知れない。

インドのネルー首相は十六歳の時、日本の勝利を聞き、「自分たちだって決意と努力しだいではやれない筈がないと思うようになった。そのことが今日に至るまで私の一生をインド独立に捧げさせることになったのだ」と語っているし、ビルマ（現在のミャンマー）の初代首相のバー・モウは「日本の勝利は我々に新しい誇りを与えてくれた。歴史的に見れば、日本の勝利は、アジアの目覚めの出発点と呼べるものであった」と語っている。

トルコでは子供に「トーゴー」や「ノギ」（旅順攻防戦の指揮官、乃木希典《のぎまれすけ》大将の名前）と名付けることが流行り、後にトルコ青年らが起こすオスマン帝国の圧政へのレジスタンスにも大きな影響を与えたといわれている。同じくロシアの侵略に苦しんできたポーランドなど東欧諸国でも独立運動の気運が高まった。また長らく欧米の植民地にされてきた中東やアフリカの人々にも大きな自信を与え、これ以降、世界の植民地で民族運動が高まることになる。まさに「日露戦争」こそ、その後の世界秩序を塗り替える端緒となった大事件であった。

しかし列強諸国の受け止め方は違った。日露戦争当時、ヨーロッパにいた孫文《そんぶん》（中華民国初代臨時大総統）は、バルチック艦隊が日本の聯合艦隊によって潰滅させられたニュースが届いた時のことをこう語っている。

「此の報道が欧州に伝わるや、全欧州の人民は恰《あたか》も父母を失った如くに悲しみ憂えたのでありおます。英国は日本と同盟国でありましたが、此の消息を知った英国の大多数は何れも眉を顰《ひそ》め、

日本が斯くの如き大勝利を博したことは決して白人種の幸福を意味するものではないと思ったのであります」

列強諸国の間で日本に対する警戒心が芽生え始めたのも、この頃からであった。

ポーツマス条約

日本海海戦でバルチック艦隊を撃滅し、ロシアに戦争継続の意思を失わせたが、その時点で、実は日本にも余力は残っていなかった。一年半余の戦いで、日本がつぎ込んだ戦費は、国家予算の約八倍にあたる二十億円という膨大なものだった。もともと短期決戦で講和に持ち込もうと考えていた政府は、アメリカのセオドア・ルーズベルト大統領に仲介を依頼した。

明治三八年（一九〇五）八月、アメリカのポーツマスで日露講和会議が行なわれたが、日本側（全権委員は小村寿太郎《こむらじゅたろう》）の要求はことごとくロシアに拒否される。ニコライ二世が全権大使のセルゲイ・ヴィッテに「一銭の賠償金も一握りの領土も提供してはならない」と命令していたからだ。ニコライ二世は日本が賠償金にこだわるようなら、戦争を継続してもいいと考えていた。日本政府は、戦争が再開されれば、最終的には敗れることになるとわかっていたため、「賠償金はなし」「樺太の南半分を日本に割譲」という妥協案で講和を結び、日露戦争は終結した。

賠償金を取ることはできなかったが、「朝鮮半島における優越権」「旅順、大連の租借権を日本に譲渡」などをロシアに認めさせ、極東地域における日本の支配力は拡大した。

コラム 世界海戦史上に残る一方的勝利となった日本海海戦だが、実はバルチック艦隊の水兵たちは戦う前にすでに満身創痍の状態だった。

彼らは前年の十月にロシアのリバウ軍港を出て、対馬海峡に到着するまで七ヵ月もの間ほとんど船の上で過ごしていた（経路は、バルト海、北大西洋、南大西洋、インド洋、南シナ海、東シナ海、日本海というものだった）。

その長い航海の間、彼らは日本の同盟国イギリスの妨害などで、ほとんど港に入れず、石炭や水や食料の補給に困難をきたした。当時は冷蔵庫などもなく、肉や野菜を新鮮なまま保存するのは困難で、水兵の多くが飢えや病気に苦しんだ。しかも暑さに慣れていないロシア兵が灼熱の赤道を二度も越えたのだ。そのため多くの水兵が病死している。

バルチック艦隊が日本列島を迂回して、太平洋を通ってウラジオストクに向かうことができなかったのも、燃料が欠乏し最短距離を取るしか方法がなかったためだ。また良質の無煙炭を補給することができず、艦の性能を落とした上に、煙をもうもうと吹き上げて、日本の哨戒艇に早期に発見されてしまう。こうしたことを見れば、日英同盟がいかに重要なものであったのかがわかる。もし日英同盟が結ばれていなければ、戦いの帰趨がどうなっていたか

はわからない。

その日英同盟の陰の立役者は、「義和団の乱」で活躍した前述の柴五郎である。戊辰戦争で敗れ、国と多くの家族を失った元会津藩士の男が、日本を救ったのである。


柴はその後も激動の時代を生き延び、大東亜戦争で日本の敗戦を見届ける。生涯で二度にわたって国が敗れるという辛い経験をした柴は、長年つけ続けていた日記を焼くなど身辺を整理し、九月十五日に自決を図った。しかし老齢（八十五歳）のために果たせず、三ヵ月後、その時の傷がもとで病死する。墓は会津若松市の柴家の菩提寺であった恵倫寺にある。

怒り狂う民衆

ポーツマス条約の内容を知った日本国民は、賠償金を取れない政府に対して怒りを爆発させた。日清戦争の経験から、戦争に勝てば賠償金を取れると思い込んでいたのだ。

国民は、日本がぎりぎりの状況であることを知らされていなかった。政府がその情報を公開すれば、ロシアを利することになるため、秘密保持はやむを得なかった。

約八万人という戦死者（日清戦争の約六倍）は、日本の歴史上、最大の戦死者数であり、国民からすれば、これほどの犠牲を払って勝利したにもかかわらず、何の見返りもないのは許せないという気持ちだったのだろう。また新聞社が政府の弱腰を叩いたこともあって、世論は政

府非難一色となった。当時の朝日新聞は九月一日、「大々屈辱」「講和憤慨」「日本政府自ら日本国民を侮辱するに当る」などという激烈な記事を書いている。

この記事が出た後、全国各地で「閣僚と元老を辞めさせ、講和条約を破棄してロシアとの戦争継続を求める」という主張を掲げた集会が行なわれた。

九月五日には、東京の日比谷公園で、条約に反対する国民集会が行なわれたが、民衆は暴徒と化し、内務大臣官邸や周辺の警察署、派出所を襲撃し、東京市内の十三ヵ所に火が付けられた。この時、講和条約に賛成した国民新聞社は暴徒に焼き打ちされている。東京は無政府状態となり、翌日、政府は戒厳令（緊急勅令による行政戒厳）を敷き、近衛師団が出動し、ようやく鎮圧した。死者十七人、負傷者五百人以上、検挙者二千人以上という凄まじい暴動であった。この事件は「日比谷焼打事件」と呼ばれる。

私は、この事件が、様々な意味で日本の分水嶺となった出来事であると見ている。

すなわち、「新聞社（メディア）が戦争を煽り、国民世論を誘導した」事件であり、「新聞社に煽動された国民自らが戦争を望んだ」そのきっかけとなった事件でもあったのだ。この流れは、大正に入って鎮火したように見えたが、昭和に入って再燃し、日本が大東亜戦争になだれ込む一因ともなったのである。

韓国併合

日本は日露戦争後、大韓帝国を保護国（外交処理を代わりに行なう国）とし、漢城に統監府を置き、初代統監に伊藤博文が就いた。この時日本が大韓帝国を保護国とするにあたって、世界の了承を取り付けている。

日本は大韓帝国を近代化によって独り立ちさせようとし、そうなった暁には保護を解くつもりでいた。日本国内の一部には韓国を併合しようという意見もあったが、併合反対の意見が多数を占めていた。これには「朝鮮人を日本人にするのは日本人の劣化につながる」という差別的な意識もあったが、一番の理由は「併合することによって必要になる莫大な費用が工面できない」ということだった。日本は欧米諸国のような収奪型の植民地政策を行なうつもりはなく、朝鮮半島は東南アジアのように資源が豊富ではなかっただけに、併合によるメリットがなかったのだ。統監の伊藤博文自身が併合には反対の立場を取っていた。

しかし明治四二年（一九〇九）、伊藤がハルビンで朝鮮人テロリストによって暗殺され、状況は一変する。国内で併合論が高まると同時に、大韓帝国政府からも併合の提案がなされた。大韓帝国最大の政治結社である「一進会」（会員八十万〜百万人）もまた、「日韓合邦」を勧める声明文を出した。

それでも日本政府は併合には慎重だった。世界の列強がどう見るか憂慮したためだ。そこで

日本が列強に「大韓帝国の併合」を打診すると、これに反対した国は一国もなかった。それどころかイギリスやアメリカの新聞は、「東アジアの安定のために併合を支持する」という内容の記事を書いたのだ。ここに至って日本はようやく大韓帝国の併合を決断する。

繰り返すが、韓国併合は武力を用いて行なわれたものでもなければ、大韓帝国政府の意向を無視して強引に行なわれたものでもない。あくまで両政府の合意のもとでなされ、当時の国際社会が歓迎したことだったのである。もちろん、朝鮮人の中には併合に反対する者もいたが、そのことをもって併合が非合法だなどとはいえない。

余談になるが、大東亜戦争後に誕生した大韓民国（韓国）は、併合時代に日本から様々なものを奪われたと主張しているが、そのほとんどは言いがかりで、むしろ日本は朝鮮半島に凄まじいまでの資金を投入して、近代化に大きく貢献した。

いくつか例を挙げると、併合前まで百校ほどしかなかった小学校を四千二百七十一校に増やし、全国児童に義務教育を施し、一〇パーセント程度であった国民の識字率を六〇パーセントにまで引き上げている。この時にハングルを普及させている。

また全土がほぼはげ山だったところに約六億本もの木を植え、鴨緑江には当時世界最大の水力発電所を作り、国内の至るところに鉄道網を敷き、工場を建てた。新たな農地を開拓し、灌漑を行ない、耕地面積を倍にした。それにより米の収穫量を増やし、三十年足らずで人口を約二倍に増やした。同時に二十四歳だった平均寿命を四十二歳にまで延ばした。厳しい身分制度

や奴隷制度、おぞましい刑罰などを廃止した。これらのどこが収奪だというのだろうか。

たしかに当時の日本の内務省の文書には「植民地」という言葉があるが、これは用語だけのことで、政策の実態は欧米の収奪型の植民地政策とはまるで違うものだった。また日本名を強制した事実もなければ、「慰安婦狩り」をした事実もない。その傍証はいくらでも挙げられるが、本書のテーマではないので、詳細は省く。

ただ結果論ではあるが、百年以上後の現代まで尾を引く国内および国際問題となった状況を見れば、韓国併合は失敗だったといわざるを得ない。日本は大韓帝国に対し、あくまで保護国として自立させる道を選ぶべきだった。その場合、韓国の自立や近代化はおそらく何十年も遅れたことだろうが、それが両国にとって最善の道であったと思う。

不平等条約改正の悲願達成

明治四四年（一九一一）、日本はアメリカとの間で日米修好通商条約に残されていた最後の不平等条項である「関税自主権がない」という条文を完全に消し去ることに成功した。安政五年（一八五八）に結ばれた不平等条約が、ようやく改正されたのだ。

同年、イギリス、フランス、オランダなども次々と不平等条約の改正に応じた。列強は、日露戦争に勝利した日本を、自分たちと対等の国家と認めたのである。ここに至るまで、何と五

十三年の歳月を費やしたことになる。

幕末から明治にかけて、世界は、「植民地獲得競争」の最終局面にあった。極東に位置する島国は、列強から見れば、清帝国とともに最後に残された植民地候補の地であった。

そんな中、大帝国・清は欧米列強に蚕食されていったが、日本はきわどいところで踏みとどまった。旧態依然とした江戸幕府を倒し、まったく新しい社会を築いて、官民一丸となって富国強兵を果たし、列強の圧力をはねのけたのだ。ただし、その新体制の始まりの時期に、国力のなさと国際条約に関する無知から、不平等条約を結ばされた。

これがある限り、日本は列強と対等にはなれない。明治政府は条約改正のために邁進したといっても過言ではない。改正のために、産業を興し、軍隊を作り、欧米文化を取り入れてきたのだ。そして日清戦争、日露戦争の二つに勝利して、ついにその悲願を達成した。

条約改正の翌年、明治天皇が崩御した。慶応三年(一八六七)、十四歳で皇位に就いてから、日本という国が数々の偉業を成し遂げたのを見守ってきた歴史に残る天皇であった。

明治を支えた学者たち

明治時代の日本人は、あらゆる分野で「世界に追いつき追い越せ」と、多くの技師や学者が欧米に渡って、技術や学問を懸命に学んだ。彼らをすべて紹介することはできないが、ここで

は古市公威《ふるいちこうい》をその代表として挙げる。

帝国大学工科大学初代学長の古市公威は、内務省土木局のトップとして全国の河川治水、港湾の修築を行ない、近代日本土木行政の骨格を作った人物であるが、明治八年（一八七五）にフランスに留学した時の猛烈な努力は有名である。彼のあまりの猛勉強ぶりを見て、このままでは身体を壊してしまうと心配した下宿先の女主人が、少しは休むようにと言うと、古市は「自分が一日休むと、日本が一日遅れます」と答えた。

このような気概を持っていた留学生は、おそらく古市だけではなかったと思う。日本があっという間に欧米に追いついたのは、こうした日本人が大勢いたからに他ならない。日本という国がその後、世界に冠たる国家となったのは、彼らのお陰といっても過言ではない。ちなみに昭和を代表する作家、三島由紀夫《みしまゆきお》の本名は平岡公威《ひらおかきみたけ》だが、これは内務官僚だった三島の祖父が尊敬する古市公威にちなんで命名したものだ。

日本人は医学の世界でも素晴らしい業績をあげている。明治二七年（一八九四）六月十四日、北里柴三郎《きたざとしばさぶろう》は香港で、世界で初めてペスト菌を発見した（フランス人、アレクサンドル・イルサンはその翌週の二十日に発見）。北里はまたドイツで破傷風の血清療法についてエミール・ベーリングと共同開発の形で発表するという画期的な業績を残した。明治三三年（一九〇〇）、高峰譲吉《たかみねじようきち》は世界で初めてアドレナリンの結晶抽出に成功し、明治四三年（一九一〇）、鈴木梅太郎《すずきうめたろう》が世界で初めてビタミンB_1の抽出に成功する。

いずれも世界的大発見であり、人類への貢献度の高さは計り知れないものがあった。にもかかわらず、当時の欧米の医学界に認められなかったり、欧米人に業績を横取りされたりして、前記の三人はノーベル賞を受賞できなかった。おそらく強いアジア人差別が根底にあったものと思われる。

私が何より驚嘆するのは、三人が義務教育の制度などなかった時代に少年時代を過ごしていることだ（北里・高峰は江戸時代の生まれである）。彼らは少年時代に藩校で学び、成人して科学の世界で欧米人の成し得なかった偉大な業績を残したのである。あらためて、当時の日本人の凄まじいまでの勤勉さと優秀さ、気骨に胸を打たれる。

コラム 明治時代はインフラ整備などを通じて様々な社会改革がなされたが、文化の面でも特筆すべきことがあった。それは和製漢語が大量に作られたことである。

幕末以降、西洋文明を取り入れる目的で西洋の書物を訳す時、それまで日本にはなかった概念を表現する必要に迫られ、日本人は新しい言葉を作ったのである。たとえば「社会、文化、文明、法律、民族、宗教、経済、資本」といった社会用語、また「時間、空間、質量、分子、固体、理論」といった科学用語、「主観、客観、哲学、意識、理性」といった哲学用語など、現在も日常的に使われている多くの言葉が、この時代に作られた。その総数は千近いといわれる。変わったところでは「恋愛」や「〇〇主義」「〇〇学」といった言葉もその

一つである。余談だが、「○○である」という表現もこの時代に編み出され、用いられるようになったものだ。

明治の日本は、間違いなくアジアで最も高度な文明を持つ国であった。そのため、朝鮮半島や中国大陸から多くの留学生が日本に来て、文化を吸収して帰った。その中には、中華民国初代臨時大総統の孫文、中華人民共和国首相の周恩来《しゅうおんらい》らもいる。それはちょうど幕末から明治初めの日本人がヨーロッパに留学して、文化を吸収したのと似ている。

彼らによって、和製漢語はまたたくまに中国や朝鮮に広められた。現代の中国語も朝鮮語も、これらの「日本語」がなければ、社会的な文章が成り立たないとさえいわれている。ちなみに「中華人民共和国」の「人民」も「共和国」も明治に作られた日本語（和製漢語）である。中国共産党が使っている「共産党、階級、組織、幹部、思想」もそうだ。

また日本は欧米の書物を数多く翻訳したことにより、日本語で世界中の本が読める特異な国となった。おそらく当時たった一つの言語で、世界の社会科学や自然科学の本だけでなく、古今東西の文学を読めた国は日本だけであったと思われる。同時代の中国人や朝鮮人、それに東南アジアのインテリたちが、懸命に日本語を学んだ理由はここにもあった。当時、日本語こそ、東アジアで最高の国際言語であったのだ。

第十章
大正から昭和へ

明治が終わった時、世界は二十世紀を迎えていた。二十世紀こそ、まさしく激動の世紀と呼ぶにふさわしい時代である。

前の世紀から続いていた列強同士の領土をめぐる争いは、この世紀の前半に、ついに戦争という最悪の形で現れた。西洋各国ではこれまで経験したことのない大戦争（第一次世界大戦）によって、約一千万人が亡くなった。

清帝国が崩壊し、ロシア革命によって史上初めて共産主義国が誕生したのも、この頃である。旧来の秩序が壊れ、世界が新しい時代に入ろうとしていた。

その中にあって、日本はついに世界の列強と肩を並べ、海軍力においては世界三位の大国となった。明治維新からわずか半世紀のことである。

しかし日本は平和と安全を確保したわけではなかった。第一次世界大戦後、欧米のブロック経済により、一種の経済封鎖を受けたからだ。そのため、日本は満洲に活路を求めたが、対中華民国政策の失敗や、外交政策の拙《まず》さも重なって、世界から孤立していく。

そして満洲事変を発端として、中華民国との泥沼の戦いに足を踏み入れ、やがて、それは大きな悲劇へとつながっていく。

清帝国の崩壊

明治四四年（一九一一）、義和団の乱（北清事変）以降、すっかり国力が落ちていた清帝国の各地で、「清朝打倒」を掲げる漢人による武装蜂起が相次いだ。

翌年一月一日、南京に臨時政府「中華民国」が誕生し、孫文が臨時大総統となった。翌月、清朝最後の皇帝、宣統帝《せんとうてい》（溥儀《ふぎ》）は退位させられ、ここに清帝国は二百九十六年の歴史の幕を閉じる。中華民国はほどなく軍閥（多くの私兵を抱えた地方豪族）の袁世凱が実権を握り、孫文を追い出して大総統となる。

同年、明治天皇が崩御し、大正天皇即位と同時に、元号が「大正」と改められた。

二十世紀の世界は、日本とロシアという二つの大国の戦争で幕を開けたが、まもなくさらに恐ろしい戦争が起こる。

次なる舞台はヨーロッパだった。当時、列強諸国はそれぞれ海外進出の思惑を持って動いていた。日本に敗れたことによってアジアでの南下政策を諦めざるを得なかったロシアは、再度ヨーロッパへの進出の機会をうかがっていたし、植民地獲得競争に出遅れていたドイツはオーストリア＝ハンガリー帝国、イタリアと同盟を結んで、海外進出を狙うべく海軍を増強していた。

ドイツの動きを脅威と見たイギリスはフランスとロシアに接近し、三国協商を結ぶ。ここで、

ドイツ、オーストリア＝ハンガリー帝国、イタリアの三国同盟と、イギリス、フランス、ロシアの三国協商という対立構造が明確になる。この状況は「武装した平和」ともいわれ、小さな火種が大戦争に発展しかねない緊張した情勢であった。二つの陣営は、他のヨーロッパ諸国を同盟関係に巻き込みながら、新たな侵略の矛先をバルカン半島へと向けていった。

この地域は長い間、オスマン帝国の支配下にあった。十三世紀に興ったオスマン帝国は十六世紀以降、中東、北アフリカから東ヨーロッパに至る広大な領域を支配してきたが、十九世紀を迎える頃から弱体化し始めていた。これに呼応するかのように、バルカン半島では小国のナショナリズムが高揚していた。半島の諸国・諸民族（現在のギリシャ、アルバニア、ブルガリア、マケドニア、セルビア、モンテネグロ、クロアチア、ボスニア、ヘルツェゴビナ、コソボ、ヴォイヴォディナ、トルコの一部などを含む地域）が、独立を目指す動きを見せる中、その民族感情を利用する形で列強が入り込み、まさに一触即発の状態へと緊張が高まっていった。この時のバルカン半島情勢は「ヨーロッパの火薬庫」と呼ばれた。

大正三年（一九一四）六月二十八日、ボスニアのサラエボを訪問中のオーストリア＝ハンガリー帝国の帝位継承者夫妻がボスニア系セルビア人のテロリストによって暗殺された。オーストリア＝ハンガリー帝国は翌七月二十八日、セルビアに対して宣戦布告をする。翌々日、ロシアがセルビアを支援するために総動員令を出すと、八月一日、オーストリア＝ハンガリー帝国の同盟国ドイツがロシアに宣戦布告、次いでロシアの同盟国フランスにも宣戦布告した。これ

を受け、フランスとロシアの同盟国であるイギリスがドイツに宣戦布告する。たった一週間の出来事だった。

その後も続々と参戦する国が現れ、わずか数週間のうちに、欧州二十八ヵ国が「連合国」側と「同盟国」側に分かれて戦うことになり、人類が見たこともない大戦争へと拡大した。ヨーロッパ諸国で中立を保ったのは、永世中立国スイスを別にすると、スウェーデン、デンマーク、ノルウェーなど、一部にすぎなかった。

ヨーロッパから遠く離れた日本もイギリスと同盟を結んでいる関係で、八月二十三日にドイツに宣戦布告し、ドイツの租借地であった山東半島などを攻めた。この時、日本国内では国益に直接寄与しない戦争への参加に異論もあったため、ドイツに最後通牒を送り、回答を一週間待った上で参戦している。

世界大戦と呼ばれたこの戦争は、ヨーロッパを舞台に四年以上も続いた。戦車・飛行機・潜水艦・毒ガスなどの新兵器が多数使われ、最終的に、両陣営合わせて戦死者約一千万人（ドイツ約百七十七万人、ロシア約百七十万人、フランス約百三十六万人、オーストリア＝ハンガリー帝国約百二十万人、イギリス約九十一万人、イタリア約六十五万人など）、戦傷者約二千万人、行方不明者約八百万人という、人類史上最多の犠牲者を出す悲惨きわまりない戦争となった。なお、この戦争が第一次世界大戦と呼ばれるようになったのは、後に起こった第二次世界大戦後のことである。

大正七年（一九一八）十一月、ドイツ、オーストリア＝ハンガリー帝国、トルコ、ブルガリアの同盟国側の敗戦で第一次世界大戦は終結する。戦後、日本はドイツが持っていたマリアナ諸島やマーシャル諸島などの南洋諸島を国際連盟の委任を受けて統治することになった。

戦後の世界

四年にわたる世界大戦は、世界の様相をすっかり変えてしまった。戦場となったヨーロッパは荒廃し、イギリス、フランス、ドイツなどの列強が力を失った。代わって躍り出たのがアメリカだった。

アメリカも世界大戦に参戦していたものの、最後の一年間だけで、戦死者も十二万人とヨーロッパ諸国に比べて桁違いに少なかった。これは自国が戦場にならなかったからだが、それでも日露戦争における日本の戦死者よりも多いのだから、第一次世界大戦の悲惨さがわかる。

日本もまた大きな犠牲を払うことなく（戦死者は三百人）、多くの利権を得た国だった。加えて、ヨーロッパ諸国への軍需品の輸出が急増し、それにつれて重工業が発展した。さらに、大戦前、ヨーロッパから様々なものを輸入していたアジア地域も、戦争により輸入が困難になったことから、日本に注文が殺到し、結果、日本は空前の好景気を迎えた。

長らくヨーロッパにあった世界の覇権が、こうして太平洋を挟む二つの国へと移ったのだ。

ただ、近代兵器による総力戦であった世界大戦の実相を目の当たりにすることがなかった日本は、陸軍の装備において近代化の必要性を学ぶ機会を失った。このことが後に大東亜戦争で弱点となって現れることになる。

なお、この戦争中、後の歴史を大きく変える二つの出来事があった。

一つは大正六年（一九一七）に起こったロシア革命である。経済学者のマルクスが唱えた共産主義を信奉するレーニンが武装蜂起し、政権を奪って皇帝一族を皆殺しにしたのだ。人類史上初の一党独裁による共産主義国家「ソヴィエト社会主義共和国連邦」（ソ連）の誕生である。この革命により、ソ連はドイツとの戦争をやめ、国内の制圧に力を注いだが、内戦によって、夥しい死者が出た。

ソ連はその後、周辺国を連邦内に取り込み、あるいは共産化（赤化）させていく。第二次世界大戦後、その勢いはアジアに及び、いくつかの共産主義国が生まれる。こうして生まれた国々では、宗主国のソ連も含め、いずれも絶対権力を持つ独裁者が誕生し、国民には思想や言論の自由は与えられず、徹底した国家の管理下に置かれることとなる。

歴史を変えたもう一つの出来事とは、石炭に代わって石油が最重要な戦略物資となったことだ。飛行機、軍艦、戦車、自動車などはすべて石炭ではなく石油を燃料とするため、第一次世界大戦では、連合国側も同盟国側も夥しい量の石油を使った。「石油の一滴は血の一滴」という有名なセリフは、大戦中にフランスの首相ジョルジュ・クレマンソーがアメリカに石油を要

求した電報の一文である。実は両陣営に石油を供給していたのはアメリカだった。アメリカはそれで多くの外貨を獲得した。

石油の重要性はこの後さらに高まっていく。そして産油国ではない日本は、この石油に国の命運を握られることになる。

国際連盟の誕生

大正八年（一九一九）、パリで講和会議が開かれ、アメリカ、イギリス、フランス、日本、イタリアの五大国が参加した。ここでヴェルサイユ条約が結ばれ、ドイツは植民地のすべてと領土の一部を失い、さらに報復措置として国家予算の二十五年分という莫大な賠償金を科せられた。このあまりにも過酷な制裁ゆえに第二次世界大戦が起こったといっても過言ではない。

この会議で、アメリカのウッドロウ・ウィルソン大統領は世界平和のための機関「国際連盟」の設立を提案した。日本は国際連盟規約に、「人種差別をしない」という文章を入れることを提起する。これ以前に、国際会議の席上で、人種差別撤廃をはっきりと主張した国はない。これは人類の歴史上、画期的なことであった。それを行なったのが我々の先人であったという事実は極めて誇らしいことである。

日本は各国と何度も協議し、この条項の成立を目指した。投票の結果、賛成十一、反対五で

あったが、議長国のアメリカは、「このような重要な案件は全会一致でなければならない」と主張した。当時、自国内の黒人に公民権を与えず、人種分離政策をとっていたアメリカは、当然ながらこの提案には反対の立場だった。日本の抗議は受け入れられず、国際連盟の規約に人類史上初の「人種差別撤廃」の条文は入れられなかった。これは国際連盟が白人至上主義の機関であることを宣言したも同然であった。

アメリカの敵意

日露戦争の勝利によって、列強を含む世界の日本を見る目は変わった。

同盟を結んでいるイギリスをはじめとするヨーロッパ諸国は、日本に一種の敬意を持った。

大正九年（一九二〇）に生まれた世界初の国際平和機構である「国際連盟」において、日本は常任理事国の四ヵ国（イギリス、フランス、イタリア、日本）に名を連ねた。江戸幕府から明治政府となって、わずか五十二年で、世界を代表する列強の一つとなったのだ。欧米が三百年かかった進歩をこの短期でやり遂げたのは、信じがたいことである。

私たち日本人はその凄さに気付いていないかもしれないが、もし今から百五十年前、アジアかアフリカにおいて、二百五十年以上も西洋の科学文明から切り離されていた国が、開国からわずか半世紀でヨーロッパの列強と肩を並べたとしたらと想像すれば、それがいかに驚異的な

ことかがわかるのではないだろうか。おそらく当時、欧米諸国をはじめとする世界の国々は、有り得ないものを見る気持ちで日本を眺めていたことだろう。

しかし現実の世界は日本を称賛する国ばかりではなかった。その一つがアメリカである。アメリカと日本はポーツマス講和会議後に微妙な関係となっていたが、一九二〇年代にはアメリカははっきりと日本に敵意を抱くようになっていた。そのきっかけは満洲の利権争いであった。

中国分割競争に出遅れたアメリカは、日本がロシアに勝利して以降、満洲への進出を狙っていた。その一つがハリマン計画と呼ばれるものである。ポーツマス講和会議の二ヵ月後、セオドア・ルーズベルト大統領の意向を受けて来日したアメリカの鉄道王エドワード・ハリマンと桂太郎《かつらたろう》首相が会談し、南満洲鉄道（満鉄）を日米で共同経営する覚書に同意した。ところがポーツマスから戻った小村寿太郎がこれに反対し、覚書は破棄された。これを知ったハリマンは激怒し、娘婿を奉天領事として送り込み、これ以後、日本の利権を邪魔するようになる。またルーズベルト大統領は書簡に、「私は従来日本びいきだったが、ポーツマス会議以来、そうではなくなった」という内容の文章を残している。

さらに明治四二年（一九〇九）、アメリカの国務長官フィンランダー・ノックスが、「満洲の全鉄道を中立化して国際シンジケートで運営しよう」と提案する。「中立化」というのは綺麗ごとの建前にすぎず、本音は「ロシアと日本だけでなく、アメリカにも分け前をよこせ」ということである。当然ながら、日本とロシアは結束して反対した。またイギリスとフランスも同

意しなかったため、この提案は流れる。

これ以後、アメリカの中には、露骨に日本排斥の政策を唱える勢力「ウィーク・ジャパン派」(日本の弱体化を望むグループ)と、日本との連携を重視する勢力「ストロング・ジャパン派」(ロシアの脅威に対抗するためにも強い日本を望むグループ)が混在するようになった。以前からアメリカでは、中国や日本などからの移民の規制を行なっていたが、第一次世界大戦以後、日本が太平洋を挟んで対峙する強国になってからは、安全保障の観点から対日警戒論が強まっていく。大正二年(一九一三)には排日土地法を成立させ、日本人の農地購入を禁止し、大正九年(一九二〇)にはアメリカ国籍を持つ日本人でさえ土地を取得できないようにした。さらに大正一三年(一九二四)には、日本からの移民を全面的に受け入れ禁止とする。この法律はアジア人の移民を全面的に禁ずるものだったが、当時、アジアからの移民の大半が日本人であったので、実質的に日本を対象にしたものだった。

アメリカ政府は、この移民問題が日米関係を悪化させることを憂慮していたが、根強い人種偏見を背景にしたアメリカ国内での移民排斥運動はますます激化し、日本国内でも反米感情が沸き起こった。その後も、日本とアメリカの溝は埋まらず、やがて大東亜戦争という悲劇につながっていく。

歴史を大きく俯瞰すれば、「もし、あの時――」と思う場面がいくつもある。私が日本の近代史で心からそう思う場面は、実はこの時である。もし、日本がアメリカに満洲の権益を分け

与えていたなら、その後のアメリカの対日政策は変わっていただろうし、中華民国の抗日運動をアメリカが支援することもなかったかもしれない。そして何より、大東亜戦争を回避できたかもしれない。

二十一ヵ条要求に見る日本外交の稚拙さ

日本は第一次世界大戦中の大正四年（一九一五）、袁世凱の中華民国政府に対して、ドイツが山東省に持っていた権益を譲ることなどを含む「二十一ヵ条要求」を出す。それは一部の希望条件を除き、当時の国際情勢において、ごく普通の要求だった。しかも最初は日本と中華民国双方納得の上での話だったものを中華民国側から「要求という形にしてほしい。やむなく調印したという形にしたい」という申し出があったので、日本側は敢えて「要求」という形にした。

これは日本の外相だけでなく、中国に詳しいアメリカ外交官のラルフ・タウンゼントも認めていることである。また孫文も「二十一ヵ条要求は、袁世凱自身によって起草され、『要求』された策略であり、皇帝であることを認めてもらうために、袁が日本に支払った代償である」と言っている。

この「要求」の経緯は外部には漏らさないという密約として交わされた条約だったが、袁世

凱はそれを破って公にし、国内外に向かって、日本の横暴さを訴えた。そのため、中華民国内で反日感情が沸き起こった。欧米列強は条約の裏事情を知りながら、日本を糾弾した。日本はまんまと袁世凱の策略に引っかかったのである。現代でも「二十一ヵ条要求」は日本の非道さの表われとする歴史教科書があるが、これは誤りである。

それにしても当時の日本の外交のお粗末さには呆れるしかない。外交とは騙し合いの一種であるということが、単純な日本人には理解できなかったのだろう。だが、情けないことに、日本はこの後も外交で同じような目に遭う。

ワシントン会議

大正一〇年（一九二一）から翌年にかけて、アメリカでワシントン会議が開かれた。参加国はアメリカ、イギリス、日本、フランス、イタリア、ベルギー、オランダ、ポルトガル、中華民国で、これほど大きな国際会議が開かれたのは初めてのことだった。

議題は、列強が再び第一次世界大戦のような悲惨な戦争を繰り返さないための軍縮だった。列強五ヵ国の戦艦のトン数制限と保有比率が決められ、その結果は、アメリカ五、イギリス五、日本三、フランス一・六七、イタリア一・六七であった。膨れ上がる軍事費を抑えたい日本政府は賛成だったが、海軍の中には「これでは日本を守れない」という意見も多かった。

ワシントン会議のもう一つの重要な議題は、「中華民国における列強の権益」についてだった。この会議で、「中国の領土保全」「門戸開放・機会均等」が成文化される（九ヵ国条約）。つまり列強も現状以上の中国への侵略は控え、ビジネス的な進出に切り替えようというものだった。これには中国大陸進出に出遅れたアメリカの意向が色濃く反映されていた。

ワシントン会議では、日本の将来に大きく関係する重大事があった。それは二十年間も続いてきた「日英同盟」の破棄である。

この同盟の破棄を強引に主導したのはアメリカだった。中国大陸の市場に乗り込もうと考えていたアメリカは、日本とイギリスの分断を目論んだのだ。そしてもう一つ、いずれ日本と戦う時のためにも、イギリスとは切り離しておきたいという意図もあった。

アメリカは日英同盟を破棄する代わりに、フランスとアメリカを交えた「四ヵ国条約」を結んではどうかと日本に提案した。これは名目だけのもので実質的な同盟ではなかった。イギリスは同盟の破棄を望んでいなかったが、日本の全権大使、幣原喜重郎《しではらきじゅうろう》は「四ヵ国条約」を締結すれば国際平和につながるだろうと安易に考え、これを呑んで、日英同盟を破棄してしまった。

日英同盟こそは日本の安全保障の要であり、日露戦争に勝利できたのも、この同盟があったればこそである。しかし幣原は、その重要性も、また変化する国際情勢における日本の立ち位置やアメリカの思惑も、まったく理解していなかった。

日英同盟が破棄されたことで、日本は後にアメリカと戦う時には単独で対峙しなければなら

なくなった。これこそアメリカが望んでいたことだったのだ。

大正デモクラシー

世界も日本も激動の中にあって、大正の日本は民主制が発展した時代でもあった。明治時代に権勢を振るった元薩摩藩と元長州藩出身者による藩閥政治は後退し、選挙によって選ばれた政治家や政党が内閣を作った。もっとも、当時は元老（維新に功労のあった薩長出身の重鎮）の推薦がなければ組閣できず、「選挙に勝つ」＝「組閣」という形にはなっていなかった。それでも民主制に大きく近づいたことは間違いない。

日本で最初の本格的な政党内閣を作った原敬《はらたかし》は爵位を持たない最初の総理大臣になった（そのため平民宰相と呼ばれた）。「平民」とはいっても、原はかつて賊軍であった元南部藩家老の息子である。その原は大正一〇年（一九二一）にテロリストによって暗殺された。

大正一四年（一九二五）には、普通選挙制度ができた。これにより納税額による制限が撤廃され、満二十五歳以上の男性は全員参政権を持った（ただし女性には参政権は与えられなかった）。

大正時代には市民運動も盛んになり、経済成長を背景に工場労働者が急増したことを受けて全国で労働組合も組織され、大正一一年（一九二二）には、部落解放を掲げた「全国水平社」

も組織された。女性の地位向上のための婦人運動も活発になる。こうした自由な空気と民主制への流れは「大正デモクラシー」と呼ばれた。

第一次世界大戦後は国民の生活も大きく変わった。街には活動写真（映画）を上映する劇場が多く作られ、ラジオ放送も始まった。食生活でも、カレーライス、とんカツなどの洋食や、キャラメルやビスケット、ケーキが庶民生活の中に溶け込んでいった。東京や大阪には鉄筋コンクリートのビルが立ち並び、デパートが誕生し、バスが運行した。電話交換手やバスガールなど、女性の社会進出も増えた。

雑誌や小説が数多く発行され、芥川龍之介《あくたがわりゅうのすけ》、谷崎潤一郎《たにざきじゅんいちろう》、志賀直哉《しがなおや》などの人気作家が続々と現れた。東京六大学野球や全国中等学校優勝野球大会（現在の全国高等学校野球選手権大会）や宝塚歌劇団が生まれたのもこの頃だ。また子供向けの娯楽も誕生し、動物園、遊園地、雑誌、レコード（童謡）、玩具なども多く作られた。

明治維新からひたすら富国強兵に励んできた日本であったが、大正時代になってようやく国民が娯楽や愉しみを享受できるようになった。

関東大震災

そんな楽しい空気を一気に吹き飛ばす出来事が発生した。大正一二年（一九二三）九月、関

東地方で大地震が起こったのである。関東大震災だ。

東京や横浜など南関東一円では震災による建物倒壊と火災で多くの民家や建造物が失われた。東京では市域の約四四パーセントが焼失したといわれている。死者・行方不明者は合わせて十万人を超えた。これは日露戦争の戦死者を上回る数である。地震国である日本は江戸時代にもたびたび大地震に見舞われたが、明治の近代国家になってからは初めてで、そのため経済的損失は莫大なものとなり、当時の国家予算の約三倍にあたった。

なお、この震災直後、流言飛語やデマが原因で日本人自警団が多数の朝鮮人を虐殺したといわれているが、この話には虚偽が含まれている。一部の朝鮮人が殺人・暴行・放火・略奪を行なったことは事実である（警察記録もあり、新聞記事になった事件も非常に多い。ただし記事の中にはデマもあった）。中には震災に乗じたテロリストグループによる犯行もあった。

司法省の記録には、自警団に殺された朝鮮人犠牲者は二百三十三人とある（その他に中国人が三人、朝鮮人と間違われて殺された日本人が五十九人）。一般にいわれている朝鮮人の犠牲者約六千人（東京都墨田区横網の横網町公園にある「関東大震災朝鮮人犠牲者追悼碑」にもそう彫られている）は正しくない。韓国政府は「数十万人の朝鮮人が虐殺された」と言っているが、これはひどい虚偽である。震災当時、日本全国にいる朝鮮人は八万六百十七人であった。しかも震災の翌年には、十二万二百三十八人の朝鮮人が日本に渡航している。多くの同胞が虐殺されたところへ、それほど大勢が渡ってきたことはどう考えても解せない。あまりの多さに

渡航制限がかけられたほどなのだ。いずれにせよ、不幸な事件であったことはたしかである。

昭和

関東大震災から三年後の大正一五年（一九二六）、大正天皇が崩御した。新天皇が即位し、元号を昭和と改めた。昭和は六十四年を数えることになるが（実際には六十二年と十四日）、この時代、またもや日本も世界も大きく変わる。

昭和の前半は日本にとって暗く陰鬱な時代となるが、その兆候はすぐに現れる。昭和四年（一九二九）、アメリカのニューヨーク株式市場が大暴落したことをきっかけに、多くの会社や銀行が倒産し、その波は世界に広がった。世界恐慌である。

日本経済はアメリカへの輸出に頼る部分が大きかったため、多くの企業が倒産した。昭和五年（一九三〇）には豊作による農作物の価格の暴落（豊作飢饉と呼ばれた）で農家の収入が激減した上、翌昭和六年（一九三一）には、一転、冷害による大凶作となったため、東北の農村では多くの娘が身売りさせられるという悲劇的な状況になった。

政府は恐慌から脱出するために、金融緩和に踏み切るとともに積極的な歳出拡大をし、農山漁村経済更生運動を起こし、インドや東南アジアへと輸出を行ない、欧米諸国よりも早く景気回復を成し遂げた。これに対し欧米諸国は、「日本が輸出する安い製品は、労働者の不当に安

い賃金によるもので、ソーシャル・ダンピング（国家的規模の不当廉売による輸出）だ」と非難した。また高橋是清が大蔵大臣就任当日に、金輸出再禁止を掲げて金本位制を停止し、事実上の管理通貨制度へ移行したことで、円相場が下落して輸出が拡大したことも、日本がソーシャル・ダンピングをしているという非難をさらに過熱させ欧米諸国との経済摩擦につながった。イギリスやアメリカは自国および植民地の経済を守るため、それ以外の国からの輸入品には高い関税をかけた。これは「ブロック経済」と呼ばれるもので、極端な保護貿易である。これにより輸出に頼っていた日本は経済的な危機を迎える。

コラム 「ブロック経済」の主なものは、イギリスを中心とする英連邦（植民地を含む）グループ内の「ポンド・ブロック」、アメリカを中心とした南北アメリカの「ドル・ブロック」、フランス、ベルギー、オランダおよび彼らの植民地グループで構成された「フラン・ブロック」だった。彼らは自分たちのグループ内だけで貿易を行ない、それにより、世界の貿易額は七〇パーセントも縮小した。

これらの「持てる国」に対して、日本は「持たざる国」だった。日本のような資源のない国は、資源を輸入するしかない。そして、それらを加工して商品にして輸出することによって、貿易の均衡を保つことができる。しかし欧米諸国にブロック経済政策を取られると、一方的な輸入によって膨大な貿易赤字に陥る。

ドイツもイタリアも日本同様「持たざる国」だったが、ブロック経済は「持てる国」と「持たざる国」の明暗をくっきりと分けた。後に、ドイツはナチス（正しくは国家社会主義ドイツ労働者党）が権力を握ると、東ヨーロッパに進出し、イタリアはファシスタ党が権力を握ると、北アフリカに進出した。

日本が満洲の開拓に本格的に乗り出したのも、欧米のブロック経済の煽りを受けたせいだった。後に「大東亜共栄圏」を構想するが、その目的もアジアに「円ブロック」を築こうというものだったのだ。これにより、満洲での権益をアメリカに分け与えるという可能性は完全に消えた。同時に、この時をもって、大東亜戦争の悲劇が約束されたともいえる。

昭和一四年（一九三九）に第二次世界大戦が勃発するが、これはわかりやすくいえば、イギリス、アメリカ、フランスの「持てる国」グループと、日本、ドイツ、イタリアの「持たざる国」グループの戦争だった。つまり第二次世界大戦の遠因となったのは、世界恐慌に端を発したブロック経済だったのである。

統帥権干犯問題

世界が経済的緊張に包まれる中、昭和五年（一九三〇）、ロンドンで補助艦の保有量を制限する海軍軍縮会議が開かれ、日本の保有トン数はアメリカの約七割に抑えられた（艦船の種類

によって異なる)。これを受け入れた政府を、一部の軍人や野党政治家は激しく非難した。この時、「統帥権干犯問題《とうすいけんかんぱん》」という大問題が起きる。

「統帥権」とは、軍隊を指揮する最高権限のことをいう。明治憲法(大日本帝国憲法)の第十一条には「天皇ハ陸海軍ヲ統帥ス」とあり、その意味するところは、「政治家は、軍事を専門家である陸海軍に任せる代わりに、軍も政治に介入しない」ということだ。ただしそれは、政治家が軍事に関与してはいけない、という意味ではない。

ここで政治と軍事の関係について、若干、説明したい。やや難解な語句や表現を使うことになるが、これは非常に重要なことなのでお許しいただきたい。

戦略思想家のカール・フォン・クラウゼヴィッツの「戦争は、政府と軍隊と国民の三位一体で行なわれなければならない」という有名な言葉に象徴されるように、戦争に勝利するためには、国民の理解が必要であり、政府は戦争目的を訴え、国民の支持を集め、軍事予算を準備する。その予算のもとで軍は戦うが、この時、軍事に関して素人の政治家は作戦には口出ししない。ただし、戦争目的が達成されたと政府が判断すれば、政府の判断のもとで戦闘を終結させ、和平交渉に当たり、この判断に軍は従う。これが近代における政治と軍事の原則であり、大日本帝国憲法下の日本においても、日清戦争、日露戦争までは厳密に守られてきた。

ところが、ロンドン海軍軍縮条約に反対する野党政治家(犬養毅《いぬかいつよし》、鳩山一郎《はとやまいちろう》など)が、それまでの大日本帝国憲法の解釈と運用を無視して、「陸海軍の兵力を決めるのは天皇であり、そ

れを差し置いて兵力を決めたのは、天皇の統帥権と編制大権を侵すものであり、憲法違反である」と言い出して、政府を批判したのだ。厳密にいえば、第十二条の「編制大権」（「天皇ハ陸海軍ノ編制及常備兵額ヲ定ム」）を侵したという言い分だった。ただ編制大権は、統帥権とは性格が異なり、あくまでも内閣の輔弼《ほひつ》事項であり、「統帥権の独立」は言葉としてはあっても、「編制大権の独立」という言葉はない。そこで、浜口《はまぐち》内閣は、「内閣として編制大権を輔弼した」という解釈で、海軍軍縮条約に調印したのだが、野党が無理矢理な理屈で反発したのである。そして、これに一部の軍人が乗り、大きな問題となった。やがて民衆の中にも政府を非難する者が出た。

国会での激しい論争の最中、首相の浜口雄幸《おさち》は右翼テロリストに銃撃されて重傷を負い、首相を辞職した（銃撃の九ヵ月後に死亡）。犯人は「浜口は社会を不安に陥れ、陛下の統帥権を侵したからやった」という旨の供述をしたが、「統帥権干犯とは何か」という質問には答えられなかったという。明治以降に起こった多くのテロ事件と同様、典型的な直情的テロリストによる犯行であった。

ただ、この一連の事件以降、内閣が軍部に干渉できない空気が生まれ、軍部の一部が統帥権を利用して、暴走していくことになる。野党の政府攻撃が日本を変えていくことになったのだ。

ちなみに軍人勅諭では、軍人が政治に口を出すことは禁じられていたが（軍人には選挙権も与えられていなかった）、「統帥権干犯問題」以降、軍事知識が不足している政党政治家たちの

台頭に危機感を持つ青年将校の間に政策を論じるグループが生まれていった。これは危険な兆候だった。

満洲事変

日本列島から海を隔てた満洲でも不穏な空気が漂っていた。

世界恐慌の少し前の昭和三年（一九二八）、満洲を実効支配していた張作霖《ちょうさくりん》が列車ごと爆殺されるという事件があった。もとは馬賊だった張は権謀術数に長けた人物で、日露戦争後に日本陸軍の関東軍と手を結び、軍閥を組織して満洲を実効支配し、徴収した金をすべて自分のものとしていた。

当初、張と関東軍の関係は良好だったが、大正の終わり頃から、物資の買い占め、紙幣の乱発、増税などを行ない、関東軍と利害が対立するようになっていた。さらに欧米の資本を入れて、日本の南満洲鉄道（満鉄）と並行する鉄道を敷設したことで、両者の衝突は避けられなくなった。満鉄は鉄道事業が中心だが、満洲全域に広範な事業を展開し、日本軍による満洲経営の中核となっていた会社だけに、関東軍としても見過ごすわけにはいかなかった。

張作霖爆殺事件はそんな状況下で起こった。事件の首謀者は関東軍参謀といわれているが、これには諸説あって決定的な証拠は今もってない。

張作霖の跡を継いだ息子の張学良《がくりよう》はこの後、満洲に入植してきた日本人と朝鮮人の権利を侵害する様々な法律を作った。また父の張作霖が満鉄に並行して敷いた鉄道の運賃を異常に安くすることで満鉄を経営難に陥れた。そのため満鉄は昭和五年（一九三〇）後半から深刻な赤字が続き、社員二千人の解雇を余儀なくされた。

日露戦争でロシア軍を追い出して以降、日本は満鉄をはじめとする投資により、満洲のインフラを整え、産業を興してきた。そのお陰で満洲は大発展したのである。

この頃、清では戦乱が相次ぎ、日本は満洲の治安を守るために関東軍を置いた。そのため清から大量の難民が押し寄せることとなる。日露戦争が始まった明治三七年（一九〇四）頃には約一千万人だった満洲の人口は、二十数年の間に三千万人に増えていた。

同じ頃、蔣介石《しようかいせき》率いる中国国民党政権と中国共産党による反日宣伝工作が進められ、排日運動や日本人への脅迫やいじめが日常的に行なわれるようになった。日本人に対する暴力事件も多数発生した。

代表的な事件は「南京事件」と呼ばれるもので、これは昭和二年（一九二七）三月に、蔣介石率いる中国国民党が南京を占領した際、中華民国の軍人と民衆の一部が、日本を含む外国領事館と居留民に対して行なった襲撃事件である。暴徒は外国人に対して、暴行・略奪・破壊などを行ない、日本人、イギリス人、アメリカ人、イタリア人、デンマーク人、フランス人が殺害された（この時、多くの女性が凌辱されている）。

この暴挙に対して、列強は怒り、イギリスとアメリカの艦艇はただちに南京を砲撃したが、中華民国への協調路線（および内政不干渉政策）を取る幣原喜重郎外務大臣は、中華民国への報復措置を取らないばかりか、逆に列強を説得している。さらに日本政府は国内の世論を刺激しないように、「我が在留婦女にして凌辱を受けたるもの一名もなし」と嘘の発表をしたため、現状を知る南京の日本人居留民を憤慨させた（政府は居留民たちが事実を知らせようとする集会さえも禁じている）。

この時、日本海軍が南京市内を砲撃しなかったことで、中国民衆は、「日本の軍艦は弾丸がない。張り子の虎だ」と嘲笑した。中国国民党がこの事件と日本の無抵抗主義を大きく宣伝したため、これ以降、中国人は日本を見下すようになったといわれる。事実、この事件以降、中国全域で、日本人に対するテロ事件や殺人事件が急増する。

満洲では、中国共産党に通じたテロ組織が、日本人居留民や入植者を標的にしたテロ事件を起こすようにもなる。

被害を受けた日本人居留民が領事館に訴えても、前述したように、時の日本政府は、第二次幣原外交の「善隣の誼《よしみ》を敦《あつ》くするは刻下の一大急務に属す」（中国人と仲良くするのが何よりも大事）という対支外交方針を取っていたため、訴えを黙殺した。それどころか幣原外務大臣は、「日本警官増強は日支対立を深め、ひいては日本の満蒙権益を損なう」という理由で、応援警官引き揚げを決定する。

そのため入植者たちは、満洲の治安維持をしている関東軍を頼り、直接、被害を訴えるようになっていく。それでもテロ事件は収まらず、昭和五年（一九三〇）後半だけで、八十一件、死者四十四人を数えた（負傷者は数えきれない）。

この時、中国人による嫌がらせの一番の標的になっていたのが朝鮮人入植者だった。これは多分に両者の長年の確執と性格によるところもあった。韓国併合により当時は「日本人」だった朝鮮人は、中国人を見下す横柄な態度を取っていたといわれ、中国人にしてみれば、長い間、自分たちの属国の民のような存在と思っていた朝鮮人が自分たちよりもいい暮らしをしているのが我慢ならなかったものと考えられる。中国人から執拗な嫌がらせを受けた朝鮮人入植者は、日本政府に対して「日本名を名乗らせてほしい」と訴える。最初は日本名を名乗ることを許さなかった統監府も、やがて黙認する形で認めることとなる。

日本政府の無為無策では南満洲鉄道や入植者を守れないと判断した関東軍は、昭和六年（一九三一）九月、奉天（現在の瀋陽）郊外の柳条湖《りゅうじょうこ》で、南満洲鉄道の線路を爆破し、これを中国軍の仕業であるとして、満洲の治安を守るという名目で軍事行動を起こした。政府は不拡大方針を取ったが、関東軍は昭和七年（一九三二）一月までに満洲をほぼ制圧し、張学良を追放した。いわゆる満洲事変である。

「事変」とは、大規模な騒乱状態だが、宣戦布告がなされていない国家間の軍事的衝突を意味する。蔣介石はますます排日方針を強化し、以後、日本は中国大陸での泥沼の戦いに突入して

いくことになる。

満洲は中華民国のものか

満洲事変の翌年となる昭和七年（一九三二）、関東軍主導のもと、満洲は中華民国から分離され、「満洲国」が建国された。国家元首には清朝最後の皇帝、愛新覚羅《あいしんかくら》溥儀が就任した。

アメリカやイギリスは、ワシントン会議で締結された「九ヵ国条約」違反だとして、日本に抗議した。「九ヵ国条約」は、中国（China）の門戸開放、機会均等、主権尊重の原則を包括したものだったが、実はこの条約におけるChinaに「満洲」が含まれるかどうかについては曖昧なまま放置されていたのだ。

満洲は古来、漢民族が実効支配したことは一度もない。漢民族は、万里の長城よりも北は、蛮族が住む「化外の地」と見做していたのだ。満洲は女真族などの騎馬民族が支配する地であり、ここから出た女真族が漢民族の地を征服支配し、北京を都としてできたのが清帝国である。

清はその後、トルコ系民族（ウイグル人など）が住む西域《せいいき》や吐蕃《とばん》（チベット）を版図に加えたが、これも名目上のことで、チベットを満洲人が直接支配したわけではなかった。

この大帝国が終焉へと向かう明治四五年（一九一二）、南京に臨時政府を建てた孫文が、「中華民国は清朝の領土を引き継ぐ」と宣言した。ただしこれは、孫文の一方的な宣言にすぎず、

そもそも女真族の土地であった満洲全土が、この宣言一つで中華民国の実効支配下に置かれたはずもなかった。中華民国の体制は非常に弱く、その支配は限定的で、満洲に限らず、広い版図の大半の地域に地方軍閥の割拠を許していた。

しかし列強は九ヵ国条約を盾に日本を非難し、国際連盟は事件の背景を調べるためにリットン調査団を派遣した。この時、調査団は「満洲における日本の権益の正当性」や「満洲に在住する日本人の権益を、中華民国が組織的に不法行為を含む行ないによって脅かしている」ことを認める報告書を出している。つまり満洲事変には相応の発生事由があったと、国際的に見做されたことになる。

だがその一方で、調査団は日本による満洲国建国は認めず、国際連盟総会は、満洲の占領地からの日本軍撤退と、満洲の国際管理を勧告した。日本はこの勧告を拒否し、昭和八年（一九三三）、国際連盟を脱退した。

この時点で、日本は後戻りできない道へ進んだともいえる。

五・一五事件と二・二六事件

日本が国際連盟を脱退する前年の昭和七年（一九三二）に、五・一五事件が起きている。

これは昭和恐慌による経済的苦境の中で、ロンドン海軍軍縮条約に不満を持った海軍の急進

派青年将校を中心とするクーデターで、首相官邸、内大臣官邸、立憲政友会本部、日本銀行、警視庁などを襲撃して、犬養毅首相を射殺した事件である。かつて統帥権干犯問題で政府を攻撃した人物が、軍人に暗殺されるとは皮肉な話である。この事件の背景には、世界恐慌による不景気が続き、農村の疲弊や政党政治への不満が民衆の中に充満していたこともあった。

事件の後、大正一三年（一九二四）から八年間続いていた政党内閣は終わり、軍部の発言力が一層強化されることになり、選挙で選ばれたわけではない軍人や官僚が首相に任命されるようになる。これにより、大正デモクラシーを代表するスローガンであった「憲政の常道」（総選挙によって組閣される）は有名無実化していく。

軍人が共謀して首相を殺害するなど許しがたい暴挙だが、それ以上に驚くのは、当時の新聞が犯人らの減刑を訴えたことだ。この報道に煽られた国民の間で助命嘆願運動が巻き起こり、将校らへの量刑は異常に軽いものとなった。このことが陸軍将校の反乱である二・二六事件を後押ししたといわれている。

昭和一一年（一九三六）、陸軍の一部の青年将校たちが約千四百人の兵士を率いて、首相官邸や警視庁などを襲撃する事件が起きた。二・二六事件である。

青年将校らは高橋是清大蔵大臣や斎藤実《さいとうまこと》内大臣を殺害し（岡田《おかだ》啓介《けいすけ》首相は難を逃れた）、国会周辺を占拠した。高橋は陸軍の予算を削ったことで、青年将校の恨みを買っていた。彼らは腐敗した（と彼らが思う）政党や財閥や政府重臣らを取り除き、「天皇親政」という名の軍官

僚による独裁政治を目指していた。これは立憲君主制を謳った大日本帝国憲法を否定するものであった。

ところが、侍従武官長は、蹶起《けっき》した青年将校たちの心情だけでも理解してもらいたいと昭和天皇に上奏した。だが、大日本帝国憲法を否定するテロ行為に反発した昭和天皇は、「朕が股《こ》肱《こう》の老臣を殺戮す、此の如き凶暴な将校等、其精神に於ても何の恕《じょ》すべきものありや」と怒りをあらわにして一蹴した。そして軍首脳部に「速やかに鎮圧せよ」と命じた。しかし陸軍首脳部が部下を討つことに躊躇したので、天皇は自らが近衛兵を率いて鎮圧すると示唆した。これによりようやく鎮圧部隊が動き、反乱軍は三日後に鎮圧された。

首謀者らは死刑となったが、この事件は、日本の全体主義的傾向に決定的な影響を与えた。この事件を契機に「統制派」と呼ばれる反米、反資本主義傾向が強いグループが、軍の主導権を握り、日本共産党の幹部・野坂参三《のさかさんぞう》の義兄・次田大三郎《つぎただいざぶろう》法制局長官の主導で軍部大臣現役武官制を復活させて、軍が政治を動かす体制を作り上げたからだ。

また軍を批判するとテロの標的にされるという恐怖から、政治家は軍を批判できなくなってしまった。二・二六事件以降、「統制派」が、統制経済、言論の自由弾圧といった全体主義的な政策を推進していくという異常事態となったのである。

ファシズムの嵐

日本の政治の主導権を軍の「統制派」が握ったのと同じ頃、ヨーロッパでも全体主義の嵐が吹き荒れていた。ソ連の共産主義とドイツ、イタリアのファシズムである。

三つの国に共通するのは、国家全体を最優先し、個人の自由や意見は完全否定される点だった。そのためにこの三国では、国家による凄まじい粛清が行なわれた（粛清の規模はソ連が圧倒的に大きい）。またソ連にはスターリン、ドイツにはヒトラー、イタリアにはムッソリーニという独裁者が現れ、国家と国民を完全に支配した。ちなみにファシズムという言葉は、ムッソリーニの政党ファシスタ党から生まれたものである。

ここで注意しなければならないのは、暴力革命で政権を強奪したソ連のスターリンは別にして、ヒトラーが率いる政党ナチス（国家社会主義ドイツ労働者党）も、ムッソリーニのファシスタ党も、正当な選挙で政権を取ったということだ。両党とも国民の熱狂的支持で第一党になった党であり、その意味では国民が選んだ党である。戦後、ドイツ国民はすべてをナチスの一派のせいにして、自分たち国民も犠牲者であるとの論理を展開したが、これは欺瞞だ。

昭和一〇年（一九三五）、ヒトラーはヴェルサイユ条約を破棄し、再軍備と徴兵制の復活を宣言し、これ以降、軍事大国への道を歩み出す。また反ユダヤを鮮明にし、ユダヤ民族の絶滅を計画した。政策に反対する国民は裁判なしで収容所に送ったり、人知れず処刑したりした。

ヨーロッパではドイツを中心に再び不穏な空気が漂い始めていた。

ドイツと中華民国の蜜月

ドイツはまた、蔣介石の中国国民党による中華民国と手を結んでいた。当時、国際的に孤立していたドイツは、資源の安定供給を求めて中華民国に接近し、武器を売る代わりに希少金属のタングステンを輸入していた。

昭和八年（一九三三）には、軍事・経済顧問を送り込んで中国軍を近代化させた。ドイツから派遣された元ドイツ参謀総長で軍事顧問のハンス・フォン・ゼークトは、蔣介石に「日本一国だけを敵とし、他の国とは親善政策を取ること」と進言し、「今最も中国がやるべきは、中国軍兵に対して、日本への敵愾心を養うことだ」とも提案した。これを受けて蔣介石は対日敵視政策をとるようになる。昭和一〇年（一九三五）には、ゼークトの提案に基づき中華民国秘密警察は親日要人へのテロ事件を起こしている。

ドイツが日本を敵視していたのは、第一次世界大戦で日本が参戦し、中国の租借地と北マリアナ諸島、パラオ、マーシャル諸島等を奪われていたからだ。ただ、ゼークトはソ連のトロツキストともつながりを持っていた人物だった。これを見ても、当時の世界が実に混沌としていたことがわかる。

暗躍するコミンテルンと中国

その中国では「国共内戦」と呼ばれる内乱が続いていた。蔣介石が率いる国民党と中国共産党の争いである。中国共産党を作ったのはソ連のコミンテルンであった。コミンテルンは世界の国々すべてを共産主義国家に変えるという目的のもと、アメリカやヨーロッパに工作員を送り込んでいたが（日本にも工作員が入り、共産主義者を生み出していた）、革命を起こすほどの組織の構築には至らなかった。そのため、活動の重要拠点を植民地や、中国大陸に移すという路線変更を行なっていた。

大正一〇年（一九二一）、コミンテルンの指導によって結成された中国共産党は、最初は蔣介石の率いる国民党と協力していた（第一次国共合作）が、やがて対立するようになり、昭和六年（一九三一）、江西省瑞金《ずいきん》において、「中華ソヴィエト共和国臨時政府」を建てる。

しかし国民党との争いで劣勢に陥った中国共産党は、蔣介石に対して、「共通の敵である日本を倒すために手を結ぼう」と提案したが、蔣介石は「国内の共産党を壊滅させてから、日本と戦う」という方針を変えなかった。

蔣介石は張学良に中国共産党の討伐を命じたが、昭和一一年（一九三六）、張は蔣介石を裏切って、彼を監禁し（西安事件）、「国民党と共産党が組んで日本と戦う」ことを蔣に約束させ

る。これを機に第二次国共合作による抗日民族統一戦線が結成されることになった。

盧溝橋事件から支那事変

昭和一二年（一九三七）七月七日夜、北京郊外の盧溝橋《ろこうきょう》で演習していた日本軍が、中華民国軍が占領している後方の陣地から射撃を受けたことがきっかけで、日本軍と中華民国軍が戦闘状態になった。ただこれは小競り合いで、四日後には現地で停戦協定が結ばれた。しかしその日に、近衛《このえ》内閣は中国大陸への派兵を決めた。盧溝橋の発砲事件に関しては、中国共産党が引き起こしたという説もあるが、真相は不明である。

異常な緊張状態の中、その月の二十九日、北京東方で、「通州事件《つうしゅうじけん》」が起きる。

この事件は、「冀東《きとう》防共自治政府」（昭和一〇年【一九三五】から昭和一三年【一九三八】まで河北省に存在した自治政府）の中国人部隊が、通州にある日本人居留地を襲い、女性や子供、老人や乳児を含む民間人二百三十三人を虐殺した残酷な事件である。その殺害方法は猟奇的で、遺体のほとんどは生前に激しく傷つけられた跡があり、女性は子供から老人までほぼ全員が強姦された上、性器を著しく損壊されていた。これらの記録や写真は大量に残っているが、まともな人間なら正視できないものである。

この事件を知らされた日本国民と軍部は激しく怒り、国内に反中感情が高まった。また八月

に上海の租界で二人の日本の軍人が射殺された（大山事件）こともあり、日本人居留地を守っていた日本軍と中華民国軍が戦闘状態に入った（第二次上海事変）。ドイツの指導と武器援助を受けていた中華民国軍は屈強で、日本軍は思わぬ苦戦を強いられた。

当時、上海の租界には約二万八千人の日本人が住んでいたが、実は大山事件前にも、日本人を標的にした中国人によるテロ事件や挑発的行為は頻繁に起きていた。

昭和六年（一九三一）、商社や商店、個人が受けた暴行や略奪は二百件以上。通学児童に対する暴行や嫌がらせは約七百件。殺害事件だけでも、昭和七年（一九三二）から昭和一二年（一九三七）までの間に何件も起きている。犠牲者も軍人だけでなく、托鉢僧や商社員、新聞社の記者など民間人が多数含まれていた。

第二次上海事変は中華民国の各地に飛び火し、やがて全国的な戦闘となった。ただ、日本が戦闘を行なったのは、そもそもは自国民に対する暴挙への対抗のためであって、中華民国を侵略する意図はなかった。「暴支膺懲《ぼうしようちよう》」というスローガンが示すように「暴れる支那を懲らしめる（膺懲）」という形で行なった戦闘がいつのまにか全面戦争に発展したというのが実情である。

当時、日本は中華民国との戦闘状態を総称して「支那事変」（あるいは「日華事変」）と呼んだ。支那事変は大東亜戦争が始まるまでの四年間、両国とも宣戦布告を行なわずに戦い続けた奇妙な戦争であった。その理由は、「戦争」となれば、第三国に中立義務が生じ、交戦国との

交易が中立義務に反する敵対行為となるからだ。したがって両国がともに「事変」扱いとして戦い続けたため、国際的にも「戦争」と見做されなかった（実質は戦争）。

装備に優る日本軍はわずか三ヵ月で上海戦線を突破し、その年の十二月には首都南京を占領した。日本軍は、首都さえ落とせば、中華民国は講和に応じるだろうと見ていたが、蔣介石は首都を奥地の重慶に移して抵抗した。中華民国には、ソ連とアメリカが積極的な軍事援助を行なっていて、もはや戦争の早期終結は見えなくなっていた。

コラム 昭和一二年（一九三七）十二月、日本軍による南京占領の後、「三十万人の大虐殺」が起きたという話があるが、これはフィクションである。これは日本と日本人の名誉に関わることであるから、やや紙幅を割いて書いておく。

「南京大虐殺」は、日本軍の占領直後から、蔣介石が国民党中央宣伝部を使って盛んに宣伝した事件である。たとえば、南京大虐殺を世界に最初に伝えたとされる英紙マンチェスター・ガーディアンの中国特派員であったオーストラリア人記者のハロルド・ティンパーリは、実は月千ドルで雇われていた国民党中央宣伝部顧問であったことが後に判明している。その著作“*What War Means : The Japanese Terror in China*”（邦訳『外国人の見た日本軍の暴行―実録・南京大虐殺―』）の出版に際しては、国民党からの偽情報の提供や資金援助が行なわれていたことが近年の研究で明らかになっている。

「南京大虐殺」を肯定する人たちは、彼の報道を証拠として挙げるが、当時、「南京大虐殺」を報道したのは、そのティンパーリとアメリカ人記者ティルマン・ダーディンだけで、いずれも伝聞の域を出ない（ダーディンは後に自分が書いた記事の内容を否定している）。当時、南京には欧米諸国の外交機関も赤十字も存在しており、各国の特派員も大勢いたにもかかわらず、大虐殺があったと世界に報じられてはいない。三十万人の大虐殺となれば、世界中でニュースになったはずである。

また、同じ頃の南京政府の人口調査によれば、占領される直前の南京市民は二十万人である。もう一つおかしいのは、日本軍が占領した一ヵ月後に南京市民が二十五万人に増えていることだ。いずれも公的な記録として残っている数字である。日本軍が仮に一万人も殺していたら、住民は蜘蛛の子を散らすように町から逃げ出していたであろう。南京市民が増えたのは、町の治安が回復されたからに他ならない。当時の報道カメラマンが撮った写真には、南京市民が日本軍兵士と和気藹々《あいあい》と写っている日常風景が大量にある。占領後に捕虜の殺害があったのは事実だが、民間人を大量虐殺した証拠は一切ない。

もちろん一部で日本兵による殺人事件や強姦事件はあった。ただ、それをもって大虐殺の証拠とはいえない。

今日、日本は世界でも最も治安のいい国といわれているが、それでも殺人事件や強姦事件は年間に何千件も起こっている（近年の統計によれば、殺人は九百〜一千件、強制性交等は

それ以上)。ちなみにアメリカでは毎年、殺人と強姦を合わせると数十万件も起こっている。ましてや当時は警察も法律も機能していなかったことを考えると、平時の南京では起こらないようないたましい事件もあったと思われる。

また南京においては「便衣兵《べんいへい》」の存在もあった。便衣兵とはわかりやすくいえばゲリラである。軍人が民間人のふりをして日本兵を殺すケースが多々あったため、日本軍は便衣兵を見つけると処刑したし、中には便衣兵と間違われて殺された民間人もいたかもしれない。

こうしたことが起こるのが戦争である。たとえば戦後の占領下で、アメリカ軍兵士が日本人を殺害したり、日本人女性を強姦したりした事件は何万件もあったといわれる。これらは許されることではないが、占領下という特殊な状況においては、平時よりも犯罪が増えるのは常である。要するに、南京において個々の犯罪例が百例、二百例あろうと、それをもって大虐殺があったという証拠にはならない。

三十万人の大虐殺というからには、それなりの物的証拠が必要である。ドイツが行なったユダヤ人虐殺は夥しい物的証拠(遺体、遺品、ガス室、殺害記録、命令書、写真その他)が多数残っており、今日でもなお、検証が続けられている。しかし「南京大虐殺」は伝聞証拠以外に物的証拠は出てこない。証拠写真の大半は、別事件の写真の盗用ないし合成による捏造であることが証明されている。そもそも日中戦争は八年も行なわれていたのに、南京市以外での大虐殺の話はない。八年間の戦争で、わずか二ヵ月間だけ、日本人が狂ったように中

国人を虐殺したというのは不自然である。日本軍は列強の軍隊の中でもきわめて規律正しい軍隊で、それは世界も認めていた。

「南京大虐殺」とは、支那事変以降、アメリカで蔣介石政権が盛んに行なった反日宣伝活動のネタであった。日本軍による「残虐行為」があったとアメリカのキリスト教団体とコミンテルンの工作員が活発に宣伝し、「残虐な日本軍と犠牲者・中国」というイメージを全米に広めた。このイメージに基づいて第二次世界大戦後に開かれた「極東国際軍事裁判」（東京裁判）では日本軍の悪行を糾弾する材料として「南京大虐殺」が取り上げられることになる。

実はここでもおかしなことがあった。東京裁判では、上官の命令によって一人の捕虜を殺害しただけで絞首刑にされたBC級戦犯が千人もいたのに、三十万人も殺したはずの南京大虐殺では、南京司令官の松井石根《まついいわね》大将一人しか罪を問われていないのだ。規模の大きさからすれば、本来は虐殺命令を下した大隊長以下、中隊長、小隊長、さらに直接手を下した下士官や兵などが徹底的に調べ上げられ、何千人も処刑されていなければおかしい。しかし現実には、処刑されたのは松井大将一人だけだった。

東京裁判で亡霊の如く浮かび上がった「南京大虐殺」は、それ以降、再び歴史の中に消えてしまう。「南京大虐殺」が再び姿を現すのは、東京裁判の四半世紀後だ。

昭和四六年（一九七一）、朝日新聞のスター記者だった本多勝一《ほんだかついち》が「中国の旅」という連載を開始し、そこで「南京大虐殺」を取り上げ、日本人がいかに残虐なことをしてきたかを、

嘘とデタラメを交えて書いたことがきっかけとなったのだ。

この時、本多の南京滞在はわずか一泊二日、「南京大虐殺」を語った証言者は中国共産党が用意したわずか四人である。後に本多自身が「『中国の視点』を紹介することが目的の『旅』であり、その意味では『取材』でさえもない」と語っている。

この連載が始まった途端、朝日新聞をはじめとする日本の多くのジャーナリズムが「南京大虐殺」をテーマにして「日本人の罪」を糾弾する記事や特集を組み始めた。そうした日本国内での動きを見た中国政府は、これが外交カードに使えると判断したのであろう、これ以降、執拗に日本政府を非難するようになったというわけである。本多勝一の記事が出るまで、毛沢東《もうたくとう》も周恩来も中国政府も、一度たりとも公式の場では言及したことはなく、日本を非難しなかったにもかかわらずだ。それ以前は、中国の歴史教科書にも「南京大虐殺」は書かれていなかった。

「なかったこと」を証明するのは、俗に「悪魔の証明」といわれ、ほぼ不可能なこととされている。つまり、私がここで書いたことも、「なかったこと」の証明にはならない。ただ、客観的に見れば、「『南京大虐殺』はなかった」と考えるのがきわめて自然である。

第十一章
大東亜戦争

第二次世界大戦への流れを眺める時、なぜ人類はこれを止めることができなかったのだろうかと、絶望的な気持ちになる。世界は第一次世界大戦をはるかに上回る規模の大戦争へと突入し、日本もアメリカと戦争を始め、中国と西太平洋が戦場となった。

日本が戦争への道を進まずに済む方法はなかったのか——。

私たちが歴史を学ぶ理由は実はここにある。特に近現代史を見る時には、その視点が不可欠である。歴史を事実を知るだけの学問と捉えるなら、それを学ぶ意味はない。

「愚者は経験に学び、賢者は歴史に学ぶ」

これはドイツの名宰相オットー・フォン・ビスマルクの言葉である。もっともこれは原文をかなり意訳したもので、正確に訳すと次のような文章になる。

「愚かな者は自分の経験から学ぶと信じているばかりだ。私は最初から自分の過ちを避けるために、他人の経験から学ぶことを好む」

私たちもまた先人の経験から、悲劇を避ける術を学ばなくてはならない。

全面戦争へ

「支那事変」は確固たる目的がないままに行なわれた戦争であった。乱暴な言い方をすれば、中国人の度重なるテロ行為に、お灸をすえてやるという感じで戦闘行為に入ったものの、気が付けば全面的な戦いになっていたという計画性も戦略もない愚かなものだった。

名称だけは「事変」となっていたが、もはや完全な戦争だった。しかもこの戦いは現地の軍の主導で行なわれ、政府がそれを止めることができないでいるという異常なものでもあった。そこには五・一五事件や二・二六事件の影響があるのは明らかだった。

支那事変が始まった翌年の昭和一三年（一九三八）には、「国家総動員法」が成立した。これは「戦時に際して、労働力や物資割り当てなどの統制・運用を、議会の審議を経ずに勅令で行なうことができるようにした法律」である。具体的には、国家は国民を自由に徴用でき、あらゆる物資や価格を統制し、言論を制限しうるといった恐るべき法律だった。ちなみにこの法案の審議中、趣旨説明をした佐藤賢了《さとうけんりよう》陸軍中佐のあまりに長い答弁に、衆議院議員たちから抗議の声が上がったが、佐藤は「黙れ！」と一喝した。議員たちの脳裏に二年前の二・二六事件が浮かんだことは容易に想像できる。佐藤の恫喝後、誰も異議を挟まなくなり、狂気の法案はあっという間に成立した。

国力のすべてを中国との戦争に注ぎ込もうと考えていた日本はこの年、二年後に東京で開催予定であった「オリンピック」と「万国博覧会」（万博）を返上した。もはや世界の国々と仲良く手を結んでいこうという意思がないことを内外に宣言したに等しかった。

このオリンピックと万博の返上は陸軍の強い希望であったといわれている。

暴れるドイツ

同じ昭和一三年（一九三八）、ヨーロッパではドイツがオーストリアを併合し、チェコスロバキアのズデーテン地方を要求する事態となっていた。チェコは拒否するが、ヒトラーは戦争をしてでも奪うと宣言する。イギリスとフランスの首相がヒトラーと会談したが（ミュンヘン会談）、英仏両国は、チェコを犠牲にすれば戦争は回避できると考え、また、「これが最後の領土的要求である」というヒトラーの言葉を信じて、彼の要求を全面的に受け入れる。そのためにチェコは自国領土の一部をむざむざとドイツに奪われた。

イギリスとフランスが取った「宥和《ゆうわ》政策」は当時、ヨーロッパの平和を維持するための現実的で勇気ある判断として大いに評価され、ミュンヘン会談を終えてロンドン郊外のクロイドン空港に降り立ったチェンバレン首相を、イギリス国民は大歓迎した。

しかしこの「宥和政策」は、結果的にドイツに時間的、資金的な猶予を与えただけのものと

なった。結果論ではあるが、この時、イギリスとフランスが軍備を拡充して敢然とヒトラーに対峙していたならば、第二次世界大戦は避けられたかもしれない。仮に戦争になったとしても、全ヨーロッパが火の海となり、夥しい死者が出る悲惨な状況にはならなかったと思われる。狂気の独裁者に対して宥和政策を取るということは、一見、危険を回避したように見えるが、より大きな危険を招くことにもつながるという一種の教訓である。

ドイツはやすやすとズデーテン地方を奪った後、チェコスロバキアの制圧に乗り出す。スロバキアに独立を宣言させ、チェコをも保護下に置きながら、最終的には昭和一四年（一九三九）三月、軍事侵攻して全土を占領した。そしてチェコ最大のシュコダ財閥の軍需工場を接収し、兵器を大量に増産すると、ソ連と「独ソ不可侵条約」を結んだ上で、九月一日にポーランドに電撃的に侵攻した。おぞましいことに、ヒトラーとスターリンは事前にポーランドの分割を話し合っていたのである。

ポーランドと相互援助条約を結んでいたイギリスとフランスは、完全に面子をつぶされ、二日後、ドイツに宣戦布告した。ここに第二次世界大戦が幕を開けた。

コラム ドイツのユダヤ人迫害政策は、日本にも影響を与えていた。
戦争が始まる前年から、東ヨーロッパのユダヤ人の一部はドイツの迫害から逃れるために シベリア鉄道を使って上海のアメリカ租界を目指した。しかし、ルートの途中にある満洲国

の外交部が旅券を出さないため、国境近くのオトポール駅（現在のロシア、ザバイカリスク駅）で足止めされた。

それを知った関東軍の樋口季一郎《ひぐちきいちろう》少将（当時）はユダヤ人に食料・衣服・医療品などを支給した上で、上海租界へ移動できるように便宜を図った。この「ヒグチルート」と呼ばれるルートを通って命を救われたユダヤ人は二万人といわれている。

このことを知ったドイツは、日本に対して強く抗議した。前々年に「日独防共協定」を結び、ドイツと良好な関係を保ちたいと考えていた関東軍内部でも樋口の処分を求める声が高まった。しかし時の関東軍参謀長、東条英機《とうじょうひでき》は樋口を不問とし、ドイツに対して「人道上の当然の配慮である」として、その抗議をはねのけた。

なお樋口は昭和二〇年（一九四五）、北方防衛の第五方面軍司令官として、ポツダム宣言受諾後に、樺太や千島列島に軍事侵攻してきたソ連軍と戦っている。この時、麾下《きか》の九十一師団が占守島《しむしゅ》の戦いでソ連軍に痛撃を与え、彼らを足止めしたことによって、北海道侵攻を食い止めたといわれている。戦後、ソ連は樋口をA級戦犯として起訴しようとするが、それを知った世界ユダヤ人会議がアメリカ国防総省に樋口の助命嘆願を行ない、戦犯リストから外させた。

樋口と陸軍士官学校の同期であった安江仙弘《やすえのりひろ》陸軍大佐もユダヤ人救出に尽力した軍人である（戦後、ソ連軍に逮捕されシベリアの収容所で病死）。

また、昭和一五年（一九四〇）、リトアニアの日本領事館に勤めていた杉原千畝《すぎはらちうね》は、ユダヤ人難民に日本へ入国するためのビザを発行して、約六千人のユダヤ人を救った。この時、杉原が日本政府（外務省）の命令に反してビザを発行したと書かれている本もあるが、いかにビザがあっても政府が拒否すればユダヤ人は日本に入国できない。つまりユダヤ人亡命は、時の日本政府が黙認していたということである。

エルサレムにあるイスラエル建国の功労者の氏名が刻み込まれた記念碑「ゴールデンブック」には、樋口と安江と杉原の名前が刻まれている。

第二次世界大戦

第二次世界大戦は不思議な戦争だった。イギリスとフランスはドイツに対して宣戦布告したものの、実際にドイツに攻め込むことはしなかったからだ。

大西洋でのドイツ潜水艦による通商破壊戦の攻防はあったが、八ヵ月間、陸上での戦いはほとんどなかった。そのためイギリスでは「まやかし戦争」（Phoney War）、フランスでは「奇妙な戦争」（Drôle de guerre）と呼ばれた。つまりイギリスもフランスも、建前上、ドイツに宣戦布告したものの、本心は戦争をする気がなかったのだ。イギリス国民の多くは、その年の暮れには戦争は終わるだろうと考えていた。

当時、ドイツ軍は主力を東部戦線に移しており、イギリス軍とフランス軍が一挙に攻め込めば、ドイツ軍は総崩れになったであろうといわれている。ドイツ軍首脳は、フランスとの国境線に大軍を配備しておくべきと主張したが、英仏のそれまでの宥和的態度から、戦う意思がないと見抜いていたヒトラーは、西部戦線をがら空きにして主力をポーランドに集中させた。

ドイツはポーランドを完全に制圧すると、今度は主力を西部戦線に移し、昭和一五年（一九四〇）六月、ダンケルクで、英仏軍に一気に襲いかかった。両国軍はあっという間に撃破され、イギリス軍はヨーロッパ大陸から駆逐され、フランスは首都パリと国土の五分の三を占領された。それを見てイタリアもイギリス、フランスに宣戦布告した。

ドイツの破竹の進撃を見た日本陸軍内にも、「バスに乗り遅れるな」との声が上がり、新聞もそれを支持した。そして同年九月、近衛文麿《ふみまろ》内閣は「日独伊三国同盟」を締結した。朝日新聞は、これを一大慶事のように報じた。しかしこの同盟は、実質的には日本に大きなメリットはなく、アメリカとの関係を決定的に悪くしただけの、実に愚かな同盟締結だったといわざるを得ない。

もっともアメリカのルーズベルト民主党政権はこれ以前から、日本を敵視し、様々な圧力をかけていた。前年の昭和一四年（一九三九）には、日米通商航海条約破棄を通告し、航空機用ガソリン製造設備と技術の輸出を禁止していた。

また、アメリカやイギリスは、日本と戦闘状態にあった中華民国を支援しており、「援蔣ル

ート」を使って軍需物資などを送り続けていた。「援蔣ルート」は四つあったが、最大のものは「仏印（フランス領インドシナ）ルート」と呼ばれるもので、ハノイと昆明を結んでいた。日本は仏印ルートの遮断を目的として、昭和一五年（一九四〇）、北部仏印（現在のベトナム北部）に軍を進出させた。これはフランスのヴィシー政権（昭和一五年【一九四〇】にドイツに降伏した後、中部フランスの町ヴィシーに成立させた政府）と条約を結んで行なったものだが、アメリカとイギリスは、ヴィシー政権はドイツの傀儡であり日本との条約は無効だと抗議した。しかし日本はそれを無視して駐留を続けた。

「援蔣ルート」をつぶされたアメリカは、日本への敵意をあらわにし、昭和一五年（一九四〇）、特殊工作機械と石油製品の輸出を制限、さらに航空機用ガソリンと屑鉄の輸出を全面禁止する。

アメリカから「対日経済制裁」の宣告を受けた日本は、石油が禁輸された場合を考え、オランダ領インドネシアの油田権益の獲得を目論んだ。当時、オランダ本国はドイツに占領されていたが、インドネシアはロンドンのオランダ亡命政府の統治下にあった。

翌昭和一六年（一九四一）、日本軍はさらに南部仏印（現在のベトナム南部）へと進出した。アメリカのルーズベルト政権はこれを対米戦争の準備行動と見做し、日本の在米資産凍結令を実施した。イギリスとオランダもこれに倣った。そして同年八月、アメリカはついに日本への石油輸出を全面的に禁止したのである。

当時、日本は全石油消費量の約八割をアメリカから輸入していた。それを止められるということは、息の根を止められるのと同じだった。日本はオランダ領のインドネシアから石油を輸入しようとしたが、オランダ亡命政府（当時はイギリスからカナダに拠点を移していた）は、アメリカとイギリスの意向を汲んで日本には石油を売らなかった。

この時、日本の石油備蓄は約半年分だったといわれている。つまり半年後に日本は軍艦も飛行機も満足に動かせない状況に陥るということだった。もちろん国民生活も成り立たなくなる。まさに国家と国民の死活問題であった。

日本は必死で戦争回避の道を探るが、ルーズベルト政権には妥協するつもりはなかった。それどころかルーズベルト政権は日本を戦争に引きずり込みたいと考えていたと指摘する歴史家もいる。

アメリカがいつから日本を仮想敵国としたのかは、判然としないが、大正一〇～一一年（一九二一～一九二二）のワシントン会議の席で、強引に日英同盟を破棄させた頃には、いずれ日本と戦うことを想定していたと考えられる。それを見抜けず、日英同盟を破棄して、お飾りだけの平和を謳った「四ヵ国条約」を締結してよしとした日本政府の行動は、国際感覚が欠如しているとしかいいようがない。

それから約二十年後の昭和一四年（一九三九）には、アメリカははっきりと日米開戦を考えていたといえる。ただルーズベルト大統領は、第二次世界大戦が始まっていた昭和一五年（一

九四〇）の大統領選（慣例を破っての三期目の選挙）で、「自分が選ばれれば、外国との戦争はしない」という公約を掲げて当選していただけに、自分から戦争を始めるわけにはいかなかった。彼は「日本から戦争を仕掛けさせる方法」を探っていたはずで、日本への石油の全面禁輸はそのための策であったろう。

開戦前夜

日本はそれでもアメリカとの戦争を何とか回避しようと画策した。アメリカと戦って勝てないことは政府も軍もわかっていたからだ。

しかし日本の新聞各紙は政府の弱腰を激しく非難した。満洲事変以来、新聞では戦争を煽る記事や社説、あるいは兵士の勇ましい戦いぶりを報じる記事が紙面を賑わせていた。なかには荒唐無稽な創作記事も数多くあった。東京日日新聞（現在の毎日新聞）の「百人斬り」の記事などはその典型である。これは支那事変で陸軍の二人の少尉が、「どちらが先に敵を百人斬るかという競争をした」という事実誤認に満ちた根拠薄弱な内容だ。しかし戦後、この記事が原因で、二人の少尉は南京軍事法廷で死刑判決を受け、銃殺刑に処された（毎日新聞は現在も記事の内容は真実であったと主張している）。ちなみに「日独伊三国同盟」を積極的に推したのも新聞社だった。

そんな中、昭和一六年（一九四一）十一月二十七日、アメリカのルーズベルト政権はそれまでの交渉を無視するかのように、日本に対して強硬な文書を突き付けてきた。この文書は当時の国務長官コーデル・ハルの名前をとって「ハル・ノート」と呼ばれているが、最も重要な部分は、「日本が仏領インドシナと中国から全面撤退する」という項目だった。これは日本としては絶対に呑めない条件だった。この時点で、日米開戦は不可避になったといえる。

実はこのハル・ノートを見た日本軍首脳部の開戦派は、「天祐」と言ったという。つまり「戦争をするしかない」となったからだ。それまで戦争を回避したいと考えていた閣僚たちも開戦に強く反対しなくなった。それまでアメリカとの戦争には消極的な立場を取っていた海軍も開戦の決意を固めたといわれる。

とはいっても、前日、択捉島の単冠湾《ひとかつぷ》から聯合艦隊の空母部隊がハワイに向けて出撃している（攻撃決定は十二月二日）。艦隊が単冠湾に集結したのは十一月二十二日、真珠湾攻撃のための猛訓練を始めたのは同年五月であった。つまり日本は戦争回避を試みながらも、戦争開始の準備を着々と進めていたのだった。

ただ、ハル・ノートの解釈については後年議論の的になっている点がある。「日本が中国から撤退」という要求の文章の「中国」についてである。原文は「China」となっているが、この「China」が中華民国を指すのか、それとも満洲まで含めた地域を指すのかが明確にされていなかったのだ。日本側は「満洲」を含めた地域と解釈したが、実はアメリカ側は、満洲は考

慮に入れていなかったともいわれている。

戦後、この経緯を調べたピューリッツァー賞受賞作家のジョン・トーランドは、当時の日本の閣僚らに、もし満洲を含まないと知っていたら開戦していたかと訊ねている。すると多くの人は、「それならハル・ノートを受諾した」、あるいは「開戦を急がなかったであろう」と答えている。もっとも、何としても日本を戦争に引きずり込みたいと考えていたルーズベルトは、別の手段で日本を追い込んだであろう。

とまれ賽《さい》は投げられた。

真珠湾攻撃

昭和一六年（一九四一）十二月八日未明、聯合艦隊の空母から飛び立った日本海軍の航空隊はハワイの真珠湾に停泊するアメリカ艦隊を攻撃した。日本軍は戦艦四隻を撃沈し、基地航空部隊をほぼ全滅させた。この時、在アメリカ日本大使館員の不手際で宣戦布告が攻撃後になってしまった。

同日、台湾から海軍の航空隊が出撃し、フィリピンのクラーク基地のアメリカ航空部隊を全滅させている。さらに同日、日本陸軍はマレー半島に上陸し、イギリス軍を打ち破っている。日本がアメリカとイギリスに対して同時に開戦したのは、オランダ領インドネシアの石油を奪

うためだった。そのためにはシンガポールのイギリス軍を撃破しなければならず、また手に入れた石油を日本に送るのに東シナ海を通るため、その航路を遮る位置にあるアメリカのクラーク基地を無力化する必要があった。真珠湾のアメリカ艦隊を叩いたのも同じ理由である。

同日、日本はアメリカとイギリスに対して宣戦布告を行なった。同時に支那事変も正式に戦争になった。ここに至りインドシナ半島や太平洋を含めた史上最大規模の大戦争の火蓋が切られた。

日本軍は緒戦だけは用意周到に作戦を練っていたが、大局的な見通しはまるでなかった。そもそも工業力が十倍以上も違うアメリカとの長期戦は一〇〇パーセント勝ち目がなかった。しかしハル・ノートを受け入れれば、日本は座して死を待つことになる。そうなれば、七十年前の幕末の悪夢が再びやってくる恐れがあった。つまり欧米の植民地にされてしまうという恐怖だ。

当時の世界は、現代とは比べものにならないほど、露骨な弱肉強食の原理で動いていた。アジア、アフリカ、南米に有色人種の独立国はほとんどなかったし、多くの有色人種たちがひたすら搾取され、奴隷のような扱いを受けていた。ヨーロッパの白人種の国でも弱小国はソ連やドイツに次々に解体されていた。

何しろ国際連盟で「人種差別撤廃」の規約が否決になった時代である。国力を失った有色人種の極東の島国の運命は暗澹たるものになると、日本の政府や軍人たちが危惧したのも無理は

ない。

後の話になるが、戦後、アメリカ軍の南西太平洋司令長官であり、日本占領軍の最高司令官でもあったダグラス・マッカーサーは、昭和二六年(一九五一)、アメリカ上院軍事外交合同委員会の場において、「日本が戦争に飛び込んでいった動機は、大部分が安全保障の必要に迫られてのものだった」と述べている。つまり侵略ではなく自衛のための戦争であったと言ったのだ。

日本の真珠湾攻撃はルーズベルト大統領にとっては願ったり叶ったりだった。彼は「日本軍は宣戦布告なしの卑怯な攻撃を行なった」と、アメリカ国民に強く訴えた。ここで戦争反対だったアメリカの世論が一夜にして「リメンバー・パール・ハーバー」の合言葉とともに変じ、一気に戦争へと向かっていったのである。

ところで、現代のアメリカ人の中にも、広島・長崎への原爆投下と東京大空襲は日本の汚い攻撃に対する報復だと言う人はいくらでもいるし、日本人の中にも真珠湾攻撃は騙し討ちだったと言う人が少なくない。

しかし有史以来、宣戦布告をしてから戦争を行なったケースは実はほとんどない。第一次世界大戦と第二次世界大戦がむしろ例外的といっていい(それでもドイツのポーランド攻撃やソ連の日本への攻撃などはいずれも宣戦布告をしていない)。第二次世界大戦後もアメリカは何度も戦争をしているが、そのほとんどの場合、宣戦布告なしに攻撃を行なっている。つまり真

珠湾攻撃を卑怯なやり口と言い募ったのは、完全なプロパガンダなのである。

ただ残念なのは、そうした事態になることを恐れた聯合艦隊司令長官の山本五十六《やまもといそろく》が、くれぐれも真珠湾攻撃の前に宣戦布告文書をアメリカに手渡すようにと言っていたにもかかわらず、ワシントンの日本大使館員たちがそのことを重く受け止めていなかったことだ。

日本の攻撃を喜んだ人物がもう一人いる。イギリス首相のウィンストン・チャーチルである。日米開戦の報告を受けたチャーチルは大喜びし、すぐにルーズベルトに電話した。ルーズベルトの「いまやわれわれは同じ船に乗ったわけです」という言葉を聞いたチャーチルは、これで戦争に勝てると確信した。

彼はこの時の興奮と喜びを後に回顧録『第二次大戦』で次のように書いている。

「感激と興奮とに満たされ、満足して私は床につき、救われた気持で感謝しながら眠りについた」

さらにこうも書いている。

「ヒトラーの運命は決まった。ムッソリーニの運命も決まったのだ。日本人についていうなら、彼らはこなごなに打ちくだかれるだろう」

ドイツとイタリアに関しては個人の滅亡に言及しているが、日本に対しては民族全体に言及している。たまたまかもしれないが、私はここにチャーチルの白人種以外への差別意識が表われたと見ている。ちなみに彼は昭和二八年（一九五三）にこの回顧録でもってノーベル文学賞

を受賞している。

戦争目的を失った日本

開戦四日後の昭和一六年（一九四一）十二月十二日、日本はこの戦争を「大東亜戦争」と名付けると閣議決定した。したがって、この戦争の正式名称は「大東亜戦争」である。現代、一般に使われている「太平洋戦争」という名称は、実は戦後に占領軍が強制したものだ。

「大東亜戦争」は前述したように緒戦は日本軍の連戦連勝だった。開戦と同時にアメリカの真珠湾とフィリピンのクラーク基地を叩き、三日目にはイギリスの東洋艦隊のプリンス・オブ・ウェールズとレパルスという二隻の戦艦を航空攻撃で沈めた。さらに難攻不落といわれていたイギリスのシンガポール要塞を陥落させた。

そしてこの戦争の主目的であったオランダ領インドネシアの石油施設を奪うことに成功した。日本軍がパレンバンの油田を占領したと聞いた東条英機首相は、「これで石油問題は解決した」と言ったが、彼も政府（そして軍）も、油田を占領することと石油を手に入れることは同じではないということに気付いていなかった。結論をいえば、日本はせっかく奪った油田から、多くの石油を国内に輸送することができなかったのだ。

開戦前、日本政府はインドネシアの石油やボーキサイト（アルミニウムの原料）を日本に送

り届けるための輸送船を民間から徴用することに決めた。しかし軍が必要とするだけの数を徴用すると、国内における流通に支障をきたすことになるため、軍は「半年だけ」という条件で無理矢理に民間船を徴用した。

ところが、インドネシアからの石油などの物資を運ぶ輸送船が、アメリカの潜水艦によって次々と沈められるという事態となる。それでも、海軍は輸送船の護衛など一顧だにせず、聯合艦隊の誇る優秀な駆逐艦が護衛に付くことは一切なかった。「聯合艦隊はアメリカの太平洋艦隊を撃破するためのもので、鈍足の油槽船を護衛するためのものではない」というのが上層部の考えだったからだ。

海軍は、かつて日本海海戦でバルチック艦隊を壊滅させたことによって日露戦争に勝利したように、大東亜戦争もアメリカの太平洋艦隊を壊滅させれば終結すると考えていたのだ。そのため艦隊決戦こそが何よりも優先されるという思い込みを持っていたので、輸送船の護衛などは考えもしなかった。海軍では船舶の護衛任務を「くされ士官の捨て所」と呼んで軽侮していたし、陸軍にも「輜重輸卒《しちょうゆそつ》（物資の輸送をする兵）が兵ならば蝶々トンボも鳥のうち」と輜重兵を馬鹿にした歌がある。戦争が輸送や生産も含めた総力戦であるという概念が完全に欠如していたのだ。

身を守る手段のない輸送船は大量に撃沈された。それで「半年だけ」という約束は反故にされ、軍はさらに民間船を徴用することになる。そのため戦場では勝利を収めながら、国内経済

は行き詰まっていくという矛盾した状況に陥った。石油を含む物資の不足が、工業生産力の低下を招き、戦争継続が困難な状況になったにもかかわらず、軍はそのあたりをまったく把握・理解できていなかった。

驚くべきデータがある。公益財団法人「日本殉職船員顕彰会」の調べによれば、大東亜戦争で失われた徴用船は、商船三千五百七十五隻、機帆船二千七十隻、漁船千五百九十五隻、戦没した船員と漁民は六万人以上にのぼる。その損耗率は何と約四三パーセントである。これは陸軍兵士の損耗率約二〇パーセント、海軍兵士の損耗率約一六パーセントをはるかに超えている。

彼ら民間の船員たちは、海外から石油を含む貴重な物資を命懸けで運んだにもかかわらず、石油は軍に優先的に回され、国民には満足に行き渡らなかった。それでも軍需物資の不足に悩む政府は国民から不要な金属製品を回収することを閣議で決定した。寺の梵鐘《ぼんしょう》、橋の欄干、銅像、さらに一般家庭にある余った鍋釜や鉄瓶、火箸に至るまで半強制的に供出させた。これにより国民生活は一層逼迫した。

コラム　「大東亜戦争は東南アジア諸国への侵略戦争だった」と言う人がいるが、これは誤りである。

日本はアジアの人々と戦争はしていない。日本が戦った相手は、フィリピンを植民地としていたアメリカであり、ベトナムとカンボジアとラオスを植民地としていたフランスであり、

インドネシアを植民地としていたオランダであり、マレーシアとシンガポールとビルマを植民地としていたイギリスである。日本はこれらの植民地を支配していた四ヵ国と戦って、彼らを駆逐したのである。

日本が「大東亜共栄圏」という理想を抱いていたのはたしかである。「大東亜共栄圏」とは、日本を指導者として、欧米諸国をアジアから排斥し、中華民国、満洲、ベトナム、タイ、マレーシア、フィリピン、インドネシア、ビルマ、インドを含む広域の政治的・経済的な共存共栄を図る政策だった。昭和一八年（一九四三）には東京で、中華民国、満洲国、インド、フィリピン、タイ、ビルマの国家的有力者を招いて「大東亜会議」を開いている。実際に昭和一八年（一九四三）八月一日にビルマを、十月十四日にフィリピンの独立を承認している（ただし、アメリカとイギリスは認めなかった）。

残念ながら日本の敗戦により、「大東亜共栄圏」が実現されることはなかったが、戦後、アメリカやイギリスなど旧宗主国は再びアジアの国々を支配することはできず、アジア諸国の多くが独立を果たした。この世界史上における画期的な事実を踏まえることなく、短絡的に「日本はアジアを侵略した」というのは空虚である。

ミッドウェー海戦と言霊主義

昭和一七年(一九四二)六月、聯合艦隊はミッドウェー海戦で、主力空母四隻を失うという致命的な大敗を喫する。この戦いは運にも見放された面があったが、日本海軍の驕りと油断が多分にあった。

開戦前のシミュレーションで、日本の空母に爆弾が命中して沈没するという事態になった時、参謀の一人が「今のはやり直し」ということで、被害ゼロのシミュレーションにして図上演習を続けている。また作戦前に「もし敵空母がやってきたら」と問われた航空参謀は、「鎧袖一触《がいしゅういっしょく》です」とこともなげに答えている。「鎧袖一触」とは「相手に対して刀を抜くまでもなく、鎧《よろい》の袖《そで》を当てただけで倒してしまう」という意味の言葉である。もちろんその参謀が言った鎧袖一触の根拠はない。敵空母が来たら、当然、損害もありうる。それをどうするかというのが参謀の役目である。にもかかわらず、「鎧袖一触」という言葉で対策や検討を打ち切っている。兵隊が自らを鼓舞するために言ったならともかく、参謀が作戦会議の場で口にすべき言葉ではない。

私はここに「言霊主義」の悪しき面を見る。つまり「悪い結果は口にしないし、想定もしない」で、「いいことだけを言う」というものだ。この後も、日本軍は「言霊主義」に囚われ、太平洋の各戦場でひとりよがりの作戦を立てて敗北を重ねていく。

もう一つ日本軍の大きな欠点は情報を軽視したことである。その典型が昭和一七年(一九四二)八月に始まったガダルカナル島攻防戦である。

この島をアメリカ軍に奪われたと聞いた大本営はただちに奪回を試みるが、アメリカ軍の兵力を二千人くらいと根拠もなく見積もり、それなら九百人ほどで勝てるだろうと一木《いちき》支隊を送り込んだ。敵の半分の兵力で勝てると考えるのも大いに問題だが、実際にはアメリカ軍は一万三千人もいたのだ。また日本軍が持っていない重砲などを装備していた。

アメリカ軍陣地に突撃した八百人の兵士のうち七百七十七人が一夜にして死んだ。その報を受けた大本営は、それではと今度は五千人を送り込んだ。しかしアメリカ軍はさらに一万八千人まで増強していた。

結局、ガダルカナル島をめぐる攻防戦は半年近くにわたって行なわれ、日本軍は夥しい人的被害を出し大量の航空機と艦艇を失って敗退した。ガダルカナル島で亡くなった陸軍兵の多くは餓死だった。なお、この戦いでは、日本の誇る世界最強の戦艦である大和と武蔵は一度も出撃していない。兵力を温存したかったという理由もあるが、石油不足のために動かせなかった（大和型戦艦は大量に重油を消費する）面もあった。輸送船を護衛しなかったツケが開戦後一年も経たないうちにまわってきたのだ。

コラム 大東亜戦争を研究すると、参謀本部（陸軍の総司令部）も軍令部（海軍の総司令部）も「戦争は国を挙げての総力戦である」ということをまったく理解していなかったのではないかと思える。国民に鍋や釜まで供出させながら、一方で夥しい無駄を放置している。

たとえば前述の輸送船問題にどう対応したかといえば、どうせすぐに沈められるのだからと適当な設計で「戦時標準船」という名前で粗製濫造ともいえる船を作り、実際に次々に沈められた。

無駄といえば、零戦の製作にもある。三菱零式艦上戦闘機は日本海軍の主力戦闘機だが、その製造の実態を知れば多くの人は耳を疑うであろう。零戦は名古屋の三菱工場で作られたが、工場の近くには飛行場がなかった。そのため完成した零戦をいったんバラバラにして、牛が引く荷車三台に載せて、約四〇キロ離れた岐阜の各務原《かかみがはら》飛行場まで一昼夜かけて運び、そこであらためて組み立ててから全国の基地に向けて飛ばしたのだ。

なぜ馬ではなく牛を使ったのかといえば、「名古屋―各務原」間は道路が舗装されておらず、スピードが出る馬車だとせっかく作った零戦が壊れるからだ。同様の理由でトラックも使えなかった。当時、飛行機といえば世界最高のテクノロジー兵器であり、零戦の性能は世界標準の素晴らしいものだった。その兵器を牛で運んでいたのである。普通なら工場の横に飛行場を作るか、その逆か、あるいは道路を広げて舗装するかという話になるはずだが、それぞれの管轄が別という縦割り行政のせいで、この状況は終戦まで改善されなかった。さらに、戦争が激化すると、工場の熟練工も召集され戦場へ送られた。代わりに中学生や女学生を勤労学生として工場に送り込んだが、当然一流の職工の代わりになるはずもなく、零戦の不良品が相次いだ。

アメリカではもとより兵器は大量生産しやすいように設計され、熟練工でなくても作れる工程が組まれている。日本の同盟国ドイツでは軍需大臣のアルベルト・シュペーアが徴兵の権限まで持っていたため、一流の職人や工場労働者は戦場に送らなかった。したがって戦争末期まで工業生産力が低下しなかった。またドイツは敗戦の前年でも国民一人当たりのカロリー摂取量は戦前と同じレベルを保っていた（同時期の日本はドイツの三分の二しかない）。アメリカもドイツも、戦争は総合力であるということを知っていた。ただ、それは第一次世界大戦の厳しい体験を通じて学んだ部分も大きかった。

一方、日本はそれを学ぶ機会がなかった。日本にとって直近の大戦争は日露戦争であり、戦争は局地戦で勝利を収めれば勝てるという誤った教訓を身に付けていた。

海軍と陸軍の対立もひどいものがあった。一例を挙げると、銃や弾丸の規格と仕様が違っていた。世界の軍隊でこんな例はない。

似た話では、インドネシアの石油施設を多く取ったのは陸軍だったが、実は陸軍は海軍ほど石油を使わない。それなのに現地で余った石油を海軍には回さなかった。そのため海軍は常に重油不足で、聯合艦隊の行動に制限がかけられていた。見るに見かねた陸軍の士官が海軍に石油を回したことがあったが、彼は軍から厳しい叱責を受けている。そもそも石油を確保するために始めた戦争であったにもかかわらず、完全にその目的を見失っていた。

別の例を挙げると、軍用機メーカーの中島飛行機は海軍と陸軍の飛行機を作っていたが、

同じ会社の敷地内に別々の建物を作り、お互いに徹底した秘密主義で建物に囲いまで作って互いの設計図や工程を見せなかった。共同で開発していこうなどという気は皆無だった。

海軍と陸軍の国益に反する対立は枚挙にいとまがないが、こうしたことを見ると、はたして当時の日本陸軍と海軍は、本気で戦争に勝つ気があったのだろうかとさえ思えてくる。

私が最も腹立たしく思うのは、当時の日本軍上層部が失敗の責任を取らなかったことだ。将官クラス（大将、中将、少将）はどんなひどい作戦ミス、判断ミスをしても、そのことで責任を取らされることは一切なかった。そのため大戦中に同じ失敗を繰り返した。

信賞必罰ではなく、出世は陸軍士官学校と海軍兵学校（および陸軍大学校と海軍大学校）の卒業年次と成績で決められていたのだ。個々人の能力はほとんど考慮されない。いくら能力が高くても、上の人間を追い越すことはできない。士官学校や兵学校の成績というのはほとんどペーパーテスト。つまり答えが決まっている問題を解く能力が問われるにすぎない。だが、実際の戦場には答えがない。前例のない問題が常に繰り出されるような状態、つまりペーパーテストに強いマニュアル人間が最も苦手とする分野である。この頃の軍人は、戊辰戦争や西南戦争を経験していた日清戦争や日露戦争の司令官クラスとはまるで違っていたのだ。

大戦中の日本軍の指揮官クラスは現代の官僚に似ていると思う。いや、現代の官僚が当時の軍人に似ているというべきか。いずれも答えのある問題には強いが、前例のない事態への

対応力は格段に落ちる。そして失敗の責任を取らされることはない。

余談だが、宣戦布告の文書を、不手際でハル国務長官に手渡すのが遅れた日本大使館員のキャリア外交官たちは、何一つ責任を取らされないばかりか、戦後は、GHQによって公職追放された来栖《くるす》三郎《さぶろう》以外は、ほとんどが出世している。これでは、宣戦布告の遅れを国が黙認していたと、アメリカに受け取られても仕方がない。

ところで、アメリカ海軍の強さはその能力主義と柔軟な人事にある。チェスター・ニミッツは、実戦能力を認められ、日米開戦となった時は序列二十八番目の少将から中将を飛ばして大将に昇進し、太平洋艦隊司令長官に就任した。

一方、失敗の責任は厳しく追及される。ハズバンド・キンメル海軍大将は日本の真珠湾攻撃で戦艦四隻を失った責任を問われ解任されている。ちなみにキンメルの死後、一九九九年、キンメルの名誉回復が上院で採択され、翌二〇〇〇年、下院でも採択されたが、時の大統領ビル・クリントンも、次の大統領のジョージ・W・ブッシュも署名を拒否している。

無意味な戦い

昭和一八年（一九四三）の時点で、日本の国内経済はすでにガタガタになっており、生産力は著しく低下し、戦争の継続の見通しは立たなくなっていたが、アメリカの本格的な反攻がな

いため、講和の画策もしなかった。また中国大陸に限っては戦いを有利に進めていた。ただアメリカがその一年間休んでいたわけでは決してない。ヨーロッパ戦線を戦いながら、日本への反攻準備を着々と整えていたのである。

一番の武器は大型空母だった。真珠湾攻撃を見て空母の有効性を確認したアメリカは、一挙に大型空母三十二隻（エセックス級と呼ばれるもので、第二次世界大戦中の最強の空母）の建造を計画したのだ。エセックス級空母が終戦までに十八隻就役したのに対し、日本が戦争中に就役させて実戦に投入できた正規空母は一隻のみであった（開戦時、日本の正規空母は六隻）。

昭和一九年（一九四四）六月に行なわれたマリアナ沖海戦で、新型空母をずらりと揃えたアメリカの機動部隊の前に、日本の聯合艦隊は完敗を喫する。

この戦いで大本営が掲げていた絶対国防圏が破られ、サイパン島が奪われた。これは日本の命運を握られたともいえる事態だった。というのは、サイパンからは大型爆撃機Ｂ－29が直接日本を空襲することが可能だったからだ。

この時、商工大臣であった岸信介《きしのぶすけ》（戦後、首相になる）は「本土爆撃が繰り返されれば必要な軍需を生産できず、軍需次官としての責任を全うできないから講和すべし」と首相の東条英機に進言した。東条は「ならば辞職せよ」と言ったが、岸は断固拒絶した。東条の腹心だった東京憲兵隊長が岸の私邸を訪れ、軍刀をがちゃつかせて恫喝したが、岸は動じなかった。結果、閣内不一致となり、同年七月、東条内閣はサイパン失陥の責任を取る形で総辞職となった。

後の評論家の多くは、この時に不利な条件でも講和すべきだったと言うが、すでにこの時点ではアメリカは無条件降伏に近いものしか認めなかったであろうし、大本営と陸軍がそれを呑んだとは考えられない。つまるところ、行き着くところまで行く運命にあったといえる。

神風特攻隊

日本は中国大陸の戦いでは優勢だったが、アメリカを相手にした太平洋での戦いはもはや絶望的だった。聯合艦隊はほとんどの空母を失っており、強大な空母部隊を擁するアメリカ艦隊に対抗できる力はなかった。それでも降伏しない限りは戦い続けなくてはならない。

昭和一九年（一九四四）十月、日本はフィリピンでアメリカ軍を迎え撃った。追い詰められた日本海軍は、人類史上初めて航空機による自爆攻撃を作戦として行なった。神風特攻隊である。神風特攻隊は最初はフィリピンでの戦いの限定的作戦だったが、予想外の戦果を挙げたことから、なし崩し的に通常作戦の中に組み入れられた。

しかし陸海軍の必死の攻撃の甲斐もなく、フィリピンはアメリカに奪われ、日本陸海軍兵士五十一万八千人が戦病死した。フィリピンを奪われたことで、南方と日本をつなぐシーレーンは完全に途絶え、ついに石油は一滴も入ってこない状態となった。

もっともその前から護衛のない日本の油槽船はアメリカ潜水艦の餌食となっていて、昭和一

九年（一九四四）には、インドネシアから国内に送り込んだ原油はわずか七九万リットルだった（戦前、アメリカから輸入していた原油は年間五〇〇万リットル）。もはや戦争どころか国民生活さえ維持できない状況となっていた。

翌昭和二〇年（一九四五）、アメリカ軍はついに沖縄にやってきた。日本軍は沖縄を守るために、沖縄本島を中心とした南西諸島に十八万の兵士を配置した。陸軍と海軍合わせて約二千機の特攻機が出撃した。また聯合艦隊で唯一残った戦力といえる戦艦大和も出撃したが、のべ四百機近いアメリカ空母艦載機の攻撃により、坊ノ岬沖であえなく沈められた。

戦後の今日、「日本は沖縄を捨て石にした」と言う人がいるが、これは誤りだ。日本は、沖縄を守るために最後の力をふり絞って戦ったのだ。もし捨て石にするつもりだったなら、飛行機も大和もガソリンも重油も本土防空および本土決戦のために温存したであろう。

沖縄は不幸なことに地上戦となり、約九万四千人もの民間人が亡くなった。沖縄出身の兵士は二万八千人以上が亡くなっているが、沖縄以外の出身の兵士も約六万六千人が亡くなっている。決して沖縄を捨て石にはしていない。

悪魔の如きアメリカ軍

アメリカ軍は沖縄を攻略する前に、三月に東京大空襲を行なっている。これはアメリカが日

本の戦意を挫くために、一般市民の大量殺戮を狙って行なわれたものだった。

この作戦を成功させるために、アメリカ軍は関東大震災や江戸時代の明暦の大火についてまで調べ、どこを燃やせば日本人を効果的に焼き殺せるかを事前に研究し尽くして、空襲場所を浅草区、深川区、本所区などを中心とする民家密集地帯に決めた。またどのような焼夷弾が有効かを確かめるために、ユタ州の砂漠に日本の民家を建てて街を作り、実験を行なっている。その家の中には、ハワイから呼び寄せた日系人の職人に、布団、畳、障子、卓袱台《ちゃぶだい》までしつらえさせるという徹底ぶりだった。

そしてサイパン基地から三百機のB－29に爆弾を積めるだけ積んで出撃し（そのために機銃まで降ろしていた）、三月九日の深夜から十日の未明にかけて、二〇〇〇メートルという低空から東京都民に爆弾の雨を降らせた。その結果、一夜にして老人、女性、子供などの非戦闘員が十万人以上殺された。これはハーグ陸戦条約に違反した明白な戦争犯罪行為だった。

五月にドイツが無条件降伏し、世界を相手に戦っているのは日本だけとなった。

東京はその後も何度か大空襲に遭い、全土が焼け野原となった。アメリカ軍はその年の五月に東京を爆撃目標リストから外したほどだ。被害に遭ったのは東京だけではない。大阪、名古屋、札幌、福岡など、日本の主要都市は軒並み焦土にされ、全国の道府県、四百三十の市町村が空襲に遭った。アメリカ軍の戦闘機は逃げ惑う市民を、動物をハンティングするように銃撃した。空襲による死者数は、調査によってばらつきがあるが、数十万人といわれている。

アメリカ軍による最も残虐な空襲は、同じ年の八月に、広島と長崎に落とした二発の原子爆弾（原爆）だった。これも無辜の一般市民の大量虐殺を意図したもので、明白な戦争犯罪である。この時点で日本の降伏は目前だったにもかかわらず、人類史上最悪の非道な行為に及んだことは許しがたい。

原爆投下は、戦後にいわれているような、戦争を早期に終わらせるためにやむなく行なったものではなく、原爆の効果を知る実験として落とされたと見て間違いない。その理由として、広島と長崎にわざわざ異なるタイプの原爆を落としていることや、効果を知るために、原爆投下候補地にはそれ以前、通常の空爆を行なっていなかったことが挙げられる。ちなみに京都がほとんど空襲されなかったのも原爆投下候補地の一つであったからだ。

何より忘れてはならないのは、原爆投下には有色人種に対する差別が根底にあるということだ。仮にドイツが徹底抗戦していたとしても、アメリカはドイツには落とさなかったであろう。昭和一九年（一九四四）九月にニューヨークのハイドパークで行なわれたルーズベルト米大統領とチャーチル英首相の「核に関する秘密協定」において、原爆はドイツではなく、日本へ投下することを確認し合っているからだ。

原爆投下のもう一つの目的は、ソ連に対しての威圧だった。アメリカは戦後の対ソ外交を有利に運ぶために原爆投下を昭和二〇年（一九四五）の五月には決定していた。

二発目の原爆が落とされた八月九日、ソ連が「日ソ中立条約」を破って参戦した。もはや日

本が戦争を継続するのは不可能だった。五日後の八月十四日、日本は「ポツダム宣言」を受諾すると連合軍に通達した。ここに日本が三年九ヵ月戦った大東亜戦争の終わりが決定した。古代以来、一度も敗れることがなかった日本にとって初めての敗北であった。同時に、十六世紀より続いていた欧米列強による植民地支配を撥ね返し、唯一独立を保った最後の有色人種が、ついに白人種に屈した瞬間でもあった。

コラム

「ポツダム宣言受諾」は、昭和二〇年（一九四五）八月九日の御前会議で決定した。場所は宮中御文庫附属庫の地下一〇メートルの防空壕内の一室だった。時刻は午後十一時五十分。列席者は鈴木貫太郎首相、外務大臣、陸軍大臣、海軍大臣、陸軍参謀総長、海軍軍令部総長、枢密院議長の七人であった（他に陪席四人）。

司会の首相を除く六人は、「ポツダム宣言受諾派」（外務大臣・海軍大臣・枢密院議長）と「徹底抗戦派」（陸軍大臣・陸軍参謀総長・海軍軍令部総長）で真っ二つに分かれた。

日本政府が「ポツダム宣言」を受諾すれば、天皇は戦犯として処刑される可能性もあったが、会議中、一切発言しなかった。時に昭和天皇は四十四歳であった。

昭和天皇は、その生涯にわたって、「君臨すれども親裁せず」という姿勢を貫いていた。「親裁」とは、君主自らが政治的な裁決を下すことである。したがって国民が選んだ内閣の決定には口を挟まないという原則を自らに課していた。それを行なえば専制君主となり、日

本は立憲国ではなくなるという考えを持っていたからだ。大東亜戦争の開戦には反対だったにもかかわらず、開戦が決まった御前会議においても、内閣の決定に対しては一言も異議を唱えなかった。

「ポツダム宣言」をめぐっての会議は完全に膠着状態になった。

日付が変わって午前二時を過ぎた頃、司会の鈴木貫太郎首相が、「事態は一刻の遷延も許されません。誠に畏れ多いことながら、陛下の思し召しをお伺いして、意見をまとめたいと思います」と言った。

ずっと沈黙を守っていた昭和天皇は、「それならば、自分の意見を言おう」と、初めて口を開いた。

一同が緊張して見守る中、天皇は言った。

「自分は外務大臣の意見に賛成である」

日本の敗戦が決まった瞬間であった。

恐ろしいまでの静寂の後、部屋にいた全員がすすり泣き、やがてそれは号泣に変わった。

薄暗い一五畳ほどの地下壕で、十一人の男たちが号泣する中、昭和天皇は絞り出すような声で言った。

「本土決戦を行なえば、日本民族は滅びてしまうのではないか。そうなれば、どうしてこの日本という国を子孫に伝えることが出来ようか。自分の任務は祖先から受けついだこの日本

を子孫に伝えることである。今日となっては、一人でも多くの日本人に生き残っていてもらい、その人たちが将来再び起ち上がってもらう以外に、この日本を子孫に伝える方法はないと思う。そのためなら、自分はどうなっても構わない」

この時の御前会議の様子は、陪席した迫水久常《さこみずひさつね》内閣書記官長（現在の内閣官房長官）が戦後に詳細を語ったテープが残っている（国会図書館所蔵）。この録音を文字起こしした文章を読めば、当夜の異様な緊迫感がこれ以上はないくらいの臨場感をもって迫ってくる。

日本政府はその日の朝、連合軍に「ポツダム宣言受諾」を伝えるが、この時、「国体護持」（天皇を中心とした秩序【政体】の護持）を条件に付けた。連合国からの回答は十三日に来たが、その中に「国体護持」を保証する文言がなかったため（天皇の処刑の可能性もあった）、政府は十四日正午に再び御前会議を開く。この時の列席者は、九日の時の七人に加え、全閣僚を含む計二十三人であった。

この場で、「（陛下を守れないなら）本土決戦やむなし」という声が上がるが、昭和天皇は静かに立ち上がって言った。

「私の意見は変わらない。私自身は如何になろうとも、国民の生命を助けたいと思う」

もはや列席者一同は慟哭するのみであった。

同日、「ポツダム宣言受諾」は閣議決定され、午後十一時、連合国側へ通達された。こうして大東亜戦争は終結した。

第十二章 敗戦と占領

大東亜戦争は日本の敗戦で終結した。

日本という国の二千年余の歴史の中でも、未曽有の大敗北であった。しかも外国の軍隊に国土を占領され、主権も外交権も奪われるという屈辱そのものだった。

戦争と敗戦が日本人に与えた悲しみと苦しみは計り知れない。

人的被害や物的損害は甚大なものだった。多くの国民の命が奪われ、明治維新以来、七十七年の間に、日本人が死に物狂いで築き上げてきた多くのインフラ施設のほとんどが灰燼《かいじん》に帰したのだ。同時に未来への希望も打ち砕かれたといっても過言ではない。

しかし本当の意味で、日本人を打ちのめしたのは、敗戦ではなく、その後になされた占領であった。日本を占領した連合軍の政策は苛烈そのものだった。占領軍は、かつて有色人種に対して行なったように、日本の伝統と国柄を破壊しようとした。幸いにしてそれらは不首尾に終わったが、日本人の精神を粉砕することには成功した。

本書の中で、これほど書くのが辛い章はない。おそらく読者も同じだと思うが、それだけにこの章は避けて通れないのである。

連合国軍による統治

「ポツダム宣言」はアメリカ大統領・イギリス首相・中華民国主席の名において、日本に向けて発令された十三項から成る宣言で（「米英支三国共同宣言」とも呼ばれる。ソ連は対日宣戦布告後に加わった）、日本「軍」に無条件降伏を迫る文書であった。

「ポツダム宣言」の第十三項には「我々は日本政府が全日本軍の即時無条件降伏を宣言し」とあり、無条件降伏の対象はあくまで「日本軍」であって、日本国とはなっていない。したがって「ポツダム宣言」受諾は「有条件降伏である」と捉えるべきであろう。

とまれ日本はこれを受諾して、三年九ヵ月にわたる大東亜戦争が終結した。同時に第二次世界大戦も終結した。

日本はこの戦争で甚大な犠牲を払った。約七千三百万の人口のうち約三百十万人の尊い命が失われた（内訳は民間人が約八十万人、兵士が約二百三十万人である）。また南樺太、台湾、朝鮮半島の領土を失い、満洲、中国、東南アジアにおける、公民含めたすべての資産・施設は没収された。

全国で二百以上の都市が空襲に遭い、東京、大阪、名古屋、福岡、札幌をはじめとする主要都市は軒並み焼き尽くされ、多くの公共施設、それに民間の会社、工場、ビルなどが焼失した。民家も約二百二十三万戸が焼かれ、夥しい人が家を失った。政府も自治体も一戸の仮設住宅さ

え作ることができず、焼け出された人々はトタンや焼け残った木材で雨露をしのぐバラックを建てて生活した。

日本はこの敗戦によって、立ち直れないほどの大きなダメージを蒙った。もはや世界五大国の面影は跡形もなかった。その上アメリカ政府は、日本の基礎工業の七五パーセントを撤去、電力生産の五〇パーセントを除去という過酷な政策を取ろうとしていた。

日本と日本国民の未来は暗澹たるものだった。

日本国憲法

昭和二〇年（一九四五）八月、アメリカ軍を主力とする連合国軍が日本の占領を開始した。とはいえ、実質的にはアメリカ軍による単独占領で、ダグラス・マッカーサーを最高司令官とする連合国軍最高司令官総司令部（General Headquarters。以下ＧＨＱと表記）が東京に置かれた。

占領政策は狡猾で、表向きはＧＨＱの指令・勧告によって日本政府が政治を行なう間接統治の形式をとったが、重要な事項に関する権限はほとんど与えなかった。

ＧＨＱの最大目的は、日本を二度とアメリカに歯向かえない国に改造することだった。そこで、明治以降、日本人が苦心して作り上げた政治の仕組みを解体し、憲法を作り替えることに

着手した。

同年十月、GHQは日本政府に対し、大日本帝国憲法を改正して新憲法を作るように指示した。これは実質的には帝国憲法破棄の命令に近かった。幣原喜重郎内閣は改正の草案を作ったが、発表前に毎日新聞社に内容をスクープされてしまう。草案の中に「天皇の統治権」を認める条文があるのを見たマッカーサーは不快感を示し、GHQの民政局に独自の憲法草案の作成を命じた。もちろんこの時、「戦争放棄条項」がマッカーサーの念頭にあったことはいうまでもない。

ハリー・S・トルーマン政権の方針に基づいて民政局のメンバー二十五人が都内の図書館で、アメリカの独立宣言文やドイツのワイマール憲法、ソ連のスターリン憲法などから都合のいい文章を抜き書きして草案をまとめあげた。メンバーの中に憲法学を修めた者は一人もいなかった。驚いたことに、彼らはわずか九日で草案を作った（六日という説もある）。

本来、憲法というものは、その国の持つ伝統、国家観、歴史観、宗教観を含む多くの価値観が色濃く反映されたものであって然るべきだ。ところが日本国憲法には、第一条に「天皇」のことが書かれている以外、日本らしさを感じさせる条文はほぼない。

しかもそうして作られた憲法には、今日まで議論の的になっている条項、いわゆる「九条」がある。それは次の二項である。

「（1）日本国民は、正義と秩序を基調とする国際平和を誠実に希求し、国権の発動たる戦争

と、武力による威嚇又は武力の行使は、国際紛争を解決する手段としては、永久にこれを放棄する。

（2）前項の目的を達するため、陸海空軍その他の戦力は、これを保持しない。国の交戦権は、これを認めない」

いわゆる「戦争放棄」として知られるこの条項は、マッカーサーの強い意向で盛り込まれたものだったが、さすがに民政局のメンバーからも、「憲法にこんな条項があれば、他国に攻められた時、自衛の手段がないではないか」と反対する声が上がったといわれる。そのため、「前項の目的を達するため」という文言が追加され（芦田《あしだ》修正）、自衛のために戦力を保持することができるという解釈を可能とする条文に修正されたが、日本人の自衛の権利すら封じる旨を謳っていることには変わりがなかった。

GHQはこの憲法草案を強引に日本側に押しつけた。内閣は大いに動揺したが、草案を呑まなければ天皇の戦争責任追及に及ぶであろうことは誰もが容易に推測できた。

この時、草案を受け入れた幣原首相は、後に「憲法九条は私がマッカーサーに進言した」と語っているが、それは有り得ない。九条は、トルーマン政権及びマッカーサーの断固とした意志であり、「戦争放棄」についてはマッカーサーが民政局長に手渡したとされる指示ノートに残されている。幣原という人物は、かつてワシントン会議においてアメリカの策略に乗って日英同盟を破棄した張本人であり、満洲や中国で日本人居留民が中国人からたびたび嫌がらせを

受けても、「自重するように」と言い続けた外相（当時）である。

新憲法は手続き上は、大日本帝国憲法を改正する形式を取り、衆議院と貴族院で修正可決された後、日本国憲法として昭和二一年（一九四六）十一月三日に公布され、翌年五月三日に施行された。

ここで、読者に絶対に知っておいていただきたいことがある。

アメリカを含む世界四十四ヵ国が調印している「ハーグ陸戦条約」には、「戦勝国が敗戦国の法律を変えることは許されない」と書かれている。つまり、ＧＨＱが日本の憲法草案を作ったというこの行為自体が、明確に国際条約違反なのである。

極東国際軍事裁判

連合国軍は占領と同時に日本に対して様々な報復措置を行なったが、その最初は「極東国際軍事裁判」（東京裁判）であった。

これは裁判という名前が付いてはいたが、「罪刑法定主義」という近代刑法の大原則に反する論外なものであった。わかりやすくいえば、東京裁判では、過去の日本の行為を、後から新たに国際法らしきものをでっちあげて裁いたのだった（「事後法」による判決）。これは「法律不遡及の原則」に反し、近代国家では認められていない。正確にいうと、東京裁判の根拠とな

ったものは、極東国際軍事裁判所条例といって連合国軍最高司令官ダグラス・マッカーサーが出した「一般命令第一号」という行政命令にすぎず、実は「事後法」以前の問題である。

連合国軍は、戦争犯罪人（戦犯）をA、B、Cという三つのジャンル（等級ではない）に分けて裁いた。B、C項目の罪状は主に捕虜の殺害や虐待に関するもので、約千人の元軍人や軍属が死刑になった。その中には実際には無実だが誤審によって死刑となった者も少なくなかった。

Aの罪状は「平和に対する罪」というもので、二十八人が昭和二一年（一九四六）四月二十九日に起訴された。この日は昭和天皇の誕生日で、明らかに連合国軍の嫌がらせだった。このうち、一人は精神障碍で訴追免除、二人は判決前に病死し、実際に判決を受けたのは二十五人である。うち七人が死刑判決を受けたが（全員がBCの項目での戦犯でもあった）、いずれも事後法による判決である。

ただ、この裁判の判事の中で国際法の専門家であったインドのラダ・ビノード・パール判事は、戦勝国によって作られた事後法で裁くことは国際法に反するという理由などで、被告人全員の無罪を主張している。

死刑判決を受けた七人の「A級戦犯」は、昭和二三年（一九四八）十二月二十三日、絞首刑で処刑された。この日は皇太子の誕生日であったが、この日を処刑の日に選んだところに、連合国軍の根深く陰湿な悪意がうかがえる。

コラム 日本兵は国外でも、悲惨な目に遭った。

東南アジアでは、約一万人の日本軍兵士が戦犯容疑で連合国軍（アメリカ軍、イギリス軍、フランス軍、オランダ軍）に逮捕され、連日、筆舌に尽くしがたい（本当に文字にするのが憚《はばか》られるほどの）激しい拷問と虐待を受け、多くの者が亡くなったり自決したりした。彼らは戦後に処刑された戦犯リストにも入っていない。

満洲では、ソ連軍が武装解除した日本軍兵士を五十七万五千人も捕虜とし、厳寒のシベリアで何年にもわたって、満足な食事も休養も与えずに奴隷的労働をさせた。その結果、約五万五千人の兵士が命を落とした。

近代になって、戦勝国が敗戦国の兵士にこれほど残虐な仕打ちをした例はない。そこには白人種の黄色人種への差別意識に加えて、緒戦において日本軍に完膚なきまでに打ち破られたことへの報復という意味合いもあった。

悲惨な目に遭ったのは兵士だけではない。満洲や朝鮮半島にいた日本の民間人は、現地人に財産を奪われただけでなく、虐殺、暴行、強制連行などに遭い、祖国の地を踏めない者も少なくなかった。最も残酷な目に遭ったのは女性たちで、現地人やソ連兵らによる度重なる強姦を受けた。そのために自殺した女性が数多くいた。

戦後、朝鮮半島を経由して帰国した女性の多くが強姦によって妊娠あるいは性病感染させ

られており、そのため日本政府は、昭和二一年（一九四六）三月に福岡県筑紫《ちくし》郡二日市町（現在の筑紫野市）に二日市保養所を設置し、引き揚げ女性の堕胎手術や性病治療を行なった。二日市保養所は翌年秋に閉鎖されたが、その間に、五百人以上の女性が堕胎手術を受けたといわれている（公にできない手術のため、詳細な記録は残されていない）。なお聞き取り調査によると、女性らを強姦して妊娠させた加害者で圧倒的に多かったのは朝鮮人であった。

今日、二日市保養所の話は歴史の闇に葬り去られているが、忘れてはならない史実である。これもまた戦争のもう一つの顔だ。残された記録や関係者らが残した証言、文章は、時空を超えて読む者の胸を抉《えぐ》る。

生き残った靖國神社

日本から戦争に関わるすべてのものを消し去りたいと考えていたアメリカ政府は、大東亜戦争で亡くなった日本人兵士が祀られている靖國神社を焼却する意図を持っていた（跡地をドッグレース場にする計画があったというのは事実ではない）。しかしこれにはGHQ内にも反対意見があり、マッカーサーは、日本にいたカソリック神父らに意見を求めた。

ブルーノ・ビッテル神父はマッカーサーに次のように進言したと伝えられている。

「いかなる国家も、その国家のために死んだ人々に対して、敬意をはらう権利と義務があるといえる。それは、戦勝国か、敗戦国かを問わず、平等の真理でなければならない。(中略)もし、靖國神社を焼き払ったとすれば、その行為は、アメリカ軍の歴史にとって不名誉きわまる汚点となって残るであろう」

パトリック・バーン神父も同様の意見を述べた。またローマ法王庁も「(靖國神社は)市民的儀礼の場所であり、宗教的崇拝の場ではない」という公式見解を示している。

マッカーサーは靖國神社の焼却を取り止めるが、巷間伝わっている、二人の神父に説得されて考えを改めたという逸話は誤解ともいわれている。靖國神社の存廃は高度に政治的な判断だった。ただ二人の神父がマッカーサーに対して、靖國神社を存続させるよう進言したことは事実である。

今日、靖國神社の存在を認めない日本人が一部にいるが、ビッテル神父の言葉を噛みしめてもらいたいものだ。戦後四十年経ってから、中国と韓国が、日本国首相の靖國神社参拝を非難・反対することを外交カードとし始めたが、これは明らかな内政干渉である。情けないのは、日本国内に中国と韓国に同調するマスメディアや団体が少なくないことだ。

「国のために戦って亡くなった兵士を弔う」行為は、どの国にもあるが、日本人は昔から敵国の兵士をも弔っている。古くは「蒙古襲来」の後、北条時宗は鎌倉に円覚寺を建て、亡くなった蒙古軍兵士のために千体の地蔵尊を作って奉納している。秀吉の「朝鮮出兵」の折も、武将

たちは各地で死んだ敵兵の屍《しかばね》を埋葬して弔っている。

近代に入って日露戦争後も、日本政府は戦死したロシア兵士を弔うために旅順近くの山に礼拝堂を建てている。除幕式に出席したロシア士官や牧師らは「このような行為は史上例がない」といったと伝えられている。

昭和二三年（一九四八）、東京裁判で浮上した「南京事件」の責任を問われ、戦犯として処刑された中支那方面軍司令官の松井石根大将は、支那事変から帰国すると、昭和一五年（一九四〇）、静岡県熱海市に興亜観音を造立して、日中両国の戦争犠牲者を弔っている。

ここには、「亡くなった者には、もはや敵味方の区別はない。死者はすべて成仏《じょうぶつ》する」という仏教的精神と、「死者を鞭打たない」という日本人特有の心理がある。対照的に、敵の死体にさえも凌辱を加える（時には墓から引きずり出してまで）という他国の人々に、靖國神社を非難などされたくはない。

コラム　戦後、昭和天皇の戦争責任について様々な意見が出されてきた。もちろん法的には責任は発生しないが、この問題を語る前に、昭和天皇の政治に対するモットーを述べたい。
大日本帝国憲法の基本原則は、統治権は天皇が総攬《そうらん》するが、実際の政治は政府が行なうということであった。よって「君臨すれども親裁せず」というのが昭和天皇の政治姿勢であった。つまり昭和天皇は立憲君主であって、専制君主ではなかった。

これまで述べてきたように、昭和天皇は御前会議の場でも基本的に閣僚たちの意見を聞いているだけで、自らの意見を口にすることはなかった。そして内閣の決めたことには決して異議を挟まなかった。戦争中、軍部は天皇大権である「統帥権」を盾に、すべては天皇陛下の命令であるという体《てい》で国民を動かして戦争に突き進んだというのが実態であった。

昭和天皇がその生涯において、政治的な決断（親裁）を下したのは、二・二六事件と終戦の時だけであった。

昭和二〇年（一九四五）九月二十七日、昭和天皇がアメリカ大使館でマッカーサーと初めて会談した時、マッカーサーは昭和天皇が命乞いをしに来たと思っていた。ところが、そうではなかった。昭和天皇はマッカーサーにこう語った。

「私は、国民が戦争を遂行するにあたって政治、軍事両面で行なったすべての決定と行動に対する全責任を負う者として、私をあなたの代表する諸国の裁定に委ねるためにやって来ました」（『マッカーサー大戦回顧録』）

この時、同行していた通訳がまとめた昭和天皇の発言のメモに、翌日、藤田《ふじた》尚徳《ひさのり》侍従長が目を通し、回想録に次のように記している。

「陛下は、次の意味のことをマッカーサー元帥に伝えられている。『敗戦に至った戦争の、いろいろな責任が追及されているが、責任はすべて私にある。文武百官は、私の任命するところだから、彼らには責任がない。私の一身はどうなろうとも構わない。私はあなたにお委

せする。この上は、どうか国民が生活に困らぬよう、連合国の援助をお願いしたい』」（『侍従長の回想』）

マッカーサーは昭和天皇の言葉に深い感銘を受ける。

「死をともなうほどの責任、私の知る限り、明らかに天皇に帰すべきでない責任を引き受けようとする、この勇気に満ちた態度は、私の骨の髄までも揺り動かした。私は、目の前にいる天皇が、一人の人間としても日本で最高の紳士であると思った」

と書いている。

この時の会談では、車で訪問した天皇をマッカーサーは出迎えなかった。天皇は戦犯候補に挙げられていたので、当然であった。しかし帰る時にはマッカーサーは玄関まで見送りに出ている。おそらく会談中に昭和天皇の人柄に感服したためだと思われる。

「君臨すれども親裁せず」という存在でありながら、同時に日本の「統治権の総攬者」であった昭和天皇の戦争責任というテーマは、イデオロギーや政治的な立ち位置によって一八〇度見方が変わり、また永久に結論が出ない問題ではある。

「ご聖断」が遅すぎたという声もある。しかし、仮に半年前に天皇が終戦を決断したとしても、連合国、特にアメリカ政府がそれに同意する保証はないし、日本の陸軍がそれを呑むことはなかっただろう。八月十四日の時点でさえ、陸軍の中には、さらなる犠牲を出しても本土決戦をすべきと主張する者が何人もいたのだ。

余談だが、戦争中、天皇は一度も皇居から離れなかった。東京は何度もアメリカ軍の大空襲を受けており、周囲の者は疎開を勧めたが、天皇は「目の前で君臣が次々と死んでいくのに、なぜ朕だけが疎開などできようか」と言い、頑として拒否した。昭和天皇は死を覚悟していたのであった。

ウォー・ギルト・インフォメーション・プログラム

もう一つ、GHQが行なった対日占領政策の中で問題にしたいのが、日本国民に「罪の意識」を徹底的に植え付ける「ウォー・ギルト・インフォメーション・プログラム」（WGIP：War Guilt Information Program）である。これはわかりやすくいえば、「戦争についての罪悪感を、日本人の心に植え付けるための宣伝計画」である。

これは日本人の精神を粉々にし、二度とアメリカに戦いを挑んでこないようにするためのものであった。東京裁判もその一つである。そして、この施策は結果的に日本人の精神を見事に破壊した。

GHQは思想や言論を管理し、出版物の検閲を行ない、意に沿わぬ新聞や書物を発行した新聞社や出版社を厳しく処罰した。禁止項目は全部で三十もあった。

その禁止事項の第一はGHQ／SCAP（連合国軍最高司令官総司令部および最高司令官）

に対する批判である。二番目は東京裁判に対する批判、三番目はGHQが日本国憲法を起草したことに対する批判である。アメリカ、イギリス、ソ連、フランス、中華民国、その他の連合国に対する批判も禁じられた。さらになぜか朝鮮人に対する批判も禁止事項に含まれている。占領軍兵士による犯罪の報道も禁じられた。またナショナリズムや大東亜共栄圏を評価することと、日本の戦争や戦犯を擁護することも禁じられた。新聞や雑誌にこうした記事が載れば、全面的に書き換えを命じられた。

GHQの検閲は個人の手紙や電話にまで及んだ。進駐軍の残虐行為を手紙に書いたことで、逮捕された者もいる。スターリン時代のソ連ほどではなかったが、戦後の日本に言論の自由はまったくなかった。

これらの検閲を、日本語が堪能でないGHQのメンバーだけで行なえたはずがない。多くの日本人協力者がいたのは公然の秘密であった。一説には四千人の日本人が関わったといわれる。

さらにGHQは戦前に出版されていた書物を七千点以上も焚書《ふんしょ》した。

焚書とは、支配者や政府が自分たちの意に沿わぬ、あるいは都合の悪い書物を焼却することで、これは最悪の文化破壊の一つである。秦《しん》の始皇帝《しこうてい》とナチスが行なった焚書が知られているが、GHQの焚書も悪質さにおいてそれに勝るとも劣らないものであった。驚くべきは、これに抵抗する者には、警察力の行使が認められていたし、違反者には十年以下の懲役もしくは罰金という重罰が科せられていたことだ。

もちろん、この焚書にも多くの日本人協力者がいた。特に大きく関与したのは、日本政府から協力要請を受けた東京大学の文学部だといわれている。同大学の文学部内には戦犯調査のための委員会もあった。この問題をその後マスメディアがまったく取り上げようとしないのは不可解である。

検閲や焚書を含む、これらの言論弾圧は「ポツダム宣言」に違反する行為であった。「ポツダム宣言」の第十項には「言論、宗教および、思想の自由ならびに基本的人権は確立されるべきである」と記されている。つまりＧＨＱは明白な「ポツダム宣言」違反を犯しているにもかかわらず、当時の日本人は一言の抵抗すらできなかった。

ちなみに「大東亜戦争」という言葉も使用を禁止された。ＧＨＱは「太平洋戦争」という名称を使うことを命じ、出版物に「大東亜戦争」という言葉を使えば処罰された。この検閲は七年間続いたが、この時の恐怖が国民の心の中に深く残ったためか、七十年後の現在でも、マスメディアは決して「大東亜戦争」とは表記せず、国民の多くにも「大東亜戦争」と言うのを躊躇する空気がある。いかにＧＨＱの検閲、処罰が恐ろしかったかがわかろうというものだ。

『眞相はかうだ』による洗脳

ＧＨＱの「ＷＧＩＰ」はラジオ放送によっても行なわれた。その方法は非常に狡猾なものだ

った。

昭和二〇年（一九四五）十二月からＮＨＫラジオで『眞相はかうだ』という番組の放送が始まった。この番組は、大東亜戦争中の政府や軍の腐敗・非道を暴くドキュメンタリーをドラマ風に描いたものだった。国民は初めて知らされる「真相」に驚くと同時に政府や軍部を激しく憎んだ。しかしこの番組は実はＧＨＱがすべて台本を書いており（そのことは国民には知らされていなかった）、放送される内容も占領政策に都合のいいもので、真実でないものも多かった。すべては日本人を「国民」対「軍部」という対立構図の中に組み入れるための仕掛けだったのだ。また「太平洋戦争は中国をはじめとするアジアに対する侵略戦争であった」ということを徹底的に刷り込むためのものでもあった。

ＧＨＱは翌年も『眞相箱』『質問箱』というタイトルで、二年以上にわたり洗脳番組を放送し続けた（依然、ＧＨＱが制作していることは伏せられていた）。ＧＨＱが巧妙だったのは、番組の中に時折、日本人の良い面を織り交ぜたことである。そうすることで内容に真実味を持たせたのだ。しかし戦前の政府や軍を批判する内容には、多くの虚偽が含まれていた。

ただ当時も、これらの番組内容は真実ではないのではないかと疑義を抱く人はいた。ところが、彼らが声を上げても、そうした記事は「占領政策全般に対する破壊的批判」と見做され、全文削除された。

かくの如く言論を完全に統制され、ラジオ放送によって（当時はインターネットもテレビも

ない）洗脳プログラムを流され続ければ、国民が「戦前の日本」を徹底的に否定し嫌悪するようになるのも無理からぬことだ。

何より恐ろしいのは、この洗脳の深さである。ＧＨＱの占領は七年間だったが、それが終わって七十年近く経った現在でも、多くの日本人が「戦前の政府と軍部は最悪」であり、「大東亜戦争は悪辣非道な侵略戦争であった」と無条件に思い込んでいる。

もちろん戦前の政府や軍部に過ちはあった。しかし連合国にも過ちはあり、また大東亜戦争は決していわゆる「侵略戦争」ではなかった。繰り返すが、日本には中国を占領する意思はなかったし（人口と領土を考えても不可能であるし、またそうした作戦は取っていない）、アジアの人々と戦争をしたわけではない。

戦後、日本はアジア諸国に賠償金を支払ったが、その国々を数十年から三百年にわたって支配していたオランダ、イギリス、フランス、アメリカは、賠償金など一切支払っていないばかりか、植民地支配を責められることも、少数の例を除いてはほとんどない。それはなぜか――日本だけが誠意をもって謝罪したからである。

日本人には、自らの非を認めるにやぶさかでない、むしろ非を進んで認めることを潔しとする特有の性格がある。他の国の人々と違って、謝罪を厭わないのだ。こうした民族性があるところへ、ＧＨＱの「ＷＧＩＰ」によって贖罪意識を強く植え付けられたことで、当然のようにアジア諸国に謝罪したのである（もちろん連合国が謝罪させた面もある）。

教職追放

ＧＨＱの行なった思想弾圧で、後の日本に最も影響を与えたのは「教職追放」だった。

ＧＨＱは占領直後から、帝国大学で指導的立場にあった教授（多くは愛国者や保守的な思想の持ち主）、あるいはＧＨＱの政策に批判的な教授を次々に追放した。「ＷＧＩＰ」を日本人に完全に植え付けるためには、教育界を押さえなければならないと考えたからだ。

代わってＧＨＱが指名した人物を帝国大学に入れたが、その多くは戦前に共産党員であったり、無政府主義的な論文を書いたりして大学から処分された人たちだった。戦前、「森戸《もりと》事件」（東京大学教授の森戸辰男《たつお》が無政府主義の宣伝をした事件）に関係して東京大学を辞めさせられた大内兵衛《おおうちひょうえ》（戦後、東京大学に復帰、後、法政大学総長）、戦前、無政府主義的な講演をして京都大学を辞めさせられた（滝川《たきかわ》事件）滝川幸辰《ゆきとき》（戦後、京都大学総長）など、多くの者がＧＨＱの後ろ盾を得て、「ＷＧＩＰ」の推進者となり、最高学府を含む大学を支配していくことになる。

一方、追放を免れた者も、これ以降は、ＧＨＱの政策に批判的なことを口にしなくなったばかりか、帝国大学においては、共産主義に阿《おもね》る教授や社会主義者に転向する者、変節する学者が続出した。

特にひどかったのは東京帝国大学で、昭和二一年（一九四六）、憲法学者の宮沢俊義《みやざわとしよし》は「八

る。

「八月革命説」とは、「ポツダム宣言の受諾によって、主権原理が天皇主権から国民主権へと革命的に変動したもので、日本国憲法はGHQによって押し付けられたものではなく、日本国民が制定した憲法である」という説である。現在でも、この説は東大の憲法学の教授たちによって引き継がれ、その教え子たちによって全国の大学の法学部に広く行き渡り、司法試験などの受験界では「宮沢説」は通説となっている。

また国際法学者として東京大学に君臨した横田喜三郎《よこたきさぶろう》は、東京裁判の正当性を肯定している。もちろん彼の説も、その後、弟子たちによって東京大学および全国の大学に脈々と継承されている。余談だが、横田はGHQによる占領中に「天皇を否定する」内容の本（『天皇制』）を書いて出版した。しかし後年、最高裁長官に任命され、勲一等旭日大綬章が貰えそうになった時、門下生に命じて神田の古書店で自著を買い集めさせ、証拠隠滅のために個人焚書した。何とも恥知らずな話だが、見方を変えれば、己の信念で書いた学説ではなかったという証である。

憲法学者の宮沢俊義も、最初、「日本国憲法の制定は日本国民が自発的自主的に行なったものではない」と主張していたが、ある日突然、正反対の意見を言い出した学者である。その変わり身の早さから、おそらくGHQの教職追放を目の当たりにして、慌てて転向したものと思われる。悲しいのは、その後、日本の憲法学界をリードする東京大学の法学部の教授たちが、その学説を半世紀以上にわたって継承し続けているということだ。

そして東京大学法学部からは、戦後も数多くの官僚が輩出している。「自虐史観」に染まった教授たち（一部は保身のためGHQに阿った）から「日本国憲法は日本人が自主的に作った」「東京裁判は正しい」という教育を受けた人たちが、文部科学省や外務省の官僚になるということの方がむしろ、恐ろしいことである。

「教職追放」は大学だけでなく、高校、中学、小学校でも行なわれた。最終的に自主的な退職も含めて約十二万人もの教職員が教育現場から去った。その多くが愛国心を隠さなかったり、保守的な考えを持っていたりした者で、特に戦前の師範学校出身者が多かったといわれている。

その結果、教育界は社会主義者が支配するようになり、昭和二二年（一九四七）に生まれた日本教職員組合（日教組）は、完全に左翼系運動組織となった。後に日教組の書記長となり、三十年にわたってトップの座にあった槙枝元文《まきえだもとふみ》は、当時、国交がなかった北朝鮮を何度も訪問し、金日成《キムイルソン》から勲章まで授けられている。

こうして戦後の日本の教育界は左翼系の人々に乗っ取られた形となった。

公職追放

GHQが次に行なったのが「公職追放」（公職に関する就職禁止、退職等に関する勅令）である。GHQにとって好ましからざる人物と判断した人たちを様々な職場から追放したのだ。

対象者は、「戦犯」や「職業軍人」など七項目に該当する人物だったが、GHQが気に入らない人物は、それだけで追放処分となった。

昭和二一年（一九四六）、自由党総裁だった鳩山一郎は、首班（首相）指名を受ける直前に公職追放により政界から追放された。鳩山は昭和二〇年（一九四五）、アメリカの原爆投下に批判的ともとれるインタビュー記事が朝日新聞に載ったことで、GHQから睨まれたのだ。この時、朝日新聞は二日間の発行停止処分を受け、それ以降、同紙はアメリカやGHQを批判する記事を書かなくなった。

戦後初の総選挙で第一党となった政党の総裁でさえ簡単に追放してしまうGHQの恐ろしさに、以降、GHQの政策に異議を唱える政治家はほとんどいなくなってしまった。また名称こそ「公職追放」となっていたが、実際は公職だけでなく民間企業からも追放された。当時、日本は貧しく、ほとんどの人が食うや食わずの生活で、社会保障の制度もない。職を失うことは、まさしく死活問題であった。政治家といえども、その恐怖に怯えたのも無理はない。

GHQは新聞社や出版社からも多くの人物を追放した。それは言論人や文化人にも及んだ。菊池《きくち》寛《かん》（作家、「文藝春秋」創刊者）、正力松太郎《しょうりきまつたろう》（読売新聞社社長）、円谷英二《つぶらやえいじ》（映画監督）、山岡荘八《やまおかそうはち》（作家）などの著名人だけでなく、無名の記者や編集者も多くいた。代わりにGHQの指名によって入ってきたのは、彼らの覚えめでたき人物たちだった。これにより、多くの大学、新聞社、出版社に、「自虐史観」が浸透し、GHQの占領が終わった後も、「WGIP」を

積極的に一般国民に植え付けていくことになる。

大学や新聞社で追放を免れた人たちの中にも、追放を恐れてGHQの政策に対して批判的なことを口にする者はいなくなった。

GHQの公職追放はその後も財界、教育界、言論界と広い範囲で行なわれ、その数は約二十万六千人に及んだが、追放を担当したG2（参謀第二部）だけで、それだけの人数を処理できるはずはない。追放に協力した日本人が多数いたのは間違いなく、彼らの多くは共産党員ならびにそのシンパであったといわれている。

前述の教職追放の時も、同じ日本人同士の密告や讒訴《ざんそ》が頻繁にあり、そうした空気を嫌って多くの教員が自主的に職場を去っている。また政治家の間でも、GHQを使って政敵を追い落としたケースもあった。ちなみに前述の焚書にも、左翼系学者や言論人の協力があった。

こうした事実を見ると、「教職追放」や「公職追放」は、単に思想的な問題だけではなく、日本人の誇りとモラルを破壊したということがわかる。

コラム　GHQが日本人に施した洗脳は、戦時中の中国・延安で、中国共産党が日本人捕虜に行なった洗脳の手法を取り入れたものだった。このことは近年、イギリス国立公文書館が所蔵する秘密文書で判明しており、延安での工作には、日本人共産主義者、野坂参三の協力があったこともわかっている。

野坂は戦前、グレートブリテン共産党参加を振り出しに、ソ連に渡ってコミンテルン（共産主義インターナショナル）日本代表となった人物である。戦前のアメリカ共産党とも関係しながら、延安で中国共産党に合流し、中国では「岡野進《おかのすすむ》」の名前で日本人兵士に脱走を勧め、日本帝国主義打倒のための洗脳活動を行なっていた。ＧＨＱは野坂に洗脳の具体的な方法を学んだと思われる。

野坂は終戦の翌年の昭和二一年（一九四六）には日本の衆議院議員となり、一九八〇年代まで日本共産党の議長をも務めた。また一九八〇年代まで日本の文化人や芸能人らとも幅広く交流し、日本における共産主義思想の浸透に貢献した。

ちなみに、「洗脳」という言葉は今日、英語でも「brainwashing」と漢語から直訳されて使われている。「人民」「共和国」「経済」など、現代中国語の多くが、日本語からの借用なのに対し、「洗脳」は希少な漢語オリジナルである。洗脳の際、彼らがまず最初に行なうのが、「自己批判」であり、それにより「罪悪感を植え付ける」のだが、ＧＨＱもまさに同じ手法を取り入れた。

「ＷＧＩＰ」が、中国共産党の洗脳に倣ったことを伝える文書は、「ノーマン・ファイル」（ＫＶ２／３２６１）と呼ばれるファイルに残されている。ノーマンとは、日本の軽井沢で生まれ育ったカナダ人外交官、エドガートン・ハーバート・ノーマンのことで、昭和三二年（一九五七）、ソ連のスパイとの疑惑をかけられ自殺した人物である。「ノーマン・ファイ

ル」は、GHQでマッカーサーの政治顧問付補佐官を務めたジョン・エマーソンが、アメリカ上院小委員会でノーマンに関して証言したものである。

ノーマンのスパイ説と自殺には諸説あるが、イギリスはノーマンをソ連のスパイと断定している。流暢な日本語を操り、マルクス思想に傾倒していたノーマンは、GHQの民政局次長を務め、日本国憲法草案作成の中心的役割を担ったチャールズ・ルイス・ケーディスの右腕ともいえる存在であり、マッカーサーの日本占領政策の方向性に大きな影響を与えたといわれる。

エマーソンの証言を読むと、戦後の日本は、共産主義者たちの一種の「実験場」にされたようにも見える。中国共産党が延安で成功させた日本人捕虜への洗脳を、日本国民全体に施し、さらに日本国憲法によって再軍備を禁じ、公職追放によって地位を得た共産主義者とそのシンパがGHQ路線を堅持していったのだ。

その結果、日本人に過剰に自己を否定させ、いわゆる自虐史観が蔓延し、「愛国心」まで捨てさせた。そして、後の「河野《こうの》談話」「村山《むらやま》談話」のような、中国、韓国の反日プロパガンダに容易に乗せられてしまう結果を招いた。共産主義者に影響されたGHQの占領政策は、その後の壮大な「歴史戦」の端緒となった。

ちなみに戦後、GHQに最も忠実な報道機関となった一つが朝日新聞である。同紙は積極的にGHQの政策を肯定し、マッカーサーを称賛した。昭和二六年（一九五一）に彼が連合

国軍最高司令官を罷免され、アメリカに帰国する際にはこう書いた。
「われわれに民主主義、平和主義のよさを教え、日本国民をこの明るい道へ親切に導いてくれたのはマ元帥であった」（昭和二六年四月十二日）
まるで毛沢東か金日成を礼賛する共産主義国の機関紙のようである。
呆れたことに、この時、マッカーサーをご神体に据えた「マッカーサー神社」を作ろうという提案がなされ、その発起人に当時の朝日新聞社社長の長谷部忠《はせべただす》が名を連ねている（毎日新聞社社長、本田親男《ほんだちかお》の名前もある）。朝日新聞にとって、ダグラス・マッカーサーは現人神《あらひとがみ》だったのであろう。

占領軍と朝鮮人の犯罪

占領中に、アメリカ兵に殺害された日本人は四千人近く、強姦された婦女子は記録されているだけでも二万人にのぼった（被害を届けなかったケースを考慮すると、実際はその何倍もいたと思われる）。しかし日本の警察は、アメリカ兵の犯罪を捜査することも検挙することもできなかった。また新聞も報道を禁じられていた。

日本人に対して狼藉を働いたのはアメリカ兵だけではない。戦前から日本にいた朝鮮人の一部が、日本人に対して、殺人、強盗、傷害、強姦、窃盗などを働いた。彼らはまた焼け跡の一

等地を不法に占拠し、あるいは日本人の土地や家屋を奪った。

実は、これはＧＨＱの政策が大いに関与していた。ＧＨＱは当初、朝鮮人を「戦勝国民」に準じるとしたのだ。前述したように、占領初期は、新聞で朝鮮人を批判することは許されず、また彼らを裁判で裁くことも禁じられた。

ＧＨＱは、当時の欧米列強の常識にあてはめ、「日本人は朝鮮人を奴隷扱いしていた」という誤った認識を持っており、戦争によって「奴隷を解放した」と考えていたからだ。他の連合国軍兵士と同様に不逮捕特権まで得た朝鮮人は、日本人相手に乱暴狼藉の限りを尽くした。

はじめは朝鮮人の行動を黙認していたＧＨＱも事態を重く見て、昭和二〇年（一九四五）九月三十日に、「朝鮮人連盟発行の鉄道旅行乗車券禁止に関する覚書」で、朝鮮人が「治外法権の地位にないこと」を明らかにする発表を行なった。つまり、それまでは「治外法権」を認められていたことになる。

それでも不逞朝鮮人の日本人に対する乱暴は収まらなかった。しかし当時の警察官はＧＨＱにより拳銃の所持を認められておらず、武装した朝鮮人らを逮捕することが難しかった。また逮捕しても、警察署が襲われて、犯人を奪い返される事件も頻発した。昭和二〇年（一九四五）から二二年（一九四七）にかけてだけでも、警察署や派出所が朝鮮人に襲撃されたり警察官が殺害されたりした事件が十件以上も起きている。

そこでＧＨＱは、昭和二四年（一九四九）、団体等規制令の「暴力主義的団体」として「在

日本朝鮮人連盟」に解散を命じた。その後、同団体は「在日本朝鮮人総聯合会」（朝鮮総聯）へと発展していく。

ところで当時の新聞や官公庁の発行物には、在日朝鮮人や在日台湾人に対して「第三国人」あるいは「三国人」という言葉が使われている。これはもともと「戦勝国、敗戦国いずれでもない第三国の国民」という意味の終戦処理に伴う行政用語で、事実上、朝鮮人と台湾人を指した。ＧＨＱが彼らを「third nation」と呼んだことが由来だといわれている（他説もあり）。本来は差別語ではなかったが、戦後の動乱期における一部の朝鮮人の悪行に眉をひそめた日本人が、悪感情を込めて「三国人」と呼んだことから、いつしか差別語の一つと捉えられるようになった。在日韓国・朝鮮人に関する社会問題は、その後も日本社会に根深く残ることになる。

コラム

公職追放および教職追放は、ＧＨＱにとっても大きな誤算となった。ＧＨＱの後押しによってメディアと教育界に入り込んだ社会主義者や共産主義者たちが大きな勢力を持ち始めたからだ。一般企業でも労働組合が強くなり、全国各地で暴力を伴う労働争議が頻発した。これらはソ連のコミンテルンの指示があったともいわれている。さらに昭和二四年（一九四九）、中国共産党が国民党に勝利して共産主義国を樹立したことにより、日本の大学やメディアでもソ連や中華人民共和国を礼賛する傾向が強くなった。

日本の共産化を恐れたＧＨＱは、昭和二五年（一九五〇）、日本共産党の非合法化を示唆

した。その後、官公庁、大企業、教育機関などから、共産主義者およびそのシンパの追放を勧告した（レッドパージ）。これにより一万数千人以上の人が様々な職場から追放されたが、それらはかつての公職追放や教職追放のような徹底したものではなかった。

大学では共産主義者およびそのシンパの追放はほとんど行なわれなかった。これはメディアも同様だった。また国鉄（日本国有鉄道。その後、ＪＲ各社に分かれる）の巨大労働組織で長年にわたり国民の血税を貪り続けた国労（国鉄労働組合）などでは、共産主義者たちが、共産主義に反対する人々を、逆に共産主義者だと名指しして解雇し、実権を握った。こうして共産主義的な思想は日本社会のいたるところに深く根を下ろしていくことになる。

日本改革

前述したようにGHQの一番の目的は、日本を二度とアメリカに歯向かえない国に改造することだったが、共産主義者やそのシンパは、日本を大きな社会実験の場にしようとも考えていた。メンバーの中には、日本をいい国にしたいという理想を持っている者もいたが、自らが理想とする「人民国家」を作るために、本国でも行なえないような大胆な改革を試みた。

昭和二〇年（一九四五）十月、マッカーサーは幣原内閣に「五大改革」を命じた。それは「秘密警察の廃止」「労働組合の結成奨励」「婦人解放（婦人参政権）」「教育の自由主義化」「経

済の民主化」だった。そして「経済の民主化」のために行なった二つの大きな改革は、「財閥解体」と「農地改革」だった。

戦前の日本は三井、三菱、住友、安田という巨大財閥をはじめ、多くの財閥がコンツェルンやトラストを形成しており、各産業は財閥の独占あるいは寡占《かせん》状態にあった。また財閥とは別に「政商」として国や政治家と結びついている者もいた。これらは自由な資本主義の発展を妨げる存在でもあった。そこでGHQは八十以上の財閥をバラバラにして、分社化した。

これにより証券の民主化が進み、近代的な資本主義となった。また一部の財閥に独占されていた市場が開放されて、数多くの新興企業が誕生した。東京通信工業（ソニー）やホンダなども戦後に急成長を遂げた代表的な企業である。もっともその後、解体された財閥の旧グループは徐々に集結し、再び大企業として復活する。

GHQが行なったもう一つの大きな改革は「農地改革」である。

明治以降、飢饉や不況などで多くの農家が土地を失い、地主の農地を耕す小作農となっていた。そこでGHQは、小作農が耕していた地主の土地を政府が安く買い上げ、小作農に売り渡す政策を行なった。これにより、多くの小作農が土地を持つことができた。

この改革は実は戦前の日本でも検討されていたが、財閥や政界有力者、華族の反対が強く、実現できずにいた。それをGHQは一種の社会実験として行なった（こんなことはアメリカでは絶対にできなかった）。

「農地改革」は、現代でも進歩的文化人といわれる人たちや唯物史観論者に過大評価されているが、理由は共産主義の「配分」に近いからだ。実際、GHQは小作農を、ロシアにおける農奴のようなものとイメージしていた（これは、戦前の朝鮮人を奴隷と見做していたのと似ている）。しかし現実には日本の地主の多くは大地主ではなく、小作農からの搾取もなかった。

また一見公平に見える農地改革だったが、弊害も小さくなかった。農地が細分化されたことによって効率が悪くなり、また兼業農家が多くを占め、中核的農家が育たなかった。戦後、日本の食料自給率が先進国の中で最低水準になった原因の一つが農地改革だとする考え方もある。

それに農地の転売には制約を設けなかったため、後に、米を作らなくなった都市近郊の農家が土地を宅地業者に売却し始めた。それに対して政府がほとんど制限をかけなかったために、高度経済成長の住宅ブームで地価は高騰し、一般庶民が土地を手に入れることは容易ではなくなった。その結果、住宅問題と土地問題は、復興期を経た高度経済成長期以後の大きな社会問題となってしまった。また（地主が分散したことで）都市開発や道路建設等の用地買収交渉が困難となり、経済の停滞につながった。

農地改革では、もう一つ見過ごせない弊害がある。それは全国の津々浦々にあった神社がさびれたことである。地方の神社の建物や祭典を長年にわたって支えてきた各地の地主たちが財力を失ったことで、多くの小さな神社が荒廃した。大きな神社も所有していた田圃や山林などを取り上げられたことで多くが荒廃した。こうして日本の伝統文化の拠点であった神社が、戦

後、急速に衰退していったのである。

しかしながら「財閥解体」と「農地改革」はGHQでなければできなかった。弊害もあったが、この大胆な改革があったために、戦後の日本は戦前と比較してきわめて平等性と自由競争に富む社会となったといえなくもない。

華族制度の廃止

GHQによって廃止されたものに「華族」がある。

これは元公家や、江戸時代の大名家、そして維新の功労者がヨーロッパ風の爵位を受けた貴族である（爵位は公爵、侯爵、伯爵、子爵、男爵の五つ）。

華族には様々な特権が与えられていた。たとえば、第三者から財産を差し押さえられない「華族世襲財産法」があり、財産はそのまま世襲された。また子弟は帝国大学に欠員があれば、無試験で入学できた。その他にも様々な優遇措置があった。

華族の女性は、当時の庶民にとっては芸能人のような存在でもあり、雑誌などには華族の夫人や娘の写真がしばしば掲載され、不倫、駆け落ち、心中、あるいは不純異性交遊などのスキャンダルは新聞や雑誌に大々的に取り上げられた。

「四民平等」が謳われた中で様々な特権が認められていた華族ではあったが、昭和二二年（一

九四七）に施行された日本国憲法の十四条によって廃止となった。これもＧＨＱでなければ廃止することは難しかったに違いない。

余談だが、自身が男爵であった幣原喜重郎首相は、「存命中に限り、華族でいられる」という内容の条項を入れることにこだわったといわれるが、議会によって拒否された。

また戦後、宮家（旧皇族）が皇籍離脱したが、これはＧＨＱによって皇室財産が国庫に帰属させられたためである。経済的基盤を失った宮家の多くが従来の規模で家を維持できなくなり、最終的に十一の宮家が皇籍を離脱した。

ちなみに十一宮家は皇室の男系子孫であり、これがなくなったために、七十年後の現在、日本の歴史とともに続いていた「万世一系」の危機が訪れようとしている。


コラム 連合国の中には、昭和天皇を戦争犯罪人として裁き、皇室を取り除こうとする考えも存在したが、その政策は採用されなかった。これはマッカーサーが昭和天皇に会い、その人間性に敬服したせいでもあるが、それだけではない。

もし昭和天皇を処刑すれば、日本の占領統治に大混乱をきたすと、ＧＨＱが判断したからである。彼らは、最悪の場合、日本人が死に物狂いの抵抗をしてくるかもしれないと恐れたのだ。

アメリカ軍は、硫黄島や沖縄において日本兵の凄まじい戦いぶりを目の当たりにしていた

いる。

（二つの戦いでは、アメリカ軍の死傷者は日本軍を上回っている）。また神風特攻隊の死をも恐れぬ決死の攻撃にさらされ、多くのアメリカ軍水兵が恐怖のあまり戦争神経症を発症している。

アメリカ軍は戦争には勝ったが、本当は日本人を心底恐れていたのだ。

昭和二〇年（一九四五）八月三十日に厚木飛行場に降り立った連合国軍最高司令官のマッカーサーは、サングラスをかけコーンパイプをくわえ、日本人を睥睨《へいげい》するようにタラップを下りてきたが、この時、決死の覚悟を持った日本人による暗殺を恐れるあまりズボンの中に失禁していたといわれる。

だからこそ、マッカーサーとGHQは、日本人の精神を粉々にする政策を取ったのだ。しかし、そんなGHQでも、日本の国体である皇室を消滅させることは怖くてできなかった。

私は、戦後の日本の国体を守ったのは、戦争が終結してなお「敵」を震え上がらすほど勇敢に戦った日本兵であると思っている。

第十三章 日本の復興

「大東亜戦争」が終わった時点で、日本は世界最貧国の一つだったが、昭和二〇年代半ばから驚異的な復興を遂げた。あらゆる産業が蘇り、みるみるうちに国力においてヨーロッパ諸国に迫っていく。その裏には、朝鮮半島をめぐる国際情勢の急変により、アメリカが対日政策を転換したという事情もあったが、この復興はそれだけで説明できるものではない。

奇跡的な復興を支えたのは、ひとえに国民の勤勉さであった。

何の資源も持たない日本が欧米に伍していくためには、死に物狂いで働くしかなかったのだ。そして戦後の日本人はそれをやり遂げた。

敗戦からわずか十九年で、アジアで初めてのオリンピックを開催し、ホスト国として世界の国々を招き、同じ年、第二次世界大戦の戦勝国すらどこも成し得なかった「時速二〇〇キロ以上で走る高速鉄道」（新幹線）を東京から大阪まで開通させた。そして、その四年後、ＧＮＰ（国民総生産）で西ドイツを抜き、世界第二の経済大国となったのだ。世界はこの復活に驚愕した。

私はこの事実に感動する。私たちの祖父や父は何と偉大であったのか。

だが、敗れた日本が取り戻せなかったものがある。それは「愛国心」と「誇り」だ。これらは戦後、ＧＨＱに木端微塵にされ、占領軍が去った後は、彼らの洗脳を受け傀儡となったマスメディアや学者たちによって踏みつぶされ続けた。国旗と国歌を堂々と否定する文化人が持て囃される国は、世界広しといえど日本だけであろう。

この屈辱は、昭和の輝かしい復興の陰で、決して忘れてはならないことである。

独立するアジア諸国

大東亜戦争で日本軍に追われたイギリス、フランス、オランダは植民地支配を復活させるために、戦後、東南アジアに軍を派遣したが、すでに民族主義に目覚めていたアジア諸国は列強にひるまず勇敢に戦い、次々に独立を果たしていく。

東南アジアの諸国民は、欧米列強による長い植民地支配によって、「アジア人は白人に絶対に勝てない」と思い込んでいた。その認識を覆したのが、日本人だった。無敵の強者と思われていた白人をアジアから駆逐する日本軍を見て、彼らは自信と勇気を得たのだ。

ビルマ（現在のミャンマー）の元首相バー・モウはこう言っている。

「日本軍が米・英・蘭・仏をわれわれの面前で徹底的に打ちのめしてくれた。われわれは白人の弱体と醜態ぶりを見て、アジア人全部が自信を持ち、独立は近いと知った。一度持った自信は決して崩壊しない。日本が敗北した時、『これからの独立戦争は自力で遂行しなければならない。独力でやれば五十年はかかる』と思っていたが、独立は意外にも早く勝ち取ることができた。そもそも大東亜戦争はわれわれの戦争であり、われわれがやらねばならなかった。そして実はわれわれの力でやりたかった。それなのに日本にだけ担当させ、少ししかお手伝いできず、誠に申し訳なかった」（『ビルマの夜明け』バー・モウ著）

シンガポールの元首相ゴー・チョクトンはこう言っている。

「日本軍の占領は残虐なものであった。しかし日本軍の緒戦の勝利により、欧米のアジア支配は粉砕され、アジア人は、自分たちも欧米人に負けないという自信を持った。日本の敗戦後十五年以内に、アジアの植民地は、すべて解放された」（「諸君！」平成五年七月号）

インドの元大統領サルヴパッリー・ラーダークリシュナンはこう言っている。

「インドでは当時、イギリスの不沈戦艦を沈めるなどということは想像もできなかった。それを我々と同じ東洋人である日本が見事に撃沈した。驚きもしたが、この快挙によって東洋人でもやれるという気持ちが起きた」（日本経済新聞、昭和四四年）

こうした声は一部の人たちだけのものではない。東南アジア諸国の歴代の首相や大統領、それに大臣や軍人たちの多くが、今日でも「独立は日本のお陰だった」と明言している。

近年でも、平成二八年（二〇一六）に来日したミャンマーのセイン・ウィン国防大臣は当時の稲田《いなだ》朋美《ともみ》防衛大臣との会談で次のように発言している。

「わが国の独立の歴史において、日本と旧日本軍による軍事支援は大きな意味があった。（中略）アウン・サン将軍が『ビルマ独立義勇軍』（ＢＩＡ）を設立し、ＢＩＡと日本軍が英国の植民地支配を打ち倒した。ミャンマーは日本兵と日本に対し、いつも感謝している」（産経ニュース／デジタル版、平成二八年九月二十一日）

最後に、タイのククリット・プラモート元首相のジャーナリスト時代の言葉を紹介したい。この言葉こそ、アジアにおける大東亜戦争の姿を見事に言い表わしている。ちなみにタイは戦

前、東南アジアで唯一の独立国だった(タイが独立を許されていたのは、植民地を奪い合う欧米列強が緩衝地帯としていたためだった)。

「日本のおかげでアジアの諸国はすべて独立した。日本というお母さんは難産して母体をそこなったが、生まれた子供はすくすくと育っている。今日、東南アジアの諸国民が米英と対等に話ができるのは、いったい誰のおかげであるのか。それは身を殺して仁をなした日本というお母さんがあったためである。十二月八日は、我々にこの重大な思想を示してくれたお母さんが一身を賭して重大決意をされた日である。我々はこの日を忘れてはならない」(現地の新聞サイアム・ラット紙、昭和三〇年十二月八日)

日本が戦争中、東南アジアの諸国に進軍し、一時的に占領したことは事実だ。しかし日本軍が欧米列強を追い出したことによって東南アジア諸国が独立を勝ち得たこともまた事実である。戦後、多くの日本兵が現地に残り、東南アジアの人々とともに欧米の軍に対して独立戦争を戦って命を落としたという事実もある。インドネシアでは各地の英雄墓地に独立戦争で死んだ多くの日本兵が埋葬され眠っている。

再び混乱する世界

第二次世界大戦は決して世界に平和をもたらさなかった。ソ連は東ヨーロッパの国々を呑み

込み、無理矢理に共産化して、ソ連の衛星国家とした。ソ連の政策に反対する者たちはたとえ首相であっても粛清された。

ソ連と共産主義の進出、つまり赤化を抑えるために、西側諸国が昭和二四年（一九四九）に軍事同盟である北大西洋条約機構（ＮＡＴＯ）を結成すると、ソ連もまた昭和三〇年（一九五五）に東ヨーロッパ諸国とワルシャワ条約機構（ＷＴＯ）という軍事同盟を結成して対抗した。いわゆる「冷戦」の始まりである。

中国大陸では蔣介石率いる国民党と毛沢東率いる中国共産党が内戦を再開し、昭和二四年（一九四九）に中国共産党が勝利して「中華人民共和国」が生まれた。蔣介石は台湾に逃れ、その地が「中華民国」となった。中国共産党が勢力拡大のために行なったことは、「一村一焼一殺、外加全没収」と呼ばれるものである。これは「一つの村で一人の地主を殺し、その家を焼き払って、彼の全財産を没収する」という意味だ。具体的には、地主を人民裁判で処刑し、全財産を没収した上で、彼の土地を村人に分け与え、その代わりに村人から何人かの若者を中国共産党に兵隊として差し出させた。こうして力を得た中国共産党は、国民党に勝利して全土を支配すると、土地はすべて国家のものであるとして、農民から農地を奪い取った。

朝鮮半島では、戦後、北緯三八度線から南をアメリカが占領し、北側をソ連が占領していたが、昭和二三年（一九四八）に、大韓民国（韓国）と朝鮮民主主義人民共和国（北朝鮮）という二つの国がそれぞれ生まれた。北朝鮮建国の時、ソ連は自国で思想教育した金成柱という人

物を「金日成」として送り込んで国家主席に据えた。「金日成」は一九二〇年代頃から朝鮮の民衆の間に伝わる抗日ゲリラの伝説的人物で、実在の人物ではないともいわれている。

朝鮮半島と中国大陸に共産主義国家が誕生したことで、極東でも冷戦状況が生まれた。皮肉なことに、このことがその後の日本の命運を分けた。日本を東アジアにおける共産主義の防波堤にしようと考えたアメリカは、日本を農業国にしようというそれまでの政策から、工業国に戻す方針に転換したのだ。

日本独立

昭和二五年（一九五〇）六月、北朝鮮はソ連の支援を受けて韓国に侵攻した。いわゆる「朝鮮戦争」の勃発である。北朝鮮軍は、一時は韓国全土をほぼ占領したが、マッカーサー率いる国連軍（実質アメリカ軍）が仁川《インチョン》に上陸すると戦況が一変する。国連軍は中国国境近くまで北朝鮮軍を押し返したが、ここで北朝鮮の軍に中国の人民解放軍が加わったことで、戦争が長期化した（昭和二八年【一九五三】、停戦）。この間、韓国から日本への密航者が急増することとなる。

日本に駐留していたアメリカ軍が大規模に朝鮮半島に出撃したことで、日本国内の治安維持のための部隊が新たに必要となり、ＧＨＱは日本政府に対し警察予備隊を作ることを命じた。

これが後に自衛隊となる。他方、日本は朝鮮半島で戦うアメリカ軍に大量の軍需物資その他を供給することとなり、一気に経済が息を吹き返した。

日本の急速な復興を見たアメリカは、日本の独立を早めて、自由主義陣営に引き入れようと考えた。実はこの時まで、日本の独立はいつになるかわからなかったのだ。

昭和二六年（一九五一）九月、日本は四十八の国々とサンフランシスコ講和条約を締結することとなった。この条約を結べば、文字通り戦争は完全に終結し、日本は主権を回復して独立国となることができる。しかし日本の独立は、ソ連にとっては非常に都合の悪いものだった。独立した日本が西側の自由主義陣営に加わるのは明白だったからだ。敗戦によって国力は大きく削がれたとはいえ、その潜在能力は東側陣営にとって脅威だった。

そこでスターリンは日本のコミンテルンに「講和条約を阻止せよ」という指令を下したといわれている。これを受けて野党第一党の日本社会党と日本共産党は、講和条約締結に真っ向から反対した。さらに時の東京大学総長をはじめとする多くの大学長や学者、知識人も反対の論陣を張った。彼らの多くは「公職追放」の後、大学に入ってきた社会主義者だった。

彼らが講和条約締結の反対理由として掲げたのは、「すべての国と講和すべきで、単独講和はすべきでない」というものだった。しかし当時、日本の講和に反対していたのは、ソ連とその衛星国家チェコスロバキアとポーランドの三国のみであった。日本と戦ったアメリカやイギリスやフランスなど世界の四十八ヵ国という圧倒的多数の国との講和を、「単独講和」と言い

換えるのは悪質なイメージ操作である。にもかかわらず、朝日新聞をはじめとする当時のマスメディアも、「単独講和」が良くないことであるかのような報道を繰り返した。

当時のメディアと知識人は自らのイデオロギーと既得権保持のためなら、日本を独立させなくてもかまわないと考えていたのだ。主権もなく、したがって外交の権限もなく、外国（アメリカ）の軍隊が国土と国民を支配している状況を良しとしていたのである。戦後わずか六年で、日本の言論界はこれほどまでに歪んでしまっていたのだ。時の首相、吉田茂《よしだしげる》は、東京大学総長の南原繁《なんばらしげる》の名を挙げ、彼を含めて牽強付会《けんきょうふかい》の論を振りかざして講和に反対する学者たちを、「曲学阿世《きょくがくあせい》の徒《と》」と呼んだ。「世に阿るインチキ学者」という意味の言葉である。

それでも約半年後の昭和二七年（一九五二）四月、講和条約が発効して、日本は戦後七年経ってついに主権を回復し、悲願であった独立を果たすことができた。

コラム　独立後、極東国際軍事裁判（東京裁判）によって「戦犯」とされていた人たちの早期釈放を求める世論が沸騰し、国民運動が起こった。日本弁護士連合会（日弁連）が「戦犯の赦免勧告に関する意見書」を政府に提出してこの運動を後押ししたこともあり、何とのべ四千万人にのぼる署名が集まった（当時の日本の人口は約八千五百万人）。

政府はこうした世論を受け、昭和二八年（一九五三）、「戦争犯罪による受刑者の赦免に関する決議案」を国会に提出し、八月三日、衆議院本会議において、日本社会党、日本共産党

を含むほぼ全会一致で、戦犯の赦免が決議された。戦勝国によって「戦犯」とされた人々の赦免は、まさしく日本人全員の総意であったといえる。また、これはＧＨＱによる「ＷＧＩＰ」の洗脳にこの時点では多くの日本人が染まっていなかったということでもあった。もし洗脳が完全に行なわれていたなら、戦犯赦免運動など起こるはずがなかった。洗脳の効果が現れるのは、実はこの後なのだった。

政府は、サンフランシスコ講和条約第十一条に基づき、旧連合国に対して「全戦犯の赦免・減刑勧告」を通告したが、どの国からも反対はなかった。つまり、極東国際軍事裁判の戦犯の赦免は、日本国内はもちろん国際的にも認められたものとなっている。

講和条約発効後、連合国軍による占領は終わり、同時にＧＨＱが日本から去って、検閲と言論統制はなくなった。

日米安全保障条約

サンフランシスコ講和条約成立により独立した日本は、朝鮮戦争後の経済復興により、再び国力を取り戻しつつあった。昭和二九年（一九五四）からの好景気は、建国以来初めてという意味を込めて「神武景気」と名付けられた。

しかしその一方では、憲法九条により自前の軍隊を持つことができず、自国の領土と国民を

自ら守る能力がないというきわめて脆弱な国でもあった。

サンフランシスコ講和条約が成立すれば、すべての占領軍は日本から撤退することになっていたが、その時点ではまだ朝鮮戦争が続いており、アメリカ軍が撤退すれば、軍隊を持たない日本がたちまち安全保障上の危機に陥るのは明白だった。

そこで、講和条約が結ばれた同日、同地において、吉田茂首相は、日米安全保障条約（日米安保）を締結した。これは、講和条約の中の第六条「二国間協定により、引き続き駐留を容認される国も存在できる」という但し書きの規定によって結ばれたものだった。しかしこの条約には、アメリカは日本を防衛する義務があるとは書かれていなかった。一方、アメリカ軍は日本のいかなる場所にも自由に基地を作ることができた。さらに日本国内で内乱が起きた場合は、その鎮圧のためにアメリカ軍が出動できる（内乱条項）という、日本にとって不利、不平等な内容だった。

まさにその弱点を衝くように、講和条約発効前の昭和二七年（一九五二）一月、韓国の初代大統領・李承晩《りしようばん》は、それまでの国際慣例を無視して、日本海に勝手に国境線を引き（「李承晩ライン」と呼ばれる）、そのラインを超えた日本漁船を勝手に取り締まるなどして、日本固有の領土である竹島（島根県）を不法占拠した。

これに対し、昭和二八年（一九五三）には、島根県と海上保安庁が韓国人六人を退去させ、領土標識を建てた。しかし韓国の守備隊が上陸し竹島の占拠を開始して、竹島近海で操業して

いる日本漁船に対し、銃撃や拿捕を繰り返すようになった。

昭和四〇年（一九六五）に日韓基本条約と漁業協定が締結されるまでの間に、拿捕された日本漁船は三百二十八隻、抑留された船員は三千九百二十九人、死傷者は四十四人にのぼる。抑留された漁民には残虐な拷問が加えられ、劣悪な環境と粗末な食事しか与えられず、餓死者まで出た。それでも、軍隊のない日本は、抑留された漁民も奪い取られた竹島も取り返すことはできなかったのである（抗議に行った海上保安庁の船が韓国軍によって銃撃されている）。

講和条約が締結される過程で、韓国は、日本に竹島と対馬を放棄するよう要求していたが、アメリカは「これらの島が朝鮮の一部として取り扱われたことは過去一度もない」と拒否した。にもかかわらず、アメリカは竹島奪回にはまったく動かなかったのだ。このため竹島は現在に至っても、韓国が実効支配する状況が続いている。ちなみに自衛隊が正式に発足したのは、竹島が韓国の守備隊に奪われた翌年の昭和二九年（一九五四）七月である。

ＧＨＱによって押し付けられた日本国憲法では、国土も国民も守れないと気付いた保守政党の「日本民主党」と「自由党」は、「自主憲法制定」と「安保条約の改定」を目指し、昭和三〇年（一九五五）に合併して自由民主党（自民党）を結成した。同年、分裂していた日本社会党も統一し、ここに「五五年体制」と呼ばれる自社両党による二大政党の時代が始まった。

当時の国民は「憲法改正」を目指す自民党を支持し、五五年体制成立後初の衆議院総選挙では、四百六十七議席のうち二百八十七議席を自民党が占めた。しかし憲法改正に必要な三分の

二の議席にはわずかに足りなかったのである。

ＧＨＱは、日本人が容易に憲法を改正できないようにと、非常に高いハードルを設けていたのだ（憲法九十六条に、憲法改正の国民投票を提起するには国会両院で三分の二以上の議員の賛成による発議が必要と定められている）。

岸信介首相は安保改定のためにアメリカ側と粘り強く交渉を続け、ついに昭和三五年（一九六〇）、日米安保を改正した新条約に調印した（新安保条約）。これによりアメリカには有事の際に日本を防衛するという義務が生じ、さらに今後は日本の土地に自由に基地を作ることはできなくなった。そして国内の内乱に対してアメリカ軍が出動できる、いわゆる「内乱条項」も削除された。つまり日本にとっては大きな「改正」であった。

しかし、この改正もまたソ連や中国の共産主義陣営にとっては都合の悪いものであった。そこで日本社会党や日本共産党は「この改正によって、日本はアメリカとの戦争に巻き込まれる」という理屈を掲げて反対し、傘下の労働組合や学生団体などを煽動して、大掛かりな反対運動を起こした。この時もまた多くの大学教授や知識人、マスメディアが反対の論陣を張り、世論はまさに「安保改定反対」の一色に染まったかのように見えた。自民党が新安保条約の議会承認を決議する五月から六月にかけては、国会周辺を多数のデモ隊が取り囲む騒乱状態になった。

だが、この時、デモに参加していた夥しい大学生は、新安保条約の条文を正しく理解してい

なかったばかりか、読んですらいない者が大半で、日本社会党や日本共産党に踊らされていただけの存在だった。

連日、国会周辺（および構内）で何万人ものデモ隊と警察官の衝突があり（死者も出た）、岸は治安のために、防衛庁長官に自衛隊の出動を要請するが、赤城宗徳《あかぎむねのり》長官は「自衛隊が国民の敵になりかねない」と言って拒否した。膨れ上がるデモ隊を前に、官邸の安全確保に自信が持てなかった警視総監は、岸に官邸からの退去を要請するが、岸は「官邸は首相の本丸だ。本丸で討ち死にするなら男子の本懐ではないか」と言って拒絶する。

新安保条約の自然承認が成立する六月十八日の夜（十九日午前零時をもって成立）には国会と首相官邸には三十三万人のデモ隊が集結した。当時、日本全国の警察官は約十二万七千人、警視庁で約二万五千人だった。もしデモ隊が暴徒と化せば、それを鎮圧することは不可能だった。自然承認の成立を前に、岸は首相執務室に、弟の佐藤栄作《さとうえいさく》大蔵大臣（後、首相となる）といた。佐藤は「兄さん、二人でここで死のうじゃないか」と言ってブランデーをグラスに注ぎ、兄とともに飲んだという逸話が残されている。

こうして岸はデモ隊の襲撃による死を覚悟したが、いささかも信念を曲げることなく、新安保条約を成立させると、一ヵ月後、混乱の責任を取る形で総辞職し、議員をも辞職した。まさに自らの首をかけた決断であった（総辞職の前日、テロリストに刺されて重傷を負っている）。

総辞職の四ヵ月後に行なわれた衆議院総選挙では、四百六十七議席のうち、自民党（総裁は

池田勇人《いけだはやと》に代わっていた）が二百九十六議席を獲得して圧勝した。つまりマスメディアが報道していた「世論」は、国民の意識を正しく反映していなかったのである。こうしたマスメディアによる世論捏造はこの後も長く続くことになる。

岸は「安保改定がきちんと評価されるには五十年はかかる」という言葉を残しているが、日本のマスメディアは五十年以上経った今も、この時の安保改定および岸の業績を正しく評価しているとはいえない。

コラム 前述したように、占領軍が去った昭和三〇年（一九五五）頃から、新聞は反米路線に舵を切る。これは公職追放後にマスメディアおよび教育界や言論界に大量に入ってきた共産主義者や社会主義者たちの影響だった。当時のマスメディアは露骨なまでにソ連や中華人民共和国を称賛し、ソ連や中国に「言論の自由がない」ことや、「人民の粛清がある」ことなどは一切報道されなかった。

その典型が、北朝鮮（朝鮮民主主義人民共和国）に対する異様な礼賛である。

現代では信じられないことだが、昭和三〇年代には、朝日新聞をはじめとする左翼系メディアは口を揃えて、北朝鮮を「地上の楽園」と褒めそやした。在日朝鮮人の多くがその記事を信じて帰国し、その結果、祖国で塗炭の苦しみを味わうことになる（北朝鮮は貧しいだけでなく言論どころか個人の生活さえ厳しく抑圧する独裁国家で、帰国者は差別と弾圧に遭っ

た)。

さらにこの頃の多くのメディアは北朝鮮を礼賛する一方、北と対峙する韓国のことは、独裁による恐怖政治が行なわれている悪魔のような国と報道した。左翼論壇の拠点であった岩波書店は、『韓国からの通信』という、韓国の悪いところばかりを糾弾する本(一部に捏造もあった)を何年にもわたって出し続けベストセラーとなっていた。そのため「朝鮮戦争」も韓国から仕掛けたというのが、長い間、日本のメディアや言論界の定説となっていた(国連では北朝鮮が侵略したということになっていたにもかかわらず)。

これが覆ったのは、昭和六〇年(一九八五)以降、ソ連の「グラスノスチ」(情報公開)で機密情報が公になり、北朝鮮が一方的に侵略を開始した事実が明るみに出てからである。ソ連からの情報で、左翼学者やマスメディアも事実を受け入れざるを得なくなったのだ。それ以前は、「朝鮮戦争は北朝鮮から仕掛けた」などと言おうものなら、学者生命を失いかねないような空気が日本を支配していた。

こうした戦後メディアの歩みを振り返ると、日本の報道は事実をもとになされてきたというにはほど遠く、いかに特定のイデオロギーで捻じ曲げられてきたものだったかがわかる。

昭和三五年（一九六〇）、岸の後を受けて首相となった池田勇人は、マスコミや左翼知識人の反対を恐れて、自民党結成時のもう一つの党是であった「自主憲法改正」をいったん棚上げし、経済政策に力を注ぐことにした。元大蔵省の次官であった池田は、今後十年間で国民所得を二倍にするという「所得倍増計画」を掲げた。

日本の景気は相変わらず好況だった。昭和三三年（一九五八）からの好景気は神武天皇より前の天照大神が天の岩戸から姿を現して以来という意味で「岩戸景気」と名付けられた。日本は、何年にもわたって年率一〇パーセントを超える成長が続く驚異的な高度経済成長によって、まさに奇跡ともいえる復興を成し遂げた。

この章の冒頭でも述べたが、この復興を成し遂げたのは政府ではない。政府が「所得倍増計画」を打ち出し、号令をかけるだけで復興できるものなら、世界の発展途上国はすべて豊かになっている。日本の復興をなしたのは、ひとえに国民の力である。

昭和三九年（一九六四）、日本は東京オリンピックを開催して、新幹線を開通させた。「日本復活せり」を世界に示したのである。

ここで思い出してほしいのだが、この同じ年に昭和天皇が日本の復興と無事を祈り、崇徳天皇の御霊を鎮めるために、香川県坂出市に勅使を遣わし百年ぶりの式年祭を執り行なわせている。

オリンピックの翌年の昭和四〇年（一九六五）から、「岩戸景気」を上回る「いざなぎ景

気」（日本列島を作ったとされる伊邪那岐命《いざなぎのみこと》から命名）と呼ばれる好景気が続き、昭和四三年（一九六八）、ついにGNP（国民総生産）で西ドイツを抜き去り、アメリカに次ぐ世界第二の経済大国となる。大東亜戦争で三百万人以上の国民の命と海外資産をすべて失い、東京をはじめとする全国の都市を空襲で焼き尽くされ、戦後は多くの国に莫大な賠償金を背負わされた国が、わずか二十年余りで完全復活を成し遂げ、かつての敵国アメリカの背後に迫ったのだ。これを「奇跡」といわずして何というのであろう。

しかも近代産業に必要なほとんどの資源を輸入に頼るしかない状態で、様々な創意と工夫により、多くの優れた製品を作って海外に輸出することで、多額の貿易黒字を生み出した。日本の家電メーカーは世界が真似のできない高品質な製品で多くの外貨を稼ぎ出し、また後には自動車メーカーも海外マーケットを席巻した。戦後の日本は「モノづくり」に活路を見出したのだ。これを成し遂げたのは、日本人の勤勉さと研究熱心さ以外の何物でもない。

コラム 戦後の日本の急激な経済成長は、一方で大きな副作用を伴った。昭和三〇年（一九五五）あたりから、工場廃水や産業廃棄物による公害が全国で発生し、水俣病やイタイイタイ病といった痛ましい公害病を生んだ。自動車の排ガスや工場の煙突から出る煙に関する厳しい規制もなかったため、大気汚染が広がった。

こうしたことから昭和四二年（一九六七）に「公害対策基本法」が制定され、昭和四六年

（一九七一）には環境庁（平成一三年【二〇〇一】より環境省）が設置される。その後、多くの公害防止策がとられていく中で、日本は世界最先端の公害防止技術を持つようになった。

テレビの登場

戦後しばらくは食うや食わずであった国民生活も、昭和二〇年代後半から余裕が生まれ、昭和三一年（一九五六）の経済白書には「もはや戦後ではない」と書かれた。一般家庭でも電気洗濯機、電気炊飯器、電気掃除機などの家庭用電化製品が使われ始めた。

しかし国民の生活に最も大きな影響を与えた家電といえばテレビだった。テレビが一般家庭に普及し始めたのは昭和三四年（一九五九）頃からである。皇太子ご成婚で普及が進み、その後、昭和三九年（一九六四）の東京オリンピックでカラーテレビが普及する（十年後の昭和四九年【一九七四】には、普及率八五パーセントになっている）。

公共放送のＮＨＫを除いて、民間のテレビ事業に参入したのは新聞社だった。

多くの先進国では新聞社がテレビ局を持つこと（クロスオーナーシップという）は原則禁止されているが、当時、メディア問題に鈍感であった日本政府は禁止しなかった。これにより後に多くの弊害が生じたが、それらは改善されることなく現在に至っている。

弊害の一例を挙げれば、「新聞がテレビの問題や腐敗を批判・報道することがない。また、

その逆もない」「メディア業界全体が護送船団方式となり、新聞以外の資本を持つ新規参入希望者を排除する原因となる」などだ。これらはいずれも情報・イメージ操作の温床となる。

また日本のテレビ局は認可事業であるが、昭和三〇年代半ば以降、全国にネットワークを持つ東京のキー局（キーステーション）に関しては、政府は新たな企業の参入を受け入れていない。そのため半世紀以上にわたって、国民の共有財産である電波を、わずか数局が独占するという異常な状況が続いている。このため日本では、世論は新聞社とテレビ局によって操作される部分が非常に大きいといわれている。

日韓基本条約

昭和四〇年（一九六五）、日本は韓国と「日韓基本条約」（正式名称・日本国と大韓民国との間の基本関係に関する条約）を結んで国交を正常化した。この条約と同時に締結された「日韓請求権・経済協力協定」で、日本政府が韓国に支払った金は、無償で三億ドル、有償で二億ドル、民間借款で三億ドル、その他を含めると十一億ドルにものぼった。これは当時の韓国の国家予算の二・三倍にあたるものであった。すべて外貨で支払われたが、当時の日本には外貨が十八億ドルしかなく、国民が死に物狂いで働いて得た中から、まさに身を切る思いで支払った。しかも併合時代に日本政府が韓国内に残した五十三億ドルにのぼる資産はすべて放棄した上で

のことである（他に巨額な民間資本も残したままであった）。

日韓は戦争をしていないので、本来日本に賠償義務はないため、これらは賠償金ではなく「経済協力金」と呼ばれた。義務がないにもかかわらず、日本が韓国にこれほどまでの多額の金を払ったのは、ソ連や北朝鮮、中国の脅威に対抗するという安全保障の観点から韓国との関係改善が必要だったからである。また、ＧＨＱによって「贖罪意識」を植え付けられていたことや、韓国が李承晩ラインによって多くの日本人漁民を拉致していたことから、日本政府は彼らを救うために不当なまでに巨額の金を提供したという側面もあった。

韓国は日本から莫大な金を得て、「対日請求権」をすべて放棄することに合意した。請求権協定には「完全かつ最終的に解決されたことを確認する」との文言が明示され、締結日以前に生じた事由に基づくものに関しては、いかなる主張もすることができないものとするとの旨の一文もある。これにより昭和二〇年（一九四五）八月十五日以前の日韓問題は「完全に、かつ最終的に解決」した。ところが、韓国はその後も条約を無視して、日本に新たな謝罪と賠償を再三要求することになる。

敢えて補足すると、「日韓基本条約」を結ぶ際、日本政府は韓国政府に対して、「併合時代の朝鮮人に対する補償を行ないたいので、資料を出してほしい」と要求したが、韓国政府は「個人への補償は韓国政府が行なうから、日本はその金を含めて一括して支払え」と回答した。ところが韓国政府は個人への補償を怠った。これだけでも呆れるが、韓国はその後、日本政府に

対し、慰安婦や戦時徴用工への個人補償をしろと執拗に要求するようになる。

ゾンビのように蘇る自虐思想

昭和四〇年代から五〇年代にかけての日本は、高度経済成長を成し遂げ、国民生活が飛躍的に向上した時代であったが、その繁栄の裏で、厄介な問題が起こっていた。それは占領軍が去ってから沈静化していた「自虐思想」が再び強くなってきたことだ。

日本人は占領時代にGHQによる「WGIP」の洗脳を受けたが、独立と同時に起こった戦犯赦免運動でも明らかなように戦前に教育を受けてきた国民の多くには、心の深いところまで自虐思想が浸透しなかった。

昭和三五年（一九六〇）の安保改定後の総選挙で自民党が圧勝したのも、有権者の全員が戦前生まれだったからである。昭和三〇年代には、祝日になると町の至るところに「日の丸」が揚がり、儀式の際には普通に「君が代」が歌われていた。

ところが、昭和一〇年代の終わり（戦中）以降に生まれた人たちは、小学校に上がった頃から、自虐思想を植え付けられた人たちである。何も知らない白紙の状態の柔らかい頭と心に一つの思想を注入された時の効果は絶大である。この戦中生まれと、その後に生まれた団塊の世代の多くが、今も自虐思想から抜け出せないのは、ある意味で当然ともいえる。不幸なことに、

この世代は戦前の日本のすべてを否定する日本人として育てられたのだ。

GHQの「WGIP」洗脳第一世代ともいうべき戦中生まれの人々が社会に進出し始めた昭和四〇年代頃から、「自虐思想」が再び頭をもたげてくるようになる。そして洗脳第二世代ともいうべき「団塊の世代」（昭和二二～二四年生まれの人たち）が社会に出始めた昭和四〇年代半ば頃から、それに拍車がかかっていく。

「WGIP洗脳世代」は、「日の丸」「君が代」はもちろん、「天皇」「靖國神社」「戦犯」、さらには「愛国心」をも全否定するという、GHQの占領時代にもなかった思想を押し立てた。それらはすべて軍国主義につながるというのが、彼らの理屈だった。彼らはGHQが押し付けた日本国憲法を賛美し、憲法九条は「世界に誇るべき平和憲法」であると盲信した。

この人々こそ、まさにGHQの落とし子であり、「WGIP」の信者であるといえた。彼らの自虐思想は、親の世代が生きた戦前の日本を全否定するまでに膨張し、さらに「反日」という思想が生み出されていく。

朝日新聞が生み出した国際問題

「WGIP洗脳世代」が社会に進出するようになると、日本の言論空間が急速に歪み始める。そして後に大きな国際問題となって日本と国民を苦しめることになる三つの種が播《ま》かれた。

それは「南京大虐殺の嘘」「朝鮮人従軍慰安婦の嘘」「首相の靖國神社参拝への非難」である。

これらはいずれも朝日新聞による報道がきっかけとなった。

まず「南京大虐殺」であるが、これは前述したように、昭和四六年（一九七一）、朝日新聞で始まった「中国の旅」という連載がきっかけとなった。まったく事実に基づかない内容にもかかわらず、戦後、GHQによって「日本軍は悪逆非道であった」という洗脳を徹底して受けていた日本人の多くは、この捏造ともいえる記事をあっさりと信じてしまった。

当時、朝日新聞が「日本の良心」を標榜し、売上部数が圧倒的に多かったことも、読者を信用させるもととなった。まさか大新聞が堂々と嘘を書くとは誰も思わなかったのだ。さらに当時、マスメディアや言論界を支配していた知識人たちの多くが肯定したことが裏書きとなり、本多の記事が真実であるかのように罷《まか》り通ってしまったのだった。

日本側のこうした反応を見た中華人民共和国は、これは外交カードに使えると判断し、以降、執拗に日本を非難するカードとして「南京大虐殺」を持ち出すようになり、四十数年後の現在では、大きな国際問題にまで発展した。情けないことに、未だに、「南京大虐殺」は本当にあったと思い込んでいる人が少なくない。今さらながらGHQの「WGIP」の洗脳の怖さがわかる。

朝日新聞が生み出したもう一つの嘘は、いわゆる「朝鮮人従軍慰安婦」問題である。

昭和五七年（一九八二）、朝日新聞は吉田《よしだ》清治《せいじ》という男の衝撃的な証言記事を載せた。その

内容は、吉田が軍の命令で済州島に渡り、泣き叫ぶ朝鮮人女性を木刀で脅し、かつてのアフリカの奴隷狩りのようにトラックに無理矢理乗せて慰安婦にしたというものだった。この記事は日本中を驚愕させた。

以降、朝日新聞は日本軍が朝鮮人女性を強制的に慰安婦にしたという記事を執拗に書き続けた。朝日新聞は吉田証言だけでも十八回も記事にしている。ちなみに「従軍慰安婦」という言葉は、戦後、元毎日新聞社の千田《せんだ》夏光《かこう》（本名、貞晴《さだはる》）らによって広められた造語である。

吉田証言が虚偽であることは早い段階から他のメディアや一部の言論人から指摘されていた。吉田自身も平成八年（一九九六）の「週刊新潮」のインタビューで、「本に真実を書いても何の益もない」「事実を隠し、自分の主張を混ぜて書くなんていうのは、新聞だってやっている」と捏造を認めていた。ところが、朝日新聞がこの吉田証言に基づく自社の記事を誤りだったとする訂正記事を書いたのは、最初の記事から三十二年も経った平成二六年（二〇一四）である。実に三十二年もの間、朝日新聞の大キャンペーンに、左翼系ジャーナリストや文化人たちが相乗りし、日本軍の「旧悪」を糾弾するという体で、慰安婦のことを何度も取り上げた。これに積極的に関わった面々の中には旧日本社会党や日本共産党の議員もいる。

多くの国民は朝日新聞が嘘を書くわけがないと思っていたのと、GHQの洗脳によって「日本軍ならそれくらいのことはしただろう」と思い込まされてきたため、「従軍慰安婦の嘘」を信じてしまったのだ。「南京大虐殺」も同様である。

こうした日本の状況を見た韓国も、中華人民共和国と同様、「これは外交カードに使える」として、日本政府に抗議を始めた。朝日新聞が吉田証言を記事にしてキャンペーンを始めるまでは、四十年間、一度も日本政府に慰安婦のことで抗議してこなかったにもかかわらずだ。

韓国の抗議に対する日本政府の対応も最悪だった。

平成五年（一九九三）、韓国側からの「日本政府が従軍慰安婦の強制連行を認めれば、問題を蒸し返さない」という言葉を信じて、日韓両政府の事実上の談合による「慰安婦関係調査結果発表に関する河野内閣官房長官談話」（いわゆる「河野談話」）を出し、慰安婦の強制連行を認めるような発信をしてしまった。途端に、韓国は前言を翻し、これ以降、「日本は強制を認めたのだから」と、執拗に賠償と補償を要求するようになる。これは八十年近く前、大正四年（一九一五）の「二十一ヵ条要求」のいきさつを彷彿させる。

もう一つ、朝日新聞がこしらえたといえる深刻な国際問題は、「首相の靖國神社参拝に対する非難」である。

今も、首相の靖國神社参拝を世界の国々が非難しているという報道を繰り返す新聞があるが、これは正しくない。我が国の首相や閣僚の靖國神社参拝を感情的に非難しているのは、中華人民共和国と韓国のみといっていい。アメリカや中韓以外のアジア諸国のメディアが今でも批判的トーンで靖國参拝を報じるのは、日本と隣国との争いの種になっているから、という理由が大きい。もちろん英米メディアの中には靖國神社を「戦争神社」と言い、ここに参る者は「戦

争賛美」の極右で「歴史修正主義者」だという論調もあるが、そのほとんどが、一九八〇年代の朝日新聞の報道論調を下敷きにしている。

そもそも中国・韓国の二国は、戦後四十年間、日本の首相の靖國参拝に一度も抗議などしてこなかった。それまでに歴代首相が五十九回も参拝したにもかかわらずである。

これが国際問題となったきっかけは、昭和六〇年（一九八五）八月十五日に中曽根《なかそね》康弘《やすひろ》首相が靖國神社を参拝した時に、朝日新聞が非難する記事を大きく載せたことだった。直後、中華人民共和国が初めて日本政府に抗議し、これ以降、首相の靖國神社参拝は国際問題となった。この時、中国の抗議に追随するように韓国も非難するようになった。

以上、現在、日本と中韓の間で大きな国際問題となっている三つの問題は、すべて朝日新聞が作り上げたものといっても過言ではない。三つの報道に共通するのは、「日本人は悪いことをしてきた民族だから、糾弾されなければならない」という思想だ。そのためなら、たとえ捏造報道でもかまわないという考えが根底にあると思われても仕方がない。

その姿勢は政治的な記事に限らない。平成元年（一九八九）四月二十日の「珊瑚記事捏造事件」も同根である。これは、朝日新聞のカメラマンが、ギネスブックにも載った世界最大の沖縄のアザミサンゴに、自らナイフで「Ｋ・Ｙ」という傷をつけて、「サンゴ汚したＫ・Ｙってだれだ」という悪質な捏造記事を書いたという事件だ。記事は日本人のモラルの低下を嘆き、「日本人の精神の貧しさとすさんだ心」とまで書いた。この記事は単にスクープ欲しさの自作

自演ではない。ここには、前記の三記事と同じ「WGIPによる歪んだ自虐思想」が見える。

GHQの推し進めた洗脳政策は、戦後、多くの日本人の精神をすっかり捻じ曲げてしまったといえるが、驚くべきことに、占領後は朝日新聞を代表とするマスメディアが、まさしくGHQ洗脳政策の後継者的存在となり、捏造までして日本と日本人を不当に叩いていたのだ。さらに不思議なことはこの新聞が、戦後は「クオリティー・ペーパー」といわれてきたことである。「クオリティー・ペーパー」とは「エリート階層を読者とする質の高い新聞」という意味だが、はたしてこの称号を与えたのは誰なのか。それは戦後の公職追放の後に、言論界を支配した者たちである。

コラム 朝鮮人慰安婦に関しては、肯定派のジャーナリストや学者、文化人らが、「軍が強制した」という証拠を長年懸命に探し続けたが、現在に至ってもまったく出てきていない。

なかには、「軍が証拠を隠滅した」と言う者もいるが、すべての証拠を完全に消し去ることなど不可能である。軍は一種の官僚機構である。仮に民間業者に命じたとしたら、議事録、命令書、予算書、報告書、名簿、受領書、請求書、領収書など、夥しい書類が必要である。もちろん双方の帳簿も大量に残っているはずだ。軍は勝手に金を動かせない。

戦闘中以外はトラック一台動かすのにも、いちいち書類が必要だったのだ。当時、軍用機の搭乗員たちは、たとえ練習でも飛行記録を残す義務があった。もし軍が直接行動したなら、

慰安婦を強制連行するために動いた部隊、実働人員、収容した施設、食料などを記した書類も大量にあるはずだが、それらがすべて煙のように消えてしまうことなど有り得ない。そんなことが可能なら、戦後に捕虜の処刑に関係したBC級戦犯が千人も処刑されるはずがない。

ここで読者の皆さんに知っておいてもらいたいことがある。それは戦時慰安婦の大半が日本人女性だったということだ。朝鮮人女性は二割ほどだったといわれている。当時は日本も朝鮮も貧しく、親兄弟の生活のために身を売らねばならなかった女性が少なくなかった。そうした女性たちが戦時に戦地の慰安所で慰安婦として働いた。これが事実のすべてである。

一方、「靖國神社参拝」については、政治家の参拝を非難する左翼系の学者や文化人の中に、「中国が抗議したのは、A級戦犯を合祀したからだ」と言う人がいるが、これは稚拙で罪作りな嘘である。靖國神社が「A級戦犯」とされた人々を合祀したのは昭和五三年（一九七八）十月である。それから昭和六〇年（一九八五）まで三人の首相（大平正芳《おおひらまさよし》、鈴木善幸《すずきぜんこう》、中曽根康弘）がのべ二十二回参拝しているが、昭和六〇年まで、中国は一度も抗議していない（A級戦犯合祀は翌年に朝日新聞によって報道されている）。

また「天皇陛下でさえ、A級戦犯合祀以来、参拝されていない」と言う人もいるが、天皇陛下が終戦記念日に靖國神社を親拝されなくなったのは、昭和五一年（一九七六）からである。実はその前年（昭和五〇年【一九七五】）、三木武夫《みきたけお》首相の参拝について「私人としてのものか、公人としてのものか」とマスコミが大騒ぎしたことがあった。昭和天皇が終戦記念

日に靖國神社を親拝されなくなった理由はわからないが、もしかしたら「自分が行けば、私人としてか公人としてかという騒ぎが大きくなる」と案じられたのかもしれない。

戦時徴用工強制労働の嘘

昭和四〇年（一九六五）頃から、在日朝鮮人と在日韓国人は「自分たちは戦争中に強制連行されてきた」と主張し始めた。これまた嘘である。

たしかに戦争中「戦時徴用」として朝鮮人労働者を国内の工場などに派遣した事実はあるが、戦時徴用は日本の中学生や女学生にも行なわれていた。しかも日本の学生には給料は払われなかったが、朝鮮人労働者には正規の給料が支払われていた。

また徴用工が送られるのは、労働管理の整備された場所に限られていた。「外国人を徴用工として使うのはひどい」と言う人がいるが、当時、朝鮮人は法的には日本人・日本国民であったのだ。同じ頃、日本人男性は徴兵で戦場に送られていたが、朝鮮人が徴兵されたのは昭和一九年（一九四四）になってからで、しかも一人も戦場に送られていない。戦時徴用も終戦前の七ヵ月だけである。そして終戦後に彼らのほとんどは朝鮮へ帰国した。

昭和三四年（一九五九）に外務省が発表したデータによると、当時、日本国内にいた在日朝鮮人・韓国人は約六十一万人、そのうち戦時徴用で国内にとどまっていた人はわずかに二百四

十五人だった（在日朝鮮人・韓国人全体の〇・〇四パーセント）。つまり九九・九六パーセントの在日朝鮮人・韓国人は「職を求めて」自由意思で日本にやってきた人たちだった。しかもその中の多くが朝鮮戦争の時に密航してやってきた人たちだった。

「在日朝鮮人・韓国人の多くは戦争中に強制連行された人、あるいはその子孫」という嘘は、最初は彼ら自身が言い始めたことだが、これを左翼系のマスメディアや学者などが歴史的事実であるかのようにして広めた。そのため、現在でもこれを真実と思い込んでいる日本人が少なくない。ＧＨＱの「ＷＧＩＰ」は、今も日本人の心と日本の言論空間を蝕《むしば》んでいるといえる。

反日テロ活動

朝日新聞が自虐的な捏造記事を書き始めたのと同じ時代、学生運動が過激化し、反日テロともいうべき活動が活発になった。

そもそもは昭和四三〜四四年（一九六八〜一九六九）、全国の大学で起こった学生たちの暴力闘争がきっかけである。これは中華人民共和国の文化大革命で暴れた紅衛兵を真似た全共闘（全学共闘会議）と呼ばれる大学生らの行動であった。ちなみに学生たちのスローガンは、紅衛兵たちが掲げた「造反有理」（反抗するのは正しい）であったし、学生たちの主張が書かれた立て看板の文字には、中国の簡体字が多く用いられていた。

全共闘の大学生たちは皆、戦後にＧＨＱの洗脳を受けたベビーブーム世代、いわゆる「団塊の世代」である。この大学闘争は昭和四五年（一九七〇）にはいったん沈静化するが、その後、全共闘から生まれた過激派グループが極左暴力集団となり、昭和四〇年代半ばから、様々なテロ活動を行なうようになる。

過激派グループは、大東亜戦争はアジア侵略であり、日本はアジアに対して償いをしなければならないとし、「日帝の侵略」に加担したとする企業を狙って断続的に爆破事件を起こしたり（連続企業爆破事件）、日本航空機をハイジャックして北朝鮮に亡命したり（よど号ハイジャック事件）、山荘の管理人の妻を人質に取って立て籠もったり（あさま山荘事件）という凶悪事件を立て続けに起こした。これら大事件の他にも、極左暴力集団による個人を狙ったテロ事件や強盗、内ゲバ殺人が多発した。彼らは共産主義革命を盲信しており、その目的のためなら、市民が犠牲になってもいいという理屈で、警察官や民間人にも多くの犠牲者を出した。

そして、昭和四〇年代の後半になると、極左暴力集団は海外に飛び出し、世界各地でテロ事件を起こすようになる。彼らはまさしく時代が生んだ鬼子だったといえる。

沖縄復帰

昭和四三年（一九六八）六月、小笠原諸島が二十三年ぶりに返還されたのに続いて、昭和四

七年（一九七二）五月、二十七年間、アメリカに占領されていた沖縄が返還された（奄美大島は昭和二八年【一九五三】に返還されていた）。

この返還には昭和四五年（一九七〇）の日米安保条約の延長問題が大きく関係していた。昭和四〇年（一九六五）、アメリカは北ベトナムに対する空爆を開始し、ベトナム戦争に本格的に介入していた。そのため日本国内のアメリカ軍基地の重要度は飛躍的に増していた。それだけに、十年ごとに締結される日米安保条約が仮に締結されない事態となれば、アメリカのベトナムでの戦争継続が難しくなるという状況だった。

そこでアメリカは、沖縄を日本に返還する代わりに日米安保条約を延長しようと考えた。この際ネックとなったのが、「核兵器を作らない、持たない、持ち込ませない」という日本の非核三原則であった。沖縄の基地に核兵器があるのは公然の秘密だったからだ。アメリカは、ソ連や中華人民共和国に対する抑止力のためにも、沖縄の核は必要と考えていたが、非核三原則のある日本に沖縄を返還すれば、沖縄のアメリカ軍基地に核兵器を置くことができなくなる。

しかしアメリカの技術力が状況を変えた。原子力潜水艦に核ミサイルを搭載する技術の開発に成功したのだ。これにより世界のいかなる海からでも核ミサイルを撃ち込むことができるようになり、必ずしも沖縄に核兵器を置く必要がなくなったのだ。皮肉なことに、新兵器が開発されたことにより、沖縄返還計画が進んだのである。

とはいえ、沖縄返還には密約があった。その第一は有事の際、アメリカは、沖縄に核兵器を

持ち込み、貯蔵することができるということ。第二は、返還に要する費用のほとんどは日本が負担するということだった。加えて沖縄の基地はそのままアメリカ軍が使用できるとされた。

日本政府は沖縄を取り戻すため妥協し、これらを認めた。その結果、ついに沖縄の本土復帰が実現した。ただ、沖縄の基地問題は禍根として残った。

ベトナム戦争終結後、平成三年（一九九一）末にソ連が崩壊したことで、冷戦の危機が去り、沖縄のアメリカ軍基地の重要性は低下したかに思えた。ところが、近年、凄まじい勢いで軍備を拡張し、常設仲裁裁判所の判決も無視して南シナ海に巨大な軍事基地を作り、さらに東シナ海から太平洋に進出しようと目論む中華人民共和国の存在と、核ミサイルの開発に成功した北朝鮮の存在によって、沖縄のアメリカ軍基地の重要性はむしろ高まっている。

大国のはざまで揺れる日本

昭和三〇年（一九五五）から始まったベトナム戦争は、最初は植民地支配を復活させようとするフランスとベトナムの戦いだったが、その後、「アメリカ・南ベトナム」対「北ベトナム」の戦いになった。アメリカは、ベトナムの共産主義化を防ぐために参戦したが、ソ連の支援を受けた北ベトナムのゲリラの前に、予想外の苦戦を強いられた。

そこでアメリカは、ソ連と対立していた中華人民共和国に接近する。すでにベトナムからの

撤退を模索していたアメリカは、冷戦の枠組みの再編成が必要と考えており、中華人民共和国への接近はそれも睨んでのことだった。アメリカの意向を汲んだ日本は、昭和四七年（一九七二）、中華人民共和国に接近し、電撃的に国交を回復させる。同時に、それまで国交があった蔣介石の中華民国（台湾）との関係をあっさりと断絶した。戦後、二十七年も経っていたにもかかわらず、日本は自らの意思で外交ができない国になってしまっていたのだ。

この日中国交回復に関しては、いつも「反米」一色のマスメディアや左翼系の学者、知識人もまったく反対せず、対米追随をむしろ大歓迎した。彼らにとって、共産主義国の中華人民共和国と日本が仲良くなることは喜ばしいことだったのだ。

昭和四八年（一九七三）、和平協定が成立してアメリカ軍はベトナムから完全撤退したが、アメリカの威信はここで大きく揺らぎ、「世界の警察」という絶対的な力を失っていく。以降、世界の様々な地で紛争が生じていくのである。

「べ平連」の欺瞞

当時、世界各地で、ベトナム戦争に介入するアメリカへの抗議の声が上がっていた。世界の多くの人々が、アメリカの介入をベトナムの民族自決権を奪う行動だと見做していたのだが、これは一面的な見方にすぎない。たしかに南ベトナムはアメリカの傀儡的な国家ではあったが、

その意味では北ベトナムもまたソ連の傀儡的な国家であった。つまりこれは二大国の代理戦争だったのだが、ソ連は巧妙に表に出ることなく武器などを提供して、戦いは北ベトナム人にやらせていた。加えて西側諸国内で巧みなプロパガンダ（政治宣伝）を展開したため、各国のリベラル層がアメリカを一方的に非難し、その空気は日本にも及んだ。

そして作られたのが「ベ平連」（正式名称・ベトナムに平和を！市民連合）という市民団体である。彼らは「ベトナム戦争反対」のデモや運動だけでなく、平和運動と称して、企業を攻撃したり、成田空港建設反対などの闘争を繰り広げたりもした。

しかし冷戦終結後、「ベ平連」にはソ連のＫＧＢ（ソ連国家保安委員会＝ソ連の秘密諜報組織）から資金提供があったことが判明する。つまり「平和運動」という隠れ蓑を着たソ連の活動団体だったのだ。「ベ平連」の末端メンバーはそのことを知らずに活動していたが、幹部クラスはそのことを知りながら、平和を口にし、マスメディアを使ってアメリカとその同盟国である日本を強く非難していたのだ。

「ベ平連」はある意味で典型的なものだったが、日本の反戦運動・反核運動・反アメリカ軍基地運動・平和運動などが、ソ連や共産主義国からの支援を受けてきたというケースは少なくない。実は当時、日本のみならず世界各地で起こった「反戦・反核」の運動にはソ連の支援を受けたものが少なからずあったといわれている。「ベ平連」はアメリカ軍の「良心的兵役拒否」の脱走兵をソ連に亡命させる活動も行なっていたが、後にソ連から「重要な機密を知っている

アメリカ兵でなければ亡命は受け付けない」と告げられている。

オイルショック

昭和四八年（一九七三）十月、世界を激震させる大事件が起こった。ＯＰＥＣ（石油輸出国機構）加盟国のイラン、イラク、サウジアラビアなど六ヵ国が原油価格を一気に七〇パーセントも引き上げたのだ。いわゆるオイルショックである。さらに翌昭和四九年（一九七四）一月には一二八パーセントも値上げした。わずか三ヵ月で四倍近く（二八七パーセント上昇）になったのだ。

中東の産油国が石油価格を上げたのは、第四次中東戦争で、アラブ諸国がイスラエルに敗れたことが大きかった。さらにサウジアラビアを中心とするアラブ諸国は、イスラエルを支援する国に対して石油輸出を制限すると宣言した。日本はイスラエル支援国家ではなかったが、アメリカと同盟を結んでいる関係で、石油禁輸リストに入れられた。

日本は急遽、イスラエル軍は占領地から撤退し、占領地のパレスチナ人の人権に配慮するようにとの声明を出した。この声明発表はアメリカの反発が予想されるものであったが、背に腹は替えられない日本政府の苦渋の決断でもあった。さらに当時の副総理がアラブ諸国を訪問し、禁輸リストからの除外を要請し、ようやくリストから外してもらうことに成功した。

余談だが、昭和四九年（一九七四）の石油危機期間中、選抜高等学校野球大会では、それまで慣例となっていた表彰式の演奏曲「見よ、勇者は帰る」（ヘンデル作曲のオラトリオ「ユダス・マカベウス」の中の一曲）の使用をやめ、オリジナル曲に差し替えるということまでしている。「ユダス・マカベウス」は、紀元前の物語であるが、アラブと敵対するユダヤ戦士を称える曲だったからだ。

石油禁輸は免れたものの、石油価格の高騰は、ほとんどのエネルギーを石油に依存していた日本にとっては大打撃となった。公共事業は軒並み大幅に延期され、石油を原料とする様々な製品の生産が減少した。そのため、石油とは関係のない製品（トイレットペーパーや洗剤など）までもが人々に大量に買い占められる事態にもなった。

また電力も石油に頼っていたことから、電気が節約された。デパートのエスカレーターが運転中止となり、都会のネオンサインが深夜には消された。プロ野球のナイターも十九時スタートから十八時スタートになった。民放テレビも深夜放送は中止になり、ＮＨＫは二十三時以降の放送を取りやめた。

昭和二九年（一九五四）より続いていた日本の高度経済成長は、この年をもって終わった。しかし官民挙げて省エネルギーに取り組んだ結果、エネルギー消費抑制に成功し、また省エネルギーにつながる技術革新が進み、危機を乗り越えることに成功した。

そしてここからは安定成長期と呼ばれる時代に入る。

教科書問題

昭和五七年（一九八二）、日本の教育が大きく揺るがされることになる事件が起きた。いわゆる「教科書検定」問題である。

これは六月二十六日付けの朝刊各紙が報じた記事がきっかけとなった。具体的には、昭和前期の部分で「日本軍が華北に『侵略』」とされていた記述が、文部省（現在の文部科学省）の検定によって「華北へ『進出』」という表現に書き改めさせられたというものだったが、当初はさほど大きな問題とはされていなかった。ところが、七月二十日頃になって再浮上し、以降、マスメディアで「歴史教科書改竄」キャンペーンが展開されるようになる。

七月二十六日には、中国政府から日本政府に正式に抗議が行なわれ、この日を境に、八月の終戦記念日に向けて連日、「侵略から進出へ」の書き換え問題が喧しく報道された。この時初めて、日本の歴史教科書の記述内容が、中国・韓国との間で外交問題に発展した（第一次教科書問題）。しかし当時の文部大臣、小川平二《おがわへいじ》はこれに際し、「外交問題といっても、（教科書については）内政問題である」という真っ当な発言をし、国土庁長官、松野幸泰《まつのゆきやす》も「韓国の歴史教科書にも誤りがある」「韓国併合でも、韓国は日本が侵略したことになっているようだが、韓国の当時の国内情勢などもあり、どちらが正しいかわからない」などの正論を述べたが、日

本のマスメディアからは大きなバッシングを受け、韓国の大きな反発を呼び込むこととなる。

八月二十六日、事態を収拾するため、官房長官の宮沢喜一《みやざわきいち》が「『歴史教科書』に関する宮沢内閣官房長官談話」を発表するが、中国・韓国はさらに反発し、結局、翌日、小川文相は国会の文教委員会で、「隣接諸国との友好親善に配慮すべき」との一項目を教科用図書検定基準に加えると表明することとなる。

外交上、他国に配慮して事を収めたかに見えたが、これをきっかけに、今日まで続く文部科学省の教科用図書検定基準の中に、「近隣のアジア諸国との間の近現代の歴史的事象の扱いに国際理解と国際協調の見地から必要な配慮がされていること」という近隣諸国条項が追加され、歴史教科書に韓国に配慮した記述が増えていく。その結果、歴史の教科書に「南京事件」「従軍慰安婦」という記述が加えられていくことになる。呆れるのは、近年になって、古代史や桃山時代の歴史にも、韓国や中国に配慮して、事実でない記述がなされるようになったことだ。

一方、中韓の教科書は近隣諸国に配慮するどころか、全編、反日思想に凝り固まったもので、歴史的事実を無視した記述が多く、歴史というよりもフィクションに近いものである。

ところで、この問題のきっかけとなった前述の報道は、文部省記者クラブ内の一人の記者の勘違い（意図的にやった可能性もある）から始まった誤報で、検定での書き換えの事実はなかった。

なお、この時の教科書問題で政府を糾弾した当時のマスメディアの第一線にいた三十代から

四十代の記者たちは、戦後、子供の頃からGHQの「WGIP」の洗脳教育をたっぷりと受けた世代である。

平和ボケ

戦後の日本人を蝕んだ「自虐思想」に付随して生まれ、浸透したのが日本独特の「平和主義」である。これは、「平和」を目的とするものではなく、極端な反戦思想と言い換えた方がいいかもしれない。

憲法九条によって国の安全保障をアメリカに委ねてしまった日本人は、ただ「平和」を唱えていさえすれば、「平和」でいられるという一種の信仰を持つに等しい状態となった。そして「武」を「穢れ」として忌み嫌う、平安時代の貴族のような思想を持つに至ったのである。

昭和四〇年代から平成半ばまでは、自衛隊を蔑《さげす》み、嫌悪する考えも非常に強かった。戦後、日本人は、平和には戦いや犠牲がつきものであることや、時には力をもって、平和を勝ち取り維持しなければならないという「常識」を捨て去ってしまったのだ。

その象徴的な事件が昭和五二年（一九七七）に起こった「ダッカ日航機ハイジャック事件」である。これは日本の極左暴力集団が日航機をハイジャックし、人質を取ってバングラデシュのダッカのジア国際空港に立て籠もった事件だったが、日本政府は「超法規的措置」で法律を

捻じ曲げて、犯人の要求通りに多額の身代金を払い、さらに日本に勾留中の凶悪犯（一般刑法犯）を釈放して、ハイジャック犯を逃がしてしまった。

この時、首相の福田赳夫《ふくだたけお》は自らのとった措置を正当化する理由として、「一人の命は地球より重い」と言って、世界中から失笑を買った。この言葉は、小説家や詩人が命の重さを表現するのに使う陳腐なレトリックであって、一国の首相が凶悪事件や治安維持の場面で用いる言葉ではない。これを絶対に正しいとするなら、事故で毎年数千人の死者を出す自動車さえ運転禁止にしなくてはならなくなる。だが、当時の日本のメディアや世論に、福田首相の言葉を非難する声はなく、むしろ良心的な正論と捉えた。つまり当時の日本人の多くが、首相やメディアも含めて、完全に「平和ボケ」状態に陥っていたといえる。この結果、海外で日本人を狙った誘拐テロ事件が多発することになる。

ちなみに政府が超法規的措置をとった場面は、もう一例ある。

平成二二年（二〇一〇）、沖縄県の尖閣諸島沖の日本領海内で、海上保安庁の船に体当たりしてきた中華人民共和国の漁船の船長を現行犯で逮捕したにもかかわらず、当時の民主党政権は、北京を怒らせることを恐れて、超法規的措置をとり、中国人船長を釈放したのだ。この措置により、後に中華人民共和国の尖閣諸島沖での跋扈が始まることになる。

終章
平成

未来の子供たちへ

古代から「日本の歴史」を読者の皆さんとともに見つめてきたが、ついに私たちが生きる現代、「平成」の時代に辿り着いた。

だが、この三十年は「歴史」と見るには時期尚早だ。いずれ、私の子や孫たちの世代が振り返り、冷静な評価を下すことになるだろう。その時の参考の一つになればとの思いで、「平成」に何が起き、どんな時代であったのかを、この時代に生きた者として記しておく。

その前にあらためてこれまでの歴史を振り返ってみたい。日本は神話とともに誕生した国であり、万世一系の天皇を中心に成長した国であった。『日本書紀』には、天皇は「大御心」、そして我々の先祖である民衆のことは「大御宝」と書かれている。日本という国にとって、最高の宝は、この国に住む人々、日本人だった。

日本人ほど平和を愛した民族はない。日本の歴史には、大虐殺もなければ、宗教による悲惨な争いもない。人々は四方を海に囲まれた島国の中で肩を寄せ合い、穏やかに暮らしていた。

ヨーロッパから見れば、極東に位置する日本は長らくその所在さえ不明であり、十六世紀に発見された後も、交流を拒む閉ざされた謎の国であった。その後、欧米諸国は、発達した科学技術を武器に、世界の多くの国々を植民地とし、有色人種を支配していったが、日本は最後に残された狩場であった。

植民地とされる土壇場で踏みとどまって独立を守った日本は、欧米の科学技術を凄まじい勢いで吸

収すると、またたくまに世界に躍り出た。そして明治維新からわずか四十年足らずで大国ロシアを打ち破った。この勝利が、世界の有色人種にどれほどの自信を与えたかは計り知れない。だが、その四十年後、日本は第二次世界大戦で、アメリカを中心とする連合国軍に敗れる。百年前、有色人種の最後の砦であった東洋のミステリアスな国も、ついに欧米の力の前に粉砕されたのだった。

しかし日本が敗れた後、アジアの諸国民は立ち上がり、欧米と戦って次々と独立を勝ち取った。その波はアフリカや南米にも及び、世界四大陸で多くの新しい国が産声を上げた。まさに日本という存在が世界を覚醒させたのだ。もし日本という国がなかったなら、世界は今とはまるで違ったものになっていただろう。

二十一世紀の今日、世界中で「人種差別は悪である」ということを疑う人はいない。しかし百年前はそうではなかった。当時、絶対強者だった欧米列強に向けて、初めて「人種差別撤廃」を訴えたのは、私たちの父祖である。日本が世界のモラルを変えたのだ。皆さん、どうか、このことを忘れないでいてほしい。

世界は今、再び混迷と暗黒の時代に足を踏み入れつつある。テロや紛争は日常茶飯事となり、大戦争の恐怖が近付いている。

日本の役割は終わったわけではない。今こそ日本はかつての先人の偉業を思い出し、世界を平和へ導くために努力をするべきである。

平成

日本がバブルで浮かれている昭和六四年（一九八九）一月七日、昭和天皇が崩御した。

満洲事変、二・二六事件、盧溝橋事件、大東亜戦争、敗戦、連合国による占領、そして戦後の復興と、まさに激動の時代であった「昭和」が幕を下ろした瞬間であった。

昭和天皇は戦後、ＧＨＱが押し付けた憲法によって「日本の象徴」とされたが、それ以前も昭和天皇は「君臨すれども親裁せず」の姿勢を貫かれていた。昭和天皇が政治的判断を口にされたのは生涯に二度――「二・二六事件」で反乱軍を鎮圧せよと言われた時と、「ポツダム宣言」を受諾すると言われた時――だけであった。

戦後は、全国各地を行幸し、敗戦に打ちひしがれた国民を励まし、日本と国民のために祈ることを自らの使命として生きてこられたが、実はこれは以前から同じだった。

日本の天皇は、代々、国のために祈りを捧げる存在、祭主であり続けたのだ。

バブル崩壊

平成に入って最も大きな国内の事件は、バブル崩壊である。

昭和六一年（一九八六）、日本経済は「バブル」と呼ばれる空前の好景気を迎えた。株価は

跳ね上がり、日本の金融資産は膨れ上がった。昭和の終わりには、日本の地価の総額は約二千兆円といわれ、東京二十三区内の土地でアメリカを二つ買えるともいわれた。実際に多くの企業が海外の土地や企業を買収した。

しかしこれは土地投機がもたらしただけの文字通り「バブル」（泡）にすぎず、平成二年（一九九〇）、総量規制によってあっけなく崩壊した。そのため土地価格が暴落し、それらを担保に取っていた多くの金融機関が多量の不良債権を抱えて経営不振に陥った。

バブル崩壊で失われた日本の資産は、土地・株だけで約一千四百兆円といわれている。その打撃はオイルショック以上のものがあり、これにより昭和四八年（一九七三）から続いていた安定成長期は終わりを告げ、日本は長い低成長時代に入る。

ソ連崩壊

日本がバブル経済崩壊で苦しんでいる頃、世界でもまた大きな変動が起こっていた。それは共産主義の崩壊である。

朝鮮戦争、ベトナム戦争、キューバのミサイル基地建設、アフガニスタン侵攻など、戦後、共産主義を世界に広め、自国陣営を拡大するために、多くの戦争や危機を作り出してきたソビエト連邦（ソ連）だったが、昭和五六年（一九八一）、アメリカのレーガン大統領の登場によ

って、体制の変更を余儀なくされる。レーガン政権が大規模な軍拡競争に乗り出したことにより、ソ連の経済がその競争に耐えきれなくなったためだ。

昭和六〇年（一九八五）、共産党中央委員会書記長（ソ連のトップ）となったゴルバチョフは行き詰まった経済を立て直すため、市場経済の導入や情報公開を試みたが、これによりソ連国民の間に自由化を求める空気が広まり、その波はソ連の衛星国家にも広がった。

平成元年（一九八九）五月、ソ連の衛星国家の一つハンガリーがオーストリアの国境を開放した。一九四〇年代から長らく東側（共産主義陣営）と西側（自由主義陣営）の間に築かれていた「鉄のカーテン」に初めて穴が空けられたのだった。この時まで東側の国民はいかに希求しようと、西側の国に行くことは叶わなかった。国境が開放されたことを知った他の共産主義国の国民もぞくぞくとハンガリーからオーストリアへ入国した。特に多かったのが東ドイツ国民で、ハンガリーからオーストリアを経由して西ドイツに入国した人はわずか三ヵ月で二十万人にものぼった。そして同年十一月、東ベルリンと西ベルリンを隔てていた「ベルリンの壁」が東ドイツの民衆によって破壊されたのだ。

ソ連はアメリカとの軍拡競争を諦め、同年十二月、地中海のマルタ島で行なわれた米ソの首脳会談で、東西冷戦の終結が宣言された。ここに、四十年以上続いた東西冷戦は終わりを告げた。

翌年、東ドイツ政府は崩壊し、ドイツは四十五年ぶりに統一国家となった。そして他の東欧

諸国で共産主義政権が次々と倒れていく中、平成三年（一九九一）、ついにソ連も崩壊した。大正六年（一九一七）、ロシア革命で世界初の共産主義国家が誕生してから、七十四年後のことだった。

マルクスの唱えた共産主義に基づいて、ソ連をはじめ数々の共産主義国家が誕生したが、幸福になった国民はいなかった。すべての国が一党独裁の専制国家となり、言論の自由は一切なく、多くの国では粛清によって夥しい数の国民が殺された。二十世紀で最も人を殺したのは、戦争ではなく共産主義国家による人民粛清だった。共産主義国の民衆は貧しく、一部の特権階級が富と権力を独占した。総括すれば、共産主義とは、二十世紀に行なわれた壮大な社会実験であり、それはことごとく失敗に終わったといえる。

ソ連崩壊の後、世界に残る共産主義国は中華人民共和国と朝鮮民主主義人民共和国など数えるほどとなったが、これらの国でももちろん国民には言論の自由はない。中華人民共和国は近年、ＧＤＰの上ではアメリカに次ぐ経済大国となった（とされている）が、貧富の格差は凄まじく、十億を超える人々が今も貧困に喘いでいる。中国共産党政府はそうした貧困を解消する努力をせず、自国領土を広げるために、毎年大規模な軍拡を続けている。北朝鮮はというと、「金王朝」と呼ばれるほどの金一族による独裁体制が続き、国民の多くが飢餓で苦しむ中、巨額の金を使って核爆弾とミサイルの開発を続け、周辺国を恫喝している。

「共産主義は人を幸せにしない思想である」という結論がすでに出ているにもかかわらず、現

代でもまだその思想は世界に蔓延《はびこ》っている。現在の自由主義国のいわゆる「リベラル」と呼ばれる人々の主張の中には、共産主義思想をその根底に持つ、あるいは共産主義に近い思想が含まれている。

膨張する中華人民共和国

ソ連崩壊の後、唯一残る共産主義大国である中華人民共和国は、一九七〇年代から牙を剝き始めた。

昭和四八年（一九七三）、ベトナムからアメリカ軍が撤退するやいなや、中国はベトナムのパラセル諸島（中国名：西沙諸島）を占領し、昭和六三年（一九八八）にはスプラトリー諸島（日本名：新南群島）でもベトナムと戦闘し、いくつもの岩礁を手に入れている。ちなみにスプラトリー諸島は、中国、台湾、ベトナム、フィリピン、マレーシア、ブルネイが領有を主張している。また平成四年（一九九二）に、フィリピンからアメリカ軍が撤退すると、その二年後にフィリピンのミスチーフ環礁を占領した。そして南シナ海はすべて自国領と宣言している。地図を見ればわかるが、中華人民共和国は南シナ海にはごくわずかしか接していない。

国内的にはチベット人やウイグル人、内モンゴルの人々を弾圧し、反抗する人々を粛清し、今も多くの人を収容所に送り込んでいる。

中華人民共和国は成立直後から、国民に対して苛烈な政策を行なってきた。朝鮮戦争に自国民を派兵して百万人の戦死者を出し、昭和三二年（一九五七）の反右派闘争では、「右派」と見做された五十五万人を、労働改造のため辺境に送り、その多くを死亡させた。翌年の昭和三三年（一九五八）から昭和三六年（一九六一）まで行なわれた「大躍進運動」では、政策の過ちから、推計三千万～四千万人の餓死者を出している。さらに凄惨だったのは、昭和四一年（一九六六）から、毛沢東が死去する昭和五一年（一九七六）まで十年続いた文化大革命である。「造反有理」の掛け声とともに、各地で大量の殺戮や内乱が起き、一千万人（研究者によっては四千万人とも）の死者を出し、一億人が何らかの被害に遭った。

余談だが、文化大革命については当初、日本の新聞社もこぞって礼賛記事を書いていたが、やがてその恐るべき実態を知り、批判記事を掲載し始めるようになる。中国共産党に批判的な報道をした新聞社・通信社は次々に北京から追放されたが、最後まで文化大革命の実態を報じず、処分を免れたのが朝日新聞社である。

平成元年（一九八九）六月、自由や民主化を求めて活動していた大学生が、自分たちの主張を訴えようと北京の天安門広場に集まっていた。日に日に膨れ上がる学生たちに対し、政府は人民解放軍を出動させ、発砲した上、戦車で轢き殺した。「六四天安門事件」と呼ばれるこの事件での犠牲者の総数は今も不明だが、平成二九年（二〇一七）に公表されたイギリスの公文書には、少なくとも一万人が殺害されたと記されている（数万人にもなるという説もある）。

はっきりしていることは、中華人民共和国には言論の自由はないということだ。今では、インターネットさえも検閲されている。

日本は日中国交樹立以降、中華人民共和国に対して、ODA（政府開発援助）など莫大な資金・経済援助をしてきたが、彼《か》の国はそれに感謝を表明するどころか、国内において強烈な反日教育を推し進めてきた。また「南京大虐殺」という嘘を世界に広め、日本を貶めてきた。平成三〇年（二〇一八）、日本政府は四十年続けてきた対中ODAをようやく終了させた。

昭和四四〜四五年（一九六九〜一九七〇）に国連が行なった海洋調査で、尖閣諸島近辺の海底に石油資源があると発表されると、中国は突然、尖閣諸島の領有権を主張し始めた。平成二二年（二〇一〇）以降、連日、海警局の船を尖閣諸島周辺に差し向け、着々と実効支配に向けて動き出し、平成二九年（二〇一七）以降は水上艦艇だけでなく、潜水艦、さらに病院船なども領海に侵入させており、いずれこの海域で日本と中華人民共和国との間で戦闘が起きることが予想される。軍事費の膨張も凄まじく、四半世紀で約四十倍に膨れ上がっている。平成三〇年（二〇一八）の軍事費は約十八兆四千億円で、これは日本の防衛費の三倍以上である。

これに対し日本政府は、同盟国アメリカとの関係を緊密にするため、「集団的自衛権」の行使容認などを含む「平和安全保障法制」の整備を急いだが、左派野党やマスメディア、左翼系知識人や文化人らが一斉に反対の声を上げた。彼らは、軍事機密などの漏洩を防ぐための「特定秘密保護法」の制定にも大反対のキャンペーンを展開した。

これらの法案に反対を叫んだ者たちは、GHQの「WGIP」の洗脳を受けた者たちの後継者であり、広い意味での「戦後利得者」ともいえる。加えて、戦後のマスメディアと教育界に蔓延した共産主義思想を受け継いだ者たちでもある。彼らは戦前の日本をすべて否定することが絶対正義と思い込み、今、現実的に「日本を守る」「自らを守る」ということさえ「よくないこと」と見做す。

しかし中華人民共和国の軍事的膨張が東アジアの秩序を乱していることは確実で、このままいけばどこかで軍事衝突が起きる可能性はきわめて高いといわざるを得ない。アジア諸国がそれを食い止める役割を日本に期待しているところは大きい。

狂気の北朝鮮

日本を取り巻くもう一つの脅威は北朝鮮（朝鮮民主主義人民共和国）である。

北朝鮮は建国直後から核開発に関心を持ち、一九八〇年代頃から、ミサイル開発と核爆弾の開発に力を注いでいた。これに対して、一九九〇年代に入ってから、アメリカや日本が危機感を強め、ミサイルや核爆弾の開発を止めないなら経済制裁を行なうと警告し実施すると、北朝鮮は開発を中断したと見せかけて経済制裁を解除させた。だが、北朝鮮は約束を守らず開発を続け、またもやアメリカや日本が抗議するということが繰り返された。ただ、経済制裁は罪も

ない北朝鮮国民を苦しめることになるため、人道的見地から宥和的な政策も取られたが、それはかえって事態を悪化させた。狂気の独裁者が支配する軍事国家に対して宥和政策を取ることがいかに愚かであるかは、第二次世界大戦前に、イギリスとフランスがドイツに対して行なった策を振り返れば明らかなのだが、アメリカと日本はその愚を繰り返したわけである。

しかし最も驚くべきことは、当時の朝日新聞をはじめとする日本の左翼系マスメディアが、北朝鮮のミサイルについて危機感を強めて報じなかったことである。

平成一五年（二〇〇三）四月二十日付けの朝日新聞は、「Q&A」というスタイルで、「ミサイルが飛んで来たら?」という自作の質問に、「武力攻撃事態ということになるだろうけど、一発だけなら、誤射かもしれない」と書いた。これは「戦争なんか起こらない」という平和ボケすら超えた、「戦争が起こっても認めない」という常軌を逸した認識だともいえる。

一九九〇年代にはミサイルを数百キロしか飛ばすことができなかった北朝鮮だったが、徐々に技術を高め、やがて日本全域をほぼ射程に入れるまでになった。そして核開発に成功し、平成二〇年代の終わり頃には、日本に対して核ミサイルを撃ち込むことが可能になった。

ここに至って日本やアメリカは重大性に気付き、経済制裁を強化し始めたが、遅きに失したといわねばなるまい。平成三〇年（二〇一八）、シンガポールでアメリカ大統領ドナルド・トランプが北朝鮮の金正恩《キムジョンウン》朝鮮労働党委員長と会談し、核開発をやめるという言質を取ったとされているが、はたしてこれが有効かどうかはわからない。

たしかなことは北朝鮮が同時に数発の核ミサイルを日本に向けて発射すれば、日本はこれをすべて撃ち落とすことはできないということだ。また現時点で北朝鮮のミサイル発射基地を攻撃する能力もない。そのための武器を自国で開発、保有することも憲法で禁じられている。

内憂外患

平成が始まる頃（それは二十世紀の最後の十年が始まる頃でもあった）、日本は国内的にも厳しさが顕在化してきた。バブル崩壊後、経済の停滞と低迷が続く「失われた二十年」と呼ばれる時代へと突入し、主要な金融機関の多くが経営危機に見舞われ、いくつかは倒産した。高度経済成長期に雇用と地方の活況を支えた製造業は、安い労働力を求めて、中国などの外国へ生産拠点（工場）を移すようになる。企業と経済のグローバル化が進むのに反比例して、地方経済の疲弊は深刻化し、雇用環境も悪化した。

また平成には大災害が多く発生した。阪神・淡路大震災、東日本大震災という二つの大地震が起き、それぞれ六千人余と約一万六千人が死亡した。特に東日本大震災の人的被害は一都一道十八県に及ぶ、まさに未曽有の大災害であった。

大震災は経済的にも大きな打撃を与えた。加えて福島第一原発の事故が起きたことにより、東北の産品の風評被害が世界的に広まり、被災地以外の全国の多くの原子力発電所が稼働を停

止する事態となり、それは今日も続いている。その分を火力発電に頼るためにエネルギーコストが上がり、これも日本の経済環境を一層厳しくした。

長年続いてきた都市化や価値観の変化によって、日本でも昭和五〇年代以降、他の先進諸国と同様に、いわゆる少子化が進んできたが、この傾向が「失われた二十年」で加速したといわれている。出生率が低下し続ける一方、医学の発達等により国民の寿命は延び、日本は世界で一、二を争う長寿国となった。少子高齢化は顕著となり、今や大東亜戦争以来の大幅な人口減が避けられない状況となっている。医療費などの国庫負担が増大、年金制度も従来通りの存続が危ぶまれている。

現役世代が高齢者を支える形に設計されている社会保障制度については、平成の初めから見直しの必要性が叫ばれながら、ほとんど手がつけられないまま今日に至っている。平成の終盤には労働力人口が減り始め、それを補うために外国人労働者が増え始めた。政府はこの流れを一層加速させるため、外国からの労働者を受け入れるための新制度創設を決定した。この決定は日本の大きな曲がり角になる要素を孕《はら》んでいる。いずれ日本の国柄が大きな変容を余儀なくされるかもしれない。

憲法改正の動き

現在の日本は国内的にも様々な問題を抱えているが、喫緊の課題といえばやはり安全保障である。我が国を取り巻く国際情勢は平成に入った頃から、急速に悪化してきた。しかし残念なことに、日本政府はこの状況に対し適切な対応を取れていないというのが実情である。

昭和四〇年代から（昭和三〇年代からという情報もある）、北朝鮮に何百人もの日本人が拉致されてきたにもかかわらず、自力で取り返すことさえできない。国の主権が著しく脅かされ、推定数百人の同胞が人権を奪われ、人生を台無しにされているにもかかわらず、「返してください」と言うことしかできない。まったく国家の体をなしていないのである。こんなことは戦前の日本では考えられない事態である。いや、幕末の志士ならこんな横暴は決して許さなかったであろう。

平成一一年（一九九九）には、国籍不明の不審船（おそらく北朝鮮の工作船）が能登《のと》半島沖の領海を侵犯したが、対処に当たった海上保安庁と自衛隊は装備面からも追跡することしかできず、みすみす逃がしている。昭和二八年（一九五三）に韓国に奪われた竹島もいまだに取り返すことができないでいる。

こうしたことの根源は七十年前、ＧＨＱが、日本を完全武装解除するために押し付けた憲法に起因する。憲法と、その憲法のもとで日本の自衛権が制限されているとする解釈のせいである。憲法九条と誤った憲法解釈があるばかりに、日本は国土も国民も守れない国になってしまったのだ。

九条は今後一層、日本のアキレス腱となっていくことと思われる。前述したように中華人民共和国は、「尖閣諸島を取る」と宣言し、事実、実効支配に向けて軍艦や戦闘機による領海侵入、領空侵犯を繰り返している。また北朝鮮は、「日本を核爆弾で海中に沈める」と言って、恫喝している。もはや目の前に危機が迫っている状況である。

しかし有事の際も、現憲法とその解釈の下では、自衛隊は日本を守るために有効な活動ができるとは限らない。そもそも満足な防衛予算がないので、自衛隊には、継戦能力が不足している。「現憲法下でも戦える」という左翼系学者がいるが、相当無理な憲法解釈をしなければ、その結論にはたどり着けない。なぜなら九条にははっきりと「国の交戦権は、これを認めない」と書かれているし、「武力による威嚇又は武力の行使は、国際紛争を解決する手段としては、永久にこれを放棄する」と書かれているからだ。

制定当時の日本人の多くはこれを屈辱と感じたが、その後、ＧＨＱの洗脳教育を受けたマスメディアや左翼系知識人が社会の大勢を占めるにつれ、この憲法は「世界に誇るべき平和憲法」であるという声が大きくなり、また学校教育でもそのように教えられるようになったため、戦後生まれの多くの日本人が素晴らしい憲法だと思い込むようになった。

たしかに戦後半世紀以上、日本を軍事的に脅かす国は現れなかった。つまり九条があろうとなかろうと、結果は同じであったともいえる。そのため政治家の誰も火中の栗を拾おうとはしなかったのだ。

しかし近年、中華人民共和国や朝鮮民主主義人民共和国の軍事的恫喝で、日本の主権と安全は大いに脅かされている。一方、テロも国際的になり、現行憲法に「緊急事態条項」がないことも問題視されるようになってきている。「緊急事態条項」は、戦争や災害や大規模なテロなど、国家の平和と独立を脅かす緊急事態に対応するための条項で、これにより憲法のもとでの秩序を維持しようとするものである。

現在は、日米安保条約に基づいて、有事の際はアメリカ軍に助けてもらうことになっており、日米安保条約と在日米軍の存在が日本に対する侵略を抑止する力になっているが、現実に日本が他国の攻撃を受けた時、はたしてアメリカ軍が助けてくれるかどうかとなると、実は疑問といわれている。とりわけ日本が第三国に核攻撃された場合、アメリカはその国に対して報復核攻撃はしないといわれている。なぜならアメリカがその国と全面戦争になるからだ。

現に、CIA長官を務めたスタンスフィールド・ターナーは「もしロシアが日本に核ミサイルを撃ち込んでも、アメリカがロシアに対して核攻撃をするはずがない」と断言している。国務長官だったヘンリー・キッシンジャーも同様の発言をしている。カール・フォード元国務次官補は、「自主的な核抑止力を持たない日本は、ニュークリア・ブラックメール（核による脅迫）をかけられた途端、降伏または大幅な譲歩の末停戦に応じなければならない」と言っている。これが現実なのである。

近年は武力を用いない侵略の危険性も取り沙汰されている。

日本では外国人も自由に土地を購入できることから、日本を仮想敵国とする外国人も大規模に土地を買収している。オーストラリアやニュージーランドなどの先進諸外国では同様の事態に対し迅速な法規制を行なったが、日本では、これを制限する法整備がほとんどなされていないのが現状である。帰化人の国政への関与についても諸外国のような制限がない。

未来へ

戦争のない世界は理想である。私たちはそれを目指していかなければならない。しかし残念なことに、口で「平和」を唱えるだけでは戦争は止められない。世界と日本に必要なのは、戦争を起こさせない「力」（抑止力）である。

日本と対極的な国といえるのが、スイスである。世界で初めて「永世中立」を宣言（文化一二年【一八一五】）し、二百年も戦争をしていないスイスだが（ヨーロッパが火の海となった第一次世界大戦でも第二次世界大戦でもスイスの国土は戦火に見舞われなかった）、強大な軍隊を持ち、男子は全員兵役義務がある。兵士の数は人口が約十六倍の日本の自衛隊に匹敵し、予備役兵を入れると、自衛隊の十倍以上の兵力となる。スイスは「永世中立」を宣言しているが、他国がスイスを侵略しないとは考えていない。そのために常に侵略に備えているのだ。これが「国防」というものである。

ちなみにヨーロッパには約五十の国家があるが、軍隊を保持していない国はわずかに六ヵ国、そのうちの五ヵ国はバチカン市国やモナコ公国などの都市国家である（比較的大きな国は、北大西洋にあるアイスランドである）。

日本は明治維新後、七十二年間に五度の戦争をした。それを考えれば、大東亜戦争後七十年以上にわたって一度も戦争をせず、平和を享受してきたことは驚くべきことである。その間、世界の多くの国や地域で悲惨な戦争や紛争が数え切れないほど起き、今も繰り広げられている。そう、日本がいつ戦争に巻き込まれても不思議ではないのだ。この七十年以上、戦争がなかったことが奇跡ともいえる。ただ、これはアメリカの圧倒的な軍事力によって抑止されてきただけで、これから先も戦争に巻き込まれないというのは幻想かもしれない。

平成二八年（二〇一六）、自民党の安倍晋三《あべしんぞう》首相は「憲法改正を目指す」と公言した。GHQから押し付けられた「日本国憲法」が施行されて六十九年、日本の首相として初めて憲法改正を目指すと公言したのだ。これは昭和三〇年（一九五五）に自民党が誕生した時の党是であった。自民党は憲法改正を目的として作られた政党でありながら、六十年もの間、それに目を瞑っていたのだ。しかしその六十年の間に日本を取り巻く国際情勢は激変した。

安倍首相が改憲を目指すと言った直後から、野党、マスメディア、左翼系知識人、学者、文化人などの、安倍首相への凄まじい報道攻撃および言論攻撃が始まった。もし憲法改正を許すようなことがあれば、七十年にわたって、日本の言論界を支配してきたマスコミと左翼系知識

人・学者たちの楼閣が音を立てて崩れるからだ。彼らは、不正の証拠がない問題をスキャンダル化し、新聞やテレビは連日、大々的に報じた。その中には悪質な偏向報道やイメージ報道、さらには捏造報道といえるものもあった。大新聞の中にはデモを煽るものもあった。それはまるで百年以上前のポーツマス講和会議後、政府をヒステリックに攻撃し、デモを煽動した新聞社を彷彿させる。

しかし日本にとって憲法改正と防衛力の増強は急務である。これは机上の空論ではない。平成の半ば頃から、国民の多くが日本国憲法の矛盾に気付き始めている。平成二〇年（二〇〇八）頃から、インターネットが普及し、新聞やテレビなどのオールドメディアと呼ばれる存在が影響力を急速に失いつつある。同時に「戦後利得者」といえる左翼系知識人や文化人、そして左翼野党の欺瞞が明らかになってきた。

今、彼らの嘘に気付き、GHQの洗脳から抜け出しつつある若い世代が増えている。彼らは失われた日本的なものの回復に向けて、静かに、しかし確実に動き出している。もはやその動きを止めることは誰にもできないだろう。私はそんな若者たちを見て感動している。

「敗戦」と、「GHQの政策」と、「WGIP洗脳者」と、「戦後利得者」たちによって、「日本人の精神」は、七十年にわたって踏みつぶされ、歪められ、刈り取られ、ほとんど絶滅状態に追い込まれたかのように見えたが、決して死に絶えてはいなかったのだ。二千年の歴史を誇る日本人のDNAは、私たちの中に脈々と生き続けていたのだ。それが今、復活の時を迎えてい

る——。

五十年後、はたして日本はどのような国になっているだろうか。私はその姿を見ることは叶わないが、世界に誇るべき素晴らしい国家になっていることを願いながら、筆を擱《お》く。

【編集の言葉】

私たちは何者なのか──。この深遠な問いに、作家・百田尚樹さんが答える。本書はそんな一冊です。当代一のストーリーテラーである百田さんが、渾身の筆で紡ぎ出した「日本人の物語」を、一人でも多くの方に読んでいただき、この本をもとに会話を広げていただきたい。そう思いながら編集しました。

「日本」という島々では、神話とともに国が始まり、その後、人々が、まるで大きな家族のように暮らしてきました。家族のようだからこそ、人々はときには激しく争い、しかし災害や外敵が迫りくれば力を合わせて立ち向かい、懸命に国を造り守ってきたのです。

色とりどりの細い糸が撚り合わされて一本の太く長い糸となってきたかのような「日本の歴史」。その先端に立っているのが、今を生きる私たちです。日本の歴史を知ることはすなわち自分自身を知ることではないでしょうか。百田尚樹さんが案内する「自らを知る旅」へ、多くの方とご一緒できたことを嬉しく思います。

末筆ながら、本書の編集にあたり、史実に関するご指導、確認等にご協力くださいました諸先生方に心より感謝申し上げます。

編集者　有本香

謝辞

『日本国紀』の執筆にあたっては、『古事記』『日本書紀』をはじめ、多くの史書を参考にしました。いや、そもそもそれらの本なしでは成り立たない仕事です。「記紀」以降も、多くの偉大なる先人が、私たちの国の歴史を記し、研究し、考察を続けてこられました。

本書をしたためるに際し、そうした先人の遺産の素晴らしさをあらためて知ることとなりました。ここに深く感謝を述べさせていただきます。

本書の監修にあたっては、久野潤氏（大阪観光大学講師）、江崎道朗氏、上島嘉郎氏（元「正論」編集長・ジャーナリスト）、谷田川惣氏（評論家）に多大なるご助力をいただきました。さらに編集者の有本香氏には一年にわたる執筆に並走していただきました。幻冬舎の高部真人氏にも支えていただきました。そして幻冬舎社長、見城徹氏には、有形無形のご尽力を賜りました。

『日本国紀』は皆様のお陰で世に送り出すことができました。

この場を借りまして、心から御礼を申し上げます。

しかし今、私が何よりも深い感謝を捧げたいと思うのは、我が祖国「日本」と、この国に生

き、現代の私たちにまで生を繋いでくれた遠い父祖たちです。

飛鳥時代、いやそれよりはるか昔から、この島に生まれた人々が日本の風土に育まれ、苦労を乗り越え、永らえてきたからこそ、今の私たちがあるのです。

そして私もまた未来の日本と日本人へと生を繋げ、国を繋げる環の一つであること、その使命の重さを感じています。

平成三〇年　神嘗祭の日

百田尚樹

編 集
有本 香
装 幀
bookwall